郑振满，1955年生，福建仙游人。现任厦门大学历史系特聘教授、人文与艺术学部主任，兼任中国史学会理事、中国社会史学会副会长。主要从事闽台社会文化史、历史人类学、历史文献学的教学与研究，著作及编撰图书有《明清福建家族组织与社会变迁》《民间信仰与社会空间》《福建宗教碑铭汇编》《福建民间契约文书》等。

乡 族 与 国 家

多元视野中的闽台传统社会

修订本

郑振满 著

生活·讀書·新知三联书店

Copyright © 2024 by SDX Joint Publishing Company.
All Rights Reserved.

本作品版权由生活·读书·新知三联书店所有。
未经许可，不得翻印。

图书在版编目（CIP）数据

乡族与国家：多元视野中的闽台传统社会 / 郑振满著. —修订本. —北京：生活·读书·新知三联书店，2024.7
（当代学术）
ISBN 978-7-108-07772-1

Ⅰ.①乡…　Ⅱ.①郑…　Ⅲ.①社会结构－研究－福建－明清时代②社会结构－研究－台湾－明清时代　Ⅳ.①D691.7

中国国家版本馆 CIP 数据核字 (2024) 第 032967 号

责任编辑　刘蓉林
装帧设计　宁成春　薛　宇
责任校对　曹秋月
责任印制　卢　岳
出版发行　生活·讀書·新知 三联书店
　　　　　（北京市东城区美术馆东街 22 号 100010）
网　　址　www.sdxjpc.com
经　　销　新华书店
印　　刷　三河市天润建兴印务有限公司
版　　次　2024 年 7 月北京第 1 版
　　　　　2024 年 7 月北京第 1 次印刷
开　　本　635 毫米 × 965 毫米　1/16　印张 27.5
字　　数　330 千字
印　　数　0,001－5,000 册
定　　价　88.00 元
（印装查询：01064002715；邮购查询：01084010542）

当代学术

总 序

生活·读书·新知三联书店从1986年恢复独立建制以来，就与当代中国知识界同感共生，全力参与当代学术思想传统的重建和发展。三十年来，我们一方面整理出版了陈寅恪、钱锺书等重要学者的代表性学术论著，强调学术传统的积累与传承；另一方面也积极出版当代中青年学人的原创、新锐之作，力求推动中国学术思想的创造发展。在知识界的大力支持下，通过多年的努力，我们已出版众多引领学术前沿、对知识界影响广泛的论著，形成了三联书店特有的当代学术出版风貌。

为了较为系统地呈现中国当代学术的发展和成果，我们以上世纪八十年代以来刊行的学术成果为主，遴选其中若干著作重予刊行，其中以人文学科为主，兼及社会科学；以国内学人的作品为主，兼及海外学人的论著。

我们相信，随着当代中国社会的繁荣发展，中国学术传统正逐渐走向成熟，从而为百余年来中国学人共同的目标——文化自主与学术独立，奠定坚实的基础。三联书店愿为此竭尽绵薄。谨序。

生活·讀書·新知三联书店
2017年3月

目　录

再版前言　i

绪论　明清时代的乡族与国家　1

卷一
乡族组织与共有经济

明清时期闽北乡族地主经济　19

明清福建沿海水利制度与乡族组织　78

清代台湾乡族组织的共有经济　97

清代台湾的合股经营　116

卷二
家庭结构与宗族组织

宋以后福建的祭祖习俗与宗族组织　141

明清福建的里甲户籍与家族组织　158

明清福建的家庭结构及其演变趋势　177

清代台湾家庭结构的若干特点　203

卷三
民间信仰与仪式传统

闽台道教与民间诸神崇拜　227

吴真人信仰的历史考察　249

神庙祭典与社区发展模式——莆田江口平原的例证　272

明清福建里社组织的演变　306

卷四
地方行政与社会转型

明后期福建地方行政的演变——兼论明中叶的财政改革　329

清代福建地方财政与政府职能的演变
　　——《福建省例》研究　352

清代闽南乡族械斗的演变　381

晚清至民国的乡镇商人与地方政局
　　——以莆田县涵江镇为例　401

后记　423

再版前言

本书初版于2009年,至今已近十五年,生活·读书·新知三联书店建议再版,收入"当代学术"丛书。依照惯例,在再版之际应略做修订,改正错误,补充新知。不过,由于本书的写作历时较久,有些篇章已是三四十年前的旧作,很难逐一修订或改写。因此,在反复斟酌之后,决定仍然维持原貌,仅修正明显的错误。

本书出版之后,曾在不同场合提交讨论,拓展了学术视野,深化了研究主题。2010年,我在台湾成功大学人文社会科学研究中心访学,吴密察、陈益源二位教授专门组织了读书会,探讨闽台历史上的"乡族与国家"。2014年,我应邀访问日本东洋文库、学习院大学、庆应义塾大学、名古屋大学、北海道大学、大阪大学、京都大学,就本书的不同议题开展对话与交流。2016年,我应韩国延世大学白永瑞教授的邀请,在"创造与批评社"讨论明清时代的"民间自治与政府授权"。此外,在新加坡国立大学中文系、浙江大学人文学院、北京大学文研院、重庆大学高研院,都曾经议及"明清时代的乡族与国家",得到了同行学者的指点与教益。谨借此机会,对关注本书的国内外师友表示谢意,并就交流过程中涉及的若干议题略做回应。

其一,关于"乡族"的概念界定。"乡族"的本意是同乡同族,泛指以地缘和血缘为基础的民间社会组织。在中国传世文献中,

"乡族"是相当常见的词语，通常是指本地有亲属关系的人群。"乡族"作为学术概念，是业师傅衣凌教授最先提出的。他在不同的论述语境中，先后使用了"乡族地主""乡族集团""乡族势力""乡族组织""乡族网络"等概念。他认为，中国历史上的统治体系，可以分为"公"和"私"两大系统，"公"的系统即国家政权，"私"的系统即乡族势力。他的遗著《中国传统社会：多元的结构》明确指出："传统中国农村社会所有实体性和非实体性的组织都可被视为乡族组织，每一个社会成员都在乡族网络的控制之下，只有在这一网络中才能确定自己的社会身份和社会地位。"因此，"乡族"可以作为解释中国传统社会结构的核心概念。

有的学者认为，"乡族"的概念可能只适用于闽台等区域，并不具有普遍意义，不如直接使用"民间社会""地方社会"等概念。实际上，"乡族"作为本土的词语，具有特定的历史文化内涵，很难替代为一般性的学术概念。在本书的"绪论"中，我对"乡族"理论的由来有所考述，指出其缘起是为了解释中国古代的氏族制与村社制残余。在中国历史上，以血缘和地缘为基础的"共同体"是普遍存在的，这曾经被视为中国历史停滞不前的主要标志之一。从长时段的观点看，"乡族"反映了中国传统社会的基本特征，其意义并不限于解释闽台区域社会。

在中国各地，乡族组织的表现形态不尽相同，"既可以是血缘的，也可以是地缘性的，是一种多层次的、多元的、错综复杂的网络系统，而且具有很强的适应性"。因此，我们应该"回到历史现场"，实地考察乡族组织的不同表现形态，而不必拘泥于宗族、村社之类的单一组织形式。更为重要的是，"乡族"可以适应不同的历史环境，不断改变其组织形式。例如，中国近代城市中的同业公会、移民会馆，甚至是善堂、帮派之类的民间社团，同样是建立于血缘与地缘的基础之上。在海外华人社会中，普遍存在"同乡同族同业"的现象，这也可以说是延续了中国本土的"乡族"传统。如果我们对"乡族"传统有较为全面的理解，无疑可以深化中国城市史和海外华人社会研究。

其二，关于"民间自治与政府授权"。中国传统社会的乡族组织，大多是合法的社会组织，具有民间自治的行政职能。傅衣凌认为，由于中国历史上地大物博，民族众多，经济形态多元，国家很难直接控制普通民众，通常是借助于某些代理人，对地方社会实行间接控制。因此，在"公""私"两大系统之间，必然形成某种授权机制，这是中国传统社会可以长治久安的关键所在。当然，在不同的时代和不同的地区，究竟如何实行民间自治，如何实施政府授权，这是有待深入探讨的问题，也是乡族研究的题中应有之义。

一般认为，中国历史上的士绅阶层，在国家与社会之间发挥了中介作用。一方面，士绅是国家的代理人，可以维护政令统一，将国家的意识形态和礼法制度推行于地方社会；另一方面，士绅是地方社会的代言人，可以维护地方利益，协助和制衡各级官僚政府。因此，地方社会的权力体系，通常聚焦于"绅权"。不过，士绅往往并不承担地方公共事务，甚至并未在原乡生活，他们的政治影响力建立于乡族网络之上，必须借助于乡族组织实现其社会控制。

明清时期，由于赋役制度和财政体制的改革，地方政府的行政职能日益萎缩，乡族组织的自治功能不断扩张。在福建，大约从正统、成化年间开始，陆续实行里甲赋役的定额包干制度，乡族组织成为"赋役共同体"。万历年间实行"一条鞭法"之后，地方政府的财政预算极为有限，难以承担各种地方公共事务。因此，明中叶以后福建的地方公共事务，通常是由乡族组织承担的，地方政府只能发挥倡导和督促的作用。康熙年间实行"粮户归宗"，使宗族组织拥有管理人口和土地的合法权力，正式纳入了官方的行政体制。

在地方社会中，承办公共事务可以控制公共资源，因而也是地方权力体系的象征。为了获得地方社会的控制权，乡族组织经常巧立名目，主动承办公共事务，谋取地方政府的授权。在地方档案和历史文献中，可以看到各种乡族组织的呈文和各级地方政府的批示，其实都是涉及承办地方公共事务的授权过程。这种通过"政府授权"而形成的"民间自治"，反映了"国家内在于社会"的历史过程，推动了乡族组织的普遍发展。

其三，关于区域差异与跨区域比较研究。本书旨在通过考察闽台地区的乡族组织，探讨中国传统社会的基本结构。在学术交流过程中，经常被质疑的是闽台地区是否具有代表性，本书的推论是否具有普遍意义，这就涉及中国历史的区域差异与跨区域比较研究，其实是相当重要的认识论和方法论问题，有必要在此略述己见。

闽台地区地处中国东南边疆，原是"化外之地"。自秦汉以来，福建各地陆续纳入郡县体制，北方移民不断迁居福建，使福建深受中原文化影响。唐宋以后，福建科举文化较为发达，有不少精通四书五经的士人，在历代王朝中都有达官显宦。这些士绅群体在原乡推行教化制度，使地方传统与国家礼法有机结合。因此，早在宋、元、明、清时期，福建已经进入中国传统文化的主流。明清之际，大量福建移民迁居台湾，带去了原乡的生活方式，使中国传统文化在台湾落地生根。

从中国历史发展的大趋势看，闽台地区的乡族组织是有"代表性"的，并不是特殊的历史现象。这是因为，至少从明中叶以来，王朝国家很少参与地方公共事务，这就为乡族组织的发展提供了极大的空间。当然，由于中国各地的历史环境有所不同，乡族组织的发展也各有特点，不可一概而论。例如，清代山西的赋役征派是由村社承包的，即所谓"走地不走社"，这就使村社成为乡族组织的主要表现形态，不同于福建、广东实行"粮户归宗"后的宗族。尽管如此，山西的村社与福建、广东的宗族都是"赋役共同体"，都是得到政府授权的乡族组织，其性质并无不同。

在中国史研究中，区域差异是显而易见的，开展跨区域比较研究势在必行。不过，跨区域比较研究必须有既定的前提，即明确的问题意识、统一的分析理路与可靠的资料基础。就本书的研究主题而言，我以为比较研究的基点是地方公共事务，或者说是办理地方公共事务的方式。这是因为，每一区域都有必不可少的公共事务，如环境、治安、水利、交通、市场、教育、救济等等，这些都是必须由政府或民间组织承担的。如果政府不能承担这些公共事务，就必须由民间组织承担，而民间组织通常就是乡族组织。由于地方公共事务涉及的领域极为广泛，与此相关的乡族组织也是错综复杂的，形成了"多层次"和"多元"的网络结构。通过比较研究地方公共事务的承办方式，不难发现各地乡族组织的异同，并进而探讨其总体演变趋势。

我与日本名古屋大学的森正夫教授，曾就明清时期的福建与江南开展对话，可以说是"跨区域比较研究"的初步尝试。森正夫教授曾提出"地域社会论"，对日本明清史研究有深远影响。他认为，地域社会是社会再生产的场域，必须通过合作而形成稳定的秩序；由于地域社会有不同的"指导者"，因而形成了不同的类型。他特别关注傅衣凌的"乡族"研究，于1983年专程到厦门大学，与傅衣凌、杨国桢教授共同讨论明清时期的土地制度、乡族组织等问题。

2013年，我与森正夫在哈佛相遇，一起参加宋怡明教授在家中举办的读书会。在此期间，他研读了本书和其他相关论文，回国后写成《三十年来的乡族研究与地域社会论》一文，先后在台湾师大和北京大学的学术会议上发表。2014—2019年，我和森正夫在名古屋、厦门等地多次组织座谈会，就各自的研究成果开展对话和交流。森正夫认为，在明清江南史研究中，乡绅的问题较为突出，而乡族的研究较少涉及；如果开展福建与江南宗族的比较研究，可能成为新的学术热点。他还指出，在我的乡族研究中，忽略了乡族内部的矛盾冲突；而在他的"地域社会论"中，忽略了国家政权对地方社会的影响，这些都是在未来的研究中应该关注的问题。我们的对话经武勇整理，在《中国社会科学报》发表，后来又转载于《中国社会科学》英文版。

我与森正夫教授的学术对话，主要聚焦于方法论层面，尚未涉及具体的历史过程。但愿未来有更多的学者参与讨论，共同推进跨区域比较研究。

郑振满
2023年6月

> 绪论

明清时代的乡族与国家

本书收录了我探讨闽台传统社会的十六篇论文，大致可以分为乡族组织与共有经济、家庭结构与宗族组织、民间信仰与仪式传统、地方行政与社会转型四个专题。这些论文的共同主题，在于通过考察明清时代的乡族组织与地方政治，探讨中国传统社会结构的转型过程。由于本书的问题意识主要来自业师傅衣凌教授的"乡族"理论与"多元结构"理论，在此拟先回顾傅先生的相关学术思想，再对本书各专题的主要论点略做概述，以期有助于阐明本书的基本思路与学术背景。

一、傅衣凌的"乡族"理论与"多元结构"理论

傅衣凌对乡族问题的关注，始自1930年前后的中国社会史大论战。当时国内外的大多数学者认为，中国社会自秦汉以后停滞不前，其主要标志是原始氏族制和村社制长期存在。傅衣凌认为，以氏族制和村社制为基础的共同体，在各国封建社会中普遍存在，未必可以说明中国古代社会停滞不前。20世纪30—40年代，他相继

撰写了《秦汉的豪族》⟨1⟩、《晚唐五代义儿考》⟨2⟩、《唐代宰相地域分布与进士制之相关的研究》⟨3⟩等论文，考察中国历史上血缘与地缘结合的不同形态及其历史意义。抗日战争时期，他在福建内地山区发现了大量与乡族有关的现象及资料，开始形成了"乡族集团"的概念。在1944年出版的《福建佃农经济史丛考》⟨4⟩和1946年发表的《论乡族集团对于中国封建经济之干涉》⟨5⟩中，他集中考察了乡族与土地占有、地权转移及租佃关系的内在联系，揭示中国封建地主制经济的基本特征。

新中国成立后，傅衣凌为了适应当时的学术环境，对原有的研究成果反复修订，于60年代初重新发表。这一时期，他对乡族问题的研究视角，开始转向非实体性的"乡族势力"。在1961年出版的《明清农村社会经济》⟨6⟩一书中，他不仅论及乡族与地主经济的历史联系，而且揭示了乡族在水利、交通、集市、贸易、度量衡等领域对农村社会经济生活的全面控制。他还指出，明清时代的农民斗争，有时也是为了反抗"乡族的压迫"。在同时发表的《论乡族势力对于中国封建经济的干涉——中国封建社会长期迟滞的一个探索》⟨7⟩中，他从土地占有、社会结构、社会控制等方面，论述了乡族势力在中国封建社会经济结构中的地位及作用。1963年，他在

⟨1⟩ 刊于广州中山大学《现代史学》第一卷第一期，1933年。
⟨2⟩ 原稿完成于1940年，刊于《厦门大学学报》1981年增刊（史学专号）；并收入《傅衣凌治史五十年文编》，厦门大学出版社，1989年。
⟨3⟩ 刊于福建省研究院《社会科学》第一卷第四期，1945年；收入《傅衣凌治史五十年文编》，厦门大学出版社，1989年。
⟨4⟩ 由私立福建协和大学中国文化研究会出版，文史丛刊之二，1944年8月。
⟨5⟩ 刊于福建省研究院《社会科学》第二卷第三、四期合刊，1946年。
⟨6⟩ 生活·读书·新知三联书店，1961年。
⟨7⟩ 《厦门大学学报》1961年第3期；收入《明清社会经济史论文集》，人民出版社，1982年。

《关于中国封建社会后期经济发展的若干问题的考察》[1]一文中,提出了"公""私"两大体系的分析方法。他认为,中国历史上的封建国家政权,可以视为"公"的体系,而各种形式的乡族势力,则可以视为"私"的体系;这两大体系之间既有矛盾又相互补充,共同组成了完整牢固的封建社会经济结构。因此,探讨中国封建社会长期停滞或资本主义萌芽难以顺利发展的原因,应该同时注重对"公""私"两大体系的研究。

"文化大革命"以后,傅衣凌在论及明清社会经济结构的特点及资本主义萌芽的曲折发展道路时,仍继续强调乡族势力的历史影响。1978年,他在《论明清社会的发展与迟滞》[2]一文中,集中分析了乡规俗例对维护自然经济的作用。20世纪80年代,他在《明清社会经济变迁论》[3]、《明清土地所有制下的地主与农民》[4]等论著中,集中分析了乡族关系对阶级分化和阶级斗争的影响。1983年,他在答复森正夫教授关于乡族问题的提问时,对自己的主要观点归纳如下:

> 乡族是原始社会氏族制的残余,但它在阶级社会中存在并发展。它包含了地主和农民这两大相互对立的阶级,但是其统治权又是掌握在地主阶级手中。在乡族内部,阶级对立的实质我们应当充分地认识。
>
> 乡族的存在和发展,与地主土地所有制的发展有所联系。乡族共有或公有的土地,是阶级斗争非常尖锐的宋元之后,地主阶级为了缓和阶级矛盾而设置的,表面上为公有而实际上是

---

[1]《历史研究》1963年第4期;收入《明清社会经济史论文集》,人民出版社,1982年。
[2]《社会科学战线》1978年第4期;收入《明清社会经济史论文集》,人民出版社,1982年。
[3] 人民出版社,1989年。
[4] [日]小野和子编:《明清时代的政治和社会》,京都大学人文科学研究所,1983年。

私有，私人地主采用了"乡族地主集团"这个骗人的形式。因此在土地改革时期，自身不劳动的公产管理人，也被划分为地主分子。

乡族的存在是妨碍中国封建社会前进的一个非常重要的因素，首先它阻碍了阶级的分化，地主和农民的阶级对立被盖上了"同族""同乡"这一温情脉脉的面纱。其次它阻碍了社会分工的发展，中国封建社会里大量存在着族工、族商，使小生产者的独立、分化极其困难。[1]

由于新中国特定的学术环境，傅衣凌的乡族研究直接与"封建社会长期延续""资本主义萌芽曲折发展"等中心议题相联系，因而也特别关注乡族与"阶级斗争""自然经济"等社会经济现象的内在联系，这应是可以理解的。然而，这一学术取向限制了乡族研究的理论视野，难以充分揭示乡族在中国历史上的地位及作用。实际上，傅衣凌生前对此已有清醒的认识，并已做了深入的理论反思。1988年发表的傅衣凌遗作《中国传统社会：多元的结构》[2]，既是他毕生治史心得的总结，也是他晚年自我反思的结晶。在这篇里程碑式的论文中，他直言不讳地宣告："鸦片战争以前的中国社会，与西欧或日本那种纯粹的封建社会（Feudalism），不管在生产方式、上层建筑或者是思想文化方面，都有很大差别。为了避免在比较研究中出现理论和概念的混淆，本文使用'中国传统社会'一词。"这就是说，他决定不再使用"封建社会"的理论模式解释中

---

[1] ［日］森正夫、成之平：《围绕"乡族"问题——在厦门大学共同研究会上的讨论报告》，《中国社会经济史研究》1986年第2期。
[2] 《中国社会经济史研究》1988年第3期。

国历史，而是从中国的历史实际出发解释中国历史。至于"中国传统社会"的基本特征，他认为是"多种生产方式长期并存"，因而是"多元的结构"。

在傅衣凌的"多元结构"理论中，乡族与国家已经不再是单一的封建地主阶级的政治工具，而是用以协调多种生产方式的政治力量。在这种多元的社会结构中，乡族与国家共同承担维护社会秩序的公共职能，但二者所处的地位及作用又不尽相同。兹摘录其要点如下：

首先，"由于多元的经济基础和高度集权的国家政权之间既相适应又相矛盾的运动，中国传统社会的控制系统分为'公'和'私'两个部分。……一方面，凌驾于整个社会之上的是组织严密，拥有众多官僚、胥役、家人和幕友的国家系统……国家的权力似乎是绝对和无限的。另一方面，实际对基层社会直接进行控制的，却是乡族的势力……国家政权对社会的控制，实际上也就是'公'和'私'两大系统互相冲突又互相利用的互动过程"。

其次，"在公和私两大系统之间发挥重要作用的，是中国社会所特有的'乡绅'阶层……高度集权的中央政权实际上无法完成其名义上承担的各种社会责任，其对基层社会的控制只能由一个双重身份的社会阶层来完成，而基层社会也期待着有这样一个阶层代表它与高高在上的国家政权打交道，这就是'乡绅'阶层长期存在的根本原因。乡绅一方面被国家利用控制基层社会，另一方面又作为乡族利益的代表或代言人与政府抗衡，并协调组织乡族的各项活动"。

再次，"与多元的经济基础和社会控制体系相适应的，是财产所有形态和财产法权观念的多元化。国有经济、乡族共有经济和私有经济的长期共存，是中国传统社会财产所有形态的一大特色……乡族共有经济包括族田、学田、义田、义仓、社仓、义渡、义集、私税、私牙等等形态，在传统社会的某些发展阶段，在某些地区，这种的乡族共有经济曾经成为社会最重要的经济成分……乡族势力对乡族成员的财产也有一定的控制权,这一点在族人的土地买卖中有尤为明显的表现"。

复次,"与社会控制体系多元化相对应的还有司法权的多元化……从汉代'乡曲豪富无官位,而以威势断曲直'的现象,到明清乡族的族规、乡例等,这种乡族的司法权一直存在,而且在解决民事诉讼和预防、惩罚犯罪方面起着国家司法系统所无法替代的作用。乡族势力不但可以施行私刑,而且往往拥有部曲、私兵、家兵等武装力量"。

如上所述,中国传统社会的乡族与国家,无论在社会控制、政治体制、产权关系及司法体系等领域,都同样具有不可或缺的作用。因此,如何从多元经济基础的矛盾运动中,揭示乡族与国家的不同地位及作用,可以说是研究中国传统社会的关键所在。

傅衣凌的乡族理论与"多元结构"理论,具有内在的一致性。这是因为,中国传统社会的多元性,集中地表现为乡族的多元性。在某种意义上说,正是由于存在着多元的乡族组织,才有可能适应多元的经济基础。为了充分揭示乡族的多元性,傅衣凌在遗作中对乡族的概念做了具体说明:"乡族保留了亚细亚公社的残余,但在中国历史的发展中已多次改变其组织形态,既可以是血缘的,也可以是地缘性的,是一种多层次的、多元的、错综复杂的网络系统,而且具有很强的适应性。传统中国农村社会的所有实体性和非实体的组织都可被视为乡族组织,每一个社会成员都在乡族网络的控制之中,并且只有在这一网络中才能确定自己的社会身份和社会地位。"在这里,"乡族"全面涵盖了中国传统社会的各种民间社会组织,几乎中国历史上的所有社会关系都可以归入"乡族"的范畴,从而也就极大地拓宽了乡族研究的学术视野。

二、闽台地区的传统乡族组织

中国老一代的历史学家,由于深受"五个发展阶段"理论的影响,一般都把乡族视为原始氏族制或村社制的残余,因而也特别强调乡族对中国社会发展的阻碍作用。自20世纪80年代以来,中国新一代的历史学家,逐渐摆脱了原有的历史分期理论,开始深入探讨中国历史发展的内在脉络与具体形式。因此,中国历史上的乡族问题,也不再被视为阻碍历史进步的原始社会残余,而是被视为中国社会发展的独特表现形式。

1983年底,在业师傅衣凌教授的指导下,我以《明清时期闽北乡族地主经济》[1]作为硕士论文的选题,开始从事乡族问题的研究。当时,厦门大学历史系承担了国家重点研究项目"明清福建社会经济史研究",我们到福建各地开展了广泛的社会经济史调查,收集了大量的族谱、契约、碑刻、账簿、分家文书等民间历史文献,为研究乡族问题提供了丰富的原始资料。我在硕士论文中,集中考察了闽北乡族地主经济的表现形式、基本结构、发展过程及其历史成因。我发现,宋以后闽北地区的乡族组织,大多拥有土地、山林、店铺、借贷资本等不同形式的资产,使之构成了以坐食租利为特征的乡族地主经济。在闽北地区,乡族地主经济的形成可以追溯至宋代,明中叶以后得到了迅速的发展,清中叶以后已超过私人地主经济的规模,成为地主经济的主要表现形式。闽北乡族地主经济的主

---

[1] 全文刊于《清史研究》2003年第2期。另请参见《清至民国闽北六件"分关"的分析》,《中国社会经济史研究》1984年第3期;《试论闽北乡族地主经济的形态与结构》,《中国社会经济史研究》1985年第4期;《明清闽北乡族地主经济的发展》,《明清福建社会与乡村经济》,厦门大学出版社,1987年;《明以后闽北乡族土地的所有权形态》,《平准学刊》第5辑,光明日报出版社,1989年。

要成分是族田，而族田的主要成分是祭田，祭田主要来自分家之际的提留。因此，闽北乡族地主经济的发展，反映了从私人地主经济向乡族地主经济转化的历史过程。至于乡族地主经济的历史成因，我认为主要在于乡族组织的发展与私人地主经济的解体。此外，在当时主流史学观念的影响下，我也强调了乡族地主经济对于延缓中国封建地主经济的解体、阻碍阶级分化的作用。

在完成硕士论文之后，我开始考察福建其他地区乡族组织与乡族地主经济的发展。根据土地改革时期的统计资料，福建各地乡族共有田的比重有较大的差异，"闽北、闽西占50%以上，沿海各地只占到20%—30%"[1]。那么，为什么乡族地主经济的发展会有明显的地区差异？除土地之外，乡族组织在其他经济领域有何作用？这就是我当时关注的主要问题。为了回答这些问题，我先后完成了《明清福建沿海农田水利制度与乡族组织》[2]、《清代闽西四堡族商研究》[3]、《清代台湾的合股经营》[4]、《清代台湾乡族组织的共有经济》[5]等论文。在此过程中，我逐渐意识到乡族组织与地主经济未必有必然的联系，或者说乡族组织的发展未必表现为乡族地主经济。因此，有必要突破经济史的学术视野，对乡族的发展做出更为多元的解释。

从1986年起，我的研究重点转向宋以后的家族组织。1987—1988年，我发表了《宋以后福建的祭祖习俗与宗族组织》[6]及《茔

---

[1] 引自华东军政委员会土地改革委员会编：《福建省农村调查》，第109页，福建省农会，1952年。
[2] 《中国社会经济史研究》1987年第4期。
[3] 《中国经济史研究》1988年第2期，与陈支平合作。
[4] 《台湾研究集刊》1987年第3期。
[5] 《台湾研究集刊》1988年第2期。
[6] 《厦门大学学报》1987年增刊。

山、墓田与徽商宗族组织》[1]，都是探讨祖先崇拜对宗族发展的影响。1989年底，我完成了博士论文《明清福建家族组织与社会变迁》[2]，试图从民间家族组织的发展揭示宋以后的历史变迁。我认为，明清时期的家族组织，已经超出了亲属组织的范畴，具有泛家族主义的发展倾向。这是因为，在相对完整的家族系统中，往往同时包含六种不同类型的家族组织，即大家庭、小家庭、不完整家庭及继承式宗族、依附式宗族、合同式宗族。这些不同类型的家族组织，既可以是以婚姻或血缘关系为基础的亲属组织，也可以是以地缘或契约关系为基础的拟制的亲属组织。就家族组织的内在发展趋势而言，每一家族系统都可能经历从不完整家庭向小家庭、大家庭、继承式家族、依附式家族或合同式家族演变的历史过程。在家族组织的演变过程中，分家析产是宗族发展的逻辑起点。由于分家析产制的盛行，每一代的大家庭都将面临周期性的裂变，而分家后的新家庭之间又会维持某些协作关系，这就使原有的大家庭直接演变为继承式宗族[3]。然而，以血缘联系为基础的继承式宗族很难长期维持，势必逐渐演变为以地缘关系为基础的依附式宗族或以契约关系为基础的合同式宗族。不过，在战乱之后或移民地区，家族组织的发展也可能经由不同的途径，即先由若干家庭组成依附式宗族或合同式宗族，再通过分家析产形成继承式宗族。

在福建地区，宋元时期已有贵族及官僚阶层的宗族组织，而民间宗族组织的普遍发展却是在明中叶以后。明清时期家族组织的普遍发展，是与当时特定的历史环境相联系的，反映了宋以后政治、

---

[1]《安徽史学》1988年第1期。
[2] 湖南教育出版社"博士论丛"第5辑，1992年。
[3] 参见拙文：《明清福建的家庭结构及其演变趋势》，《中国社会经济史研究》1988年第4期；《清代台湾家庭结构的若干特点》，《台湾研究集刊》1989年第2期。

经济、文化的深刻变化。首先，由于程朱理学的推广和礼仪制度的改革，促成了宗法伦理的庶民化，为家族发展提供了思想前提；其次，由于明中叶赋役与财政体制的改革，促成了基层社会的自治化，为家族发展提供了政治前提；再次，由于明清之际商品经济的发展和私人地主经济的解体，促成了财产关系的共有化，为家族发展提供了经济前提。因此，明清时期的家族组织并非原始氏族制的残余，而是新型的民间社会组织。

20世纪90年代，由于一些特殊的机缘，我先后参加了"福建宗教史""闽台社会文化比较研究""华南社会文化史"等国际合作研究项目。这些项目都是以多学科合作为特点的，特别注重历史文献与田野调查相结合，使我对福建民间的传统社会组织有了更为全面的了解，尤其关注地方文化与乡族组织的内在联系。作为这些项目的部分研究成果，我发表了《闽台道教与民间诸神崇拜》[1]、《吴真人信仰的历史考察》[2]、《神庙祭典与社区发展模式》[3]、《清代闽南乡族械斗的演变》[4]、《明清福建里社考》[5]等论文，着重探讨民间信仰与宗教仪式对乡族发展的影响。

福建古为闽越之地，其俗"信鬼尚祀"，巫术对社会生活有着深刻的影响。唐宋时期，福建各地陆续进入中央王朝的教化体系，民间信仰逐渐与国家政权及儒教、道教、佛教等正统宗教相结合，形成了相当庞杂的地方神庙系统与相应的仪式传统。明代禁止民间的宗教结社及迎神赛会活动，试图以全国统一的里社祭礼规范民间

---

[1] 与丁荷生合作，"中研院"《民族学研究所集刊》第73期，1992年。
[2] 《吴真人研究》，鹭江出版社，1992年。
[3] 《史林》1995年第1期。
[4] 《中国社会经济史研究》1998年第1期。
[5] 《家庭·社区·大众心态变迁国际学术研讨会论文集》，黄山书社，1999年。

的宗教仪式。然而，随着里甲体制趋于解体，里社祭礼也难以继续维持。明中叶以前，福建各地的里社祭礼大多已废而不举，而各种地方神庙系统及迎神赛会活动则相继复兴。当时福建的各级官僚及地方士绅曾多次发起"毁淫祀"运动，试图重新规范民间的宗教礼仪，但都以失败告终。不过，明中叶福建地方神庙的复兴运动，一般仍是在重建"里社"的名义下进行的，这就使此后的地方神庙具有社、庙合一的特征，而相关的仪式组织通常也称为"社会"或"会社"。

明中叶以后福建的里社祭祀组织，大致可以分为三种类型：一是由里甲编户组成的家族型组织；二是由全体居民组成的社区型组织；三是由自愿者组成的社团型组织。由于这一时期的里社组织具有多元的组织原则，因而可以适应复杂多变的社会关系，使之成为福建民间最常见的超家族社会组织。明以后福建的各种地方公共事务，实际上都是以里社为单位共同承担的；甚至连清代日益盛行的乡族械斗，也直接表现为不同里社之间的联盟与冲突。

近年来，我的研究课题主要为明清以来的地方行政与国家认同，试图通过考察"国家内在于社会"的历史过程，揭示中国传统国家与社会关系的转型。我认为，乡族组织作为合法的基层社会组织，是与当时的政治体制相适应的。因此，考察明清时期政治体制与国家观念的演变趋势，有助于说明乡族与国家的内在联系。

三、乡族与国家的内在联系

中国传统社会的国家政权，既可以对基层社会实行直接统治，也可以对基层社会实行间接统治。一般说来，只有在高度发达的中央集权体制之下，才有可能对基层社会实行直接统治，否则就只能实行间接统治。明清时期的政治体制，经历了由直接统治向间接统治的演变过程，我称之为"基层社会的自治化"。由于这一自治化过程主要表现为乡族组织的政治化，因而也可以视为"国家内在于社会"的历史过程。

明代初期，朱元璋大力加强专制集权体制，试图对民间社会实行全面控制。明初的社会控制体系，是以"画地为牢"的里甲组织为基础的，即通过里甲审定户籍、编制黄册和鱼鳞图册，有效地控制人口和土地资源，承担赋役征派与治安、司法等地方行政职能。由于明初的里甲组织具有基层政权的性质，因而可以把当时的政治体制称为"里甲体制"。然而，自永乐以降，由于各级政府滥用民力，民间为了逃避日益沉重的赋役负担，千方百计隐瞒户口和土地，遂使里甲体制趋于解体。在福建地区，至迟到成化、弘治年间，里甲（都、图、团）编户已损耗过半，原有的社会控制体系难以继续维持。因此，福建各地陆续推行赋役制度改革，不再实行定期的里甲户籍与赋役编审，而是由现存的里甲编户分担原有的赋役定额，从而使里甲组织成为世代相承的赋役承包单位。在此情况下，每里、每甲乃至每一编户，都必须对人口和土地实行自我管理，合理分摊既定的赋税和劳役，而官僚政府则不再对基层社会实行直接的控制。明中叶以后福建的里社与家族组织，实际上也是不同层次的赋役共同体，里甲编户逐渐演变为乡族组织的代名词。[1]

明中叶的财政改革，进一步促成了地方政府职能的转变。明代前期，各级地方政府不受财政预算的约束，可以随意征发民力，因而具有较为广泛的行政职能。明中叶前后，为了减轻民间的赋役负

---

[1] 参见拙文：《明清福建的里甲户籍与家族组织》，《中国社会经济史研究》1989年第2期。

担,各地陆续对地方政府的财政支出实行限制,逐渐形成了分类管理的财政包干体制。隆庆至万历年间全面推行的"一条鞭法",就是这一改革趋势的总成果。在"一条鞭法"体制下,各级地方政府只能在既定的预算范围内安排财政支出,其行政职能受到了严格的限制。由于"一条鞭法"的指导思想在于"节流",各级地方财政的规模大为压缩,只能维持经常性财政支出,缺乏应对突发性事件的机动财源。因此,自万历以降,凡属水利、交通等重大工程或救灾、御敌等突发性事件,都必须通过募捐筹集经费,或是责成民间自行解决。更为严重的是,明王朝为了缓解中央政府的财政危机,不断裁减各级地方政府的财政经费,使之难以发挥正常的行政职能。在此情况下,地方政府为了维持社会秩序的相对稳定,日益依赖于乡族组织与乡绅阶层,从而导致了社会控制权的下移。明后期福建的各种地方公共事务,如水利、交通、治安、教育、救济及礼仪活动等,大多经历了从官办向民办的转变过程,其原因即在于此。[1]

清代的地方财政体制,直接承袭了明中叶确立的"一条鞭法",其基本特征为分级分类、定额包干。顺治至康熙初期,为了筹集额外的军事费用,对各级地方财政经费实行大幅度的裁减,从而使地方政府的行政职能进一步萎缩。在福建,为了解决地方财政经费不足的问题,清初曾一度恢复向里甲派役的做法,康熙中期以后则主要通过加征"耗羡"弥补地方财政亏空。雍正年间实行"耗羡归公"后,养廉银成为各级地方政府的机动财源,主要用于支付各种额外的办公经费。清中叶以后,由于"就廉摊捐"日益盛行,养廉银已经名存实亡,不再具有原有的意义。不仅如此,清后期对全省

---

[1] 参见拙文:《明后期福建地方行政的演变——兼论明中叶的财政改革》,《中国史研究》1998年第1期。

各级地方财政经费实行集中管理，统一核销，也在一定程度上限制了省以下地方政府的行政自主权。由于清代州县政府可以自由支配的财力是极其有限的，无论地方官员如何廉洁奉公，都是不可能大有作为的。因此，清代的各种地方公共事务，仍是依赖于乡族组织与乡绅阶层。康熙年间，闽浙总督兴永朝推行"粮户归宗"；雍正至乾隆时期，各地官员要求实行"族正制"。这些都表明，乡族组织已成为清代政治体制的有机组成部分。乾隆皇帝对"族正制"心怀疑虑，转而推行保甲制，而保甲实际上也只是乡族组织的代名词，并未改变乡族自治的基本格局。[1]

晚清时期，清王朝为了抵御外侮和镇压内乱，鼓励各地组织团练，推进了基层社会的军事化。团练作为乡族武装，在晚清的地方政局中占有举足轻重的地位。与此同时，清王朝为了广辟财源，大开捐纳之例，造就了大批绅商合一的地方精英，导致了地方权力体系的深刻变化。晚清各地政府开征的厘金，实际上也是一种变相的捐纳。在福建各地，交纳厘金的商人可以依照捐纳之例，获得"奖叙"，从而跻身于绅士之列。与传统的士绅阶层相比，这些绅商拥有更雄厚的财力，可以广泛参与各种地方事务，进一步推动了基层社会的自治化。晚清至民国初年的地方自治运动，与团练及绅商阶层的崛起密切相关，这标志着国家与社会关系的又一次转型。在某种意义上说，中国现代的民族国家建设，直接面对的是以团练和绅商为代表的地方政治势力，而不是传统的乡族组织与乡绅阶层。[2]

---

[1] 参见拙文：《清代闽南乡族械斗的演变》，《中国社会经济史研究》1998年第1期；《清代福建地方财政与政府职能的演变》，《清史研究》2002年第2期。

[2] 参见拙文：《清代福建地方财政与政府职能的演变》，《清史研究》2002年第2期；《晚清至民国的乡镇商人》，《中国社会史论》，湖北教育出版社，2000年；《晚清至民国的乡镇商人与地方政局》，《中国社会历史评论》第2卷，天津古籍出版社，2000年。

从明中叶至清后期，由于地方政府的行政职能日趋萎缩，社会控制权不断下移。明中叶以后的政治体制，可以说是以乡族自治为特征的，或者说是"国家内在于社会"。在这一政治体制下，明清时期的国家政权维持了长达数百年的长治久安，而社会秩序也是相对稳定的。因此，对于这一时期的国家、乡族及乡绅阶层的历史特点与内在联系，仍有必要再做进一步的深入探讨。

卷一

乡族组织与共有经济

明清时期闽北乡族地主经济

所谓乡族地主经济,指乡族组织与地主经济直接结合,由乡族组织集体所有的一种地主经济形式。乡族地主经济出现于宋代,明清时期得到了迅速的发展,成为地主经济的主要形式之一。乡族地主经济的形成与发展,反映了宋以后地主经济结构的重大变化,同时也深刻地影响着这一时期的社会阶级关系。本文试图通过考察闽北地区的乡族地主经济,探讨明清时期的社会经济变迁。

在全国各地,乡族地主经济的发展很不平衡,有较大的地区性差别。福建北部的建宁、延平、邵武三府所辖的地区,乡族地主经济曾经达到相当大的规模,具有一定的典型意义。根据土改时期的调查,闽北的各种乡族共有田,超过了耕地总面积的一半,其比重高于福建其他地区,在邻近省份中也名列前茅。[1]那么,闽北乡族地主经济是如何形成与发展的?具有怎样的形态与结构?其所有权性质是什么?这些就是本文着重探讨的问题。

本文所依据的资料,主要见诸文集、族谱、方志等地方文献;此外,各种形式的契约、分关、碑刻、铭文,以及近代以来的若干

---

[1] 华东军政委员会土地改革委员会编:《福建省农村调查》,第109页;参见本文附注。

调查资料,也分别从不同的角度提供了有关信息。在论文写作过程中,笔者曾到闽北各地实地考察,深化了对当地生态环境与历史文化传统的理解。为了便于综合分析,本文拟先分类考察闽北乡族地主经济的形态与结构,再集中论述其演变趋势与所有权关系。

一、乡族组织与地主经济的直接结合

明清时期闽北的各种乡族组织,分别拥有数量不等的公共财产,从而造就了形形色色的乡族共有经济。依据闽北乡族共有经济的所有者、具体用途及物质形态,大致可以分为以下不同类型:首先,从所有权的归属来看,可以分为宗族所有(下称族产)与地方所有(下称地方公产)两大类型;其次,从具体用途来看,可以分为祭祀、教育、赈恤及公益事业等类型;再次,从物质形态来看,有田地、山林、店房及生息资本等公产。由于闽北乡族财产的主要成分是土地,因而也可以把乡族共有经济概称为乡族地主经济。

闽北历史上的族产,体现了各种家族组织与地主经济的直接结合。自唐宋以来,闽北有不少绵延上千年的名门望族,历数十世而"谱系不紊",聚数千众而"昭穆井然"[1]。在家族内部,依据居住环境及世代系列,分别形成了"支""派""房""祠"之类的亲属集团。与此相适应,族产的权益也分属于家族内部各种亲疏有别的亲属集团,各族都有许多相对独立的族产单位。因此,在闽北各地的族谱中,对族产的来源和归属一般都有明确的记载,以免引起族人之间的产权纠纷。例如,崇安县《吴氏家乘》宣称:"宜于谱

---

[1] 邵武县庆亲里《李氏宗谱》卷一,《七修新序》。

中分别某房为某祖立祭田若干亩于某乡、某地,以免于争。"[1]浦城县《水南房氏族谱》规定:"各房嫡祖自置祭田,粮、租亲派管理,外房不得越占。"[2]一般地说,族产的权益只有创置者的直系后裔才有权分享,其余旁系族人则不得问津。明天启元年(1621),建阳庐江何氏的《艮房祭田记》对此提出了两条准则:一是"明嫡派";二是"溯由来"。[3]可以说,这是确认族产权益的主要依据。

闽北历史上的地方公产,体现了各种地方组织与地主经济的直接结合。自宋代以降,由于土地买卖及自由租佃关系的发展,生产资料的易手经常导致人口的流动,闽北各地大多处于杂姓混居的状态。在同一地区的各家族之间,形成了各种以地缘联系为基础的地方组织。除了由官府编定的里甲、保甲之类的基层政权组织之外,闽北的地方组织主要为各种"会""社"。这些"会""社"一般都是由乡绅支配的社会组织,"类以合群保民为宗旨"[4]。其中有的与祭祀活动有关,如"三王会""将军会"之类;有的与地方教育有关,如"文光社""文社会"之类;有的与慈善事业有关,如"长生社""义埋社"之类;有的与公益事业有关,如"桥会""渡会"之类。乡绅阶层以集"会"结"社"的方式,操纵着各种地方事务,同时也支配着与之相关的地方公产。

明清时期闽北的乡族组织,以各种不同的名义与地主经济相结合,创置了各种不同用途的乡族地主经济。建阳《黄文肃公族谱》的"凡例"中,对此有一概括的说明,其略云:

---

[1] 清抄本一册,《祭田考》。
[2] 《水南房氏族谱》卷一,《宗规条款》。
[3] 建阳县《庐江何氏宗谱》卷三。
[4] 民国八年《政和县志》卷二十,《礼俗》。

祀产，先人所遗或自创置，或田或山……更有某祖某妣位下子孙捐出田地入祠充祀者；又有役田，以佐门户里役之差徭；有学田，以资读书之灯油、脯脩、试费。

上述说法，仅仅对族产做了大致的分类。实际上，各种乡族地主经济的名称与用途，往往名实不尽相符；各种乡族地主经济的比重与规模，也不可等量齐观。为此，有必要略做具体分析。

闽北的族产主要是祭产，其余各种族产则时有兴废，比重不大。下面试以瓯宁县屯山祖氏的族有田租为例，分类统计，列为表1，以资说明。

表1 《闽瓯屯山祖氏宗谱》中的族有田租统计　单位：箩（谷）

世代	单位	特祭	合祭	香灯	书灯	其他	合计
一至十世	9		1004	429			1433
十一世	2	215					215
十二世	2	180余					180余
十三世	4	510		60	60		630
十四世	2	695余					695余
十五世	3	459					459
十六世	5	408			29		437
十七世	4	1534余			252	养役租60	1846余
十八世	3	942			83余		1025余
合计	34	4943余	1004	489	424余	60	6920余

说明：

1.《宗谱》中记载的田租种类，有米、谷、豆、麦、银、钱、冬牲等；其计量单位，有担、石、箩、桶、斗、升、两、千文等。本表只计租谷，其计量单位用箩，依当地习惯，每担=3箩；每箩=2桶；每担=6桶。凡难于完全折算者，则注一"余"字。

2.本表资料见于卷八《祭产》。

如表1所示，屯山祖氏的族有租谷近七千箩，其中祭租约占

93%,"书灯"租约占6%,"养役"租不及1%。祭租又分"特祭""合祭"及"香灯"三类;前两类用于祭祖护墓,"香灯"租则用于敬神拜佛。

明清时期,闽北民间的祭祖方式颇为复杂:按祭祀的对象来分,有"特祭"及"合祭"之别;按祭祀的时间来分,有四季"时祭"及生死"忌辰"之别;按祭祀的地点来分,又有"家祭""祠祭""墓祭"之别。祭产的设置,与祭祖的方式密切相关,但主要不是按祭祀的时间及地点分设,而是按祭祀的对象分设。所谓"特祭",是指各房为直系祖先设祭。祖氏自第十一世至十八世,共有二十四人置产"特祭";此类祭租近五千箩,占全部族有田租的71%强。所谓"合祭",是指为各房历代祖先统一设祭。祖氏一世祖溪西公,于南宋末年由浦城县上湖村迁居瓯宁县谢屯村;明代初年,六世祖永宁、永明派分二支;明中叶前后,永宁支十一世祖榕公、永明支十世祖阳岩公,分别置产"合祭"六世祖以下历代直系祖先;清康熙年间,两支先后创建世德祠、继善祠,各自"合祭"两支派下历代直系祖先;清道光十年(1830),永宁、永明二支合建典义堂,又称典礼祠,共同"合祭"两支一至五世祖。因此,祖氏共有五个用于"合祭"的族产单位,计租一千余箩,占全部族有田租的14%强。

屯山祖氏的"香灯"租、"书灯"租、"养役"租之类,大多附属于族内各个祭产单位。祖氏共有"香灯"租近五百箩,约占全部族有田租的7%。其中合族公有的"晏公产业",附属于典义堂;永明支公有的"无祀坛"祭产,附属于继善祠;永宁支十三世"廷琮祭",代理"西峰岩香灯田"。此外,祖氏捐入村中凌云庙及前山庙的"香灯田",分别由各庙僧侣代管,其所有权则仍归祖氏族人。祖氏各房设置的"书灯田",分属于六个祭产单位。其中永宁支四个，即十三世的"廷琮祭"，十四世的"世荣祭""申显祭"，十八世的"盛文祭"；永明支两个，即十六世的"春茂祭"及十八世的"乾仁祭"。祖氏未见置有"义田"，仅有"养役"租60箩，附属于永宁支十八世的"申显祭"。

值得注意的是，明清时期闽北各族的祭产，除了用于祭祖护墓之外，往往还用于教育、赈恤及某些公益事业，因而可以视为一种综合性的族产。明万历年间，建阳傅氏建立仰止祠，谢肇淛代作《记》曰：

> 祠始于戊午九月，落成于庚申十月。公之子复思裕祀蒸尝必有其田，遂以二百亩为春秋祠墓之需，羡余则以给修葺及课艺资，而族之婚嫁、丧葬无资者，咸取给焉。[1]

浦城县《达氏宗谱》的《族长伯荣公遗训》，对祠产的各项用途都做了详细的规定：

> 有志儒业，入泮者，给兰衫花银二两；凡赴乡试者，给程银四两；凡赴会试进士者，给程银八两；及第衣锦祭祖者，给旗杆银二十两。婚嫁娶媳者，贺喜银五钱。孤贫身故者，给殡银二两。

与此类似，各族用于"特祭"的祭产，往往也兼有其他的职能。邵武勋潭黄氏的"富五公祀田"，其收入"除供祭外，其余为

---

[1] 建阳县《傅氏宗谱》卷一。

赡十甲里役之用"〔1〕。瓯宁县璜溪葛氏六世祖佛童公所遗下的祭产，每年除"办祭颁胙"外，还必须供给八月二十日"做醮开路"的费用。〔2〕各族培植族人的费用，往往仅次于祭租，但也有的地主认为，此类费用可以直接从祭产中提取，不必另立"书田"。《闽瓯屯山祖氏宗谱》的《缵侯公将蒸尝作书田遗嘱》称：

> 我父与我兄弟身游泮水，何有补助？惟励志青灯，矢心黄卷，斯为上士，籍书田而始读者未矣。尔等候我归天以后，分炊之日不必设立书田。凡我派下子孙有志勤学，克绍书香者，即将我蒸尝……让收一载，以为冠带谒祖之需。

在祭产兼有其他职能的情况下，实际上已经把其他形式的族产合并在内了。因此，虽然闽北在宋元时期已有"义田""役田"之类的族产，明清时期并未得到相应的发展，而是逐渐减少，甚至趋于消失了。〔3〕

闽北地方公产的用途及名称，与族产大略相似。试以光绪《续修浦城县志》的有关记载为例，分类统计，列为下表：

---

〔1〕 邵武县《黄氏族谱》卷十三，《祀思志》。
〔2〕 瓯宁县《璜溪葛氏宗谱》第六册，《做醮开路条规》。
〔3〕 "义田"，或称"义庄"，多为官僚士大夫所创。《八闽通志》卷六十九《人物》载，尤溪王必正，"绍定初除漳州通判……尝仿范文正公例，以郭外田五百余亩创义庄，以资族人冠婚丧葬之费"。康熙《建安县志》卷七《人物·孝义》载："杨让，字允谦，太师荣仲子……购田二顷，以给族里嫁娶丧葬不能为礼者。"在闽北，"义庄"之类未见普及；各种方志虽有此类记载，亦在"常事不书"之列。"役田"之类，明前期较多，且多为"赡军庄"之类；明中叶后，多称"排年管里田""赡门户田"等，主要用于轮值社祭及供给册书、差役人等的规费。

表2 光绪二十六年（1900）《续修浦城县志》中的地方公产统计

用途	名称	单位数	田租谷（担）	山林（处）	店房（所）	其他	资料来源
教育	书院	5	6393	租钱15千	租银553两 租钱77余千	田116亩、地若干	卷十七
	社学	4				田19亩余	卷十六
	义学、义塾	4	179			田54亩余	卷十七
	宾兴、公车	2	500余				卷十七
赈恤	育婴会	1	1734			生息银90两、塘租19元	卷八
	孤贫院	1	440	1	30		卷八
	同善堂	1				田74亩余	卷八
	义埋义祭	18	18	19		田若干亩	卷八
	社仓	34				积谷10350石	卷十二
	义仓	1				积谷12000余石	卷十二
祭祀	祠堂	5	110余			田70余亩	卷十三 卷十六
	宫庙	1			租钱448千		卷十三
公益	桥梁	22	1482		6	生息银500元	卷五
	渡口	10	458		1		卷五
合计		109	11314余	20处，租钱15千	37所，租银553两，租钱525千	田、塘、谷、生息银各若干	

说明：
1. 田租的计量单位经过折算，方法同表1；山租、店租不明者，以"处""所"计。
2. 凡表中各栏无法反映的重要内容，于"其他"一栏补录。

清末浦城县的地方公产，有的归全县共有，有的则分属于各乡、各里、各村，甚至分属于若干特殊的社会集团。下面试以教育类为例，略做说明：

书院五所，一所为全县共有，即"南浦书院"；其余四所，分属于东、西、南三乡，北乡则未见设有书院。南乡有两所书院，分别设于清湖里临江街及人和里石陂街，各由"绅董"倡建或募捐田租数百担，"以赡常费"。书院为学者"肄学之区"，不分是否获得科举功名，皆可就学。

社学四所，分别设于泰宁里富岭街、人和里石陂街、新兴里西乡街、忠信里上坦村。社学原作宣讲诏令、"训迪里民子弟"之用，其后亦用于"常教常学"。

义学一所，设于城关棋盘街；义塾三所，都设在南乡。义学及义塾用于"延师训课贫家子弟"，分别置有田产，"岁费有常"。

宾兴田及公车田，专供参加科举考试之用。宾兴田计租三百八十余担，"为侨寓吾邑已历三世，有田园庐墓，而身家清白、愿入邑籍者捐资所置"。因而，宾兴田必须由"城乡入籍、捐资捐田者……公举董事经理"，其田租则"每逢乡试……按文生、监名数匀给"。公车田计租九十余担，原由"知县周虎拜详充东山寺废租"而成，后因寺租"为上宪拨充建溪书院经费"，由"恩贡生张荫寿所倡"，另行捐置。公车田"交董事举人自行轮流经理"，其田租"遇会试之年，按文举人名数匀给"。此外，南乡石陂街的青黎书院，也置有宾兴田租30石，专供士子赴试之需。

在各个社区及各种社会团体中，有关地方公产一般都归"绅董"之类的组织经管，而这些"绅董"又是由捐置者组成的。表2中的同善堂，曾"倡捐巨款，分赴浙江，办理赈饥、埋骼诸事；往复筹款，举办义学、育婴等善举十条"，其参加者则为"周、徐、詹、孟"四大姓。浦城南乡水北浮桥，由"潘、吴、毛众姓捐置"田租76石，其桥田则由三姓后裔管业收租；北乡甘源桥，由"范处村众置"田租1200斛，又由乡绅杨镇南"捐置"田租1000斤，则杨镇南便是当然的"绅董"。此外，有些桥田或渡田之类，虽然用于地方公益事业，但由于来自一姓独捐，则由一姓自理。如城关南浦桥，原由乡绅祝昌泰捐入"苗租"一百四十余石，"意者斯桥为渠家独建，不过指此项为岁修之需，其租仍自管理。迨道光二十六年公建石桥，因遂援为己业"。这种桥田历年已久，则与族产无异。如仁寿浮桥田的变迁，也经历了类似的过程：

乾隆间，邑绅吴金鉴于金凤门外独建仁寿浮桥，捐入安乐图苗租五十一石八斗。（咸丰）戊午乱后，其家中落，伊孙吴继善、继昌、继辉，分据为业，斯桥遂渐废毁。

很明显，这种桥田并不属于地方组织所有，因而不可视为地方公产。[1]

应当说明，上表有关各类地方公产的统计数字，并不反映其实际所达到的规模。这是因为，方志中所登录的各种地方公产，仅仅依据各有关地方组织的"册报"，如果未经"册报"，也就不得其详了。以祭祀类言之，光绪《续修浦城县志》共记载各种"民祀"的宫、殿、庙、祠、阁等共97所，此类宗教设施照例都相应置有用于祭祀的公产，但《县志》中仅登录"浦城会馆"捐置的"天上圣母宫"的"祀产"，共计店房21所，租钱448千文；其余"民祀"的祭产皆付诸阙如。此外，清代浦城县城关共有18个"社会"，分别置有

---

[1] 以上引文，参见表2"资料来源"一栏。

用于"社祭"活动的公产。我们曾见到一批买卖此类"社会"股份的契约,但在《县志》中亦未见有此类记载。因而,表2中有关各类地方公产的统计数字,必然是挂一漏万,与实际数量相去甚远。

明清时期闽北的族产与地方公产,主要用于出租取利或借贷生息,因而体现了乡族组织与地主经济的直接结合。乡族组织对于土地的所有权,直接表现为一种征租权。明清时期,闽北地权分化的现象十分普遍,往往在同一田地上,并立着两种不同的地主,如"大苗主""小苗主",以及"骨主""皮主",等等。与此相适应,田租也一分为二,如"大苗租""小苗租",以及"骨租""皮租",等等。因而,地主对于田地往往并不持有完整的所有权,而是持有一部分征租权;如果持有完整的所有权,则可以同时征收两种地租,如"皮骨租""大小苗租"之类。在各种乡族组织占有的田地上,地权分化的现象同样很严重。光绪《续修浦城县志》卷五载:

> 按,桥渡……典守缮治,皆有苗田……而册报中有称额租者、租谷者、田面谷者、大苗租者、小苗租者;有开明田供、土名、额数者;有只开土名、额数而失去田供者;有填写土名之字、字书不载及引用讹谬者。各乡风土不同,俗称亦异。

一般地说,在同时征收"大小苗租"的情况下,地主有交纳钱粮的义务,也有自由招佃的权利,因而必须同时开具田地的"田供、土名、额数";在征收"大苗租"的情况下,地主有交纳钱粮的义务,但没有自由招佃的权利,因而只需要开具"田供"与"额数",而不必开具"土名";在征收"小苗租"的情况下,地主有自由招佃的权利,却没有交纳钱粮的义务,因而只需要开具"土名"与"额数",而不必开具"田供"。地权分化的发展,既反映了地主阶级内部对于地租的争夺，也反映了各种地主共同剥削佃户的关系。下面试以顺昌县上洋谢氏十二至十六世的祭租为例，分类统计，列为下表：

表3　顺昌上洋谢氏十二至十六世祭租的分类统计　单位：箩（谷）

世代	祭名	总租额	皮骨租	比重	骨租	比重	皮租	比重
十二世	有文祭	72	72	100%				
十三世	荫鹏祭	48			48	100%		
十四世	汝贤祭	522			485	93%	37	7%
十五世	诚斋祭	1233	417	34%	700	57%	116	9%
十六世	霞标祭	1085	901	83%			184	17%
合计		2960	1390	47%	1233	41%	337	12%

说明：
1. 计量单位及折算方法同表1。
2. 依当地习惯，"骨租"又称"苗租"，"皮租"又称"佃租"，"皮骨租"又称"苗皮租""苗佃租"。
3. 本表只计祭租，各祭附属的"公产"及"书田"租之类未计入。
4. 本表资料见于光绪二十八年《谢氏宗谱》，不分卷。

如上表所示，在谢氏历代的祭租中，"皮骨租"只占47%，而"皮租"及"骨租"则分别占12%及41%，两者合计超过了祭租总额的一半。由此可见，谢氏宗族对于多数的祭田，未能持有完整的所有权。在分别征收"骨租"或"皮租"的祭田上，除了谢氏宗族之外，还有其他的地主，也同时分享着另外一部分权益。不仅如此，有些征收"皮租"的祭田，还要向其他地主交纳"骨租"。例如，十五世"诚斋祭"的五段"皮田"中，有两段分别由谢氏交纳"顺昌正识寺苗银三两""冯宅租银一两六钱"，其余三段则分别由现耕佃户交纳"魏周亮家苗谷七箩""黄宅苗谷七箩""冯宅苗谷九箩"；十六世"霞标祭"的九段"皮田"中，有七段分别由谢氏向兴国寺、正识寺、张宅、廖宅、谢宅、祖宅等交纳"租银""苗钱"

或"贴差银",有两段则分别由现耕佃户向汤宅、谢宅交纳"苗谷"。在这里,谢氏宗族实际上是二地主。

值得注意的是,在乡族组织征收"皮骨租"或"大小苗租"的田地上,同样并立着两种收租权,而且随时都可能分属于不同的所有者,试见下引瓯宁县"颍川"陈氏的《上翼公日、月、星三房合同契约》:〈1〉

> 缘先年上翼公立有连皮骨祭田一段……递年收苗谷二十二箩、冬牲一只,外皮谷二十箩、冬牲一只。因乾隆三十八年,余姓争讼坟山界址……将此皮谷二十箩,在本族正发边质得银五十两,前来公用。后汝会自用价银五十两,又钱六千文,向发边赎回此皮谷,图为己业。但田价时值百金,岂容一人便宜。……日房嘉玉等近前,照依时值土风,出得高价镜纹银一百一十两正,足平足兑,向汝会之子孙福春处赎出此皮谷,以充朴九公名下蒸尝。除赎价外,更剩银五十四两(归公)。……其皮谷的系日房加价取赎之业,任凭日房子孙前去收谷管业,与月、星两房无干涉。

在这里,由于"田皮"和"田骨"的收租权可以分别典押或买卖,一田二租也就演变为一田二主。此后,"田皮"和"田骨"的所有者可以同时向现耕佃户收租,导致了佃户的双重依附关系。

乡族地主所采取的地租剥削形态,主要是实物定额租,但也有少数折纳货币。在粮食价格看涨的情况下,乡族地主一般不允许交纳折租。浦城县《东海徐氏宗谱》规定:"额租,各佃递年送市

〈1〉《福瓯上洋陈氏宗谱》卷七,《祭田合同》。

交纳，不得滥折背泊。"[1] 政和县《东平宾兴章程》称："有田即有苗，何用钱抵？"即使在交纳折租的情况下，租额也要随粮价变动。《东平义学董事章程》规定："凡以钱折谷者，本冬即照客庄苗价折算，欠至次年当照时价折算。"[2] 由于乡族地主习于通过地租的商品化过程投机取利，因而从实物地租向货币地租的转化是十分困难的。

在定额租形态下，乡族地主并不过问田地的经营情况，佃户有较大的生产自主权。但是，乡族地主往往利用换佃的机会，提高地租定额。建阳县潭阳肖氏有一段祠田，原来每年收"苗谷"55箩，后因佃户"屡年欠租十余箩之多"，经官府断决，"将田起出，着值祭自行另佃，递年征谷七十二箩"。[3] 此外，又有押租及其他附加租。建阳县《后举平氏族谱》记载："祠上租田，载有五年一换立领者，乡名'小买'。若本佃舞弊，同起田另召。"[4] 所谓"小买"，又称"小顶"，是押租的一种形式。在佃户欠租的情况下，地主可没收佃户预交的押租，并"起田另召"。"换领"又是地主加租的一种手段。建阳县后举平氏的《祠规》记载："届期取领换字，每石收折利租二十文。"浦城县《达氏宗谱》的《凡例》记载："乾隆五十一年清明……各佃换领，整定祭租，斤两比前较益数担。"

乡族地主经济的经营方式，与私人地主经济并无二致；乡族组织对于佃户的超经济强制，则为普通的私人地主所望尘莫及。例如，浦城县《高路季氏宗谱》卷五记载："如有顽佃抗欠及隐匿额数、卖弄田界、盗刈等情，值年向前理论，凡公子孙皆当相助。至

---

[1]《东海徐氏宗谱》卷十，《前街祠祭租》。
[2] 民国《政和县志》卷十三，《学校》。
[3]《肖氏宗谱》卷二，《潭阳祀租》。
[4] 建阳县《后举平氏族谱》第一册，《乾隆乙酉修谱凡例》。

于需用，各房同派。"如果系本族佃户"霸占不交"，则必须绳以"族规""族法"，"即同族、房长追出"，以免"有失亲亲之义"。此外，乡族组织对于佃户的超经济强制，还得到了来自官府的助力。浦城县《金章杨氏族谱》卷十一记载：

> 惟同治丁卯六年，下地世敬公坟庵，有墓佃余元妹犯盗葬伤祖，墓田架屋，枭吞祭租等款，衢乃邀同族长永宣公父子，偕本房有功名者若文辉等，呈控前廉。……先是，伊子名上兴来忠信，被我族人文翰、章镇叔侄留宿追取祭租，殊兴伺隙潜归，反敢黉夜奔控房禁勒赎等谎，幸蒙批驳在案。……累至癸酉十二年秋，经长男章云催县，叩主文公提讯了结。……余姓自知罪无可宽，再四托中求情，自愿挖扦示罚，安山赔租。

在各种地方组织中，如有佃户欠租，则更是动辄"禀官究追""严惩不贷"。可见，以乡族地主的面目出现的超经济强制，比私人地主更为残酷无情。

闽北的山林不征赋税[1]，大多为强宗大姓所据有。[2]各族对山林的占有形式不一，"以先代有契、有坟墓，并蓄留树木及租人开辟以管业者为妥"[3]。一般地说，山上一旦葬有墓穴，则不容"垦为田地、掘为沟渠"[4]；如果山上林产较丰，则"给居山者采之，而纳赁租于宗祠"[5]。由于林木的生长周期较长，垦种山场又需要

---

[1] 浦城县《后山蔡氏宗谱》卷二，《山场引》。
[2] 《福建省农村调查》，第121—123页；《福建山林情况》，第124页，《建阳县印山村林地调查》。
[3] 浦城县《后山蔡氏宗谱》卷二，《山场引》。
[4] 浦城县《周氏家谱》卷六，《戒立碑记》。
[5] 浦城县《后山蔡氏宗谱》卷二，《山场引》。

较多的工本，因而山林的租佃关系一般较为稳定。建阳县《陈氏宗谱》记载：

> 茶山一处，山租一千二百文，吴九迈交租，后代吴喜涛，堂兄保生。
> 茶山一处，山租二百文，熊万福交租。
> 荒山一处，租与人开有茶山，递年交租钱二百文正。

上述三处山场，都是采用定额租形态，而且租佃期限较长，主佃双方往往世代相承。在山林的租佃关系中，也出现了"皮骨"分立的现象。清道光十一年（1831），光泽县古氏分予"神房"竹山一嶂，"公议：山中所采柴竹钱，皮骨三七均分，照管者受分十中之三，兄弟与授十中之七，并议杉木归众"〔1〕。在这里，地权分化以分成租的形式表现出来。

值得注意的是，闽北的乡族组织往往设立寺庙管理山林，僧人实际上具有佃户身份。明永乐年间，建阳县竹林陈氏以坟庵改建为普济寺，招僧住持，"递年交租钱五两"。万历九年（1581），"刁恶道人章文秀"拒不交租，并"开单捏造官庵"，于万历十四年（1586）被县驳回，"拘秀出庵别往……原买游小奴杉山所垦出田，并入庵内，听从陈氏另行朱明福、郑志同管守坟"〔2〕。邵武何、徐、叶、吴四姓，明代同建南山普济庵，招僧看守山场，"设有各祖先牌位"。清乾隆末年，"遭远近不肖之徒串秃僧祯悟，舞弊残害，酿成讼端。始拘于捕厅，继控于军府、县宪，暨上制台，均叨批县讯

---

〔1〕 清道光十一年，光泽县古氏《分关》；照片存厦门大学历史所。
〔2〕 建阳县《陈氏宗谱》卷一，《竹林山坟祠叙》。

究。随蒙县宪郑讯断，押退该僧，追限不肖等缴吞租谷，并饬另举妥僧住持"。此类僧侣对"施主"有交租的义务，对寺产则无支配权。清乾隆四十三年（1778），普济庵僧人的"立承请字"称："其庵中田园产业，俱本僧管理，不得荡败。"又有各种依附性的"规仪"，如称"各施主祖牌仍照从前奉祀"；"每年正月初二日到各户贺春"；"每姓施主额定六年冬斋一次"；"僧人交家……每股一人到庵饮酒，以便清查交盘"；"山场所蓄竹木，不得私自砍伐"；等等。[1]

明清时期，随着农业人口的剧增和林业商品经济的发展，闽北的山林成为扩大再生产的广阔场所。"凡山之广，可以种；山之茂，可以樵。"[2] 然而，各族往往以保护"风水"为由，不准垦种或采伐山林。瓯宁县《璜溪葛氏宗谱》记载："我族坟林，厉禁稧卖，业经多年。前祠宇毁于发逆，佥议稧林创修，日辉等阻止；今族谱编辑，又议卖木为费，新等不允。皆保护荫木，为后世子孙计深远也。"[3] 由于闽北的山林资源为乡族组织所垄断，使之长期得不到合理的利用，严重地阻碍了山区商品经济的发展。

明清时期闽北的城居地主，垄断了各大小城镇的房地产，据以坐食租利。乡族组织也不例外。清嘉庆三年（1798），浦城县乡绅祝氏，一次捐入"南浦书院店房三十二座"，契价银近15000两，每年收租550余两，租钱70千文。[4] 泰宁县杉易镇欧阳氏，有店房71植，每年收租钱180余千文，清嘉庆十四年（1809）分家之际，留有"未分店房四处""未分房屋五栋半外又七间"，还有"未分园

---

[1] 邵武县《樵西古潭何氏族谱》卷尾三，《契券》。
[2] 浦城县《后山蔡氏宗谱》卷二，《山场引》。
[3] 《璜溪葛氏宗谱》第二册，《重禁稧卖坟山森林》。
[4] 光绪《续修浦城县志》卷十七，《书院》。

地、寮屋"等若干。⁽¹⁾有的乡族组织只占有地基，并不占有店房。浦城县东海徐氏的"文肃公十四股祭产"，有店房一座，咸丰年间毁于火灾，遂以地基租与族人"监造店面"。光绪四年（1878），店房卖与"城隍庙中元会"，徐氏与之立有《合同议字》，其略云：

> 自后中元会董至期向租店面者收纳店租二十二千文，徐应龙公裔至期亦向租店面者收纳地骨租十七千文，各管各业无异。⁽²⁾

值得注意的是，闽北有不少乡居的宗族组织，也在城里置有房产。瓯宁县屯山祖氏的十三世"以化祭"、十四世"丽南祭"和"永庚祭"、十七世"世荣祭"，分别在延平城及建安城，各据有"廨屋"一座，"俗称考试寓所"⁽³⁾。这些"廨屋"平时用于出租取利，遇试期则供本族士人使用。瓯宁县颍川陈氏于明万历年间在建安城置有"廨屋"一座，直至清末仍"管业无异"。试见下引乾隆五十八年（1793）的《租批字》：

> 立租批人潘樟宝，因祖与父原向上洋陈夷亭太翁派下泰、衡、恒三大房边，承租得本城新桥头房屋，内连空坪一片，房屋二植……递年实纳租钱三千六百文。不拘迟早，逢学宪院试之期交纳……如有短少，任凭陈宅召租。⁽⁴⁾

⟨1⟩ 嘉庆十四年，泰宁欧阳氏《分关》；照片存厦门大学历史所。
⟨2⟩ 浦城县《东海徐氏宗谱》卷十，《文甫公十四股祭产合同》。
⟨3⟩ 《闽瓯屯山祖氏宗谱》卷八，《祭产》。
⟨4⟩ 《福瓯上洋陈氏宗谱》卷七，《祭田、合同、租批字》。

闽北乡族组织所占有的"庄房""寮屋""棚厂"之类，大多也以"赁人居住"的方式收租取利，兹不赘述。

高利贷剥削是地主经济的有机组成部分，乡族地主也同样如此。闽北乡族组织的生息资本，有实物及货币两种形式。"社仓"及"义仓"之类的经营方式，以实物借贷为主。瓯宁县麻溪里的"屯山社仓"，由40名士绅捐置，"每遭凶歉，民艰粒食，令民夏受谷于仓，冬则加息以偿，按丁支借"[1]。瓯宁县丰乐里的"社仓"，由藩、葛、杨三姓创设，"行三十余年，而仓粟已三倍焉"[2]。在宗族内部，也有此类生息资本。建宁县《上坪关西（杨氏）族谱》的《祠谷记》载：

乾隆戊子冬，劝族人随力出谷，多者二石，少者一桶。每岁生放，逾积逾多。于是用之以修葺，用之以醵祭；至于饥荒之岁，赈救有所恃也。现已置买水田，为久远之计。

乡族组织的生息银钱，大多由"殷实"之户承领代放，或是"发典生息"。瓯宁县《屯山祖氏宗谱》的《丽南祭规条》称："公众停积银两，交理事者承领生息，务有田作当。"浦城县北乡《达氏宗谱》的《族长伯荣公遗训》称："匣内银钱，只许放于当祭者，……清明放出，冬成入取利一分。如放有余者，（管匣者）当代祖经管，纳利一分，永远照式无违。"清道光年间，建安城的"广清节局"，共集捐生息本钱七千八百余千文，全部交"典商"经

---

[1]《闽瓯屯山祖氏宗谱》卷一，《屯山社仓记》。
[2] 瓯宁县《璜溪葛氏宗谱》第三册，《丰乐大斗峰记》。

营，月息一分，年利近一千贯。[1]

乡族组织的生息资本，最终仍会转化为土地资本。瓯宁县《屯山祖氏宗谱》的《汉四公祭簿序》称："本年所余之钱，培置田产。"政和县的《东平义学董事章程》称："丰年所余之钱，随即交存殷户，添置田段。"[2]建安城"广清节局"的生息本钱，于"发典生息"的同时，"再议变置活业"。[3]由此可见，乡族组织的高利贷活动，是乡族地主经济的有机组成部分。

此外，闽北还有一些较为特殊的乡族财产，如墟市、水碓、水坝之类，对当地社会经济的发展影响甚大。顺昌县清河张氏，于明万历年间创建"禾口墟"之后，不仅历年征收店租、地租，而且持有对整个墟市的控制权。"墟界"之内，"寸土"悉归张氏所有，不容外姓染指。[4]在这里，由于墟市已经成为张氏的族产，各种商业活动无疑都要受到宗族组织的干预。

闽北的水碓及水坝之类，一般都归乡族组织所有，不许私人设置。因而，乡族组织对于当地的水运交通，实行了有效的控制。《闽瓯屯山祖氏宗谱》记载，在祖氏聚居的谢屯村前，有一麻溪，村中各族分别于溪上建坝设碓，仅祖氏一族，共设有"碓厂连坝"五座。每年冬春之际，商人运木过坝，必须向各"坝主"交租，"补贴修坝之需"；乡中所设"社仓"，对此类"坝租"有权抽成，每年可得一百余两。[5]同样，乡族组织在建桥设渡之后，对境内的交通也有权干预。瓯宁县《璜溪葛氏宗谱》收录的《步月桥记》称：

---

[1] [清]丁汝恭：《恤嫠志略》卷首，《募捐不必另立名色议》；卷一，《发典生息事宜》。
[2] 民国《政和县志》卷十三，《学校》。
[3] 《恤嫠志略》卷一，《章程略》。
[4] 顺昌县《清河张氏九修族谱》，《禾口墟记》。
[5] 《闽瓯屯山祖氏宗谱》卷八，《祭产》；卷一，《屯山社仓记》。

明正德元年，善士林志高、丁士通、葛宗敬等捐资建造。……乾隆乙丑，汀客张士华运木坏桥，禀县罚金七百两修整。并出示勒石，永禁京筒过境。

概括上述，明清时期闽北的乡族组织，以各种不同的名义，与地主经济直接结合，形成了庞大的乡族地主经济。乡族地主经济的经营方式，以坐食租利为基本特征，与私人地主经济并无二致；但是，借助于乡族组织与国家政权的保护，乡族地主经济的超经济强制更为有力，是一种得到了强化的地主经济。

二、从私人地主经济向乡族地主经济的转化

明清时期的私人地主经济，由于分家析产与地权分化的冲击，已经出现了解体的征兆。闽北的各种乡族组织，通过提留、集捐、摊派、没收及购买等方式，使私人土地不断地转化为乡族财产。这种从私人地主经济向乡族地主经济的转化过程，反映了闽北地主经济结构的深刻变化。

大致说来，闽北乡族地主经济的形成，可以追溯至唐宋之际，明中叶以后得到了迅速的发展，清中叶前后逐渐取代私人地主经济而居于主导地位。下面拟就族产和地方公产的形成途径与发展进程，略做分述。

闽北的族产主要用于祭祖护墓。明代以前，由于民间祭祖有诸多限制，容易干犯例禁，闽北各族大多把祭产捐入各种寺庙庵堂，祭祖护墓与敬神拜佛同时并举。因而，明以前闽北用于祭祀的族

产，往往混同于寺院地主经济[1]。明清时期，闽北用于祭祖护墓的族产，已经陆续与寺庙庵堂相分离，并逐渐分化为"特祭"与"合祭"两种形式；各族虽然仍有一些用于"豢养僧人"的"香灯田"，但在族产中所占的比重都不大。

闽北用于"特祭"的族产，主要来自地主阶层分家之际的提留，这是从私人地主经济向乡族地主经济转化的最重要途径。此类族产在明初已经出现，至明中叶以后逐渐成为普遍现象。在闽北的族谱中，一般都详细载明历代祖先所提留的祭产，从中不难看出其发展趋势。下面试以年代较确切者列为表4，以资参考。

如表4所示，于唐宋之际迁居闽北的宗族，一般自二十世以下开始代代提留祭产；于南宋至明初迁居闽北的宗族，一般自十五世以下开始代代提留祭产。由此可见，闽北各族开始提留祭产的年代大致相符，其上限一般不早于明初，其下限一般也不迟于明末。于清代迁居闽北的宗族，开始提留祭产的代数就更低了。浦城县水南房氏，于康熙初年由山东迁居浦城，三世祖起元"始设祭产"，共提取租谷67担、租米172斗、店房五所、池塘五口、地基一片。第四世派分三房，设立三祭："朝相祭"，提取租谷148担、池塘三口、房屋一所、地基一片；"朝卿祭"，提取租谷一百三十余担、租米125斗、店房九所、山林五处、园地四片、池塘五口；"朝

---

[1] 唐宋时期闽北各族所建的寺院，具有寺祠合一的特点。明清时期，此类寺院的产业仍归各族支配。例如，浦城《詹氏族谱》卷二十一附录《白邑侯充田祭墓案由》载，高泉里的千山寺，系詹氏祖上于宋代"独力建造，并于寺旁创立祖祠，拨田千石以备祭祖蒸尝外，留为奉佛香火之用，家谱载明确据"；清乾隆年间，"僧逃寺废，仅留田五十石，……田仍詹氏轮祭"，因而，"此田名为寺业，实系祭产"。闽北历史上的各种墓庵，也大多是招僧看守。例如，《庐山蔡氏宗谱》卷三载，宋儒蔡元定建庵六所，共置有田米五十八箩有余，各招"住持僧"或"住持佃人"一名。明清时期，此类墓庵大多改为墓祠。

表4 闽北十六个家族历代祭产统计

族别	定居年代	设祭世代	设祭单位	田租谷（担）	山林（处）	店房（所）	其他	资料来源
建阳竹林陈氏	唐贞观	二十七至三十六	11	200余	9			1874年《宗谱》卷一
建阳麻沙蔡氏	唐乾宁	十七至二十七	16	130余	2		田十一段	1877年《宗谱》卷十
建阳湖嘉州蔡氏	唐乾宁	二十五至三十三	5	140余			田、地若干	同上卷十三
瓯宁叶坊蔡氏	唐乾宁	十九至二十九	10	150余				同上卷十一
邵武水尾黄氏	唐末	二十九至三十五	5	260余			田租若干	1881年《族谱》卷十三
浦城莲湖祖氏	宋咸平	十八至二十八	14	618	13	14	塘一口	1772年《族谱》卷三
浦城仙阳肖氏	南宋初	二十至二十五	10	360余	28	11		1899年《宗谱》卷一
浦城北乡詹氏	宋建炎	十一至？	19	1200余	3	4	园若干，塘二口	1905《族谱》卷二十一
建阳南槎陈氏	宋淳熙	八至二十一	74	1946	69	5	田、地若干	1898年《宗谱》诸卷
瓯宁屯山祖氏	南宋末	九至十八	28	800余	53	5	糖厂二、碓厂五、塘地若干	1929年《宗谱》卷八
浦城金章杨氏	元初	十四至十八	8	410余				1929年《宗谱》卷十一
顺昌上洋谢氏	元初	六至十六	6	1000余	12	9		1902年《宗谱》（不分卷）
浦城下沙郑氏	元至元	十一至十六	21	910余		4	水碓一、田若干	1870年《宗谱》卷五
瓯宁璜溪葛氏	元末	六至十一	6	246	3	4	塘四口	1921年《宗谱》第六册

续表

族别	定居年代	设祭世代	设祭单位	田租谷（担）	山林（处）	店房（所）	其他	资料来源
浦城高路季氏	明初	五至十三	16	2372	16	5	塘一口、水碓一、田地若干	1898年《宗谱》卷一、二
浦城后山蔡氏	明洪武	八至二十	22	1500余	30	2	园地十一片	1890年《宗谱》诸卷
合计			271	12242余	238	63		

说明：
1. "族别"一栏，凡加括号者，表明其聚居地点；凡不加括号者，则用原谱族号。
2. "定居年代"一栏，一般表明该族最早迁居闽北的时间；有的宗族在闽北境内多次搬迁，如再迁后重新排定世系，"定居年代"也随之改易，否则不变。
3. "设祭世代"一栏，表明该族在此期间代代设祭，非持续设祭者不计。
4. "田租谷"一栏的计量单位经过折算，方法如表1。

宝祭"，提取租谷一百余担。第五世以下，"各房均有各祭，因房分多，不及悉识"⟨1⟩。泰宁县杉易镇欧阳氏，于乾隆年间自泉州迁来，清嘉庆十四年（1809）第一次分家，分别提取高祖"醮田"及主分人三兄弟"醮田"，共计租米一百五十余石。此外，又提留山场十处、店房四处、园地及寮屋若干，以及"学田""排年管里田"等，每年可收租米五十余石。⟨2⟩

明中叶以后，由于闽北的地主每次分家都要提留祭产，其总量经过不断的累积，就像滚雪球似的越滚越大了。但是，对于每一个家族来说，能否代代提取祭产，其发展速度与规模如何，又必然为各族内部私人地主经济的兴衰变化所制约。当一个家族衰落了，以致到了无产可分的地步，自然也就不可能提取祭产；相反，如果这

⟨1⟩《闽浦水南房氏族谱》卷四，《祭产》。
⟨2⟩ 嘉庆十四年，泰宁县欧阳氏《分关》。

个家族再度兴盛起来，就可以一连几代大量地提取族产。因而，在闽北各族之间，此类族产的发展并不平衡。建阳南槎陈氏定居于南宋淳熙年间，八世祖伯坚于明正统年间开始提取祭产，其后代代设祭，至十三世共设立74个祭产单位，祭租总额近两千担。[1] 顺昌上洋谢氏定居于元初，六世祖"始建立祀产"，其后七至十二世均"未立祀产"，至十三世之后又连续设立5个祭产单位，提取租谷近一千担（3000箩）。[2]

在族内各房之间，祭产的发展也是不均衡的。闽北有些较为古老的家族，历代分房不下数千，而能够为后人留下祭产的祖先不过数十人，可见绝大多数的宗族成员是无力提取祭产的。实际上，当地主的家庭扩大为房族之后，三五代之内，贫富的分化就已经很明显了。浦城仙阳肖氏二十五代祖映甲，于清雍正年间提取祭租1700斤；二十六代，派下二房又分别提取祭租350斤；二十七代，派下仍然分为两房，长房提取祭租两千余斤、店房三所，次房提取祭租一千余斤；二十八世，派下分为九房，其中仅四房设祭，共提取祭租两万余；二十九世以下，从道光至光绪年间修谱时，仅一房设祭，提取祭租八百余斤。[3]

各个家族经过长期的演化之后，大多数的族人穷困潦倒了，只有少数几房能够历久不衰。因此，在特定的历史时期中，每个家族都有若干特别兴盛的支派。在这些支派之中，由于历代持续不断地大量提取祭产，其总量可能达到相当惊人的规模。民国十九年（1930）浦城县的苏氏《分关》记载，苏氏历代所提取的祭租中，

---

[1] 建阳县《南槎陈氏宗谱》卷四、卷五，《系谱》。
[2] 顺昌县上洋《谢氏宗谱》；参见表3。
[3] 《肖氏宗谱》卷一，《浦城仙阳子庄公派下祭产》。

计有：曾祖"立殿公祭租额三百担"；祖父"成培公祭租额二百担"；父辈"卿云、垂民公祭租廿余担"；主分人苏吾楷于自有"额租千余石"中，又抽出"实额干谷二百余石"，"生为养膳、殁为祭产"，其余则"品搭均匀，分为智、仁、勇三关"。苏氏在四代之内，共提取祭租一千一百余担，另有祖遗"廷茂公书灯仙阳租五十担"，以及列祖"遗授"的公房五所、公山四处。苏氏"先世以务农创业"，其后"惠泽相承"，至苏吾楷当上"省议员"，成为地位颇为显赫的官僚地主。〈1〉像苏氏这样一连几代大量提取祭产的做法，对于其他小地主来说，自然是难于企及的。然而，各个家族或支派之间的兴盛与衰落，总是此起彼伏，时有交替的；每当一个家族中出现了苏吾楷之类的大地主，便对祭产的发展产生了举足轻重的影响。

闽北用于"特祭"的祭产，除了在分家之际直接提留之外，还有一些是由后人捐集的。瓯宁县《璜溪葛氏宗谱》记载："上五代祖公向无蒸尝祭田，多由后裔鸠集捐金置产，以为醮祭及各项使用。"〈2〉建阳《翁氏族谱》卷末"附识"记载，二十六世祖翁荣，曾分别为高祖、曾祖、伯祖及各祖妣设祭，还捐田"充入（始祖）墓祠，供办祭仪"。有的地主则在前代祭产的基础上，进一步加以扩充。浦城县《济美南阳叶氏家谱》记载，叶氏一世祖遇华"颇称小康"，于乾隆年间分家时"抽出苗租"28担为祭产；其后，诸子又"克绍前徽"，为之续置祭租八十余担〈3〉。浦城金章杨氏十六世邦信、邦仁二兄弟，所遗祭租仅数百斤，其侄儿遂"捐租百石，以其半为邦信公子孙值祭轮收，其半为邦仁公子孙轮收"〈4〉。在闽北的族

〈1〉 民国十九年浦城县苏氏《分关·序》，原件藏浦城县文化馆。
〈2〉 《璜溪葛氏宗谱》第六册，《说明劻置祭田亨祀原由》。
〈3〉 《济美南阳叶氏家谱》卷二，《祀田引》。
〈4〉 《闽浦金章杨氏宗谱》卷十一，《坤房邦仁、邦信祭田记》。

谱中，大多把"恢扩蒸尝"列为"族规"或"族训"，要求族人尽其所能，或"因已有而益加扩充"，或"于本无而别为创置"⁽¹⁾。一般地说，这种由后人捐置的祭产规模不大，其意义不在于"扩充"，而在于"创置"。

如上所述，明中叶以后闽北各族用于"特祭"的祭产，总是代代有所增长；到清代后期，此类祭产已经达到了相当大的规模。表4所列举的16个家族，用于"特祭"的祭租共达一万三千余担，平均每个家族达八百余担，个别家族则有数千担之巨。此外，还拥有数量不等的山林、房屋、园地、生息资本等各类家族共有财产。

明清之际，闽北建祠之风盛极一时。往往一族之中，"祠开数十"；甚或一村之内，"祠宇相望，其巍然祀为鼻祖者，盖不止二十一祖矣"⁽²⁾。各族在建祠之后，一般都随即捐置祠产，以备祭祀之用。例如，浦城县《刘氏五修族谱》记载，刘氏于明弘治元年（1488）建祠后，倡首人"又捐田二十亩，为享祀费"⁽³⁾。浦城县下沙郑氏于同治初年建祠后，因未置祠产，"合族于同治五、六年捐资，公置德茂公祭田二号"，年征租谷15担。⁽⁴⁾在祠产形成之初，其规模大多较小，此后又以各种形式不断扩充。浦城县占氏"东门塘贤祠"的《增置春秋祭产小引》称：

> 祠内原有祭租百石，为春秋官祭之需，……仍属不敷。于是复议，以公款余资置买田租共二十七担，增入祭产；而五房又复各筹常年的款，或出已租，或捐钱买田，或吊本房祭租。

⟨1⟩ 建阳县《谢氏宗谱》卷一，《族规》。
⟨2⟩ 建安县《玉山黄氏家谱》，《重建鄂薮坟祠序》，抄本，不分卷。
⟨3⟩ 浦城县《刘氏五修族谱》卷五，《华阳刘氏祠堂记》。
⟨4⟩ 浦城县《郑氏宗谱》卷一，《下沙郑氏宗祠记》。

在此次扩充祠产的过程中，占氏五房各"捐贴春秋祭苗田"租谷12担，一次共捐入田租60担。⟨1⟩浦城县水南房氏则按"祭"派捐，其《祠规》云："而后凡值起元公、朝相公、朝卿公之祭，每祭实额租若干担，每担捐大铜钱三十文正……交清族长开销修祠为田之需。不用多出，亦毋得吝惜不出。"⟨2⟩在闽北，最常见的派捐方式是收取"报丁钱"及"神主钱"，即族人新增男丁及送祖先牌位入祠都要交钱。瓯宁县《屯山祖氏宗谱》的《坤房继善祠冬至配飨序》记载：

> 于康熙戊寅建造继善祠……继立蒸田数亩，仅供春秋二祭，而冬至之祭尚未举也。……于是禀诸族长，商及族众，各捐钱四百，生利滋息，以为冬至之资。后各房遵昭穆入庙配飨，每公神位议充蒸尝银五两，永以为例。

祖氏世德祠建成后，因"春祀虽设，冬蒸未兴"，同样规定："派下子孙送主入庙配享者，每位必充白金十两；子孙充名与祭者，每人必捐青蚨四百文。"据统计，祖氏自乾隆年间开此"捐例"后，世德祠共收"配祀"578名，继善祠共收"配祀"725名，其所得"蒸尝银"分别归各祠"首事主之，或放息，或置产"。这说明，祖氏扩充祠产的主要方式是向族人派捐，即"稽丁男而充公积"⟨3⟩。有的家族甚至向捐官出仕者摊派"喜钱"，如《福瓯上洋陈氏宗谱》的《凡规》规定：

⟨1⟩ 浦城县《占氏族谱》卷二十一，《祭产》。
⟨2⟩ 《闽浦水南房氏族谱》卷一。
⟨3⟩ 《闽瓯屯山祖氏宗谱》卷八。

> 吾宗祠支派阖族佥议：援例捐监者，就充喜钱二千文；捐贡者，应充喜钱五千文；捐职自七品以上者，应充喜钱十千文。永以为例，不得异议。

闽北各族的祠堂不仅有权向族人派捐，而且有权没收某些宗族成员的财产。例如，浦城县刘氏的《重造宗祠序》记载：

> （咸丰）十年，源海公裔孙枝弟争继呈控，祝县主蒙批族房投处，充入祠铜钱四十千文；又源济公裔孙金培无嗣，将伊本房溪源公祭率充入祠光洋五十元；又有不知何房裔孙良才无嗣，无人为继，仅存苗租二十余担……查出入祠，得光洋百余元；又有月生之裔孙福季无嗣，无人承祧，苦置有苗田二十余担，被他姑丈王新贵所吞……除查用，多充入祠铜钱八十千文。[1]

闽北各族的"族规"或"族禁"，都不准族人"血养螟蛉"及"妇亡纳赘"，若族人身后无嗣，选择继承人必须经族内批准，其遗产一般要捐献一部分入祠。清咸丰十年（1860），浦城县杨明珠所立的《拨祠田字》称："兹锡环公嫡孙成茂身故立嗣，除经族立继外，议捐入祠苗田一百担，以为修谱修祠之需。自拨之后，议交公族房董理，不得侵私，亦不得另生觊觎。"[2] 浦城县占氏有一族人死后无嗣，"族众佥议：择其支派稍近者承厥宗祧，将其遗产内

---

[1]《浦城刘氏五修族谱》卷五，《重造宗祠序》。
[2]《闽浦金章杨氏族谱》，卷十一。

拨出苗租一百八十三担为祠内公项"⁽¹⁾。此外,当族人之间因发生财产纠纷而争持不下时,其财产往往也归祠堂所有。清嘉庆十二年(1807),浦城县杨氏有二人"互控争山",族内"职员"杨大绅等呈报县官,经"讯继"后,"令杨铭勋将所买杨邦玉土名金章墙内后门山山场,充入绅等祠内管业";为此,县府还专门颁发告示,"俾得召佃蓄留荫木"⁽²⁾。

摊派及没收,是私人地主经济转化为祠产的重要途径。与此同时,各族还有一些"饶财乐助者"⁽³⁾,往往以自由集股的方式捐置祠产。建阳县书林余氏为了扩充祠产,曾先后两次在族内集捐,组成了两届"缘首"。第一届"缘首"于嘉庆元年(1796)组成,共42人,"各捐出洋银五两正,交入祠内值首置买粮田,以扩蒸尝";第二届"缘首"组成于道光十七年(1837),共24人,"每名捐洋番十元,置买田段,以便修缮祠宇,余好加增产亩,以扩蒸尝"。余氏原有祠租仅"皮骨米"二十余桶,两届"缘首"所捐置的租米,共为一百八十余桶,祠产因之而大为扩充。⁽⁴⁾浦城县占氏以置办冬至祭品为由,于嘉庆二十一年(1816)组成一个"冬至会"(又称"孝思堂"),共集族众40人,购置"额租光谷"142担,"山租大钱"800文;同治至光绪年间,又以置办清明祭品为由,先后设立"追远""合志""敦本""承敬"四堂,每堂各"邀集"族众八人,分别捐资不等,用以置产收租或放贷取息。⁽⁵⁾这些由集股而成的祠产,在经营上保持相对的独立性。例如,浦城占氏的冬至会,分五

⟨1⟩ 浦城县《占氏族谱》卷二十一,《祀产序》。
⟨2⟩ 《闽浦金章杨氏族谱》卷十一,《奉宪严禁祠山告示》。
⟨3⟩ 邵武县庆亲里《李氏宗谱》卷八,《捐资小引》。
⟨4⟩ 建阳县《书林余氏重修宗谱》卷一,《田段山场》。
⟨5⟩ 浦城县《占氏族谱》卷二十一,《襄置清明祀产记》。

班轮管所置田产，"每班八人，值管一年。将递年租息所出，于冬至日备办祭品恭祀列祖列宗，各子孙馂余颁胙。除办祭完粮外，若有余款，四十人均分"。占氏清明办祭各"堂"，"年届清明祀日，凡堂内有名者，恭诣祠内助祭，每股男女各一人，其享馂余，有赢余者尽数颁胙"[1]。

祠产发展到一定的规模之后，可以在常费之外有所节余，依靠自身的积累从事扩充。邵武县古潭何氏祠堂，存有乾隆至光绪年间的各类契约41纸，共计买田26处、山一处、房七所、地基十片，先后用价银一千七百余两。[2] 建宁县上坪杨氏祠堂，存有自乾隆至道光年间的各类契约三十余纸，其中除"捐田租约"外，共买"杉榛苗山"一处，房基两大间、水田25处，先后用去"契价"铜钱一千余文、白银一百余两、光洋四十余元，增置"古租"一百二十余石。[3] 不过，也有些家族规定，祠产的收入除用于常费及修祠外，其余必须按丁均分，"年清年款，不得私存"[4]。在这种情况下，祠产的自身增殖就无法实现了。

闽北各族的祠产经过长期的积累，到清代后期已达到一定的规模。下面试以闽北若干宗族的祠产为例，列为表5，以资参考。

如表5所示，闽北各族的最早建祠年代，除少数理学家（朱、蔡）及名宦（李）的后裔之外，一般都是在明中叶至清末，因而各族的祠产也主要是在这一时期内形成的。在家族内部，祠产的数量一般都少于用于"特祭"的族产，但比用于"特祭"的族产更为集中。表5列举的16个家族，共建祠28所，置有田租三千余担，平均

---

[1] 浦城县《占氏族谱》卷二十一，《再录冬至会缘由》。
[2] 邵武县《樵古潭何氏族谱》卷尾二，《契卷》。
[3] 建宁县《上坪关西族谱》卷末，《契约》。
[4] 瓯宁县《璜溪葛氏宗谱》第六册，《一至五世祖公共蒸尝条规》。

每族近二百担,每祠达一百余担;此外,又大多据有山林、店屋及其他形式的祠产。

从总的发展趋势看,自明中叶以降,闽北各族用于祭祖护墓的族产得到了持续的发展;至清代后期,各族用于"特祭"及"合祭"的田租总额,都在数百担至数千担之间。由于族产是由私人地主经济转化而来的,其相互消长必然导致地主经济结构的深刻变化。

闽北地方公产的形成,可以追溯到宋代。南宋时期,闽北有不少用于赈恤的"仓田",如"举子仓田""赈粜仓田""社仓田"之类。[1]这些"仓田"的形成与发展,虽然与地方官的积极倡导有关,但一般都由民间自理[2],因而可以视为地方公产。由于各种"仓田"散居四乡,易为"豪猾士人、仕宦子弟"所把持,"乡官明知其然,而牵于人情,不能峻拒"[3],其发展颇不稳定。如建宁府属的各种"仓田","宋时俱废";而延平、邵武二州军所属的各种"仓田",历宋元、元明之变,至明初也俱成"废仓"[4]。

闽北地方公产的发展,主要集中于明代后期及清代后期。明中叶以后出现的地方公产,往往是赋役的一种转化形式,主要用于各种地方公益事业。明代前期,闽北一些较为重要的桥梁和渡口,由于关系到"朝贡宾旅之往来、赋役之供输、商贾货物之贸迁",一

---

[1] 朱熹在《与赵帅论举子田事》中说,建阳有"举子庄"25所,岁收租米四百八十余石;刘克庄在《建阳增买赈粜仓田记》中说,建阳"赈粜仓田"收租五百余石;嘉靖《邵武府志》卷三《制字》载,南宋绍熙三年(1192),"连帅赵公亦下崇安、建阳社仓之法于属县"。
[2] 民国《建瓯县志》卷二十《惠政》引《旧志》及李纲《瓯粤铭》云:"社仓、举子仓,非官司所掌,其原出于乡先生、乡大人……始则行于一都,次则推于一乡,人既便利,乃请有司广其惠于一路,常平税司皆乐主之。"
[3] 《朱文公集》卷二十八,《答赵帅论举子仓事》。
[4] 民国《建瓯县志》卷二十,《惠政》;嘉靖《邵武府志》卷三,《制字》;嘉靖《延平府志》卷十一,《公置志》。

表5 闽北十六个宗族的祠产统计

族别	定居年代	建祠年代	祠数	田租谷（担）	山林（处）	店房（所）	其他	资料来源
建阳水南付氏	唐乾符	明万历	1				田200亩	1910年《宗谱》卷一
建阳麻沙蔡氏		宋绍定	2	100余			塘4口	1877年《宗谱》卷十
崇安彭源蔡氏	唐乾宁	宋绍定	2	125				同上
浦城东海徐氏	后唐	清雍正	3	120	14		租37千文	1946年《宗谱》卷一
邵武本仁堂李氏	北宋末	宋淳熙	3	157		5	生息钱183千文	1944年《宗谱》卷八
建阳紫阳堂朱氏	南宋初	宋绍定	1	500余			生息钱200元	1895年《宗谱》卷一
浦城北乡占氏	宋建炎	明崇祯	3	626	租20余千文	租12千文	生息钱80元	1905年《族谱》卷二十一
浦城渤海吴氏	宋景定	明？	2	107	19	租26千文	基11片，田10余亩	1891年《家乘》卷一
瓯宁屯山祖氏	南宋末	清康熙	3	330余	8	9	生息钱140千文	1829年《宗谱》卷八
建阳城关肖氏	元初	清咸丰	2	100余				1899年《宗谱》卷一
浦城金章杨氏	元初	清道光	1	277			生息钱140千文	1929年《宗谱》卷十一
邵武樵西何氏	元至正	清乾隆	1	100余	6		水碓9杵	民国《族谱》卷尾
浦城华阳郑氏	元至正	明弘治	1	191		租9000余文		1916年《族谱》卷五
瓯宁程源余氏	明洪武	明天启	1	14				民国九修《家谱》卷一

续表

族别	定居年代	建祠年代	祠数	田租谷（担）	山林（处）	店房（所）	其他	资料来源
浦城黄柏崔氏	明初	清同治	1	95	78	2	基1片	1872年《族谱》卷十一
光泽杭北黄氏	清康熙	?	1	216	8			1888年《族谱》卷九
合计			28	3058余	133处，租20余千文	16所，租84千文		

说明：

1. 表中"建祠年代"一栏，系指各族最早的建祠年代。
2. 表中田租的计量单位经过折算，方法参见表1；山林、房屋等祠产，一般以"处""所"计，若载明租钱则保留之。

般都由官府佥派役夫守护。与此同时，为了筹集修缮费用，有的桥、渡已置有田产。例如，嘉靖《邵武府志》卷六《水利》记载：

> 南泉桥，弘治二年郡人都宪朱钦建。岁籍役夫一名，构仁智堂于桥南，置田一十五亩八分，别籍田地，为修守远计。

明中叶以后，随着赋役制度的改革，力役逐渐改为银差，派役变成了雇役。由于地方官府经常克扣、裁减役夫的"工食"，此类费用遂单纯依赖于置产收租，从而导致了"桥田""渡田"之类的大量出现。咸丰《邵武县志》卷十一《津梁》记载，城北浮桥建于宋代，"岁佥夫四名守之，以时缮修"；明中叶改为募役后，其经费完全依赖于桥产的收入。至清咸丰年间，该桥每年收入田租二百余石、地租钱十四余千文；染石一架，每年收租钱3200文；店房12所，每年所收租钱不定。上述桥产的收入，每年用于雇募"守桥撑渡人六名，共给工食一百二十千文"；此外若有余资，则用于造桥船、换铁链，或继续增置桥产。

明中叶赋役制度改革之后，闽北还出现了其他用于公益事业的地方公产。永安县于明初开渠引水入城，"设水夫一名"，专司"补铲疏浚"；至万历末年，"有汰役之令，而水夫坐免，圳渠竟为涸辙"；崇祯年间，县令刘某"先捐俸十两为士民倡，而士民胥踊跃奔命，各出金钱，购东门外等处谷田七石，并新架亭屋二间，计其入可供水夫每岁工食而止"。[1] 邵武县于明弘治年间设石枧引水入城，"募枧夫一名"；万历年间，"枧夫工食奉裁，郡城有产之家，复于其间装碓赁舂，截流而去"；崇祯十年（1637），"乡绅魏朝明捐田租五十二亩，充枧夫工食"；至清康熙年间，"田被隐匿，追偿田价，别买租米十石，三分其入，以给城内外枧夫并学宫膳夫，使专疏导"。[2]

闽北用于赈恤的各种"仓田"，自宋元之际废置之后，至明代后期始略有恢复。万历年间，建宁府推官郭子章的《修义仓记》云：

> 松溪……自公储外，旧无义仓，今圭斋邵先生始建焉。……仿朱子社仓法，东创义仓，西创义田，捐俸市田若干亩，买粟若干石。……又檄八邑，令各置仓。[3]

此外，据康熙《松溪县志》记载，明末松溪县有"举子仓六处"；明亡之后，"公田俱废，诸仓一无存者"；清康熙十三年

---

[1] 雍正《永安县志》卷二，《水利》。
[2] 咸丰《邵武县志》卷六，《水利》。
[3] 康熙《松溪县志》卷十，《艺文志》。

(1674），生员杨某捐资重建，改名为"生生所"，专门收养女婴。[1]松溪县重建"义仓"及"举子仓"的做法，明末是否在闽北各地普遍推广，未有明证；不过，直到清代中叶，闽北此类地方公产仍未见有大规模的发展。

在中国历史上，"养生恤死"属于地方"惠政"，历代官府都曾举办一些赈恤事业，借以缓和社会矛盾，维护统治秩序。清代闽北官办的备赈设施，主要是"常平仓"。但是，由于"常平仓"的存粮经常被官府移作他用，加上官吏从中营私舞弊，清代中期大多已经严重亏损，名存实亡。因此，清后期闽北地区的救灾赈恤事业，主要依赖民办的"社仓"与"义仓"。道光十五年（1835），建安县乡绅蒋衡发起创设"建宁郡义仓"，据称起因于"常平仓废"。该"义仓"除积谷以待平粜之外，又陆续置有田产及店房、水碓等产业，并有1800贯本钱发典生息，"每年约计可得租钱八十千文之谱、息钱二百六十千文之谱、苗谷一百二十担之谱"。上述收入，主要用于"仓中绅士薪水、仓丁工食及添置物件、完粮各杂费"，若有余资，则用作"买谷之需"，抵补仓粮的消耗。[2]"社仓"最初由官府倡办，按规定每里各设一所。其经营方式，一般由各户认捐仓粮，于青黄不接之际出借，秋成还清本息。不过，也有些"社仓"是以仓、田相结合的。瓯宁县《璜溪葛氏宗谱》收录的《丰乐大斗峰记》称：

> 丰乐斗峰寺，潘、葛、杨三善士所重建也。……光绪末季，僧人不守清规，将各善士助田私行擅卖……追田驱僧，另聘和

〈1〉 康熙《松溪县志》卷十，《艺文志》，［清］潘拱辰：《生生所记》。
〈2〉 民国《建瓯县志》卷二十，《惠政》引《征信录》。

尚主持。寺田以百石为住持薪水，其余一百余石就地设立社仓。三姓各氏一二人，到仓场监收。

官办的"常平仓"与民办的"社仓""义仓"之间的代兴，集中反映了明清时期官办赈恤事业的衰落，其职能已为乡族组织所取代。

清中叶前后，闽北出现了大量的书院及义学、义塾之类的地方教育机构，从而使各种"学田"的发展异军突起。清雍正六年（1728），曾"令闽广正乡音，郡县各设书院教习"[1]。在闽北，此类"正音书院"的存续时间不长，但为后来各府、县书院的发展提供了现实的基础。清代闽北的书院，大多由旧书院改建而成。民国《建瓯县志》记载："建瓯书院肇基荐山、屏山，厥后所在林立……由宋洎明，迭废迭兴，至清末多改为学堂。"[2]这些书院所据有的产业，规模十分惊人。如政和县云根书院，每年收租谷两千一百余石；[3]浦城县南浦书院，每年收租谷一千二百余石、房租五百五十三两又七十千文、山租十五余千文，光绪年间又拨归"鳌峰书院余款"三百余两。[4]

清代后期，不仅闽北各县、各府普遍设有书院，而且各乡镇也大多设有书院或义学、义塾。光绪《续修浦城县志》记载："近数十年来，各乡先后创建书院，星罗棋布。"这些由各乡创建的书院，其前身一般是义学或义塾。浦城县东乡的富沙书，肇始于乾隆年间，由高泉里巡检司"拨充田租六十余石，建义塾"；道光二十一

---

[1] 光绪《续修浦城县志》卷十七，《书院》。
[2] 民国《建瓯县志》卷九，《学校下》。
[3] 民国《政和县志》卷十三，《学校》。
[4] 光绪《续修浦城县志》卷十七，《书院》。

年（1841），义塾毁于火；同治四年（1865），"绅士徐兆珍等倡捐书院"；至光绪年间，共置有田租四百六十余石。[1]有些规模较大的义学，实际上是无所不包的教育基金组织。如政和县的东平镇义学，"置田八百亩以赡生徒"，此外，"其修葺书院、春秋两社并斋夫（工食），亦一切在义学内动支"。东平镇义学还附设"科甲田"，又称"宾兴田"，每年收租谷七百余桶，专门用于士子应试之需。其《宾兴章程》规定：

> 除完纳（钱粮）外，届乡、会试正科，将两冬所收尽数为秋闱士子之需，将一冬所收尽数为春闱公车之需。不拘人数、钱数多寡，统行均分，以杜侵蚀。[2]

"科甲田"之类的收益，除用于资助应试士人的旅费之外，其余由科举功名的获得者分享，有时其中又作区别。浦城县有"宾兴田"计租三百八十余石，"每逢乡试，将递年租谷出息，除完粮外……按文、监生名数匀给"；又有"公车田"计租九十余担，"积存谷银，遇会试之年，按文举人名数匀给"[3]。此外，在各书院及义学之类的地方教育机构中，一般也有专门用于乡试及会试的固定收入。

闽北历史上的地方公产，主要来自士绅阶层的捐献，各种地方文献中都有不少此类记载。士绅阶层通过捐置地方公产，广泛参与各种地方公共事务，从而扩大其社会影响力与支配权。如政和县东平镇的乡绅宋捷登，捐助的范围从本乡、本县直至府城、省城。诸

---

[1] 光绪《续修浦城县志》卷十七，《书院》。
[2] 民国《政和县志》卷十三，《学校》。
[3] 光绪《续修浦城县志》卷十七，《书院》。

如设立义仓,倡设义学,广捐宾兴经费,乃至"邑中修文庙,修县志,重建星溪书院,建郡修明伦堂,修城池、省垣,修贡院,修省志,每襄其事,辄出重资,为一邑先"。因此,宋捷登在乡里拥有很高的威望,"里中有争讼事不诣官府,咸至其宅解之";在他去世后,又获"崇祀乡贤"[1]。值得注意的是,清代闽北的地方官凡有所为,都要求助于士绅阶层。崇安县《五夫子里志》记载:

> 彭式贤,名宙训,邑庠生……其五世祖玱公作邑,历年久圮不治,毅然直任,重新其宇。邑之盐埠捐造浮梁,阳邑左令将修童游桥,瓯邑章令议修丰乐桥,闻其高谊,俱以书至,悉捐金并杉木往襄之。其他修城工、修贡院,不惜重资。立书院,又助田百石。嗣因延建邵道创学院考棚、修富沙万寿宫,又惠然乐助,并赞其成。前后共费四千余金,当道为请于列宪题表。[2]

在地方公产的发展过程中,士绅阶层的社会职能日益加强,而官府的行政职能则不断地削弱。有些地方公产的来源,颇具有强制色彩。民国《政和县志》卷十三载:"向例,凡非本籍而侨居久、置产业、有子弟与试者,乡先辈必劝其酌捐租谷,佐宾兴费。"[3] 道光三年(1823),政和城大火,管理"护城田"的"董事"秦蕴等人,"劝绅士杨日瑞等捐资,置买田若干亩,召佃四人,分界护守"[4]。此外,有些乡绅于捐献地方公产之际,往往带有附加条件。民国《建瓯县志》卷二十引《征信录》云:

---

[1] 民国《政和县志》卷二十六,《列传》。
[2] 民国《五夫子里志》卷十一,《人物志·义行》。
[3] 民国《政和县志》卷十三,《学校》。
[4] 民国《政和县志》卷六,《城市》。

同治己巳、壬申两次，岁贡郑蕡以自置田谷五万六千斤，并庄屋统交义仓绅董管理。前议：除递年抽出谷三万二千斤给蕡家用外，更有租谷二万四千斤，承管收租兼雇工挑力得一半、仓中得一半。如遇歉收、佃欠，在仓中与承管数内扣除。先后立凭据议字，并检田庄各契据，缴在公所。……另，郑蕡喜充母银四百四十两，以抵完粮之需，癸酉、丙子缴银二百九十两，尚有一百五十两未缴；更有丁前府发堂断黄葆泉还郑蕡光绪十年期银二百两。

上述郑蕡捐入义仓的五万余斤"田谷"，每年只有五分之二归义仓收入，其中还要扣除"歉收""佃欠"的部分；郑蕡则不论"歉收""佃欠"，也不必"承管收租"，每年固定收入五分之三的田租。在这里，郑蕡借助于义仓"公所"的势力，有效地实现了自己的土地所有权。

各种地方公产形成之后，同样可以依靠自身的积累而得到增殖。光泽县善得坊义仓的《誊契簿》，录有道光至光绪年间的典、买田契35纸，前后共置田一百一十余亩，计"送城正租"一百八十余石，用"契价"银667两、钱985千文。[1]建安城奉祀"五谷真仙"的"绥丰""庆丰"两轩，于光绪十九年（1893）由两轩"董事"同立石碑，开列咸丰十一年（1861）以后的"续置田段粮产"，共买田11段，年收"大小苗谷"一百余石。[2]在闽北的其他地方文献中，有关各种地方公产的"续置""增置"或"新置"的经过，一般都有详细的登录，恕不一一列举。

---

〔1〕 照片存厦门大学历史所。
〔2〕 原碑存建瓯县电影院后院。

明中叶以降，闽北各种形式的乡族地主经济得到了全面的发展，这一趋势一直持续到近代。笔者曾对清代至民国闽北若干地主家庭的"分关"做过分析，发现每次分家时所提留的家族共有田租，比重都在20%以上，平均达37%。[1] 在这里，我们既看到了乡族地主经济的迅速增长，也看到了私人地主经济的分崩离析，两者的盈缩适成对比。由于资料的限制，我们目前还无法精确地描述闽北地主经济结构的演变过程，但也有理由推论：从明中叶至清中叶，经过近三百年的积累，闽北乡族地主经济的规模已接近或超过私人地主经济，在地主经济结构中占据了主导地位。

三、乡族地主经济是私人地主的共有经济

从表面上看，明清时期的族产与地方公产，都是乡族组织的公共财产。而在实际上，乡族地主经济的形成与发展，并未改变地主经济的私有制性质；就其所有权的构成而言，是私人地主的共有经济。乡族地主经济的权益分配，大致可以分为"轮收"与"公管"两种方式。就其所有权形式而言，前者是按份共有的地主经济，后者是共同共有的地主经济。

在家族内部，族产的权益一般必须按房均分，因而大多采取轮收的方式，具有按份共有的特征。例如，浦城县《金章杨氏族谱》的《族诫》规定："各房自置轮收祭田，照依本派房分次序，轮值收租醮祭。……如有横霸混收，经凭族长，公共追其原谷给还房分值收外，另议罚祭仪。"由于每一代的族产权益都要按房均分，族

---

[1] 参见拙稿《清至民国闽北六件"分关"的分析》，《中国社会经济史研究》1984年第3期。

人只能在既定的世代系列上，依据不同的分配层次轮流收租。如瓯宁县璜溪葛氏十一世"明极祭"的《祭规》记载：

一、本祭惟明极公派下子孙得来与祭饮胙，而魁极公派下早经分去自立蒸尝，不列此内。
一、逢卯、酉年轮收（九世）吉水墓祭……明魁两房轮流，明卯魁酉，而明房派下又分顺、碧两房轮流。
一、逢亥年与轮房同收（八世）荣善公墓祭蒸尝，本房一半股份，派下明、魁两房轮流，而明房派下又分顺、碧两房轮流。
一、逢酉年与轮房同收（七世）添禄公墓祭蒸尝，本房一半股份，派下明、魁两房轮流，而明房派下又分顺、碧两房轮流。〈1〉

葛氏自六世祖佛童以下，派分"文""行""忠""信"四房；第七世，"行房"单传，设"添禄祭"；第八世，设"荣善祭"，由派下"京""淳""熙""忠"四房轮收；第九世，"京"房设"吉水祭"，由派下"辅""轫""轼""轮""辙""轸"六房轮收；第十世，"辙"房设"国辙祭"，由派下"明""魁"两房轮收（后分立）；第十一世，"明"房设"明极祭"，由派下"顺""碧"两房轮收。对十二世"顺""碧"两房来说，只能按照各自的"房份"，分别在不同的分配层次上，对历代直系祖先的祭产持有轮收权。由此可见，族产的权益分配具有多层次的特征：一方面，历代祖先留下的族产，都必须由派下子孙按不同的世代层次分享；另一方面，派下子孙对于不同世代层次的族产，只能持有不等份额的所有权。可以说，此类乡族

〈1〉 瓯宁县《璜溪葛氏宗谱》第六册。

地主经济的所有权构成，是一种多层次的按份共有。

在轮流收租的情况下，如果有"顽佃"抗租，共有者之间仍然需要协作，共同维护土地所有权。浦城县《高路季氏宗谱》的《万年公祭规》记载：

> 一议：登租设一总簿，轮流执管以查佃欠；值年自立流水一本，冬成共登总簿，交后年值祭之人执管。
> 一议：各房历年收余佃欠，除值年收清外，再收佃欠若干，抽出三股以酬值年任事劳顿；余七股各照值年所欠多寡派给，以示平允。

在族产的共有者之间，各自的权利与义务一般都有明确的规定，甚至专门为之议立契约或合同。顺昌县上洋《谢氏宗谱》的《荫鹏公祀产增广章程》记载：

> 一、设祀产簿五本，分与德、利、用、厚、生五房，各执一本为据。各系一手笔迹书写，并加勘合，又于开载产业后列名画押。除五房各执一本外，另设值祭簿一本，俾五房轮流交接值祭，毋许擅匿。
> 一、本簿开载祀产谷石，许值祭者收入以供祭费，所有田产应完地丁银及仓米，着值祭者理完。
> 一、春祭，备席请五房众男子饮福；秋祭，唯与祭者饮福。
> 一、春祭先一日，值祭者办米果，各大房给八片，各小房给四片。

在家族内部，围绕着族产的权益分配，往往出现各种复杂的矛盾。因此，只有借助于家族组织的制约，才能有效地维护共有者的既定权益。建阳县《袁氏宗谱》记载：

> 宏基公、宗臣公、绍武公、吉卿公各祀田，从前竟有轮值者不祭扫、并不完粮……贻累宗族。今合族房长公同酌议：如有轮值祀田胆敢不完粮、祭扫者，则以后轮值年份，将其苗谷概收入祠充公，以作文武之书灯、宾兴，永不准其轮值。

在各种地方组织中，凡属由集股而成的地方公产，一般都具有按份共有的特征。例如，清道光年间，邵武县古潭村的"将军会"出卖一处水田，契约中宣称："其田浣滨二股、效怡一股、驭云一股、翅梧一股、鹤龄一股、效祖一股，会上共八股。"[1]这种按份共有的地方公产，一般也是采取轮收的方式。明崇祯初年，邵武县书锦里的黄、李二姓士绅八人组成"文社会"，"犹虑其继之难久，是以酌议，各助纹银二两正，历年放积"；崇祯十年，"将银付出买租数石……存众轮流管理"。[2]在共有者较多的情况下，此类地方公产往往不实行轮收，而是实行分"班"管理，按份分享有关权益。例如，邵武县书锦里的"祝延上寿会"，创自明万历十八年（1590），其初仅有黄、李二姓"倡首"六人，"敛银五十两，买田米二十石以赡其费"，每年中秋节，"蒙公举乡杰，请同簪花饮酒，日后子孙各世领上寿一桌"；至清康熙十四年（1675），又先后有宁、张、聂、谢、陈、叶等姓"助田"入会，遂分作三"班"，每年各于四月初八、六月初二、八月中秋办理"上寿"，其田产由各班分理，但颁胙

---

〔1〕 建宁县《上坪关西（杨氏）族谱》卷末，《契约》。
〔2〕 邵武县庆亲里《李氏宗谱》卷十，《文社会记》。

并不分班次，只按"助田花名"[1]。在宗族内部中，此类地方公产的股份可以代代相承，也可以按房轮收。如浦城县水南房氏的"朝卿祭"，对当地"天后宫""崇安帮"及"积庆堂"的公产，均持有股份，"递年应领胙肉各三斤"，由派下五房"各领一年"。[2]

明清时期，由于分家析产制的盛行，每一代都要重新分割历代族产的股份，族产的权益也就不断地细分化了。随着世代系列的推演，有些族产的共有者为数甚多，其所有权份额往往难于辨析。因此，轮收逐渐改为公管，按份共有也就相应地演化为共同共有了。例如，瓯宁县屯山祖氏十九世的"勤""俭"两房，对于历代祭产持有的权益，如下表所示：

表6　屯山祖氏十一至十八世祭产的权益分配

世代	祭产名称	祭租额（箩）	派下房号	所有权份额	"勤"或"俭"房的所有权份额
十一世	榕祭	78	汉、泗、淮、济	4	1/6912
十二世	汉祭	（70余千文）	琮、玑、瑾	3	1/1728
十三世	廷琮祭	58	孝、弟、忠、信	4	1/576
十四世	丽南祭	500	元、亨、利、贞	4	1/144
十五世	汝奎祭	221	福、禄、寿	3	1/36
十六世	昌期祭	96	天、地、人	3	1/12
十七世	世荣祭	405	乾、坤	2	1/4
十八世	盛文祭	344	勤、俭	2	1/2

说明：

1. 十二世"汉祭"未置祭田，但存有生息钱七十余千文，故加括号以示区别。
2. "勤"或"俭"房的所有权份额，系表明两房分别对各祭产所持有的所有权份额。其计算方法为1÷该祭及以下各祭所有权份额的连乘积，如：十八世"盛文祭"，"勤""俭"各得1/2；十七世"世荣祭"，"勤""俭"各得1÷（2×2）=1/4；以此类推。

---

[1]　邵武县庆亲里《李氏宗谱》卷十，《建城堡上寿记》。
[2]　《闽浦水南房氏族谱》卷五，《祭产》。

如上表所示，"勤""俭"两房对十八世以上历代直系祖先所留下的祭产，都持有一定份额的所有权，但他们对十四世以上祭产的所有权份额，分别只占几百分之一，甚至几千分之一。这就是说，如果这些祭产实行按份轮收，他们必须等待几百年或几千年才能轮收一次祭租。很明显，当族产的所有权份额增加到一定的限度之后，在共有者之间就难以继续实行"轮收"，而是必须实行"公管"。据族谱记载，屯山祖氏第十七世以下的历代祭产，一般都是按房"轮收"的；而第十四至第十六世的历代祭产，大多是"轮收"与"公管"相结合的；第十三世以上的历代祭产（包括祠产及香灯田），则都是实行"公管"的。〈1〉在这里，由按份共有向共同共有的演变轨迹，可以说昭然若揭。

族产从"轮收"改为"公管"之后，其地租收益仍归共有者支配，但不是每个共有者都能直接地行使自己的所有权，而是必须借助于某些代理人，统一进行管理和分配。例如，浦城县北乡王氏的"受益祭"与"周祖母祭"，原有祭租三百五十余担，由派下7大房、17小房轮收。清光绪十七年（1891），"抽出额租五十一担五斗正，拨入祠内为历年冬至香灯、修理需用之资"；光绪二十三年（1897），"抽出书灯计额租二十一担六斗，系为奖励本七房裔孙读书而立"；光绪二十九年（1903），"抽出额租七十担，拨与谦孝祠收理，以为递年完纳粮米，清明祭扫以及丁钱、酒食之需"。上述抽归公管的田租，除书灯租由"七房子孙读书入泮者收理"外，"所有祭租、粮米以及祭扫坟墓需用，永远归祠堂董事经理，七房子孙向后不得另生枝节"。〈2〉

〈1〉《闽瓯屯山祖氏宗谱》卷八，《祭产》。
〈2〉 浦城县《王氏家谱》，《七房裔孙议拨谦公祭入祠议字》，抄本，不分卷。

实行公管的族产，其管理者必须在共有者中推荐。浦城县北乡王氏的《议字》宣称：

> 两款祠租，均系受益公、周氏祖母祭纳入，外房并无升斗在内。为此，递年收入、支出，概由受益公派下七房裔孙互推经管，所有外房子孙概不得干涉、经理。[1]

一般地说，只有"委系殷实、公正、能事者"[2]，才有资格管理共同共有的族产，普通族人则不得问津。有的家族规定，此类族产的管理者必须实行定期轮换，"不许久归一人承理，致滋弊窦"[3]。在大多数情况下，这种族产仍须按房轮管。如浦城县占氏的《族诫》规定："公置祭田，六房轮年照管，于各房中各举家资丰厚、为人稳实者经理。"有些家族的"公管"族产，则分别由各房自理，遇事临时向各房派款。浦城县崔氏的"亨""贞"二房，于清嘉庆年间合建宗祠，并随即"采买租田存祠，分派亨、贞两房查理"，其《祠规》宣称：

> 各房祀田租谷若干，并山地赁租若干，惟各房自择贤能而家厚者，各立一人经理收租备祭，一人经理账目。其于每岁粮米、蒸尝、分胙外，如有公项动用，经理者通知各房集议，务其踊跃。[4]

---

[1] 浦城县《王氏家谱》，《七房裔孙议拨谦公祭入祠议字》，抄本，不分卷。
[2] 顺昌县《谢氏宗谱》，《汝贤公祀产章程》。
[3] 同上。
[4] 《崔氏合修族谱》卷首，《祠规》。

各族管理公产之人，尽管都以"殷实""贤能"见称，却往往把族产视为利薮，极尽巧取豪夺之能事。例如浦城县《周氏宗谱》记载："慨自同治六年修祠告竣，族议三乐、三畏殷实可恃，遂将祠租举之管理，储为修谱需用。今岁纂修家乘，非特缘捐不缴，且吞兴祠租数十载，瘠祖肥己。"周三乐、三畏之辈，公然"瘠祖肥己"，可谓豪夺之一例。顺昌上洋谢氏的"司理祠内公项者"，则全凭巧取谋利。试见下引同治四年的《上洋祠堂合同议字》：

　　查自道光十七年公算以后，寝不公算。以前簿载祠内公产出息，除开销外，每年可余数百余千；迄今二十余载未算，急应集祠公算等情。质之司理公项之寿臣，据称：咸丰八年，长发逆匪攻陷上洋，杀人、放火、掠掳，存支各簿并契券俱失……产业无契可稽，失迷在所不免……查发逆退后，寿臣曾寻获原遗公产字据一箱，何以匿不首先吐纳？迨至众论腾沸，指攻获箱，始认交出。其颠顶朦胧，弊可概见……兹同公亲公议，令寿臣酌捐己田入祠示罚，以昭炯戒！

据说，谢寿臣为此捐出"己田"计租二百余箩，但咸丰八年（1858）以前的历年账款"概准抹消"，由此"寿臣亦踊跃乐捐"。这说明，一旦此类族产为少数管理人所把持，实际上也就难免化公为私。

在地方组织中，凡属共同共有的地方公产，一般都由"绅董"专事管理。在"绅董"之间，往往又分若干班次，轮流管理。例如，政和县的《东平义学董事章程》记载："凡料理公项，轮班则有蚕食之虞，独理则有鲸吞之虑。积年既久，董事视为私物，佃人只识一主，则独理之弊尤甚也。今议：分为人、文、蔚、起四班，每班二人，轮年值理。"各班"董事"的职责，在于经管当年的"钱谷出入"。在此范围之内，"所有应办事宜，惟董事主议"。各班"董事"的经营情况，要受到全体"董事"的监督，"凡值年者出入钱谷，揭榜示众"；"每岁集董事，秉公核算"。若有非常之事，则由全体董事共同负责。如《东平义学规约》宣称："如有佃欠，董事集同人清查，禀官究追。"〔1〕有些规模较大的地方公产，其经营管理要受到官府的监督。建宁府义仓的《拟定章程》规定：

> 向来建郡办理义仓，责成专在绅董。虽出入钱银谷石，随时报府，事权究属偏重。兹定：延请在籍绅士数人为正、副董理，将仓谷、赈目一切事件交其承办；临办时，诸董先议妥洽商，由府准行，并派员会同办理。

此类管理办法，称为"合官绅以商事宜"，其经营之责仍在于"绅董"，官府只有监督之权，而不能起支配作用。这是因为，"义仓银钱谷石，乃阖郡捐充，所积系属公业。官专稽查，绅司出纳。各绅董擅将仓款挪借官用，惟绅董是问；绅董私自挪用，凭众请官追缴。凡一切支给兵米别项转输，不准将仓谷动用"〔2〕。由此可见，此类地方公产与官产具有本质的区别，两者不可一概而论。不仅如此，由于"绅董"之类是由各种地方组织"公举"的代表，因而只能将有关公产用于当地的公共事务，而不得"私自挪用"。因此，"绅董"对此类地方公产也只有管理权，而不持有所有权。

值得注意的是，随着各种地方公产的发展，"绅董"的管理职

---

〔1〕 民国《政和县志》卷十三，《学校》。
〔2〕 民国《建瓯县志》卷二十，《惠政》。

能日趋复杂，逐渐地演化为一种需要支付报酬的职业。在各种有关地方公产的管理章程中，对于"绅董"的报酬办法大多有详细规定。例如，《东平义学董事章程》规定："董事酬劳依旧章，每年钱二万文，二人理则二分之。"《东平宾兴章程》规定："岁收租谷等项，……抽存一股，聊酬董事之劳。"[1] 建郡义仓的《拟定章程》："正董绅士，全年致送薪水洋银一百两；副董绅士，全年致送薪水银六十两……司事每月定薪水四千文；年、节敬各一千文。"[2] 很明显，对于受聘而来的"绅董"来说，不管是专职还是兼职，管理地方公产都已成为一种谋利手段，而不单纯是一种"义举"。

在按份共有的乡族地主经济中，其收益除了用于公共费用之外，如有余利则由共有者直接分享。如瓯宁县屯山祖氏的"丽南祭"，于清康熙初年设立之后，由派下"元""亨""利""贞"四房轮收，"归完粮办祭外，尚多利泽"；嘉庆二十年（1815），抽出"苗谷"167箩，又"苗银"十余两，"公举公廉正直者每房二位，近前承理征租、完粮、完苗、办祭，余剩者存众修理各田溪、坑埂及田界各项"；此外，尚有未抽"苗谷"325箩，"廨屋"一所，"仍听房分轮收"。[3] 由此可做如下估算：在嘉庆二十年以前，"丽南祭"用于公共费用的收益约占34%，由各房在轮收之年分享的"利泽"约占66%；在嘉庆二十年以后，"丽南祭"中公管的祭租，基本上都用于公共费用，由各房轮收的祭租是不必做任何支出（包括"完粮"等项）的纯收入。

由于轮收的祭产"利泽"较多，共有者较少，其收益往往十分

---

[1] 民国《政和县志》卷十三，《学校》。
[2] 民国《建瓯县志》卷二十，《惠政》。
[3] 《闽瓯屯山祖氏宗谱》卷八，《祭产》。

可观，有可能产生"人格化"的地主。如浦城县东海徐氏二十六世的"羲斌祭"，提留祭租一百余担；二十七世分两房，设"起鳌祭"与"起鲲祭"，共提留祭租二百四十余担；二十八世分七房，每房每年约可收祭租五十担。⁽¹⁾瓯宁县屯山祖氏十九世的"勤""俭"两房，仅从十七及十八世直系祖先的轮收祭田中，每年各自可收租二百七十余箩；如果加上十四至十六世直系祖先的轮收祭租，则每年平均可收租三百箩以上。⁽²⁾对于这些祭租的共有者来说，即使私人地主经济已经完全破产了，仍可借助于共有的族产而坐食租利。

严格地说，乡族地主经济的共有权，只能在地主阶级内部产生和存在；在共有者内部，一旦出现了贫富分化，就必然引起共有权的相应变动。如浦城县北乡王氏的"受益祭"与"周祖母祭"，于光绪年间抽出公管的祭租和书灯租后，尚有二百余担田租，"又将各佃品搭均匀，七房值收子孙小股拈阄为定，各有应收之佃，不得越占紊乱"。其所立《议字》宣称：

> 每见富家粮户分析田产，必抽清明祭租为子孙百年虑。当其家门全盛，子孙饶裕，轮收值年依章行事，颇沾利益。及至产资退败，房倒房兴，游惰孙男或于前数年将值收祭租预拨他人收去，迨轮值年家无粒谷，贫乏依然，反将值年课粮逃欠不交，山中祖墓祭扫废弛，以致粮差催拘，家庭构讼。是祖宗置祭租以益子孙，子孙反因祭租而累辱祖宗也。

王氏于瓜分祭租的同时，又提留了公管的族产，据称"良法美

⟨1⟩ 浦城县《东海徐氏宗谱》卷十，《祭田》。
⟨2⟩ 《闽瓯屯山祖氏宗谱》卷八，《祭产》。

意,莫如此举"。这是因为,公管的族产主要用于家族内部的公共费用,这种费用不会因贫富分化而消失,只会因贫富分化而增加。因此,在大多数情况下,轮收的族产不会完全被瓜分,而是逐渐演变为公管。换句话说,此类乡族地主经济的演变趋势,一般不会因贫富分化而完全解体,而是由按份共有转化为共同共有。

在族产从轮收转为公管之后,"颁胙"及"饮福"是共有者参与分配的主要方式。不过,在有些家族中,族产的权益为少数族人所据有,普通族人的共有权逐渐地被剥夺了。例如,浦城县东海徐氏的《前街伏元公祠祭典》宣称:"祠内出产无多,颁胙良难遍给,惟有职事者理应受胙。"瓯宁县屯山祖氏的"丽南祭",于嘉庆年间"公抽之后",在《新立丽南祭簿序》规定:"只理事者自己致祭、算账、饮福,不必充丁颁胙。"此外,有不少宗族规定,所有"新丁"必须交纳"丁钱",才可以参与"颁胙"或"饮福"。如顺昌县上洋谢氏的《汝贤公祭墓章程》规定:"春祭,司祭者先一日办糖饭,名'丁饭';秋祭,司祭者先一日办米粿,名'丁粿'。每祭每丁给一斤,身故者开除……所有新丁,应捐添喜钱文,亦于是日交纳,不交者不给丁饭、丁粿。"这就是说,在族产的共有者去世后,也就失去了原有的权益,其后人只能通过捐款获得有关权益。

按份共有的乡族地主经济,不仅可以抽归公管而免于解体,而且可以通过分股买卖,使共有者得到部分的调整或改组。试见下引乾隆五十七年(1792)的"断卖皮骨民田契":

> 立断卖皮骨民田契字人何天赐,今因无钱应用,特将祖上遗下皮骨民田……二处,共载官粮一升正,其田原系三股,今天赐抽出父承买普良一股,欲行出卖,托中引至本祠伯继公支下长衍六股人等戛积银两处近前承买为业,以为祠内修理之

费，当日经中三面言定田价纹银四十五两正。(下略)〔1〕

在家族内部买卖族产的有关权益，是一种相当正常的产权转移行为。这是因为，此类产权交易并未导致共有经济的解体，而是使之更为稳定。建阳县颍川陈氏的"英贵二公蒸尝田"，曾经多次分股买卖，其有关权益在族内流转了几百年，仍维持了多层次的共有经济。据族谱记载：

> 万历十九年九月，三房子孙文高、文魁、德忠，同买到邵武五都叶家窟人陈璋生晚田连骨米三石官……卖主抱耕，递年交租苗六担正。清雍正年间，文约公之子孙士福，分卖去二箩；文魁公子觉圣份二箩，卖与文顺之裔孙士毅、士俊；士毅之子光亨，将其二箩田复于乾隆年时尽卖与士俊一人，与文高房同收。〔2〕

不过，在族产的分股买卖过程中，如果其股份为个别族人所据有，也会导致共有经济的解体，重新转化为私人地主经济。如浦城县占氏的"洛公祭田"，在族人中历经转让和买卖，最终演化为"私业"。据族谱载：

> 此田系温、良、恭、俭、让五房轮祭。温、俭、让三房，将股内祭田契卖恭房十九世孙世潮管业；世潮因无力难支差徭，康熙年间呈县，愿归良房二十一世孙让君管业。……世潮

---

〔1〕 邵武县《樵西古潭何氏族谱》卷末，《契约》。
〔2〕 建阳县《颍川陈氏宗谱》卷一，《竹林各公田山》。

之子良祯，又将自己恭房一股祭田，并恭、俭、让三股祭田，统卖让君归一管业。乾隆年间，俭房二十二世孙本宽出而告争，致让君之孙道济等控县、控府、控司，讼累多年。……续经处息，详结完案。是四股之田名为祭产，其实私业。[1]

如果族产的权益分股典卖给外人，也可能导致共有经济的解体，或是转化为其他形式的共有经济。顺昌县上洋谢氏的《诚斋公续增祀产引》记载：

> 岁丙申，仁房堂兄龙洋，与晋江盐商周联辉构讼。维时众商蜂起，以财势相凌……龙洋未如之何，乃计及于瑶亭大父祠内公产，并书田出息银买有田，年可收租谷七百箩，倡议分析，变价以济。予迫于事势，不能阻也。因听其品搭腴瘠，作仁、义两房平分，书立合同据并声明字，各执为凭。除仁房分入即卖外，予义房得田十五段，计谷三百四十六箩……嗣后如仁房能将变价各田赎回归祠，予义房亦将此续增祀产截停，仍归祠内，以昭画一同庆。

在谢氏祠田分拆之后，"仁""义"两房的共有经济已经解体，但仍有一半祠租留在族内，转化为"义"房的共有经济。一般地说，在分股买卖的情况下，即使有一部分族产的权益流于族外，族内的共有经济也不会完全解体。如浦城县占氏的"泗公书田"，原由派下"乾""坤"两房共有，清光绪十三年（1887），"坤元公裔孙大弟、乌弟等，从额内拆去额租二千九百五十斤，公同卖断与季

---

〔1〕 浦城县《占氏族谱》卷二十一，《祭产》。

姓"，还剩下一半书田，则由"乾元公房裔孙执理"，至于坤房族人，"无论入泮与否，不得干涉"。⁽¹⁾

此外，在买卖双方都是乡族组织的情况下，产权的转移仍未改变乡族共有经济的性质。例如，瓯宁县璜溪葛氏有一段四房共有的开路醮田，每年收租谷七担，但在九年之中只能收租四年。据族谱记载：

> 此田原系张潮林等祭田，分为日、月、星三房轮收，而日、月、星三房又各分三房，共计九年作为九房（轮收）。葛达高买去四房，葛荣林买去五房。荣林交上冲寺作九月二十九日为办供之费。⁽²⁾

在按份共有的乡族地主经济中，有关权益的分股买卖，是一种经常性的地权运动。正是通过这一运动方式，使共有者结构不断得到调整和更新，从而维持了乡族共有经济的稳定。

乡族地主经济作为私人地主的共有经济，并未阻止共有者内部的阶级分化，却具有与之相适应的某些机制。按份共有的乡族地主经济，往往因阶级分化而趋于解体，但通过分股买卖或抽归公管，使共有者内部的矛盾得到了缓和，从而重新趋于稳定。这说明，乡族地主经济的共有权，只能在地主阶级内部产生和存在，也只能在产权的运动过程中巩固和发展。

〈1〉 浦城县《占氏族谱》卷二十一，《祭产》。
〈2〉 瓯宁县《璜溪葛氏宗谱》第六册。

四、结语

明清时期闽北地区的乡族地主经济，体现了乡族组织与地主经济的直接结合。从所有权的归属来看，乡族地主经济可以分为族产与地方公产两大系统；前者是宗族内部各个亲属集团与地主经济的结合，后者是由乡绅主导的各种地方组织与地主经济的结合。从社会功能看，乡族地主经济主要用于祭祀、教育、赈恤及其他公益事业，因而有祭田、学田、义田、役田、桥田、渡田等名目。族产是闽北乡族地主经济的重心，祭产又是闽北族产的主要成分。乡族地主经济的经营方式，以坐食租利为基本特征，与私人地主并无二致；但可以借助于乡族组织及国家政权的保护，对农民实行超经济强制，因而是一种得到了强化的地主经济。

闽北历史上的乡族地主经济，是从私人地主经济转化而来的。明中叶以降，由于闽北地主在分家时都要尽可能提取祭产，代代设祭成为一种普遍的社会风尚，从而造就了大量用于"特祭"的族产。闽北各族的祠堂，有权向族人派捐，甚至有权没收某些族人的财产，加上族人"饶财乐助"及祠产自身的增殖，使此类用于"合祭"的族产也达到了相当大的规模。到了清代后期，闽北各族的祭租往往达到数百担乃至数千担之巨，此外还有数量不等的山林、店房及生息资本等族产。闽北的地方公产，主要来自乡绅阶层的捐献。明中叶前后，由于赋役制度的改革，闽北出现了各种用于公益事业及祭祀活动的地方公产；清中叶前后，随着书院之类的地方教育机构及各种赈恤事业的兴起，地方公产的规模迅速扩大。乡绅阶层在捐集地方公产的过程中，广泛参与各种地方事务，日益扩大其社会影响，各级官府的行政职能反而削弱了。从明中叶至清中叶，由于私人地主经济不断地转化为乡族地主经济，闽北的地主经济结构发生了重大的变化,乡族地主经济逐渐取代私人地主经济而占据主导地位。

明清时期的乡族地主经济,实质上是私人地主的共有经济。乡族地主经济的权益分配,有轮收与公管之别;前者具有按份共有的特征,后者具有共同共有的特征。在家族内部的各个亲属集团中,由于族产的权益代代都要按房均分,因而是一种多层次的按份共有。但是,在世代层次较多的情况下,族产的所有权份额不易辨析,轮收变成了公管,按份共有变成了共同共有。在各种地方组织中,由集股而成的地方公产,同样是按份共有;来源较为复杂的地方公产,一般是共同共有。地方公产主要由"绅董"代管,在"绅董"中往往又分班轮管。乡族地主经济的收益,有两种不同的用途:一是用于乡族组织的公共消费;二是由共有者直接分享。就前者而言,是私人地主经济的一种补充;就后者而言,是私人地主经济的一种变形。在共有者之间,一旦出现了贫富分化,乡族地主经济便随之趋于瓦解;但是,通过分股买卖等产权运动过程,其共有者可以不断地调整与更新,从而重新趋于稳定。

本文的分析表明,自明中叶以降,乡族组织与地主经济的直接结合,使已经衰落的私人地主经济得到了强化,同时也阻碍了阶级分化的正常发展,从而延缓了地主土地所有制及传统社会结构的解体过程。

附注:

1951年,福建省农协对各地共有田的比重做了抽样调查,其结论是:"闽北、闽西占50%以上,沿海各地只占到20%—30%。"

(《福建省农村调查》，第109页）但是，如果与其他封建土地相比，乡族共有田在全省均占优势。这里摘录《福建省土地改革文献汇编》的有关资料，对各区共有田的规模与其他封建土地做一比较（部分数据经过折算）。

1.闽北，南平专区

《关于第二期土地改革与第一期土改结束工作初步检查总结》：据7县71乡统计，共没收、征收封建土地197038亩，其中地主土地22133.5亩，占11.23%；族田114744亩，占58.23%；公田14115.6亩，占7.16%；半地主式富农土地3062.7亩，占1.55%；其他42979.2亩，占21.81%。

2.闽西北，永安专区

（1）《第一期土地改革中几个主要问题的总结》：据30乡统计，土地总额108371亩，其中公田占55%；地主土地占23%；富农土地占17%；其他占5%。

（2）《第二期土地改革总结及今后任务与要求》：据5县35乡统计，共没收、征收封建土地74482亩，其中公社田49848亩，占66.92%；地主、富农、小土地出租者土地24636亩，占33.08%。

3.闽东，福安专区

（1）《关于第一期土地改革工作总结》：据70乡统计：地主、富农土地占总数28%；公轮田占总数22.78%。

（2）《第二期土地改革总结》：据166乡统计，共没收、征收封建土地271938.81亩，其中地主土地110220.73亩，占40.53%；公轮田134702.81亩，占49.53%；半地主式富农土地13870.14亩，占5.1%；富农土地7417.23亩，占2.72%；小土地出租者土地3880.81亩，占1.42%。

4. 闽南，龙溪专区

《关于第二批土地改革的基本总结》：据8县207乡统计，共没收封建土地368099亩，其中地主土地占36.3%；公田占44.5%；其他占29.2%。

5. 闽中，闽侯地区

《关于土地改革运动的总结》：据7县50区334乡的统计，共没收、征收封建土地526975.49亩，其中地主土地129073.67亩，占24.49%；公田、社田、祭田等257818.02亩，占48.92%；半地主式富农土地12342.85亩，占2.34%；其他127740.95亩，占24.24%。

明清福建沿海水利制度与乡族组织

中国历史上的农田水利制度，不仅反映了农业生产力的发展状况，而且反映了农业生产过程的社会组织形式，历来是社会经济史研究的重要课题。本文考察明清福建沿海的农田水利制度，旨在探讨与此相关的乡村社会组织。

一、农田水利事业的组织形式

中国古代农田水利事业的组织形式，大致可以分为"官办"和"民办"两种类型。在福建沿海各地，由于自然条件有较大的差异，农田水利工程的规模不尽相同，其组织形式也各具特色。

明清时代，福建大陆沿海设有十九县二厅，分属于福州、兴化、泉州、漳州及福宁五府。其地"负山滨海""山海交错"，农田水利状况相当复杂。万历《漳州府志》记云：

> 漳州之田，其等有五：一曰洋田，平旷沃衍，水泉常满；先得水者为上，用人力转致者次之。一曰山田，依山靠崖，地

多瘠薄；有水泉者，其等亦中，无水泉者为下。又有坑垄之田，不忧旱而忧水，其等下上。一曰洲田，填筑而成，地多肥美，然时有崩决之患；得淡水者，其田上中，近海潮者中中。一曰埭田，筑堤障潮，内引淡水以资灌溉，然时有修筑之费；且天时久旱，水亦咸卤，其田中中。一曰海田，其地滨海咸卤，内无泉水，外无淡潮；雨旸时若则所收亦多，旬月不雨则弥望皆赤，其田为下。[1]

沿海其他各府的农田水利状况，亦大致相同。一般地说，在沿海的山区和平原，农田水利状况各不相同，有必要略做分述。

福建沿海有四大平原，即漳厦、福州、莆田及泉州平原，分别位于九龙江、闽江、木兰溪及晋江的入海口。在上述平原地区，有些规模巨大的农田水利枢纽，其兴废足以影响全局，一般历代均由官府组织兴修和管理。其中最著者，如福州的西湖、连江的东湖、长乐的滨闾湖、福清的元符陂、莆田的木兰陂和延寿陂、晋江的六里陂和清洋陂、南安的万石陂、海澄的广济陂、龙溪的新渠和官港、漳浦的双溪坝、霞浦的欧公河、宁德的东湖等，其受益面积都不下数万亩乃至数十万亩，在当地的农田水利事业中有着举足轻重的地位。此类大型的农田水利设施，往往同时具有蓄水、灌溉、排涝、捍潮等多种功能，"其制甚精，其利甚溥，而其工亦甚巨"[2]，事实上很难由民间自行组织兴修和管理。明清时代，这些"官办"的农田水利事业，经历了较为复杂的演变过程，容后详述。

---

[1]《漳州府志》卷五，《赋役志》。
[2][清]孙尔准：《修复水利增筑石堤工竣复奏折稿》，引自道光《福建通志》卷三十四，《水利志·莆田县》。

福建沿海平原的农田水利设施，除了"官办"的之外，又有"民办"的形式。不过，在沿海河口平原的"民办"水利设施，往往犬牙交错，层层相因，很难自成体系。例如，莆田平原的农田水利系统，宋元时期历经官修，规制颇详；延及明代，"海民又于堤外海地开为塳田，渐开渐广，有一塳、二塳、三塳之名。……为塳愈多，其地愈下，沮洳斥卤，利饮清泉。故为塳田者或大决官沟，开渠以达；或深凭沟底，为涵以通。仰吞沟水，拍满汪洋，则于外堤私立陡门，多设涵窦以注于海"。[1] 这种由"海民"私设的塳田水利，由于缺乏独立的水源，只能依附于"官办"的水利系统，从而也就势必受制于官府。在河口平原的各种"民办"水利设施之间，同样存在着相互依存的关系。嘉庆《惠安县志》记载：

> 曾垆塳，北为石塍塳，西为下江塳，东为崇福塳，共田亩二千有奇。源出大帽东麓，由承天洋、法石塳、后尾港入浦兜涵，经下江塳以注于本塳。先是，法石人拥塞上流，邑令叶公春及勒石疏通，因赖不荒。国初迁界，塳为海淹。康熙三十五年，僧性慧筑其半，为内塳，长广各一里许，田百余亩。叶、郑二姓又筑其半，为外塳，长一里、广二里许，田四百余亩。黄姓筑崇福未成，下江尚属海浒，故法石水不得灌田，民多患焉。[2]

上述诸塳，由于共用同一水源，实际上属于同一水利系统，彼

---

[1] [明]朱淛：《与吴太守论莆田南洋水利书》，引自道光《福建通志》卷三十四，《水利志·莆田县》。
[2] 嘉庆《惠安县志》卷五，《田土水利》。

此之间既相对独立，又相互依存，因而难免出现种种矛盾。值得注意的是，这种"民办"的农田水利设施，不仅需要各级地方政府的协调和支持，而且往往要由少数德高望重的僧侣或乡绅出面主持，才能有效地组织兴修和管理。明人何乔远的《重筑海丰埭记》云：

> 同安县仁德里，有光孝旧寺僧田焉。其庄曰"海丰"，其所资灌溉之水曰"苎溪"。嘉靖中，溪水横溢，决为烟莽。寺僧戒静，以请府公，府公谓："任此事者，必得方正公平乡先生。"以请金事方塘庄公、知府逸所黄公主其事，有田其中者捐资募工而为之，三年始成，计费千金矣。于是，十分田以一分给僧，又分其九分为十二，而诸家任其赋。岁久复决，屡筑屡坏，迄无成劳。膳卿虚台蔡公悯然告众曰："……海丰之上，曰朱埭；朱埭决则患下贻于海丰。不筑朱埭，海丰不田也。向庄、黄二公，则有府公请，予居闲于此，其可以无德而沾民？"乃召有田之家而语之曰："筑实在予。兹第田为三等：曰沙压田；曰崩流田；曰漫涨田。此三田者，皆非堤不可。沙压田，不堤则人力虽能除沙，不能捍水；崩流田，不堤则溪矣；漫涨田，不堤则小水薄收，大水必害。堤崩流田，必二三岁方可望收，其得利也迟，出资当最轻；堤漫涨田，害在大水，小水可收也，出资次之；堤沙压田，必水去沙乃可除，出资稍重。总之下种，以斗计资，以金五镮而止。"于是，众皆如公约。……于是，朱埭之田，岁以有收；海丰之田，一保无事。农人、业户相与颂公德于无穷，请碑而铭之。[1]

---

[1] 民国《同安县志》卷五，此碑尚存。

此外，福建沿海有不少缺乏水源的小块平原，如长乐县，"山浅而泉微，故潴防甚多，大者为湖，次为陂、为圳；捍海而成者为塘，次为堰，毋虑百五十余所"〔1〕。在这里，农田水利系统的规模较小而又相对分散，一般均由民间自行组织兴修和管理。明人吴以谦的《疏捍刘甫洋序》云：

> 吾邑刘甫洋者，前人刘甫业也。甫厚资，善疆理，见边海平芜，一区数百亩，请输而田焉。环筑以防海潮，疏渠以通利济，其限乎灌溉也。浚咸岭源而河之，迤逦五十里而注田。……后田悉归我方、吴二室。方曾大父与吾曾大父，世姻也，相与谓："是土瘠而赋重，所赖免旱潦之虞者，疏捍之功耳。力虽出自耕，可无督乎？"乃立族之贤能才一人董其事，俗称之防总云，十年一更，责成功也。方二而吴一，以田之多寡也。设佃甲之役，曰涵头、水卒者八人，人有攸司，捐田以赡，多寡如年也。垂四百余年。〔2〕

像刘甫洋这种远离水源的沿海平原，水利事业历来是由乡族组织自负其责，不需要任何外来的助力，这可以说是典型的"民办"形式。

在沿海山区，农田水利设施主要用于灌溉，只有少数坑垄田才需要排涝。因而，山区的农田水利事业较为简单，一般是以陂、坝、堰之类的蓄水设施为主，附设若干沟、渠、圳之类的引水设施，即可自成体系。例如，道光《福建通志》对仙游山区的农田水

---

〔1〕 道光《福建通志》卷三十三，《水利志·长乐县》。
〔2〕 民国六年《陵海吴氏族谱》卷四。

利制度有如下记述：

> 仙游居万山之中，农所资者，惟取涧泉、岩溜以为灌溉。遇高则堰之；堰者，壅水以上田也。遇低则陂之；陂者，障水以入田也。每春三月，则封港潴水以备旱干；冬十月，则开港放水以通舟楫。官有禁令，民有乡约；自古及今，率循是道。其规制与莆田木兰、延寿等陂不同。〈1〉

这种以蓄水灌溉为主的农田水利系统，其特点是沿河截流，因势利导，工程不大而又易于管理。如诏安县，"溪陂大者，灌田四千余亩，至小者亦不下数百亩。然山谷所汲只溪涧水，纵不修筑，不大利亦不大害"〈2〉。因此，沿海山区地带的农田水利事业，一般是由民间自行组织修建与管理，官府则分别立案稽查，并课以赋税。清康熙年间，仙游县文贤里的《山浔坝志》记载：

> 田地倚山附溪，高下不一，古蒙邑宰劝民设置坝圳，蓄水以备抗旱，载在县志可考。凡坝年需课务，照受水田亩匀纳。历任县爷甫莅车，即行票作兴水利，令坝长监修，亦照受水田亩估工匀出。又设立坝规，如修整壅塞并被水冲决，立约甚明，相传已久。凡有受水坝户，皆世守不失。纵豪强莫分，富喇莫占。〈3〉

〈1〉 道光《福建通志》卷三十四，《水利志·仙游县》。
〈2〉 民国《诏安县志》卷四，《建置志·水利》。
〈3〉 康熙二十五年《山浔坝志·坝长林加序辩揭》。

上述这种"受水坝户",共同承担兴修及管理水坝之责,形成了一种相当严密的农村社会组织。据记载,山浔坝由文贤里"通乡公砌",其"坝户"共有十三姓三十三人。这些"坝户",不同于一般的编户齐民,而是"因坝立户""因田编列"而成,亦即"约以三十五亩为一户,照户均田,照田修坝"[1]。此外,文贤里另有"飞桥坝"及"外坂坝",是由当地的刘氏宗族修建的,其有关权益则由刘氏族人分享,外人一律不得问津。[2]

在少数水源不足的山谷丘陵地带,由于需要沟通其他水系,也可能形成较为复杂的农田水利系统。明代南安乡绅黄河清在《筑永利圳记》中说:"去南安县治二十里许,有山曰杨梅,势特耸秀。山之麓平畴绵亘,可百顷余……山之泉溉田不能十之三。"为了解决水源不足的问题,明正德年间开始修建长达数公里的永利圳,"自董湖溯于芦口,以达于郑山;又自郑山以达于垅塘、达泊港、达涧埕。辟障以钻,堤沙以石,障洪以树,御沙以栅,续断流以槽。由是溪与圳会,圳与水会,水与泉会。……以步计四万,丈计一万;雇工二万有二千,佐侑工亦万有三千,庸费百金有奇,粟六百斛有奇,佐之费葰之;岁得稔可万钟有奇"。这一引水工程规模甚大而又相当复杂,在当时的山区是很少见的,但也仍是采取"官督民办"的形式。据记载:"适河清自官归……乃白于太守石崖葛公……令耆民……董若役,众大和会。筹田出粟,筹丁出力,按粟出直,鸠工事上,更番以助之。"[3]可见,这一工程的发起人和组织者,都是当地的乡绅和"耆民",而官府在其中的作用,只是使

---

[1] 康熙二十五年《山浔坝志·坝长林加序辩揭》,《山浔坝序》。
[2] 康熙二十五年《山浔坝志·坝长林加序辩揭》。
[3] 乾隆《泉州府志》卷九,《水利·南安县》。

之更具有合法性。

应当指出，中国历史上农田水利事业的组织形式，不仅取决于各地的自然条件，而且受到当地社会权力体系的制约。因而，在不同的历史时期，随着农村社会结构和权力体系的演变，同一类型的农田水利事业也可能采取不同的组织形式。

二、由"官办"向"民办"的转变

明清福建沿海"官办"的水利事业，大多陆续改为"民办"。这一转变过程，可以分别从兴修和管理两方面来考察。

由官修向民修的转变，早在明初已见端倪。海澄县的广济陂，"宋郡守傅雍所筑……溉田千余顷，岁久颓圮。明景泰五年，知府谢骞命邑民苏日跻修筑，寻复为洪水所坏。成化十七年，知府姜谅令邑人运判苏殷及大使何金重修"[1]。在这里，官府已把兴修水利的职责，移交给当地的豪绅阶层。

自明代以降，地方官府并无用于兴修水利的专款，因而即使是由官吏出面组织兴修水利，一般也只能取资于民。明中叶以前，地方官筹集兴修水利的经费，主要是以赋役的形式直接摊派。例如：明天顺二年（1458），南安知县为修复万石陂，"率耆老至陂所，相度其浅深广狭，计诸家田亩之多寡，量出人力以修筑"[2]；明弘治年间，晋江县六里陂的上沟斗门被洪水冲倒，"府、县委官起集丁夫

---

[1] 道光《福建通志》卷三十六，《水利志·海澄县》。
[2] [明]洪显：《筑陂记》，引自乾隆《泉州府志》卷九，《水利·南安县》。

千余人，费银千余两……农夫困甚"[1]。这种"以民之财而成民之事"的组织形式，实际上已具有"民办"的性质。明正德年间，漳州知府委官至海澄县兴修水利，"告之曰：'汝可督吾民以成吾事。'公自籍其数目，计其章程，坐于公堂之上而遥制焉"[2]。准此，似可称为"官督民办"的形式。

明中叶以后，由于赋役制度的改革，官府不能直接征派赋役以兴修水利，只能以倡导的方式"计亩劝资"[3]，或是授权于民间自行组织。明嘉靖十五年（1536），泉州知府为修复留公陂，"发公帑赎金以倡，合谋于二府尹艮斋公，令良民王汝云等董其役，计亩劝分，鸠工度费，民忘其劳"[4]。清代侯官县修建白石、斗米二石堤，知县龚延飚与"诸父老"议："主出资，佃出力；民力之所不及，长吏措助之；长吏所不及，上官措助之。"二堤告成，又立约云："尔民合于农隙时，家出一丁，亩出一工，时加培植，以不至溃决乎！"[5]这种以民力为主，而又由官府"倡率"或"措助"的做法，或可称为"民办官助"的形式。

应当指出，由官府倡修水利的形式，并不总是行之有效的，这就势必导致某些官办水利事业的废弛。清乾隆年间，福宁知府李拔令宁德知县"募民兴修"东湖，而"一时未有应者"，以致"议遂寝"[6]。在多数情况下，清代由官府倡修的水利工程，实际上仍是由民间自行组织的。例如，莆田县南洋埕口堤，"雍正十三年，知府苏本洁饬居民一百四十一家，自筑土堤……其石堤官为捐砌"；北

---

[1] [明]陈琛：《论六里陂水利书》，引自乾隆《晋江县志》卷十六，《词翰》。
[2] [明]赵浔：《新修陈公陂记》，引自万历《漳州府志》卷三十，《海澄县·文翰志》。
[3] [明]顾珀：《邱侯陂记》，引自嘉庆《惠安县志》卷三十二，《艺文志》。
[4] [明]顾珀：《重修留公陂记》，引自乾隆《晋江县志》卷十六，《词翰》。
[5] [清]龚延飚：《双堤记》，引自道光《福建通志》卷三十三，《水利志·闽县》。
[6] 民国《福建通纪》之六，《福建水利志·莆田》。

洋杭口堤,"乾隆二十年,知府官兆麟、知县汪大经,令业佃出资修筑"[1]。上述二堤是木兰陂水利系统的主要配套工程,历来是由地方政府统一组织兴修和管理的,清代采用类似于"田头制"的做法,使官修完全转化为民修。在明清福建沿海的地方文献中,虽有不少"官修"水利的记载,其实却不外是采取"官督民办"或"民办官助"的组织形式。笔者认为,这都是由官修向民修转变的过渡形式,其发展趋势是官修逐步为民修所取代。

明中叶前后,官办水利的管理方式也出现了显著变化。此前,福建沿海官办的水利事业,一般都有专人负责管理。明人陈琛在《与王石冈侍御论六里陂水利书》中说:"陂在本县为水利之最大者……官之征科攸系。旧设陂首一名,择本都有恒产恒心兼有才干、人所推服者为之,一任三年,不免差役;陂夫四十二名,多是下户寡丁,一役二年,甚为劳苦,例于该年均徭内编排。其他小陂塘,不得比例。"[2]可见,这种官办水利的日常管理,原来主要是以派役的方式来维持。明中叶以后,于徭役逐渐演变为银差,而地方官府又往往克扣雇役银,遂使这种管理方式难以继续维持下去。明嘉靖年间,晋江乡绅王慎中的《龟湖塘记》云:"守陂之夫虽具,而官弗予直,故守者常怠而废事。"[3]在此情况下,官府只好把经营之责移交给乡族组织,而又为之立法以示约束。晋江县的龟湖塘,宋时蔡襄曾立有《塘规》;明嘉靖时,知府童汉臣令"林、黄、苏、郑四姓管修堤岸",又"增议塘规二十九条";至清康熙时,知县李元琳亦"刻塘规,俾掌陂者世守"。[4]实际上,官办水利既然交由

---

[1] 道光《福建通志》卷三十四,《水利志·莆田县》。
[2] 乾隆《晋江县志》卷十六,《词翰》。
[3] 同上。
[4] 乾隆《泉州府志》卷九,《水利志·晋江县》。

乡族组织管理,也就很难听命于官府,有关立法往往成为具文。明万历三十年(1602),莆田县兴福里发生水利纠纷,知县判云:"此地原有东山陡门及水则,设有锁钥,公正收管,水有余则呈官量放;又有慈圣门口埭木涵、万安石埠埭大木涵。今邹、曾、徐三姓种蛏海外,非得淡水不肥,陡门、水则任其私流,且处处是涵,大雨顷刻即涸。三姓富有,百姓病矣!"⁽¹⁾可见,官办水利一旦交由乡族组织管理,则无异于豪强的私产。

官办水利改由民间管理的另一契机,是地方豪强以"受税"为名,把此类资源占为己有。晋江县的龙湖,"旧系官湖,明初始征渔税……后势家掩为己业"。清雍正八年(1730),"总督刘世明檄巡道朱叔权定湖归官,布政使潘体丰议,课米为数无多,留之仍启争端,请一概蠲免,俾小民永享其利"⁽²⁾。福州西湖,明代"为豪右所据……诡名受税,奄而有之;启闭不时,蓄泄失度"。万历四十年(1612),按察副使李思诚"始立议以湖归官,以湖利归民",其《建湖闸、豁湖粮记》云:"予趣县牍行之,议改里排轮佃;夫里排,豪强之隐名也。议增税给业;夫增税,侵渔之诡计也。予决意力破浮说,悉蠲夙弊。修南北二闸,置钥下铰,令环湖而田者数百家为甲,鳞次司禁。太溢则启而泄之,稍平则闭而蓄之。猝遇水旱,庶其有济乎?"⁽³⁾在"诡名受税"的情况下,固然使官湖变成了私湖,而"豁湖粮"及"以湖利归民",也只是收回了所有权,其管理权却仍然操之于民。这就表明,官办水利改由民间管理,已经成为不可逆转的发展趋势。

〈1〉[清]陈池养:《莆田水利志》卷二,引《县志》。
〈2〉道光《福建通志》卷三十五,《水利志·晋江县》。
〈3〉道光《福建通志》卷三十三,《水利志·侯官县》。

前人论及明清官办水利之弊,往往归因于地方官吏的腐败无能。其实,官吏的腐败并非明清时代特有的现象,故不能以此说明官办水利由盛及衰的转变趋势。笔者认为,明清时代的官办水利之所以日趋衰落,关键在于地方官府缺乏财权。在明代以前,虽然地方官吏的财权也很有限,但用于兴修水利的财力却是颇为充裕的。南宋刘克庄的《新修三步泄记》云:"判官赵汝芙奉檄修废……竹、木、草皆依市估,夫皆支馈,直钱皆出郡帑,而民不知事一毫、钱一孔。"其《曾公陂记》亦云:"钱出于公家者百五十万,馈夫六千,不以烦民。"[1]与此同时,又有专门用于官办水利的官田。例如:宋淳化间,连江县修东湖之后,"又置田园,立斗门户主其出纳,以备修葺"[2];宋嘉祐间,兴化军筑太平陂后,又设陂田,"为陂之修防计。掌陂事陂首一、陂干一、甲头二、长工二,各有食田"[3]。明清时代则与此不同,地方官府不仅没有兴修水利的专项经费,一般也没有专门用于水利事业的官田。

明代福建沿海有些规模较大的水利工程,尚可奏请拨款修建,而清代则未有此举。诏安县北溪上游一带的河防,"一不戒则崩漂随之,穷乡小民力不能济",为此,"明初往往有疏请浚筑者",然而,"近代官告匮而民益贫,澎涛崩沙,瞬息不测"。[4]清道光初年,总督孙尔准倡修木兰陂水利系统,据估计"约需(白银)十余万两",而各级官府竟无专款支用。因而,孙尔准除了亲率僚属"捐廉倡始"之外,又悬赏募捐,"禀请奏明,将各绅士捐数最多者,俟工竣之日,照例分别奖赏,以期踊跃";同时还规定:"其运

---

[1] 道光《福建通志》卷三十四,《水利志·莆田县》。
[2] 道光《福建通志》卷三十三,《水利志·连江县》。
[3] [清]陈池养:《莆田水利志》卷三。
[4] 民国《诏安县志》卷四,《建置·水利》引"前志论"。

石、挖沙、开渠、浚沟所用人夫,即于该处田畴享其水利者,按田派夫。"[1]既然官府倡修水利只能取资于民,那么,"官办"的水利事业也就势必向"民办"转变了。

  在某种意义上说,由"官办"向"民办"的转变,反映了乡族组织与乡绅势力的发展。这是因为,如果民间尚未形成足以取代地方官府的权威,由"官办"向"民办"的转变就不可能完全实现。明代宁德县的东湖水利失修,乡绅陈琯曾建议由民间自行修复,其《东湖议》云:"姑以为之规模,大略言之,……总计用银七千余两,可成腴田三千余石;更斜头尖角不成片断者,尚几百余石,抽作公田以备公用。其中鱼虾莲荇之利,不可胜计。纠合同事人三百分,不拘在县在村,或一人而居一分,或一人而居三、五分,听其力量。每分只出银二十五两,即分得腴田七石有奇。出力少而成功多者,未能逾此!"[2]这一设想提出之后,始终未能付诸实施,这说明当时宁德县的乡绅尚不足以肩此重任。与此相反,明末漳浦县的双溪坝水利失修,"都人士咸请于方伯黄先生(道周)曰:'……此事非先生莫能任'"。于是,黄道周"遂诣其地,相度形势,斟酌尽善,诘朝举事"。工竣之后,又"置香炉埭义田二十六石种,岁收租五百石,以备不时修筑之费"[3]。由此可见,在双溪坝水利由"官办"向"民办"的转变过程中,已经形成了足以替代地方官府的乡绅势力,而这又势必伴随着农村社会结构的变迁。

〈1〉[清]孙尔准:《修复莆田县水利奏稿》,引自道光《福建通志》卷三十四,《水利志·莆田县》。

〈2〉道光《福建通志》卷三十七,《水利志·宁德县》。

〈3〉[明]陈汝咸:《重修双溪坝记》,引自道光《福建通志》卷三十六,《水利志·漳浦县》。

三、从族规乡约看农田水利制度

在中国传统社会中,族规和乡约是乡族组织的"成文法"。因此,一旦形成了有关农田水利的族规和乡约,在乡族内部遂具有形同法律的强制性效力。

由宗族组织举办的农田水利事业,其兴修与管理均由族人负责,其有关权益亦由族人分享。一般地说,与此相关的各项费用,主要由族内的土地所有者分摊。清嘉庆二十一年(1816),漳州某族立碑云:

> 莲池之灌稻田,林木之荫坟墓,由来久矣。思厥先祖费功程,尽心力,几经开凿、培植,以有池、林也,固欲昭厥孙谟使无变更耳。后之子孙贤愚不一,闻有私筑莲池,砍斫林木,为害不少,良可悼也。兹各房子孙分议开剥、严禁,以无废前人功。其已筑成田者,议坐税以为祭费。开剥工资,就周围田亩食水多寡,分为上、中、下登记。立石示禁。
>
> 上田一斗,出钱捌百伍拾文;
>
> 中田一斗,出钱伍百文;
>
> 下田一斗,出钱叁百伍拾文;
>
> 如填筑莲池,斫伐林木,及锄削后岸,公议罚戏一台。[1]

有些宗族组织举办的水利事业,其受益者并不限于族人,亦可借维修之名,向所有的受水田亩征收水租。例如,晋江县的永丰埭,"明永乐初,黄南亭捐金六千两,田四十余石,环堤创筑,其

---

[1] 此碑文由陈支平提供,谨此致谢。

子孙世守，历代修坏。凡埭内田租，每石年出粟二升，为陂夫工食及闸板修费。有修筑埭碑，勒大路旁"[1]。仙游县枫亭薛氏族人，"捐资为后洋水利，溉田千余亩，人受其德，而族中亦岁收坝长谷之利"[2]。在此情况下，往往导致宗族组织对于水利资源的垄断。例如，枫亭《薛氏族谱》记载：

> 全安庄富僧有埭田在北庄，观后洋水利可以溉田，觊图不遂，即雇石匠先期预办石料，一夜筑成水圳，直通伊埭田。伏吾公奋身纠众毁拆。僧恃富叠控，两司结案斥逐，只许一僧一徒守寺。……近来埭田被泉州陈三府管过，他亦有央托，愿出银五十两，与我家借名于乞分余水者。此最利害事，后若有贪厚利而不顾者，便是祖宗之罪人。[3]

在宗族势力不足以垄断水源的地区，水利事业由当地居民共同举办。这种以地缘联系为基础的组织形式，其成员可能是若干村庄、若干宗族或若干个人；而就其组织原则而言，一般都具有合股经营的特征。前已述及，仙游县山浔坝的"坝户"，由十三姓三十三人组成。这些"坝户"，可能并未占有全部的受益田亩，其中每户的占地规模也不尽相同。因而，为了使有关受益者的权利与义务相一致，就必须采取"照户匀田，照田修坝"的原则。在这里，"坝户"不是以个人的面目出现，而是代表着既定的受水田亩，代表着有关水坝的既定股权。这种合股经营的形式，同样适用于由

---

[1] 乾隆《泉州府志》卷九，《水利·晋江县》。
[2] 乾隆二十八年《薛氏族谱》，写本一册。
[3] 同上。

若干宗族或若干村庄合办的水利事业。清乾隆四十五年（1780），福安县甘棠堡的《清河、栽竹公约》规定：

> 立合约一、二、三图族众等，为裕国课、卫民居事。缘堡外有河，原积水以荫禾苗，今河填塞甚浅，并以河边私填，侵为己业，愈觉积水维艰。今公议，将河浚深积水，其河土覆在城边，通城四周遍插杠竹。……然费用开销无着，兹通堡各族捐钱一千，计共二十千文，承管生积，以为浚河栽竹公用。务于今后水涸之日，各家踊跃向前，揪深河道。……立合约各族各执一纸，永为有照者。[1]

此约由甘棠堡九姓公立，其中每姓持有的股份不同，如陈姓共六股；郑、张各三股；王姓二股；林、刘、薛、倪、温、邬各一股。[2] 在此情况下，各族对于有关水利事业的权益也是不均等的。

一般地说，在合资举办水利事业的乡族组织中，均有相应的分水规定。清康熙年间，仙游县的《山浔坝叙》宣称："分水无规，终难免偏枯之弊。于是涝则听其流通，旱则分为五截。每截值旱轮流，昼则自卯至申，夜则自酉至寅，不得先时后时，霸拦水利。"在有些乡族组织中，常年都有固定的用水比例，而且与维修费用直接相关。明万历三十六年（1608），莆田县吴景秀等所立《公约》规定：

> 太平陂分上、下二圳，上圳得水七分，下圳得水三分。本

---

[1] 民国《甘棠堡志》卷上。
[2] 同上。

陂大小八港，草木障流，照亩分工：上圳十三甲，分七港；下圳七坝八甲，分一港。……但本陂中港深阔，恐木梁漂流，难以修筑，众议南山甲内田，出银六钱，贴与林外、枫岭、下刘、前房、西庵岭前埔上五甲自修筑。其府县踏陂，照甲科贴；其私圳修葺及大泄买闸板，俱各在众科用。〈1〉

在乡族组织内部，有关水利事业的权利与义务直接结合，从而有效地调动了民间兴修水利的积极性，较好地实现了水利资源的分配与利用。但也应当指出，此类乡族组织具有排他性的特征，因而难免造成对于水利资源的垄断，导致各种乡族组织之间的水利纠纷。在此情况下，也就必须借助于国家政权的力量，对水利资源实行宏观调控，缓和各种乡族组织之间的矛盾。

在明清福建沿海的农田水利事业中，有不少地方官吏留下了"德政"，其作用往往正是在于"力主公道"，合理地分配水源。例如，清康熙年间，福安县甘棠堡一图"横流硬截"，致使下游二、三两图"岁苦于旱者久矣"，此后由知县议准："将一图新筑泥塍摊毁，疏通水道，遂就里塘桥口安设木闸……一图闭闸五日，蓄水受荫；二、三图开闸五日，放水转注，五日二轮，周而复始。"于是，"一旦宿弊顿除，使平畴膏腴咸资灌溉"，从而避免了因争水而酿成巨案。〈2〉然而，有的地方官吏往往昧于大局，未能采取正确的水利政策，以合理地解决此类矛盾，有时也会造成对于农田水利事业的巨大破坏，甚至引起流血事件。清康熙二十四年（1685）四月间，仙游县大旱，文贤里的刘氏宗族为灌溉"私开垦田"，争夺山浔坝

〈1〉 原载《太平陂簿》，引自《莆田水利志》卷三。
〈2〉 《甘棠堡志》卷上，康熙五十八年《水利碑纪》《宪批设闸勒石记》等。

之水,"始则盗窃,继则霸拦,终且横决而注之溪。乡成焦土,禾无粒收,致控县、府、司"[1]。仙游知县在受理此案时,不是着眼于水利资源的合理利用,而是极力维护"坝户"的产权,并急于清查刘氏宗族的"私垦隐田",拟以"上匿国课,下害民利"治刘氏之罪。[2] 刘氏不服,反复上控,并恃强"霸据原坝,抗判官案";众"坝户"前往修坝,则"擒殴垂毙,叠往叠杀"[3]。此案几经反复,始由知府复审判决:"就坝口分拾分之一,九分灌林诸姓(坝户)之田千余亩,一分灌刘姓垦田四十亩。"[4] 该知府认为"刘虽田少,亦无听其枯槁之理";而且,"此案所争在水,水道既明,本府亦不事旁究也"[5]。在这里,官府不得不对刘氏宗族做出让步,采取息事宁人的解决办法。延至次年三月间,在知府及布政司的干预下,此案经由"公亲"调解而终讼。其所立《合约》云:

> 立约本里刘云师等,为去年岁时亢旱,因水互讦,已经控县、府、司。前蒙本府苏老爷电断在案,今听约正生员曾廷藩、陈学、杨应琳,保长胡学等公处。……藩等念两造俱属亲戚,眼同开埭,埋石定界。自应约之后,依凭石辨尺寸,各圳各修,各自灌溉,永为定规。……恐反约负心,此于城隍老爷炉前花押;如有反约负心,甘受神明谴责。今欲有凭,立约为照者。(余略)[6]

---

[1]《山浔坝志》,《叙》。
[2]《山浔坝志》,《本县正堂老爷宋审详》。
[3]《山浔坝志》,《告布政司老爷状》。
[4]《山浔坝志》,《坝约规宜》。
[5]《山浔坝志》,《本府正堂老爷苏立案钧语》。
[6]《山浔坝志》,《公处合约》。

上述《合约》表明，单凭国家政权的力量，尚不足以对水利事业实行有效的控制，因而还要借助于乡规民约乃至于"城隍老爷"，才能确保水利资源的合理利用。正因为如此，在明清福建沿海的农田水利事业中，各级地方政府的作用不断削弱，而乡族组织的势力却日益壮大了。

清代台湾乡族组织的共有经济

中国传统社会的乡族组织,既是一种社会组织,也是一种经济组织,在社会经济结构中占有重要地位。乡族组织的基本形式,主要为宗族组织和民间社团;乡族组织的共有经济,亦即由宗族组织和民间社团集中经营的各种"公业"。本文主要依据清代台湾的契约文书及日据初期的调查资料[1],考察各种乡族共有经济的所有权形态和经营方式,并分析其性质与作用。

一、宗族组织的共有经济

根据前人研究成果,清代台湾的宗族组织可以分为两种类型:一是由同一支派衍分而成的"阄分字"宗族;二是由不同支派聚合而成的"合约字"宗族。在这两种宗族组织中,有关公业的权益分

---

[1] 本文引用的资料,主要取自"临时台湾旧惯调查会"刊行的日文版《台湾私法》及《台湾私法附录参考书》(下称《参考书》),并参考了《台湾文献丛刊》版的《台湾私法物权编》《台湾私法商事编》。

配各不相同：前者是以"照房份"为原则的，后者是以"照丁份"或"照股份"为原则的。[1]然而，无论是"照房份"，还是"照丁份""照股份"，都具有"按份共有"的特征，因而都是宗族内部的一种共有经济。换句话说，这些由宗族组织集中经营的共有经济，都具有合股经营的性质。[2]

清代台湾宗族组织的"公业"，有各种不同的名称和用途。如云："夫祀田所以崇报本，义田所以恤宗支，公田所以需公费，而书田所以鼓励孙子于有成，使之上可佐圣朝，下可耀门闾者也。"[3]这就是说，设置这些族产的目的，是为了满足宗族内部的各种公共消费需求。然而，每个族人得自族产的权益，并不是完全相同的。一般说来，"阄分字"宗族的各种公业，来自历代分家时的提留，其有关权益必须按照分家时的"房份"平均分配。如云："如是有承高、曾、祖之公尝，如是值年之际，须要三大房当同到佃，公收公费，其余剩者照三大房均分。"[4]"合约字"宗族的各种公业，来自族人的合资捐置，其有关权益必须按照捐资者的"股份"均分。如云："承祖父先年台中捐资合本，建置有十一世祖拱寰公蒸尝祀典一班，份资共八大股，每股作十份均分。"[5]由此可见，宗族内部的各种公业都有既定的所有权份额和共有者集团，因而只能是"按份共有"的股份所有制。

在各种族产的共有者之间，不仅可以按份分享有关收益，而且

---

[1] 参见庄英章：《台湾宗族组织的形成及其特点》，《现代化与中国文化研讨会论文汇编》，香港中文大学出版社，1985年版。
[2] 参见拙文：《清代台湾的合股经营》，原刊于《台湾研究集刊》1987年第3期。
[3] 《参考书》第一卷下，第411页，嘉庆二年《书田约字》。
[4] 同上书，第403页，光绪十年《阄书字》。
[5] 庄英章：《台湾宗族组织的形成及其特点》附录四，《现代化与中国文化研讨会论文汇编》，香港中文大学出版社，1985年版。

可以按份分拆或买卖有关公业。一般说来，凡属"阄分字"宗族的各种公业，都可以按照各自继承的"房份"分拆或买卖。咸丰四年（1854），嘉义张氏二房分拆祖遗公业，立《阄书》云："今因公事纷纷，难以独理，爰是叔侄相议，共请族长、公亲，当祖考炉前，将此厝地基并西势洋田一段，分作二房管理。"[1] 同治十二年（1873），台北陈乞等出卖"四房公业"于其中一房，立《甘愿归就田契字》云："奈乞等近时家运不顺，挂借甚多，不能坐候轮收，愿将此田归就与二房标买为私业。……幸标听从备顶，即日乞、梓、闽等同族亲、公亲，三面收来各份田价佛银共二百二十大元完足，并立归就契字，两交清楚。自此收租、纳课以及赎佃耕作，永归二房标掌管，承为己业，与乞、梓、闽等三房毫无干涉。"[2] 这种按照"房份"分拆和买卖公业的事例，在清代台湾是相当常见的。

"合约字"宗族中的各种公业，同样可以按照"丁份"或"股份"分拆和买卖。光绪十年（1884），苗栗刘氏族人分拆"文达尝"公业，立《阄书》云："情因乾隆年间，各祖父共敛文达尝七十二份，陆续建置东栅门首、埔头仔、埔尾仔三处田业，带有尝屋两座。迨道光年间，尚存三十二份，至今连年争讼。于光绪十年三月间，蒙朱县令宪断，令分作两尝。刘秉先管理二十份，应得实租二百三十硕……刘廷骏管理十二份，应得实租一百四十硕……现在埔尾仔共有实租六十硕，系两尝半分之额，合请房族到场，凭阄分管。"[3] 光绪三十年（1904），台中林老朴出卖公业"会份"，立《卖归公会份尽根字》云："有承先父林为政应份与林狮铃公会份，父

---

[1]《参考书》第一卷下，第394页。
[2] 同上书，第406页。
[3] 同上书，第284页。

子相商，愿将此应份出卖与人外，托中向与林狮铃公管理出首承归。三面言定，时值卖尽根会份七钱，价银六十大元正。即日同中，银收字立，两相足讫。……其会内所有祀业田厝并春秋祭祀，朴等不敢与及兹事。自此一卖千休，葛藤永断，日后朴等子孙不敢言及生端。"⟨1⟩

上述事例表明，无论是在"阄分字"宗族中，还是在"合约字"宗族中，公业的所有权都具有相对的运动性，其实质仍是一种私人所有权。当然，这种分拆和买卖有关股份的行为，一般必须得到全体共有者的认可，而且只能在共有者内部转让其股权。如云："纵有不听苦劝，愿拆（会份）者，必须向会众公顶。……如有私行拆、顶者，不得过簿。"⟨2⟩在这里，个体的意志总是受到群体的制约，这无疑正是此类股份所有制的又一特征。

在宗族内部，公业的经营管理可以采取两种不同方式：一是由全体共有者轮流从事经营管理；二是由少数共有者专门从事经营管理。轮流经营的方式，在"阄分字"宗族中最为常见。如云："父亲、母亲逐年应收大租粟抽的并本厝公租……如百年以后，留存公尝之费，各房照序轮流祭扫，周而复始。如是值年之人，至期将图记、租簿、正供单、社租单，交过下值年之人收照，各房不得擅行变卖，亦不得争收。"⟨3⟩在按房轮流经营的情况下，轮值者并未具有完全的所有权，但仍可独立行使其经营权。不仅如此，轮值者在其经营管理过程中，往往是以承包者的身份出现的。如云："公司祀业，应存以配祖宗油香祭祀，长、次轮流办理。所有应酬、捐缘题

⟨1⟩《参考书》第一卷下，第285页。
⟨2⟩ 同上书，第280页，《汤氏祖尝条规》。
⟨3⟩ 同上书，第403页，光绪十年《阄书字》。

诸费，则归值公之人开发，不得拖累别房。"⟨1⟩"值年者若遇祖宗寿辰、忌辰，以及年节祭祀，品物自当极其丰盛，以昭诚敬，断不可简亵减省，贻先人羞。"⟨2⟩在此情况下，轮值者除了支付既定的"公费"之外，一般尚可获得余利，如有亏损也必须自负。不过，某些意外损失或追加投资，仍可由全体共有者分摊。如云："踏公田租，如遇洪水崩坏，是年减小租者，不论何房轮得，须各房均开摊出，补额充足，付其收入，抑或别议亦可。若开田造礄诸费，各房亦各均开，不得亦言。"⟨3⟩这种按房轮流承包的办法，既可集中经营有关公业，又便于平均分配有关权益，因而总是作为最佳方案而被优先选择。

在"阄分字"宗族中，随着世代的推演，共有者人数越来越多，轮值的周期也越来越长，难免导致共有者之间的矛盾冲突。在福建大陆地区，按房轮值的公业一般不超过五代，就会改成专任经营。⟨4⟩清代台湾宗族组织的发展历史不长，有关公业的传承代数不多，按房轮值的方式可能更普遍一些。如云："不论大公、小公，有租、无租，当照房份轮流，以齿为序。"⟨5⟩不过，在清代后期，台湾有些分房较多的公业，往往也采用专任经营的办法，甚至按房分拆有关公业，化"大公"为"小公"。例如，道光七年（1827），台北陈氏五大房规定："历年所收公租粟、公山税银，交五福收存。或出借，或公用，出入数俱登记在簿。"⟨6⟩光绪五年（1879），台北

⟨1⟩《参考书》第一卷下，第377页，光绪十九年《阄书字》。
⟨2⟩《参考书》第二卷下，第290页，光绪二十年《阄书》。
⟨3⟩《参考书》第一卷下，第339页，光绪十八年《嘱分阄业合约字》。
⟨4⟩参见拙文：《明以后闽北乡族土地的所有权形态》，《平准学刊》第5辑上册，光明日报出版社，1989年。
⟨5⟩《参考书》第一卷下，第380页，《嘱书付据约字》。
⟨6⟩同上书，第388页，《合约字》。

清代台湾乡族组织的共有经济 | 101

摆接堡枋桥街的陈氏《阄书字》规定:"公厝边典陈尾水田一处、小租谷三十五石,又承五房水田二小段、小租谷一十石,又公厝边园一坵、税银五元,又樚仔林上六房小租谷三石六斗,议系作公为祭祀之资,分作三大房序次轮流。"[1]

在"合约字"宗族中,由于公业的共有者人数较多,通常只能采用专任经营的办法。试见下引同治十年(1871)的《请帖》[2]:

> 立佥举经理公尝字人林自贤、庆清、其回、其陈、双福、绳检、云骧等,缘有八世祖次圣公祀典,共三十九份。此系先代合建祀典,而为不忘祖德之设,各敛份资,创置田业,年除祭费外,按份均分。……而子孙众多,岂无立纲陈纪之人,可以顾蒸尝以维祀典也。故尝内齐集,公举绵华为总经理,希贤、延宝、开英为副经理。此四人者,素为诚实,颇晓大义,尝内田产、租息,一切交于尽心协理,务宜秉公行事,不得徇私利己。日后尝业凡遇侵欠、顽抗巨细事情,禀官需要,尝业抵当。至若经理功资,批明于后。……众尝内立请帖四张,付经理人各执一张为照。(余略)

在此情况下,大多数共有者已不再从事经营管理,其所有权与经营权相对分离。对于"经理人"来说,他们的身份与其说是所有者,不如说是"合约字"宗族的雇员。如云:"总经理头三年,每年尝内给功资三十石;副经理三名,头三年,每年给功资二十

---

[1]《参考书》第一卷下,第353页,《阄书字》。
[2] 庄英章:《台湾宗族组织的形成及其特点》附录二,《现代化与中国文化研讨会论文汇编》,香港中文大学出版社,1985年版。

石。……三年理满，总经理为十五石；副经理功资为三名，共谷十五石。立约是实。"⟨1⟩此外，经理者在其经营过程中，一般仍须接受其他股东的监督和制约。如云："佃人要赎田耕者，须向执簿、戳之人通知，传同祀内老成叔侄，商酌租粟、碛地，立约为据，不得擅专。至每年小租粟，系佃人仓贮，如若出粜，执簿、戳人传同祀内老成叔侄，到祖堂公议，定计妥当而行，不得私相授受。"⟨2⟩尽管如此，有些经理者仍不免"徇私利己"，以至"连年争讼"。因而，此类祭祀公业的发展较不稳定，往往因经营不善和内部矛盾而分崩离析，甚至全部出卖于人。如上引刘氏"文达尝"，乾隆年间共有72份，至道光年间仅存32份，光绪十年又分为20份和12份两尝，而其中一尝过十余年就因负债而出卖大多数产业。⟨3⟩

清代台湾宗族组织的公业，主要是为祭祖而设的"祭祀公业"，此外也有其他形式的公业。由于各种公业的具体用途不同，其权益分配和经营方式也有所差异，但就其共同特征而言，都具有按份共有或合股经营的性质。嘉庆二年（1797），韩长文等"元记"派下三房立约云：

> 当先严在日，既置有仁德北里等数宗田园，立作义田，以为友德公兄弟五房耕作，依次轮值，俾得各安其业。又置有大埔林等处公馆共十万余金，立作元记大公，凡元记派下子孙，无论成名不成名，皆可依次轮收，支理族中公务。又置有广储东里一带田业……配作祀田，以为祭扫之资。但于书田一

⟨1⟩ 庄英章：《台湾宗族组织的形成及其特点》附录二，《现代化与中国文化研讨会论文汇编》，香港中文大学出版社，1985年版。
⟨2⟩ 《参考书》第一卷下，第280页，《汤氏祖尝规约》。
⟨3⟩ 同上书，第285—286页，文达尝（十二份）《杜卖尽根水田契字》。

清代台湾乡族组织的共有经济 | 103

款……自取进生员起,文武一体,历年每名准分一份,收作乡试诸费,举人则准分两份,收作会试诸费;进士则准分三份,收作殿试诸费。其余捐纳军功暨监生、俏生,非正途功名,虽至出仕,皆不得与分;即如支派虽同,而入他籍、进他学者,均不得混冒。〈1〉

在这里,"义田"属于赠予性质,由受赠者后裔按房共有;"公田"和"祀田",由本派子孙按房共有;"书田"虽属本派公业,但由于只能由本籍获"正途功名"者分收,实际上是归此类士绅按份共有。

应当指出,清代台湾像韩氏之类的大财东,毕竟是为数不多的。在大多数宗族组织中,不可能同时分设各种公业,而往往是以一种公业兼作多种用途。如云:"存公亨记产业……年收租息、利息,以为坟茔、庙宇春祀秋尝及公事应用。逐年收入、开除,另设一簿,照房轮值,周而复始。"〈2〉这种综合性的公业,无疑仍是一种合股经营的共有经济。

二、民间社团的共有经济

清代台湾的民间社团,有"封闭型"和"开放型"之别。"封闭型"社团一经形成,一般不再吸收新的成员,其人数较为确定;"开放型"社团形成之后,一般仍可不断吸收新的成员,其人数是

〈1〉《参考书》第一卷下,第411—412页,《书田约字》。
〈2〉同上书,第410页,乾隆五十八年《阄书》。

变动不居的。与此相适应，其有关公业的所有权形态也各有特点：前者以"按份共有"为特征；后者以"共同共有"为特征。

"封闭型"的民间社团，主要是以互助合作为宗旨，如各种形式的"神明会"和"孝子会"。清代台湾的"神明会"，实际上是以"奉神会饮"为名的同乡会或同业组织，其成员资格受到乡贯及职业的限制，一般不能自由入会。[1] 清代台湾的"孝子会"，一般是为长辈办理丧事的互助团体，有的还发展为共同奉祀死去的长辈，具有某种"结义"的性质。[2] 此类民间社团的有关公业，来自全体成员的合股捐置，其所有权的份额是很明确的。在现存的有关契约文书中，常见有如下字句："有合约内水田一段……托中引就与福仁季首事林本源、李廷标、邱乃辛十八份等，出首承买。"[3] "有自置水田一处，……托中引就于孝子会内三十二份人等，出首承顶。"[4] 这些无疑都是"按份共有"的明证。此类公业的股份，可以由创置者的后裔世代相承，也可以按份均分。试见下引二契：

（一）光绪二十年《归管田契抽银字》[5]

同立归管田契抽银字人陈赐吉、张拚凉、吕许氏、谢允凉、陈于石、吕勇、林添元、谢牛港等，有承先辈在日，于咸丰七年间，公备会内本银一百大元……典过水田一段四分，小

---

[1] 参见《台湾私法》第一卷下，第355页。据调查，凡属称之为"尝""季""党""会""社""堂"之类的"神明会"，通常具有同乡会的性质；凡属以"金""兴""和""顺"之类命名的"神明会"，通常具有同业公会的性质。
[2] 《参考书》第一卷下，第362—363页。
[3] 同上书，第272页，同治元年《杜卖尽根水田字》。
[4] 同上书，第286页，光绪元年《杜卖尽根水田字》。
[5] 同上书，第422页。

租谷三十二石正,每年以为奉神会饮之资,历收无异。今因先辈皆往,后辈各经别途,难以应会,诸后辈相议,愿欲各人抽回,归一管收。时求与会内陈光盛之孙陈于石即上流出本归管,于光绪二十年七月间会饮之日……付与众会下,各人抽去佛银一十二大元,平八两四钱正。其银即日同中各亲收足讫,随即田契约字点明,对佃交付银主于石官,归一掌管收租,纳粮抵利,永为己业。

再批明,自二十年十二月间,八份内每份再抽支去银五角,计共四元,连前去银九十六元,合共一百大元。(余略)

(二)光绪二十九年《杜卖尽根水田字》[1]

立杜卖尽根水田字人孝子会管理人江相汉,有会内人等共置三佃水田一处……今因孝子会完满,尚有欠人债项,理应清还,是以集会内人等商定,愿将此田出卖与人,故托中引就会内人叶松兴出首承买。……即日银、字两相交收是讫,其田亦即踏归与叶松兴子孙前去永远管业。

即日批明:相汉及会内人等经实收到字内尽根水田价龙银八百十四元正,各照会份,均分足讫。

上引二例表明,"封闭型"社团的公业具有合股经营的性质,与宗族组织的公业并无二致。正因为如此,有些宗族往往同时设置这两种公业,并行而不悖。如云:"圣王公田分得三十石,按作三大房均分,每房历年各收一十石正。"[2]"又抽出三块厝、田二宗,

---

[1]《参考书》第一卷下,第287页。
[2] 同上书,第353页,光绪五年《阄书字》。

以抵圣公缘金。"[1] 这种由宗族成员共有的社团公业，既是宗族内部的共有经济，又是若干宗族组织之间的共有经济，可以说是一种多层次的乡族共有经济。

"封闭型"社团的有关公业，主要用于社团内部的公共消费，其经营管理大多是采取轮值的方式。如云："友声社创设自道光年间，先达诸君醵金入会，崇祀文昌帝君，建立乐器，置买田租，以为祭祀之费。每年仲秋，由炉主值东，备办礼物致祭。"[2] 这里的"值东炉主"，必须由全体成员在神前"拔筶"选定，"逐年凭筶轮换"[3]。有的公业虽有专任经营的"经理人"，也同时设置"值东炉主"，由共有者轮流承办会务。如云："每年值东之人，须向经理人参议，或租谷自己运回，或由佃人依时结价，俱皆两可。倘有谷价多寡，此皆炉主造化，不能将应用之物增多减少。"[4] 在这里，轮值者并不从事经营管理，但仍可通过承办会务而获得余利。

"开放型"的民间社团，主要是以赞助科举教育、慈善事业及地方公益为宗旨，如各种士绅组织及"文社""善堂""义渡会"之类。清代台湾有不少民办的书院、义塾及义学，其经费主要来自士绅阶层的捐助，有关公业一般也由当地士绅共有。在某些特殊情况下，也可以由不同地区的士绅共有此类公业。乾隆年间，贡生胡焯猷和监生郭宗嘏捐出一批田产，"原归新竹明志书院经费"。至光绪年间，因新竹和淡水分治，淡水乡绅提出："该租项皆在淡邑界内，请改归学海书院"；而新竹乡绅则要求"仍归新竹办理"。此后，经地方官府调解，双方议定："将此三条租款，一切归淡，金举妥董

---

[1]《参考书》第一卷下，第371页，同治七年《阄分字》。
[2] 同上书，第268页，《友声社序》。
[3] 同上书，第267页，《友声社规则》。
[4] 同上书，第267页，《中抽分天上圣母会账簿·序文》。

办理。……年拨出租银四百五十元，又柏仔林园租银一百二十元，共银五百七十元，缴作新竹明志经费。又拨出银一百二十元，作新庄山脚旧明志之义塾束脩、会文膏奖，又二十元为春秋两祭，又二十元为修理经费，共一百六十元。为董事薪水，仿照学海章程，给银三十元。除外尚剩银三百元，统归淡邑学海书院义举之用。"〔1〕在这种民办的教育机构中，每个士绅都可以参与有关公业的权益分配，但他们无权按既定的份额分拆或买卖其所有权。这是因为，每个地区的士绅人数是变动不居的，有关公业的所有权份额也是不确定的，因而只能采取共同共有的方式。

"开放型"社团的有关公业，通常是由全体士绅选出若干"董事"，轮流负责经营管理，但也有专任经营之例。如上引新竹和淡水两地士绅共有各项公业，"有金兴文一名……愿甘承充"，每年除交纳各种额定经费之外，"至于应开屯丁番租社饷及庄例各什耗，暨租价长额，该董自行支理"〔2〕。这实际上也是一种承包制。不过，在多数情况下，"董事"只是领取定额报酬的经理者。如云："董事辛劳，每年议谷三十石。"〔3〕

清代台湾还有各种"文社"，往往是为资助科举教育而设的基金会组织。如南投"登瀛书院"，分别取资于当地的"玉峰社""碧峰社""华英社"和"梯云社"。这些"文社"各有相对独立的公业，由本社士绅及捐资者共同共有。如"玉峰社"年收租三百零六石，"碧峰社"年收租八十六石，"华英社"年收租三十二石。〔4〕"梯云社"的田产一度失管，被没收充公，后由该社总理及生员、童生

---

〔1〕《参考书》第一卷下，第242页，乾隆二十九年《谕董事金兴文》。
〔2〕 同上。
〔3〕 同上书，第244页，乾隆二十九年，《上淡水义学碑文》。
〔4〕《台湾私法》第一卷下，第313—314页。

等联名上诉，于同治七年由台湾府批示："此田系文社祀租，向为童生膏伙之费，因被洪番霸占，以致前次委员误抄……验明契据，批准起封归管。"⟨1⟩由于此类公业大多兼作"文祠祀业"，因而除了有"董事"之外，往往还设有"炉主"，由共有者轮流主持"文祠"祭典。⟨2⟩

清代台湾的慈善事业，大多属于"绅捐绅办"，而地方官府"仅居董劝之名，以杜侵亏之弊"⟨3⟩。当然，所谓"绅捐绅办"，并非完全取资于士绅阶层的捐助，而是"随人乐意捐题"，"总期多多益善"。⟨4⟩一般说来，士绅在各种慈善机构中的作用，主要是"劝捐置业"及主办有关事务。如云："从前嘉义四方贫民者多……由小儿自亡抱埋。当时众绅商人等目击心伤，邑绅出为劝捐置业，大举行善，建设公堂一所，在本城隍庙左边，名曰育婴堂。……嘉庆初设起，历至道光、咸丰，于同治年间因捐款不敷费用，蒙嘉义城内绅士陈熙年出首重振，禀官再兴，加捐置业，有千余租为永远义举者。"⟨5⟩这些陆续捐置的慈善公业，一般是委托主办士绅专任经营，即"择良善为众所信者董其事"⟨6⟩。有些规模较小的慈善公业，亦可"交就近总理、庄耆轮流办理"⟨7⟩。此外，清代台湾还有不少由外籍人士创设的"善堂"，其有关产业也由外籍人士自理。如咸丰年间，台南相继设立"同善堂"和"积善堂"，是分别由全台外籍幕僚和

⟨1⟩《参考书》第一卷下，第250页，同治七年《示谕》。
⟨2⟩《台湾私法》第一卷下，第313—314页。
⟨3⟩ 同上书，第305页，同治八年《谕告》。
⟨4⟩ 同上书，第299页，光绪十九年《合约》；同治八年《谕告》，第304页。
⟨5⟩《台湾私法》第一卷下，第289—290页，《嘉义育婴堂记》。
⟨6⟩《大清会典》卷十九，《户部·蠲恤》；转引自《台湾私法》第一卷下，第368页。
⟨7⟩《参考书》第一卷下，第299页，《合约创建义塚乐施田业字》。

差役及跟班捐资创设的〈1〉。这些"善堂"一般都是综合性的慈善机构,"凡养生送死、赒穷恤匮所需,或取诸租息,或按年捐输,井井有条。自闽、粤两籍而外,凡四海九州弹冠挟策、洋洋于于而来者,无不在联络之中"〈2〉。由于这种慈善机构类似于同乡会及同业组织,只能由外籍同僚互选"董事"从事经营管理。

清代台湾民办的地方公益事业,主要是桥梁、渡船等交通设施。与此相关的公业,主要来自"义捐",也有的出自摊派。如云:"原其始右堆义渡公田,迄乾隆、嘉庆年间,……诸前辈自船斗、新庄至美浓、龙肚等处,将从前本堆派费用剩,加捐题金,买有竹子门田一宗,为每年施岭口、叭六二渡之资。后又道光、咸丰年间……诸先辈亦仍酌定捐题,加买有中坛洋田、弥浓洋田,为每年施旗尾、冷水溪二渡之费,后又施阿里港三庄部一渡。"〈3〉据日据时期调查,"右堆义渡公田"共有二十二甲多,分属于当地的"义渡祠""渡船会""筏船会"等组织。〈4〉这些社团组织具有基金会的性质,其有关公业只能采取共同共有的形式。此外,有的"义渡"不设公业,而是由当地的有关社团定期捐助经费。如内栅门观音亭"义渡",每年分别由"下崁庄、公圳路福德祀"捐谷30石以供渡夫工食,由"三坑仔管内各庄"负责修造渡船,这实际上也是一种派捐的方式。〈5〉

概括上述,清代台湾民间为资助科举教育、慈善事业及地方公益而捐置的公业,由各种士绅组织及"文社""善堂""义渡会"之

〈1〉《台湾私法》第一卷下,第381页。
〈2〉[清]邓传安:《蠡测汇钞·台湾府公建同善堂记》。
〈3〉《参考书》第一卷下,第316—317页,《右堆义渡公田申明书》。
〈4〉《台湾私法》第一卷下,第391—392页。
〈5〉《参考书》第一卷下,第316页,《义渡碑》。

类的"开放型"社团共同共有,其所有权形态不同于宗族组织和"封闭型"社团的公业,但就其经营管理而言,仍不外为轮流经营和专任经营两种方式,其所有权和经营权也是相对分离的。

三、乡族共有经济的社会性质与作用

清代台湾乡族组织的共有经济,主要是以土地占有和地租剥削为基础的,因而只能归于地主经济的范畴,其实质是私人地主的共有经济。根据日据时期的调查资料,在清末台湾22199个宗族组织的"祭祀公业"中,单纯由土地构成的为15621个,约占70%;由土地及其他财产构成的为3636个,约占16%;由土地以外财产构成的为2943个,约占13%左右。所谓"土地以外财产",包括房屋、埤圳等不动产,家具、车船、牛猪等动产,以及现金和各种债权、股权等。[1]

乡族组织占有土地等不动产,通常都是坐食租利,其经营方式与私人地主并无二致,但可以借助于乡族组织实行超经济强制。如云:"历年租项新旧拖欠,理事者务必竭力收讨。或时屡讨不还,亟宜通知诸同人出头迫讨。"[2]"有强霸尝业,房内自当齐到拿送。倘被其伤,医费、官费将尝业抵当;或尝业不敷,照房份均派。有临阵退缩,推诿不前者,自当重罚。"[3]正因为如此,乡族组织的土地所有权得到了较为有效的保护,可以说是一种受到了强化的地主经济。

---

[1]《台湾私法》第一卷下,第398—340页。
[2]《参考书》第一卷下,第252页,《屏东书院章程》(光绪三年碑记)。
[3] 庄英章:《台湾宗族组织的形成及其特点》附录四,《现代化与中国文化研讨会论文汇编》,香港中文大学出版社,1985年版。

由乡族组织集中经营的地主经济，是由私人地主经济转化而来的，实际上是私人地主经济的补充形式。前已述及，乡族公业除用于公共消费之外，其共有者尚可分享余利。由于乡族内部的公共消费有一定的限额，有关公业的规模越大，其剩余也就越多。根据日据初期的调查，台湾民间每年用于祭祀五代之内祖先的费用，上等水平约为一百五十元，中等约为八十六元，普通约为五十元，下等约为二十五元。[1]因此，族人得自"祭祀公业"的余利，大致如下表所示[2]：

表1　清代台湾"祭祀公业"收支与盈余比例

年收租（石）	年祭费（石）	占比	年剩余（石）	占比
500	150	30%	350	70%
300	120	40%	180	60%
150	100	67%	50	33%
100	60	60%	40	40%
75	50	67%	25	33%
50	35	70%	15	30%
30	30	100%	0	0%

由上表可知，宗族内部用于祭祀五代之内祖先的费用，一般只需年收租30石的公业。如果五代之内的祭租总额超过了50石，就有剩余地租可供族人分享；如果总额超过了100石，由族人分享的地租就会接近或超过用于祭祖的地租。因此，这种来自公业的地租收入，往往构成了私人地主经济的重要组成部分，甚至成为私人地主的主要地租来源。对于某些公业的共有者来说，即使他的私人地

---

[1]《台湾私法》第一卷下，第419—420页。
[2] 同上。

主经济已经完全破产了，也仍可依赖对于乡族公业的共有权而坐食租利。正因为如此，乡族共有经济才有内在的发展动力和广阔的发展前景。

由于资料的限制，我们无法精确地估计清代台湾乡族地主经济的发展速度与总体规模。不过，自明中叶以降，南方各省的乡族地主经济得到了普遍的发展；至清中叶前后，有些地区的乡族地主经济可能已接近或超过了私人地主经济的规模。根据民国时期和土改前夕的调查，在福建和广东的大部分地区，乡族土地占总土地的30%以上，在福建西北部和广东西江地区，乡族土地占总土地的60%以上。此外，在江西、浙江、江苏、安徽、湖南、湖北等省，乡族土地通常也占总土地的15%—30%之间。而同一时期南方各省私人地主的土地，一般都不超过总土地的30%。[1]我们认为，从私人地主经济向乡族地主经济的转变，反映了明以后地主经济结构的深刻变化。这一时期，由于地主土地占有形态的不断零碎化和土地所有权与经营权的不断分离，私人地主只有采取共同占有和集中经营土地的方式，才能更有效地实现其土地所有权。清代台湾乡族共有经济的发展，同样反映了地主经济结构的这一长期演变趋势。

在清代台湾，有些地主虽然不属于同一乡族组织，也纯粹是为了经济上的原因，对土地实行共同占有和集中经营，即建立以收租为目的的合股经营关系。[2]由此也就不难理解，为什么乡族共有经济的发展如此之盛。至于乡族内部用于公共消费的公业，实际上也

---

[1] 参见拙文：《明清闽北乡族地主经济的发展》，刊于《明清福建社会与乡村经济》，厦门大学出版社，1987年；陈翰笙：《解放前的地主与农民》，中国社会科学出版社，1984年；叶显恩：《明清徽州农村社会与佃仆制》，安徽人民出版社，1983年；《新区土地改革前的农村》，人民出版社，1951年。

[2] 参见拙文：《清代台湾的合股经营》，原刊于《台湾研究集刊》1987年第3期。

是私人地主经济的一种必要补充。这是因为，如果没有这些乡族公业，私人地主也必须承担有关的公共费用。在清代台湾的开发过程中，社会秩序颇不稳定，私人地主只有借助于乡族组织，才能有效地维护土地所有权和地租的再生产过程，这也许就是私人地主热衷于创设各种乡族公业的根本原因。

严格地说，以地租剥削为基础的乡族共有经济，只能在地主阶级内部形成和发展。对于自食其力的劳动者来说，自然不可能创置坐食租利的乡族公业。同样的道理，在乡族公业的共有者之间，一旦出现了贫富分化，也就难免会有分拆和买卖公业的行为，势必导致乡族共有经济的解体。因此，当我们论及乡族组织与乡族共有经济的关系时，不仅应该关注乡族公业对于乡族组织的"整合"作用，也不可忽视乡族内部随之而来的"分化"过程。实际上，乡族共有经济的形成过程，同时也意味着乡族成员的社会分化。就清代台湾而言，"合约字"宗族和"封闭型"社团的形成，虽然是以同族或同乡关系为基础，但同时又以共同"捐资合本"为条件，这就使公业的共有者与其他乡族成员分离开来，成为一种相对独立的共同利益集团。因而，此类乡族组织的发展，明显地反映了乡族内部的社会分化进程。在"阄分字"宗族中，每一代的公业都使族人分化为不同的利益集团，而一旦有些族人失去了对于公业的共有权，自然也就被排除于相应的利益集团之外。至于"开放型"社团的各种公业，固然有效地强化了地方组织，使士绅阶层的社会控制力大为提高，同样也反映了社会分化的进一步加深。此外，这些公业的形成和发展，无疑也使士绅阶层分化为不同的利益集团，引起了各种士绅组织之间的矛盾和斗争。概言之，乡族公业只是整合了与之相关的共有者集团，却加深了原有乡族成员的两极分化与社会矛盾，从而使乡族组织不断地蜕变为地主阶级的社会组织。

在清代台湾历史上，乡族组织的发展与社会"分类"的进程，有着内在的一致性。根据台湾学者的研究，在19世纪中叶以前，台湾民间的主要组织形式是同乡组织，与此相关的是以不同祖籍为标志的分类意识和分类械斗；在19世纪中叶以后，随着台湾各地宗族组织的发展，也就相应出现了以不同族姓为标志的分类意识和分类械斗，甚至出现了同族内部不同支派之间的分类械斗。[1]我们认为，清代台湾乡族组织的发展与社会"分类"的演变过程，在很大程度上受到了乡族共有经济的制约，这是值得深入研究的另一课题。

---

[1] 陈其南：《清代台湾社会的结构变迁》，"中研院"《民族学研究所集刊》第49期，1980年。

清代台湾的合股经营

在台湾经济史上，合股经营是一种重要的经济组织形式。日据初期的"临时台湾旧惯调查会"，曾对台湾民间的合股经营做过调查，收集了许多与此相关的契约文书等原始资料，并在《台湾私法》一书中专门介绍。[1]本文拟在此基础上，对相关契约文书做进一步的分析，考察清代台湾合股经营的行业与地区分布、经营管理与权益分配方式，并探讨其生产关系及历史作用。

一、合股经营的行业与地区分布

《台湾私法》对于"合股"的定义是："由二人以上出资经营共同事业的组织。"[2]在台湾民间，对合股经营则有各种不同的称谓，

---

[1] "临时台湾旧惯调查会"成立于1901年。其调查成果，于1909—1911年编成《台湾私法》一书刊行，有关原始资料则编为《台湾私法附录参考书》和《契字及书简文类集》出版。本文引用的资料，除参考上述日文原版，主要引自《台湾文献丛刊》版的《台湾私法物权编》《台湾私法商事编》等（以下简称《物权编》《商事编》）。
[2] 《台湾私法》第三卷下（1911年日文版），第122、123页。

诸如"联财、合伙、相合、公家、合做、合最、合资、公司"之类，都属于合股经营的形式。此外，又有"斗生理"或"份生理"之类的俗语，一般用于合股经营的商业活动。〈1〉

清代台湾各种合股经营的经济组织形式，究竟是从何时开始形成，又是如何推广开来的呢？由于资料不足，我们只能寻见某些蛛丝马迹。《台湾私法》曾依据契文推定，在嘉庆、道光年间，台湾已有不少的合股经营组织；而雍正三年（1725）创立的台南三郊，表明当时的台湾已有"合股营业者"的存在。〈2〉又据道光《厦门志》记载："合数人开一店铺，或制造一舶，则姓金；金犹合也。不惟厦门，台湾亦然。"光绪《澎湖厅志》亦云："妈宫郊户自置商船，或与台、厦人连财合置者，往来必寄泊数日，起载、添载而后行。"这就表明，在经商、航海等风险较大的经济事业中，合股经营历来都是颇为盛行的。〈3〉不仅如此，在清代台湾的垦田及水利事业中，也不乏"合垦"或"合筑"的事例。例如：雍正十一年（1733），广东陆丰人罗朝宗，"偕其县人黄魁兴、官阿笑合垦十一股之福兴庄及中仑、大竹围、下崁、头厝等地，翌年告成"〈4〉。嘉庆十五年（1810），蓝阿善等二十一人立"合约字"云："切惟先年十四股同气合本，连伙向堑社通事、众耆番等手内，明给出鸟树林南势山林埔地一处……各自费工资开辟成田，股内协力筑坡开圳，溪水通流，灌荫禾苗。"〈5〉由此可见，在清代台湾的开发过程中，曾经有效地采取合股经营的形式，组织较大规模的开垦及农田水利建设。清代后期，这种合股经营的组织形式，已

〈1〉《台湾私法》第三卷下（1911年日文版），第122、123页。
〈2〉同上书（1911年日文版），第121、120页。
〈3〉同上书，第121、120页。
〈4〉连横：《台湾通史》卷三十一，《列传三》。
〈5〉《台湾公私藏古文书影本》第四辑第三册，转引自《中国史研究》，1986年第2期。

经遍及于台湾城乡各地的不同经济领域。

《台湾私法》对合股经营的事例做了分类统计。其统计办法是：先把有关事例分为"商事"和"民事"两大类，再按地区分行业统计。大致说来，"商事"类的统计对象，主要是各大城镇的合股组织；"民事"类的统计对象，主要是各地乡村的合股组织。为了更明确地反映清末台湾合股经营的行业与地区的分布状况，试依据《台湾私法》所提供的资料，改制二表如下：[1]

表1　"商事"类合股组织的行业及地区分布　　单位：个

地区		行业				合计
		商业	金融业	运输业	加工制造业	
台湾南部	台南	61	5	4	14	84
	打狗	3	0	2	0	5
	凤山	10	0	0	4	14
	安平	5	0	0	1	6
	东港	3	0	0	0	3
	西螺	0	0	0	0	0
	盐水港	34	0	0	13	47
	朴仔港	5	0	2	1	8
	北港	17	1	0	10	28
	嘉义	9	0	0	2	11
	阿緱	11	0	0	0	11
	斗六	25	0	1	3	29
台湾中部	鹿港	26	1	2	11	40
	彰化	26	1	4	9	40
	北斗	8	0	0	2	10
	台中	30	2	2	1	35
	葫芦墩	22	0	2	1	25

---

[1]　表1资料见于《台湾私法》第三卷下（1911年日文版），第128—146页各表；表2资料见于同书第259—266页各表。原书"商事"类的统计项目，除商业外，又有当铺、汇兑业、运送店、油车、牛磨、制酒公司、印刷业等名目，表1则分别归类为商业、金融业、运输业及加工制造业等，以期简明扼要；表2也做了类似的处理。

续表

地区		行业				合计
		商业	金融业	运输业	加工制造业	
台湾北部	大稻埕	47	3	0	13	63
	台北城内及艋舺	13	0	0	0	13
	基隆	10	0	3	1	14
	宜兰	8	0	0	0	8
	新竹	13	1	1	1	16
	沪尾	8	0	0	0	8
合计		394	14	23	87	518

表2 "民事"类合股组织的行业及地区分布　　单位：个

地区	行业					合计
	开垦	埤圳	鱼盐	林业	制酒、糖等工业	
台北	2	1	0	0	10	13
基隆	0	1	0	0	0	1
宜兰	0	2	1	0	3	6
桃园	1	0	0	2	9	12
新竹	5	2	1	0	10	18
苗栗	3	1	0	0	29	33
台中	2	4	0	1	21	28
南投	3	4	0	1	10	18
彰化	0	0	0	0	4	4
斗六	14	13	17	0	11	55
嘉义	3	7	0	0	8	18
盐水港	0	11	34	0	6	51
台南	1	0	51	0	33	85
凤山	16	0	33	0	1	50
番薯寮	0	9	0	0	8	17
阿猴	1	8	4	0	12	25
合计	51	63	141	4	175	434

上述二表的数据，主要取自日据初期的调查资料，可能尚不足以反映清代台湾合股经营的历史全貌。不过，其中大多数的合股组织，已经存续数十年乃至上百年，因而仍可反映其基本的发展态

势。此外，上述二表的统计项目，也不是很周全的。例如，当时台湾有428个渔业团体，其"合股"资本达129916元，而调查者则视之为"同业组合"，未列为统计项目。[1] 又如，清代台湾有许多乡族组织经营的共有经济，实际上也是合股经营的表现形式之一，而在此亦未作统计。[2] 限于篇幅，本文不拟详述清代台湾合股经营的各种不同形态，但应当指出，在中国传统社会中，合股经营是一种相当普遍的社会经济现象，在东南沿海及台湾地区尤为盛行，因而是不可忽视的民间经济组织。

二、合股资本的经营管理与权益分配

合股资本的所有权构成，具有"按份共有"的特征，其权益分配是相对分散的。然而，就其经营管理方式而言，又是相对集中的。正因为如此，合股经营的所有权与经营权，具有相对分离的倾向，两者的运作方式不尽相同。

清代台湾合股资本的经营管理，有四种基本方式：一是聘请外人专事经营管理；二是由少数股东负责经营管理；三是由各股东分别委派代表参与经营管理；四是由全体股东共同从事经营管理。大致说来，前三种均属于委托经营，第四种则属于共同经营。试见下列契约：

---

[1]《台湾私法》第三卷下（1911年日文版），第268页。
[2] 参见拙文：《清代台湾乡族组织的共有经济》，原刊于《台湾研究集刊》1988年第2期。

（一）同治七年《合约字》[1]

同立合约字邹开纪、蔡泰记、李品三、杜顺德、王金庆、邹登记、陈深记、林添记、林克记。……匾曰德源，合共七股，得利就母均分，计本银七千元。……股份、条目标明于后：

一、公同议举王迁记当事，在店经理公事；公议得利十元抽一元，以作全年辛勤谢劳。（余略）

（二）光绪某年《合股字》[2]

（前略）兹吴飘香为要振兴商业，是以邀集良友，……协商开创益章号杂货、北郊、布店生理，共合二十股，每股元本七三银五百元正，合计本资一万元正。吴飘香六股，在本资银三千元；祥和号四股，在本资银二千元；晋益号二股，在本资银一千元；裕泉号四股，在本资银二千元；益和号四股，在本资银二千元。……立合约字之日，其项即交吴飘香收领办理，振作配运南北杂货等款。如行诸务，一切归飘香调遣公办，不得偏私废公等情；如有斯情，被诸股东察出，应宜协议定止。（余略）

（三）光绪二年《合立约字》[3]

合立约字余金源。……匾曰同裕，合共一百五十二分，每分应本银一百元。其逐年按本得利，照分均分；计共六八足秤佛银一万五千二百大元。既叶同股伙振记、修记、滋记、妹官、合兴、裕记、陆记、金源、文记，同心共契……股份、条目标明于后：

---

[1]《商事编》第一册，第125—127页。
[2] 同上书，第115—116页；原文仅有年号，未标明年月。
[3] 同上书，第97—99页。

一、店内各号房，务须照派执事之人掌理，不得乱为顶替，免致紊乱。（余略）

（四）光绪十七年《合同约字》[1]

立合同约字官垦金大全户下黄仁记、张变记、冯德记、李正记。缘他里雾堡苦苓脚庄溪边荒溪埔一块……历百余年无人垦种。今云林县主奉宪出示招垦，业经赴县具禀，奉准承领司单，升科垦耕。德等四人按作四股，每股备出资本六八番银七十五元，四股共本三百元。本年先垦二十甲零，再垦一十甲，共三十甲零。此外，除余地招佃广垦，续报升科，现在所出本银三百元，为第一年补备牛具、工伙、完粮、开圳等项之需；如有不敷，按股匀找。将来每季所收谷稻、杂粮并佃租、水租，按时公议变价，四股均分；每季应需工本，亦按四股匀摊。账目、农工，均为黄、李二人经理；每逢收成一次，将账结算一次，冯德、张变二人随时查阅；所有得利，照四股均分。凡我四人，协力同心，庶几年谷丰登，一本万利。（余略）

上引第一例，全体股东均未从事经营管理；第二例，仅有一位股东从事经营管理；第三例的众股东，可能原来已是合股组织，因而只能由各股"照派执事之人掌理"，多数股东仍未直接参与经营管理；第四例的股东虽有所分工，但基本上是共同承担经营之责。一般地说，在股东人数较多、合股资本较大的情况下，大多采取委托经营的方式，因而导致了所有权与经营权的相对分离。如云："本店事务，应由当事之人秉公设法。至于股份东家在店办事，亦须秉公协力；凡有诸事，须与当事之人相商公允妥行，不得擅便，

---

[1]《物权编》第九册，第1681—1682页。

亦不得擅用人数，致干嫌疑。"[1]当然，在委托经营的情况下，股东们仍有可能对经营管理实行干预，"当事"者并未获得完全独立自主的经营权。如云："掌握全盘生理，招客买卖，并行内伙伴概归正、副二当事人裁酌；唯管银人须听各股东公议举用。""本行乃做打鼓南北行九八生理，自行配寄等。倘要谋别处郊号，必先通知各股东商量停妥，当事人不得擅自举行。"[2]在有些规模较大的合股组织中，除"当事"之外，又有"总理""协理"之类的名目。光绪二十一年（1895），"捷兴公司"的《股票》规定："当事人掌握生理，务宜秉心经营，凡事并账目须听协理股东稽查；如有不公侵取等弊查悉，由协理股东公议去留，不得异言生端。"[3]光绪三十年（1904），"隆兴昌记"的《合约章程》规定："本公司专作米谷及绸布外水生理，须与总理人共议，设调银根妥协，方可举行，当事人不得擅自专行，免致冒险。而本号全盘账目，须听总理人查核来往银钱等货项，不得异议。"[4]有的合股组织甚至规定："或有一二股东因意气不合，而欲阻住生理截结者，正、副当事不得听从，必须协理与正、副当事人议准，方得照办焉。"[5]在这里，"协理股东"之类已凌驾于全体股东之上，掌握了实际上的经营决策权，其职能类似于董事会，而"当事"则只是受雇于人的经理式人物。

在合股经营形成之后，各股东仍可分别行使其所有权，即按股分拆或转让其合股资本。在分拆股本的情况下，往往危及合股经营的存续，导致合股组织的解体。试见下引契约：

---

[1]《商事编》第一册，第124页，邱振成号等《合约字》。
[2] 同上书，第133—144页，《和兴公司股票》。
[3] 同上书，第131页。
[4] 同上书，第137页。此契立于日据初期，但就其形式及内容来看，与日据以前的合股契约并无二致，故仍采用之。下同。
[5]《商事编》第一册，第108页，德昌公司《合股约字》。

光绪七年《分拆生理阄书字》[1]

同立分拆生理阄书字人张荣文、占枝、林南等，于同治癸亥年间，文先父张妹官、南胞弟林长春与占枝官三人连财合伙，各备出本银四百大元，开张染坊镒美号生理。按作三股，合共本银一千二百大元，长、蚀就股均分，结明在账。……文、枝、南等添姻亲故旧，又兼连财美意，虽有子贡之高风，难效管鲍之知已，爰是同请公亲出为妥议，至公无私，以安和气，当堂议定就店中数目除还他人以外，有存银钱、货物、菁锭、大皮粉浆、煠铊各账、家器及一切所应有微物，概作三股配搭均平，设立阄分，以智、仁、勇三字为号，祝告神前，拈阄为定。既拈之后，各物各掌，不得混争；各账各讨，按额分明。……即将图章磨去，以杜弊生。（余略）

上述这种由全体股东共同分拆股本的行为，一般说来是较为少见的。在现存的有关契约中，绝大多数是"抽股字"或"退股字"，亦即由少数股东收回其部分合股资本，其余股东则继续维持合股经营的方式。这实际上也是一种分拆股本的行为，其结果是导致合股资本的缩减，而不是宣告合股经营的终结。试见下引契约：

（一）光绪十九年《抽回股份字》[2]

立抽回股份字人郡城内三元巷郑修记，即郑行记江立，有阄分应份条款内，于光绪二年九月间，有同王振记、苏裕记、吴陆记、苏妹官、黄温记、高瑞记、蔡合兴等号，伙开同裕号

---

[1]《商事编》第二册，第251—253页。
[2] 同上书，第230—231页。

典铺于郡城内三四境豆签口,公出资本一万五千二百元,即作股份一百五十二份,修记在资额银二千五百元,即作股份二十五份,当年各立有合约执据。后经股伙余金源抽出股份十份,尚存股一百四十二份。今因行纪挂欠债项,乏银抵款,爰与诸股伙商酌,愿于二十五股内抽回股份一十二分五厘,应得本银一千二百五十元,并历年支剩得利银四百九十六元四角六占正,及贴本年九月止按得利银暨在架加头升利,约有五百零三元五角四占正,共银一千元,即日收过公司来本利银二千二百五十元正。保此果系行记江立阁分应得份额,与房亲等人无干。(余略)

(二)光绪二十五年《退船股字》[1]

立退船股字人庆奇兰,前有晋成号、震记号、李益官、琴记号,合置小挂船一只,行驶台湾一带地方,船名金复升,牌号金复胜。兰今欲别创,愿将此船股份五百元,按六五(折)实三百二十五元抽回,所有逐帮得利,核算清楚。此后该船利亏得失,概不干庆奇兰之事。(余略)

由于分拆股本直接影响合股经营的存续与发展,往往受到诸多限制。如云:"各股伙如欲抽本别图生理……务须先期通知当事及诸股伙,许抽方抽,毋得自便。"[2]"本行股内各东,倘有志图别业者,将名下股份让出,须先邀集同伙,齐议归何人承受,秉公结算划割。"[3]因而,有的股东遂以典卖股权等形式,收回自己的股本。

---

[1]《商事编》第二册,第281—282页。
[2] 同上书,第126页,德源号《合约字》。
[3] 同上书,第134页,《和兴公司股票》。

试见下引契约：

（一）同治六年《抽卖股份字》[1]

立抽卖股份字人叶合成，有原在顺裕典铺本银四千五百元，计四股五分……今因抽银别创，托中将合成四股半之股份内抽出一股，卖与黄绍记承坐，计收母银一千元，现得在架利银六百二十一元八角六尖，又收贴销号出当加头银一百七十八元一角四尖，合共母利加头银一千八百元，即日收银完讫，将此一股典铺股份交付银主接掌，将来加头与合成无干，不敢再有异言滋事，并将原约字内批明出卖字样，又于账簿内登记抽股顶股银。（余略）

（二）光绪十五年《胎借银字》[2]

亲立胎借银字人李品三，因前年有将德源一股股字，抽出半股与林启丰承坐。兹因乏银别用，自己向过林启丰面议，将此半股股字借出六八母银九百五十大元，并利二百六十五元。其六八佛银一千二百十五元，每月每百元愿贴利银一元二角正。面约逐年利息对德源半股得息支取外，如有长短，自应相凑，品三不得私向支取。（余略）

上述这种转让股权的行为，并未影响合股经营的原有规模，只是使股东的构成发生了变化。按照惯例，转让股份必须先"归就"原来合股之人，"不得私退外人承坐"。[3] 如果全部股份最终转入同

---

[1]《商事编》第二册，第225页。
[2] 同上书，第230页。
[3]《商事编》第一册，第126页，德源号《合约字》。

一股东之手，也就意味着合股经营的终结，道光二十年（1840），黄广官立《归就字》云："前年同吴披官合伙同买得林团官竹林、荒山一所……今因乏银别置，先问一房亲人等不欲承受以外，托中送就与伙记吴披官承归……其荒山并竹林、茅屋厝、杂物等项，即踏付与吴披官前去掌管耕种，不敢阻挡。"〈1〉一般说来，只有在股东较少而且合股资本不多的情况下，才有可能因"归就"股本而引起合股组织的解体。

在合股经营的过程中，如有必要追加投资，一般是把股息留作股本，或由股东再行"添本"。如云："本号生理，其得利仍存经营，以固永远。""如生理未见得利，资本短缺，各股东自当再行添本。若无添本，听当事人立字盖用图章，向人告贷，不得异议。"〈2〉除按股追加投资之外，亦可通过吸收存款，增加营运资本。如云："其股内有愿附银在本行内放息者，每百元全年利息银十元照算，以昭公平。"〈3〉"诸股主若有货卖公司，欲将货项存公司生息者，则自交货之日，半个月起利。"〈4〉这种存款不同于股本，可以按期支取定息，与经营效果并无直接的联系。

如果原有合股组织难于维持正常的经营，可以通过"重立股份"或再招新股，实行整顿和改组。光绪三十年，黄东记等同立《集源号质屋股份契约字》云："我集源质屋，迄今百有余载矣。迩来抽股日众，资本日少，以致每年得利仅抵福食薪金，而营业等费尚有不敷。乃于本年一月间，邀诸股重立股份，再定章程，……共

〈1〉《物权编》第九册，第1698—1699页。
〈2〉《商事编》第一册，第142、143页，和义号《合股约定》。
〈3〉 同上书，第105页，德昌公司《合股约字》。
〈4〉 同上书，第114页，裕顺号《契约字》。

以六份为准，同力合作，得利均分。"[1]光绪二十三年（1897），汪藻记等同立《合约字》云："今台南竹仔街泉裕、振成合伙生理，迄旧岁修谋为未得如意，邀请股商裕成等，爰禀知己者，共议联资，公举陈黎老为当事营谋。爰议所有前者邱振成一面欠项及存账一切，振成自抵当，不干合伙公司之事；汪泉裕亦然。……再邀源合成在一股本银六百元、启隆胜在一股本银五百元、汪藻记在一股本银六百元、汪瑞记在一股六百元、汪耀记在一股本银六百元，计七股合共资本四千一百元，在店经营，匾改曰裕振成字号，仍作绸布生理。逐年得利，照本均分。"[2]很明显，在股份的构成改变之后，其经营管理与权益分配也随之发生变化，实际上无异于成立新的合股组织。

合股资本的收益分配，在原则上必须"照本均分"；如属委托经营，往往先由"当事"者抽成，然后再按股份均分。如云："苟有长息，除行中诸费事外，并开赏当事勤劳一九抽分之外，应作二十股均分。"[3]有时"当事"者的分成比例，亦按股份计算，称"荫股"或"虚本"。如云："共商举议当事之人，而友老为人真正无私，熟识布务，举其当事，薪金在外另荫虚本二百元，得半股之数，利、蚀均分。"[4]此外，在规模较大的合股组织中，股东除瓜分红利之外，尚可抽取定息。光绪三十年，"和兴公司"的《公议章程》规定："本行生理，每股本银一万元，共一十一股，每年（每股）利息八百四十大元。""除开归返利息外，如有得利，须俟三年或五年大结，除虚账外，准可实给与当事人花红分甘，以酌其劳。"

---

[1]《商事编》第一册，第109—110页。
[2] 同上书，第123—124页。
[3] 同上书，第116页，益章号《合约字》。
[4] 同上书，第101页，瑞胜号《合约字》。

"每百元应抽给正当事一十四元、副当事六大元,余者照股本均分。"[1]可见,该公司的分配程序为:先由股东抽取定息;次由"当事"抽成"红利";再按股份均分余利。这种分配结构,无疑有利于维护股东的权益。

三、合股经营的生产关系与历史作用

清代台湾的合股经营,不仅涉及各种不同的经济领域,而且适用于各种不同的社会经济关系。就其生产关系而言,大致可以分为三种类型:一是租佃型;二是雇工型;三是协作型。一般说来,在各种不同的经济领域,合股经营的生产关系与历史作用也不尽相同,不可一概而论。

在与农业生产有关的经济部门中,租佃型的合股经营颇为盛行。试见下引契约:

(一)雍正五年《合约字》[2]

同立合约人张子彰、欧家千、欧献臣,因同出本银二百两,合买过薄升灿请垦彰邑布屿禀南势底荒埔一所,照原日请给垦单告示界址,……其历年正供及庄费,俱照八股均出,不得互相拖累;所收租息,俱照八股均分,不得互相侵渔;庄中所有事务,须当协力办理,不得互相推诿。如正供、庄费股内之人乏银以应,伙记中公借其应用,议约每两贴利三分,至冬

---

[1]《商事编》第一册,第133—134页。
[2]《物权编》第九册,第1680—1681页。

收成，将伊本股内抽租息扣抵，不得异言。（余略）

（二）咸丰三年《合约字》[1]

立合约字人天禄、聪祥、小华三人等，合伙同出本银，倩工开筑新庄仔庄埤圳，通水灌溉，俾新庄仔庄一带埔园尽变为水田，获利无疆。其逐年各佃一九现抽的水谷，作三份均分；后日子孙，不得争长竞短致不和。（余略）

（三）光绪十九年《合约出贌山埔种茶永耕字》[2]

同立合约出贌山埔种茶永耕字埔主李宝山、李历山等，……有佃人张鼎生前来向贌出山埔地一段，面踏分明，即交佃人自备工本，任从栽种茶枞，风围相思。当日同场言定，递年每万茶枞应纳大小园租七元正。茶枞落地三年后，陆续栽种，陆续过点，无论荒歉，两无加减，永为定规。其茶租按作春、秋两季完纳清楚，向埔主给单为凭，不得少缺等情；如有少缺，定从埔主另招别佃；如无少缺，依照原约而行。倘日后茶枞枯槁，其相思风围等项，任从佃人砍伐，埔主不得异言，亦不得均分，即将山埔交还埔主掌管。（余略）

（四）光绪二十五年《许贌耕塭字》[3]

同立许贌耕塭字人凤邑仁寿上里新港口庄塭主蔡查某、邱万、何知批，有公置盐水塭一所……凭中引就文贤里崎峿庄邱查某、垅堡大潭庄许户长同出头承贌，筑造养畜鱼虾。限至十年，每年贌户照串完纳官租，免完塭税；又再贌六年，每年贌户完纳塭主一百大元足，作塭税，塭主自纳官租。合共十六年

---

[1]《台湾私法》第三卷下，第275—276页。
[2]《物权编》第六册，第1068—1069页。
[3] 同上书，第977—978页。

限满,有他人要瞨此埤,加添埤税若干,埤主宜与瞨户相议,若瞨户肯趁他人加添埤税,埤主自当瞨原瞨户,再限年数,不得刁难;若原瞨户不肯趁他人加添埤税,愿听埤主起耕,交埤瞨过他佃,原瞨户不敢异言生端。(余略)

上引四例,都属于租佃型的合股经营,而其间又有所差别。第一、第二两例,投资于土地开垦及水利建设,无疑具有一定的积极作用。根据日据初期的调查资料,清代台湾的开垦事业耗资甚巨而又伴有危险,"最适合于合股经营";在规模较大的开垦合股中,大多"由资本家与农民结合而成",即采取"集股号佃"的组织形式。[1]道光年间,淡水同知令姜秀銮、周邦正主持竹堑东南山地的垦务,而二人受命之后,"遂集闽、粤之人,各募资本一万二千六百元,治农亩,设隘寮,名曰金广福。……田工既竣,且拓且耕,至者数千人,分建村落,岁入谷数万石,以配股主,二人亦巨富"[2]。由此可见,这种租佃型的开垦合股,虽然不能创造出先进的生产方式,却也有效地促进了清代台湾的开发过程。至于那些以收取水租为目的的水利合股,则在客观上提高了受益范围内的土地丰度,这种水租颇类似于资本主义的级差地租。上引第三、第四例,基本上属于寄生性的租佃剥削,当然不可能有任何的积极作用。值得注意的是,有不少商人借助于合股经营投资于土地,参与寄生性的地租剥削。道光年间,"日新号"的股东投资4148元,购买一批"田园、厝宅"等出租取利,后因"本号生理分拆",所有田产"就生理份十九股均分得业",但又仍然维持集中管理的方式,

---

[1]《台湾私法》第三卷下,第257、252—253页。
[2] 连横:《台湾通史》卷三十二,《列传四》。

"合招妥佃耕作，历年收成扣完大租外，亦照十九股均分得租"[1]。在这里，商业资本与土地资本形成了牢固的结合，从而延缓了地主土地所有制的解体过程。

清代台湾商业及主要手工业部门中的合股经营，大多存在着雇佣关系。在某些商品化程度较高的农业生产部门中，也不乏雇工型的合股经营。试见下引契约：

（一）光绪十六年《合股约字》[2]

同立合股约字吴钦记、林利记。经于光绪十六庚寅年闰二月间，合本开张布铺，匾曰合发，公定条规，配请当事……

一、公请当事在店总理各事，夙夜辛勤，尽力经营，除薪金外，公议得利十元抽出壹元，以谢全年辛勤劳绩。

一、同请店内诸伙在店，各理诸事，除薪金外，公议得利十元抽出一元，与诸伙就薪金分摊，以作全年辛勤谢劳。

一、公议：店内诸伙升黜以及薪金多少，由当事裁夺；而当事亦宜向各股斟酌，方为周密。

一、公定诸伙薪金，逐月按作二期发给；倘诸伙中有急需之事，欲向当事先借，少则由当事自酌，多则当事宜转会各股再酌，方得准给；而当事亦宜如此。

一、公议：本号定不出账；若诸伙经手之人，果深知人家以及贩客着实，账项不致拖延被累，须会当事许允，而后出账。倘至期拖延不还清者，由当事将经手人之薪金扣抵。（余略）

---

[1]《物权编》第九册，第1691—1693页，日新号《合约字》。
[2]《商事编》第一册，第102—104页。

（二）光绪十七年《合约字》[1]

同立合约字人陈庆记、张和恺堂、林萃记、黄仓记、商仪记。今因安海街和恺堂有应分效忠里盐埕庄鱼塭壹口，要招股耕作，爰与记等共商合伙，三面议定每年税银贌价七百元。将该鱼塭分作十三股，和恺堂应得五股，陈庆记、林萃记、黄仓记各得二股，商仪记得一股，长年及诸伙得一股。如逐年得利多少，除纳税银、伙食、薪金、开费外，余剩若干，各照股抽分，不得争夺。其鱼塭面约壬辰年起至丙申年止，计共五年，和恺堂商定另换约字，至于塭内新旧器具，逐件照坐，不敢翻异。（余略）

（三）光绪二十一年（？）《合股字》[2]

同立合股字人下林仔边街黄长记号，即黄国良。因前在东港街开设张长泉号油车牛磨生理一铺，历年已久，无甚得利，兼无妥人可用，是以停罢。兹因有东港街吴聚成号，即吴兆汉出为合伙，拟作两股经营，每股议出本银六八佛银二百大元，交汉出为当事。日后得利，两股均分。……至一切店中车间、栈房以及器白家伙，议明踏税，当事之人薪金，议明开列于后。（余略）

（四）光绪二十六年（？）《合同簿》[3]

（前略）兹吾侪同人……公备资本金龙银七千二百大元，作为十二股，制造烟草生理。店设台北大稻埕中北街三十八番户，字号金长发。……所有规条、事款、诸东芳名、股份多寡，

---

[1]《物权编》第六册，第973—974页。
[2]《商事编》第一册，第121页，原文年号为"太岁乙未年"。
[3] 同上书，第157—159页，原文年号"庚子年"。

概列于左：

一、议：金举司事人翁锦全、陈义山，递年生理得利加一抽分，以酬二人司事之劳。

一、议：司事人者，不论东家亲属，工俸按月支取，不得任意长支，亦不得挂借银两等弊，务要循守规矩。如有不照店规者，立即开除，不得徇情。（余略）

上引四例表明，在雇工型的合股经营中，雇佣关系与合股关系往往相互渗透，混合生长。有的股东兼任"当事"，实际上也就具有出资者与出力者的双重身份，形成了股东与股东之间的雇佣关系，如上引第三、第四两例。有的股东并未出资，而是以出力者的身份获得"荫股"，从而使雇佣关系带有合股的色彩，如上引第二例。即使是在劳资双方并无合股的情况下，受雇者也可以按一定的比例分成利润，如上引第一例。在这里，由于受雇者的利益与经营效果直接结合，自然也就乐于"踊跃营生""勤劳店务"，为雇主创造更多的利润。正因为如此，有些独资创办的企业，往往也借助于合股分利的形式。光绪三十一年（1905），"德记洋行"的股东发生争议，据说是由于受雇者利用合股关系，反客为主。其所立《协约》记载：

兹德记洋行原系陈北学自备资本开张，数年间稍有得利，乃格外施恩，筹出四股股金，赏给正当事方庆佐、副当事蔡长云两人，俾得连财合股，协力经营。此事历年已久，众所共知。不意庆佐既逝，其子方振基不知感恩，反以营业系亡父之名，自操胜算，妄争业产，谋为争讼不已，继以争夺。幸诸公人出为调停婉劝，现经算账数天，不久想得算清。至于再共同营业，谅必诸股主会议，合立股字契约，方得为是。

从表面上看，这一争端的起因是受雇者试图"自操胜算，妄争业产"，而实际上，"德记洋行"的投资者早已收回原有资本及历年利息，其现有资本完全是"当事"者经营所得。据记载："德记行旧有二十股，陈北学得十六股，方振基得三股，蔡则书得一股。而各股东取去其股份银及利子，将各股东之利益金留存，以作商业之资，业经有年。"[1]由此可见，这种以合股分利的形式出现的雇佣关系，对于雇主是颇为有利的，可以说是一种具有中国特色的资本主义。

协作型的合股经营，是小私有者之间的一种经济联合体。在清代台湾的农业、手工业及商业等经济部门中，都普遍存在以小私有者之间的劳动协作为基础的合股经营。试见下引契约：

（一）道光十二年《合约字》[2]

公立合约字人海丰庄众佃林文山、何永宗、林玉山、肖赤官等。为本社老田洋近来圳路被水冲压，圳水难通，于道光十年十二月间，老田洋并新田洋众佃分议，将二处逐年鸠集银元，托中向买科科庄刘石光并李天纵等数处田园，开凿为圳，通流溪水，以滋新旧圳禾苗，契字为据。爰是众佃通同公立条款在下，须当共遵，勿为儿戏。

一、众议：新旧二州田份食水，须照甲声多寡流灌，不得

---

[1]《商事编》第一册，第90—92页。
[2]《台湾公私藏古文书影本》第五辑第十二册，转引自韦庆远：《从〈台湾公私藏古文书影本〉看清代台湾史的几个问题》，《中国史研究》1986年第2期。

持强增多，违者议罚。

一、众议：圳水灌田有余出卖者，银项多少，诸东须择一人收取，交过郑□□收存，翻为田圳公用之资。（余略）

（二）光绪十三年《出分垦阄书字》[1]

立出分垦阄书字人曰北番垦首陈老己，即孙陈登云。缘咸丰四年，己与陈、罗等有纠集银元货物，向埔社化番草地主笃律、雅安、宇完、包完等给垦荒埔一所，址在东螺地边生番股内，当时立有垦契，四至大界载明契内。其时分为二十七份，各拈阄份，自备工本开辟成业……每份逐年配纳化番租谷九斗正，掌管耕种，已历多年。但因当日垦契维云祖父一人名字，其余同垦诸人并无契据，窃恐后日子孙不知底细，致生事端，以此陈、罗等前来相商，各分出阄书契字一纸，以作契券。（余略）。

（三）光绪三十年《股伙合作生理约字》[2]

出本银列明于左：

一、方青桂出本银一百二十大元，应得四分。

一、郭阿水出本银六十大元，应得二分。

一、连清泉出本银一百二十大元，应得四分。

……

再批明：其生理有得利者，应作股份均分；或是缺本者，亦作股份均摊，该股伙应额抵当补足。批照。

再批明：三人薪水月各人三元，各人可以支领；如领过额者，应当支还店内。（余略）

---

[1]《物权编》第九册，第1696页。
[2]《商事编》第一册，第152—154页。

（四）光绪三十四年《合约字》[1]

　　同立合约字人，新竹厅竹北二堡新庄仔庄百五十六番地徐庆浴、徐庆炳、徐庆旺，同堡坑仔口庄二百六十七番地郑天桃等。缘徐庆浴、徐庆炳等，自光绪三十二年间，合出资本建设蔗廊制造砂糖，有起盖廊亭屋宇一所……兹因数年间年冬缺歉，生理不就，徐庆浴、徐庆炳相议，愿将此蔗廊、廊亭瓦屋一座，间数不计，蔗车石轮二付，及上下盘并附属所应用机器、糖鏪、什物等项一切，以及目前所有被各蔗佃该欠蔗种金概行在内，按定价金六百元正，作为六股，每股按金一百元，欲退出二股与人，即招出徐庆旺、郑天桃等合伙共业。……自此各宜同心协力，勤勉经营，各再备出资本金，奖励各蔗佃多种。所有长利，应照股份均分；倘或亏本，亦应照股份均出，各不得异言生端滋事。（余略）

上引第一、第二例，反映了农民小生产者在水利建设与土地开垦过程中的合股经营。这种合股组织对于提高农民的经济独立性，促进农业生产的发展，无疑是有积极作用的。上引第三例，反映了小商人之间的合股经营，其间虽有投资额的差异及雇佣剥削的可能，但基本上是属于平等互利的协作关系。上引第四例，是一种"合股而设"的"公司廊"，其经营方式颇具有包买商的特色，股东的身份应是小商人兼手工业者。此外，清代台湾由蔗农合设的"牛奔廊"，也是一种协作型的合股经营。其经营方式是："每奔出牛三，为园九甲。一廊凡九奔，以六奔运蔗，三奔碾蔗，照阄轮流。

---

[1]《商事编》第一册，第159—161页。

通力合作，其法甚善，各乡无不设之。"[1] 这种小私有者之间的合股经营，规模虽小，为数甚多，其地位与作用也是不可忽视的。

　　清代台湾合股经营的形式与规模，是十分纷繁复杂的。根据日据初期的调查：在"商事"类的合股经营中，股东少者二人，多则十数人；资本额少者百元上下，多则数万元乃至十多万元。在"民事"类的合股经营中，股东最少者二人，最多者达一百八十九人；资本额最少二十元，最多者达十五万四千元。[2] 这些形式多样、规模不一的合股组织，遍及于各种经济领域和各个社会阶层，深刻地影响着清代台湾的社会经济结构。笔者认为，清代台湾草莱初辟，必须有效地组织各方面的人力和财力，才能顺利地进行规模空前而富有冒险性的开发事业。这是清代台湾盛行合股经营的内在原因，也是合股经营在台湾历史上的主要作用。

---

[1]　连横：《台湾通史》卷二十七，《农业志》。
[2]　《台湾私法》第三卷下，第128页，第267—268页。

卷二

家庭结构与宗族组织

宋以后福建的祭祖习俗与宗族组织

近人论及宋以后的宗族组织，通常注重祠堂、族谱、族田这三大"要素"，甚至以此作为宋以后宗族组织的普遍模式。[1]笔者认为，在宋以后宗族组织的发展进程中，普遍存在而且始终起作用的因素，并不是以上三大"要素"，而是各种形式的祭祖活动。本文试图通过考察祭祖习俗，探讨宋以后福建宗族组织的发展进程及其内部结构。

一、祭祖习俗的变迁

在中国历史上，祭祖是一种传统习俗，同时也是一种社会制度。宋代以前，只有品官贵族才能祭祀三代以上的祖先，庶人则只能祭其祖祢二代。[2]自宋代以降，逐渐放松了对于民间祭祖的限制，

---

[1] 徐扬杰在《宋明以来的封建家族制度述论》中说："用祠堂、族谱与族田这三件东西联结起来"的家族组织，"从宋明以来，直到全国解放前夕，非常普遍"。(《中国社会科学》，1980年第4期，第101页）类似的观点，似乎已为国内外学者普遍采用。
[2] 先秦时代，从天子至士，各有不同的庙制，而庶人则祭其父于寝。（见《礼记·王制》）唐代礼制，三品官以上始许祭及三代。（见《通典》卷一〇八，《开元礼纂类》）

庶人始可奉祀三代以上的祖先。宋徽宗大观三年（1109）诏曰：
"侍从官以至士庶通祭三世，无等差多寡之别，岂礼意乎？……今
恐夺人之恩而使通祭三世，徇流俗之情，非先王制礼等差之义。"⟨1⟩
由此可见，民间祭祖之风的盛行，正日益冲击着等级森严的祭祖礼
仪。延及清代，品官士庶皆可奉祀高、曾、祖、祢四代祖先，有关
祭祀代数的等级差别遂趋于消失。⟨2⟩当然，宋以后祭礼的开放性，
只是在制度上扩大了平民的祭祖权利，至于民间的祭祖习俗，则经
历了更为复杂的演变过程。

　　宋以后福建的祭祖方式，大致上可以分为三类：一是家祭，二
是墓祭，三是祠祭。在宗族内部，上述祭祖方式各有特定的时间、
地点及祭祀对象，反映了祭祖活动的不同规模，同时也显示了祭祖
习俗的不同发展阶段，试略做分述。

　　家祭，亦即在居室之内祭祖，是民间最为原始的一种祭祖方
式。自先秦以降，"庶人祭于寝，士大夫祭于庙"，早已成为历代
祭礼的通例，直至明清仍相沿不变。⟨3⟩因而，家祭也是民间最为普
及的一种祭祖方式。宋代以前，由于庶人只许祭其祖祢二代，家祭
的规模不可能很大，基本上只是限于家庭内部的一种祭祖活动。两
宋时期，庶人已可祭祀三至四代的祖先，家祭的规模也就相应扩大
了，逐渐演变成为族人之间的一种共同祭祖活动。

　　值得注意的是，在墓祭及祠祭形成之后，家祭作为一种基本的
祭祖方式并未被摒弃，而是代代相沿，继续保留下来。例如，福州

⟨1⟩《宋史》卷一〇九，《礼志》。
⟨2⟩《清通礼》卷十七，《吉礼》。
⟨3⟩ 有人认为："士民不得立家庙的禁限，……至明中期便被打破了。"（见左云鹏：《祠堂
　　族长族权的形成及其作用试说》，《历史研究》，1964年第5—6期）其实不然，直至清
　　代，仍只允许九品官以上立庙祀先，庶人则否。（见《清通礼》卷十七，《吉礼》）在
　　福建民间，祠堂与家庙一般是有区别的，只有仕宦家族始称祖祠为"家庙"。

《世美吴氏条约》规定："列祖神牌，合族鼎刻迎奉进祠……其余支派，各立小木主于寝自祭外，仍照房分，各立小屏一架，刻本派列祖，附祠以享袷祭。高祖以上则祧之，仍列祀于祠之东西室，每岁中元一大祭。"[1]这就是说，祠祭的对象，只限于族人的共同祖先，至于各支派的直系祖先，只能于祠内列名附祀，其神主是不能入祠的，因而仍须"于寝自祭"。不过，这时家祭的对象，已明确限定于高祖以下，"高祖以上则祧之"，由各支派定期入祠"一大祭"。

一般地说，家祭是宗族内部为数最多的祭祖活动。在一年之中，"四时有正祭，忌日有时祭"；"时祭而外，又有正至朔望之参，俗节时食之献。其他有事则祭，如生子、娶妇、上官、焚黄之类，不一焉"。[2]正因为如此，通过家祭而形成的"祭祀圈"，是宗族内部联系最为密切、凝聚力最强的亲属团体。

墓祭，亦即在祖先茔墓致祭，也是一种较为古老的祭祖方式。唐宋以降，福建各地盛行建庵守墓的习俗，其中自然也就包含了墓祭的成分。《崇安吴氏家录》记述："今庶人时祭在寝，墓祭在野。崇俗，葬其祖祢或远在百里，或数十里，或三、五里，则各竖小宇于墓之左近，名曰冢庵。"[3]明清时期，此类"冢庵"大多演变为墓祠。

定期举行墓祭的习俗，在宋代福建已相当盛行。淳熙《三山志》记载："州人寒食、春祀，必拜坟下。富室大姓有赡茔田屋，祭毕合族，多至数百人，少数十人，因是燕集，序列款服，尊祖睦族之道也。"[4]当时墓祭的代数，可能已不受限制，因而成为较大规

---

[1] 康熙十九年修《世美吴氏族谱》，写本一册。
[2] 清修《永定邵氏世谱》，《祭义考》。
[3] 《崇安吴氏家录·祠堂考》，抄本一册，年代不明。
[4] 淳熙《三山志》卷四十，《土俗类·岁时》。

模的集体祭祖活动。由于墓祭各有特定的对象，一般每次只能祭祀一位祖先，因而也就必须代代设祭。明清以降，随着墓祭的代数越推越远，族人往往无暇遍祭，顾此失彼，有时只好预先安排墓祭的顺序，统一规定各墓的祭期。例如，《闽瓯屯山祖氏宗谱》的《家规》记载：

> 吾族列祖俱起墓祭，奈人各亲其亲，乃于清明之日，自祭其本支之祖，而始祖墓迟之又久而后祭之。……今与两祠约：凡始祖祭田，必于年内税出银钱，预备来春办祭、颁胙之需；祭期定于清明前十日。庶墓祭有序，而取名充丁者不致雷同。〈1〉

在福建各地，墓祭多于清明或冬至举行，一般也要同时举行相应的家祭或祠祭。清道光年间，邵武厅知事陈盛韶在《问俗录》中记述："三月清明，率其子弟扫墓。计丁分钱，曰登山钱；乡人观礼者，给以馈，曰打醮；归祭于祖，祭毕合食，男先女后，皆由祭田开销。"〈2〉不过，由于每一代的墓祭各有不同的"祭祀圈"，即使是同时举行家祭或祠祭，墓祭也仍然自成体系，层次分明，保持了相对的独立性。在某种意义上说，墓祭是宗族内部最为系统的一种祭祖方式，往往构成了联结家祭与祠祭的中间环节。尤其重要的是，在家祭已无法祀及五代以上的祖先，而相应的祠祭又尚未形成之际，墓祭也就成为远房族人之间唯一可能的共同祭祖活动。

祠祭，亦即在祖祠之内致祭，是较为后起的一种祭祖方式。唐

〈1〉 1929年刊《闽瓯屯山祖氏宗谱》卷一。
〈2〉 《问俗录》卷五，《登山钱》。

宋之际，福建的世家大族常于寺院荐祭祖先，祭祖护墓与敬神奉佛同时并举。此类寺祠合一的祭祖习俗，其性质较为复杂，本文不拟讨论。南宋后期，福建始有专为祭祖而设的祠堂。宋宁宗嘉定十二年（1219），建阳理学家蔡渊兄弟立有《蔡氏祠堂仪约》，据云：蔡氏原设有祠堂，后毁于火，"渊等兄弟慨念先君之志，相与讲究先师文公《家礼》所著祠堂之制，就捐己财，重建祠堂于旧基址"；"岁时朔望，各房子孙咸集祠堂，致敬祭祀"。〈1〉在此前后，莆田林氏亦曾"建先祠"，"置祭田"。〈2〉这一时期举行祠祭的宗族，可能只限于名宦及乡贤的后裔，而且祠堂的规制尚小，祭祀的代数也很有限。如《蔡氏祠堂仪约》规定，祠堂仅祀及四代之内的祖先，凡属于始祖以下、五代以上的祖先，"亲尽则迁其主而埋之墓后，岁率宗人一祭之"〈3〉。莆田林氏祠堂创置之初，"规制卑狭，不足以交神明"，明初又"即大理故宅之基，建屋三楹间，敞以外门"〈4〉。

大致说来，从南宋至明中叶，祠祭的发展仍然未脱"士大夫祭于庙"的藩篱，因而在民间未见普及。笔者曾披阅福建各地的数百部族谱，其中所见各族祠堂的初创年代，大多是在明清之际；甚至有些历史相当悠久的世家大族，也是迟至明末清初始建祠堂。清中叶以后，福建城乡各地祠堂林立，祠祭之风于是大盛。如兴化府地区，"诸世族有大宗祠、小宗祠，岁时宴飨，无贵贱皆行齿列。凡城中地，祠居五之一，营室先营宗庙，盖其俗然也"〈5〉；邵武府地区，"乡村多聚族而居，建立宗祠，岁时醵集，风犹近古"〈6〉；漳州

〈1〉 民国《庐峰蔡氏族谱》卷一。
〈2〉 ［明］宋濂：《宋文宪公全集》卷十二，《莆田林氏重建先祠记》。
〈3〉 民国《庐峰蔡氏族谱》卷一。
〈4〉 ［明］宋濂：《宋文宪公全集》卷十二，《莆田林氏重建先祠记》。
〈5〉 道光《福建通志》卷五十五，引《莆田县志》。
〈6〉 民国《福建通志·风俗志》卷二，引《邵武府志》。

府的诏安县,"居则容膝可安,而必有祖祠,有宗祠,有支祠。画栋刻节,糜费不惜"〈1〉。

祠祭的对象,最初仅限于族人的共同祖先,以后又扩大及于尊者、贵者、贤者之类,其人数及代数殆无限制。例如,福州《三山叶氏祠录》的《入祠条例》规定:

> 吾祠为官詹公而建。申公一世,则七房所自衍;昌公一世,则二十五房所自衍;皆立主,无待议。昌公以下,子姓繁多,一概置主,龛位既虑难容,盛典亦邻于亵。……查侯官林氏、螺江陈氏两祠,凡族人之得设主入祀者,均膺官爵、登科甲为断,所以昭限制、示鼓励也。……至于议年、议功,抑或并行以并举。历考成矩,莫不皆然。〈2〉

除此之外,又有捐资入祠之例。如福州《锦塘王氏支谱》的《支祠规制》云:"祠内进主入祠……如未登科入泮,无官衔以及封,应捐祠钱三十两,戏酒同前。"〈3〉这就是说,即使是普通族人,也可以通过捐款入祠受祭。

举行祠祭的时间,各族颇不一致:有的仅清明一祭;有的于年终岁首、一年四季俱各开祭;较多的则是于清明及冬至各开祠一祭。在宗族内部,祠祭是规模最大的祭祖活动,但并不都是全族性的祭祖活动。一般地说,通过祠祭而形成的"祭祀圈",不是取决于祭祀对象,而是取决于祠堂的由来。例如,福州《锦塘王氏

〈1〉《问俗录》卷四,《蒸尝田》。
〈2〉光绪《三山叶氏祠录》卷四。
〈3〉光绪二十七年刊《锦塘王氏支谱》卷二,《义部》。

支谱》规定:"凡祠内递年应祭五次,照户男丁一名登席。……长房世澄公派下,前人悯其丁衰,准嫡派一人与祭,多丁族内不许与祭。何也?祠是世济公派下公项创置,与世澄公之子孙无干。"⟨1⟩此外,有些宗族人丁众多,或一族分设若干祠堂,或一祠分设若干祭产,往往也很难组织全族性的祭祖活动,只能由各房各派分别举行祠祭。例如,瓯宁县璜溪葛氏,民国初年号称"丁口之盛,十万有奇",每年从清明前六日至清明后二日,依次祠祭一至九世祖及"历代贞烈节妇"。其中有关一至六世祖及"节孝祠"的祠祭活动,仅限于"主祭族长""值年祭首"及"本派衿耆人等"参加;至于普通族人,则只能分别参加本支七至九世祖的祠祭活动。⟨2⟩由此可见,宗族内部的祠祭活动,同样具有不同的层次和规模,不可一概而论。

在宗族内部,各种不同的祭祖方式,往往时有交叉,相互包含,并行而不悖,从而构成了祭祖习俗的庞杂体系。笔者认为,从家祭、墓祭至于祠祭,反映了祭祖习俗的一般演变趋势,从而也就规范了宗族发展的基本构架。

二、祭祖与祭田的关系

宗族组织的形成与发展,不仅受到祭祖方式的制约,而且取决于有关祭田的权益分配。一般地说,族内祭田的有关权益,只有创置者的直系后裔才能分享,其余旁系族人则不得问津。与此相适

⟨1⟩ 光绪二十七年刊《锦塘王氏支谱》卷二,《义部》。
⟨2⟩ 瓯宁县《璜溪葛氏宗谱》第六册。

应,只有在祭田的共有者之间,才能形成特定的"祭祀圈",其余族人则一律被排除在外。

宋以后福建用于祭祖的祭田,主要有两种来源:一是来自分家之际的提留;二是来自后人的集捐。与此相关的祭祖活动,各有不同的组织形式,应做严格区分。[1]

在分家之际提留祭田,类似于朱熹在《家礼》中提出的方案:"初立祠堂,则计见田亩,每龛取二十分之一,以为祭田。"不过,朱熹的这一倡导,明中叶以前尚未得到积极的响应,明中叶以后则逐渐为福建地主阶层所接受,至清代已成为一种普遍的社会风尚。笔者曾对清中叶以后闽北若干地主家庭的分家文书做过分析,发现其中每家提留祭田的数量都相当可观,平均约占田产总额的35%左右。不仅如此,由于地主每次分家都要提留祭田,经过若干代的连续积累,其总额就会达到十分惊人的规模,甚至大大超过族内私人地主的土地。[2] 提留祭田的规模如此之大,当然不是单纯为了祭祖之需,而是"除完粮办祭外,尚多利泽"[3];"供祭以外,即为轮及者取赢焉"[4]。因而,提留祭田的做法,实际上是地主家庭的一种保富措施,其目的是"本祭田之遗,济恒产之穷;上供祖宗血食之资,下为子孙救贫之术"[5]。正因为如此,祭田的权益分配受到了高度的重视,同时也对祭祖活动产生了深远的影响。

---

[1] 宋以后福建民间的祭田,有两种不同的用途:一是用于祭祖护墓;二是用于敬神奉佛。(参见拙文:《试论闽北乡族地主经济的形态与结构》,《中国社会经济史研究》1985年第4期。)本文讨论的祭田,系指专为祭祖而设的祭田。
[2] 参见拙文:《清至民国闽北六件"分关"的分析》,《中国社会经济史研究》,1984年,第3期。
[3] 民国《闽瓯屯山祖氏宗谱》卷八,《祭产》。
[4] 《问俗录》卷四,《蒸尝田》;民国《闽瓯屯山祖氏宗谱》卷八,《祭产》。
[5] 《问俗录》卷一,《轮祭租》。

来自每一代分家时提留的祭田，一般都采取"照依本派房分次序，轮值收租醮祭"的分配方式。[1]因而，此类祭田往往又称"轮祭田"或"轮祭租"。清道光年间，陈盛韶在《问俗录》中记云："建阳士民皆有轮祭租，小宗派下或五六年轮一次，大宗派下有五六十年始轮一次者。轮祭之年，完额粮、修祠宇、春秋供祭品、分胙肉，余即为轮值者承收。"[2]这就是说，其"轮值者"不仅有收租之权，而且有办理祭祖事宜之责，祭田的权益分配与祭祖活动的组织形式合而为一。

依据"照依本派房分次序"轮收的原则，轮祭田的权益每一代都要按房均分，从而形成了一种多层次的分配关系。在此基础上形成的"祭祀圈"，一般是与族人之间的谱系构成相吻合的。这就是说，随着世代系列的推演，轮祭田的"房分"日益增加，其"祭祀圈"的范围也就不断扩大了；在代代设置祭田的情况下，每一代的祭祖活动都受到了祭祖分配方式的制约，从而也就构成了一系列既互相重叠又层次分明的"祭祀圈"。在某种意义上说，"轮祭田"的设置，有助于强化族人之间固有的血缘联系，增强了此类宗族组织的凝聚力。然而，由于宗族内部的贫富分化在所难免，"轮祭田"的产权往往因分析、买卖而变动，从而又会导致"祭祀圈"的解体或改组，使宗族组织偏离原有的系谱性构架。[3]

由后人集捐而成的祭田，一般归族内"饶财乐助"者所共有，其余族人则不得染指其间。瓯宁县《璜溪葛氏宗谱》的《说明勘置

---

[1] 民国《金章杨氏宗谱》卷一，《族诫》。
[2] 《问俗录》卷一，《轮祭租》。
[3] 轮祭田常因分拆、典卖而易主，从而也就导致了共有者的分裂及祭祖组织的变动。参见拙文：《明以后闽北乡族土地的所有权形态》，刊于《平准学刊》第5辑上册，光明日报出版社，1989年。

祭田享祀原由》云："上代祖公向无蒸尝祭田，多由后裔鸠集捐金置产，以为醮祭及各项使用。谱中叔伯兄弟侄辈，虽属某公派下，其向未捐款者，不得与焉。"[1]这就是说，凡是与此类祭田有关的祭祖活动，已经不再依据原有的谱系，而是由捐置者各自形成相对独立的"祭祀圈"。集捐祭田的形式，大致可以分为自由集股及按丁或按神主牌集捐两种，其权益分配与祭祖组织又有所不同，试略做分述。

所谓自由集股，亦即通过族人的自由组合，按既定的股份捐置祭田，组成若干各自独立的祭祀单位。如浦城县东门塘古氏，于清同治四年（1865）建祠之后，"独清明祀产缺焉"，于是遂以清明办祭为由，"邀出族裔八人，各襄银五元，置买圃地，岁纳租钱八千，取追远名其堂"。此后，又相继组成"合志""敦本""永福"等"堂"，每"堂"各八人，分别捐资纳息"以充祀费"。以上各"堂"捐置的祭产，虽然在名义上附属于祠堂，却始终保持其经营及分配的独立性。如云："年届清明祀日，凡堂内有名者，共诣祠内助祭，每股男女各一人，共享馂余，有赢余者尽数颁胙。"与此同时，祠内又另有一"孝思堂"，专为冬至办祭而设，因人数较多，分为五班轮流办祭，"每班八人，值管一年，将递年租息所出，于冬至日备办祭品，恭祀列祖列宗，各子孙馂余颁胙。除办祭、完粮外，若有余款，四十人均分"。[2]

在有些情况下，自由集股活动仅限于某种特定的社会阶层，这时也就只能在该阶层内部形成相对独立的"祭祀圈"。武平县城北李氏总祠有一"仕缙尝"，专为"本祠仕宦、缙绅"而设，"原规定吏员、佾礼生不得入仕缙"，至民国时期始扩大及于所有文武职

---

[1] 瓯宁县《璜溪葛氏宗谱》第六册。
[2] 光泽县《古氏族谱》卷二十一，《祭产》。

官及热心乡族"公益事务"的族人。凡加入"仕缙尝"者，每人应捐"增尝喜庆银一两三钱"，每年"于清明前一日堂祭后，即祭仕缙，年后演戏"。此类祭田的股份，可以由捐置者的后裔代代相承。如李氏"仕缙尝"的收入，除供办祭等费用外，"余颁发没、存已入仕缙者"；"倘本人没后，本尝内仍永远照数颁发其后裔"。与此相适应，有关的祭祀活动也仅限于捐置者及其后裔参加，"其未入尝喜庆银者不与"[1]。不过，在某些特定条件下，此类祭祀组织也会具有开放性趋向。例如，瓯宁县璜溪葛氏的《六世祖佛童公祭簿》云："其先祖未曾集股者，今有志与祭者，……每股充入小洋二十五角，始符公分。"[2]在此种情况下，既定的祭祖组织无疑具有扩大的可能性。

按人丁或按神主牌派捐，亦即通过向族人摊派"人丁钱"或"神主钱"，"稽丁男而充广积"[3]。瓯宁县屯山祖氏永明支，于康熙时建成继善祠之后，"继立蒸田数亩，仅供二祭，而冬至之祭未举也。……于是禀诸族长，商及族众，各捐钱四百，生利滋息，以为冬至之资。后各房遵昭穆入庙飨，每公神位议充蒸尝银五两，永以为例"。此后，祖氏永宁支又建成世德祠，也同样规定："派下子孙送主入庙配享者，每位必充白金十两；子孙充名与祭者，每人必捐青蚨四百文。"[4]严格地说，"送主入庙"与"充名与祭"，仍是有差别的；前者大多出于自愿，后者则颇具有强制性的色彩。有的宗族又以"人丁钱"及"神主钱"分设不同的祭祀单位，从而形成了两种各不相同的祭祀组织。例如，武平李氏始祖设春秋两祭，"春祭

---

[1] 民国七年修《武平城北李氏族谱》卷末（戊），《规程类》《产业类》。
[2] 瓯宁县《璜溪葛氏宗谱》第六册。
[3] 民国《闽瓯屯山祖氏宗谱》卷八，《祭产》。
[4] 同上。

宋以后福建的祭祖习俗与宗族组织 | 151

尝"集"人丁钱"而成,由派下九房分"四大班"轮祭,按人丁颁胙,"每丁额定胙肉一两……交与各房长颁分";"秋祭尝"集"神主钱"而成,由先后入主者"共三百一十二位,分二十六班轮流办祭","每位该颁胙定额一斤"〈1〉。一般地说,族人于交纳"人丁钱"或"神主钱"之后,亦即取得有关祭产的股权,"为其子孙者永收而不失焉"〈2〉。不过,有些宗族规定,"所有新丁,应捐添喜钱文",否则不许参与有关祭祀活动及"颁胙""饮福"之类的权益分配,〈3〉这实际上也就剥夺了某些已故族人的原有股权,而把他们的后裔排除于既定的祭祀组织之外。

应当指出,祭田的形成与发展,固然与祭祖活动有关,但祭田之设并非祭祖的必要条件。浦城县《梁氏合修族谱》的《祭产引》称:"王制:有田则祭,无田则荐谷粱。……然古今异宜,乡里殊俗,如必待田而祭,则追远之诚能伸者几人哉!"〈4〉因此,为了使祭祖活动可以长期延续,就不能恪守"有田则祭"的古训。有的宗族则明确规定,即使不设祭田,也必须定期祭祖。福州《世美吴氏条约》规定:"有祭田者,自无缺典;无祭田者,断不得以贫而废典。"〈5〉事实上,有些宗族虽不设祭田,却也并未因此而废祭。清道光年间,陈盛韶在诏安知县任上记云:"予偶因公出,见道旁男女荷酒肉,络绎而驰。问之,曰:'无蒸尝田,各备数豆,合伯叔以供祭。'祭毕即撒馔以退也。"〈6〉笔者认为,专门为祭祖而设的祭田,只能行之于地主家族;对于无地或少地的农民来说,自然是不可能

〈1〉 民国七年修《武平城北李氏族谱》卷末(戊),《规程类》《产业类》。
〈2〉 道光《后举平氏族谱》卷一,《额胙颁丁旧序》。
〈3〉 光绪顺昌《谢氏宗谱》一册,《汝贤公祭墓章程》。
〈4〉 同治浦城县《梁氏合修族谱》卷一。
〈5〉 康熙十九年修《世美吴氏族谱》,写本一册。
〈6〉 《问俗录》卷四,《蒸尝田》。

顾及于此的。自宋代以降，尽管祭祖活动早已遍及社会各阶层，但只有在较为富有的宗族或支派中，才会有大量创置祭田之举。

在宗族内部，祭田的由来及其分布状况，直接地制约着祭祖活动的组织形式，从而也就深刻地影响着宗族组织的构成及其变迁。在福建历史上，祭田的形成与发展，往往导致"祭祀圈"的某种变形，使宗族组织出现"非系谱性"的发展趋势。

三、从祭祖习俗看宗族组织

中国古代宗族制度的起源，是同祖先崇拜相联系的。《说文解字》释"宗"："尊，祖庙也。"《尔雅·释亲》云："父之党为宗族。"这就是说，在父系血缘集团中，共同的祭祖活动构成了宗族存在的标志。因而，古人对于宗法理论的阐述，也总是以祭祖为出发点。《礼记·大传》云："人道，亲亲也。亲亲故尊祖，尊祖故敬宗，敬宗故收族。"《白虎通德论·宗族》云："宗，尊也，为先祖主也，为族人所尊也。"这里把宗子权直接等同于祭祀权。自秦汉以降，尽管"宗子之法不立"，但祭祖活动仍是维护宗族组织的重要手段，这也正是历代礼制首重祭礼的理由。因此，在某种意义上说，祭祖习俗的变迁，集中反映了宗族组织的发展。

宋以后宗族组织的形成，是从分家析产开始的。在分家之后，祭祖活动作为血缘联系的象征，仍被承袭下来，而且不断地得到强化。明洪武二十五年（1392），建阳地主周子原为三子分立三房，并告之于"宗族亲友"曰：

> 今吾三子，年尚幼艾，……恐其既长，各私妻子，情欲难

制。欲聚之一室，则几微之间，阋墙生衅，终非长远之计；欲散之于各方邪，则骨肉分携，情义日疏，尤非聚族之方。吾故分此三房……别立祭田，以为先庙、先茔、蒸尝、忌日之需，三房以次递收，以供祀事。岁时节序，骨肉团乐，满堂宴笑，则分明而情不狎，恩浓而怨不生。先业庶乎可保，而诸子亦庶克树立矣！〈1〉

由此可见，当分家析产已经成为不可避免的趋势，地主家族也就必须借助于共同的祭祖活动，以求达到保产聚族的目的。不仅如此，即使是在远房族人之间，祭祖也被视为聚族的良方。清康熙年间，建阳乌石街李氏的《世系图序》云："子孙相继十七代，现存一千余丁。以供祭祀，则群宴于寝，少奉长，老扶幼，欢然相爱也。"〈2〉近代福建有些规模十分庞大的宗族组织，也同样是以祭祖活动作为联合族人的精神纽带。仙游县"黄大宗祠"，建于清雍正十二年（1734），由全县黄姓"按牌立主置产，岁时致祭"；至民国二十二年（1933），共设686牌，派下子孙散居三十余村，分为六大房轮流致祭。〈3〉与此类似，仙游县的"林大宗祠"，共设一千二百余牌，派下子孙散居全县14里，"轮流首事以十二阄分应"，此外又有"外邑路远毋庸轮值"者。〈4〉值得注意的是，这种覆盖全县乃至旁及外县的同姓"大宗祠"，实际上体现了许多不同宗族组织的相互联结。如云："吾黄姓在仙，或自省来，或由莆至，或自泉迁，

〈1〉 嘉庆《周氏宗谱》卷首，《周子原分三子为之三房记》。
〈2〉 道光《李氏宗谱》卷首。
〈3〉 民国《仙溪黄大宗祠公簿》，油印本一册。
〈4〉 同上。

要皆来源于江夏。于是本亲亲之谊，建大宗祠于县城。"⁽¹⁾很明显，这些来自四面八方的族人，原来并无真实的血缘关系，只是由于共同建祠祭祖，才相互认同为本"宗"之人。

在宗族内部，祭祖是最为频繁而又隆盛的公共事务，因而也就势必要求族人提供尽可能完备的物资保证。建祠堂及置祭田，同祭祖的关系自不待言；就连族谱的修纂，往往也是为了适应祭祖之需，或是为祭祖所促成。武平城北李氏总祠规定：清明春祭前，"由各房房长开写本房之子侄人丁若干，送值年头家查对清楚，照数颁胙"⁽²⁾。为此，李氏除族谱之外，"并另造人丁册一本，每房一页，以便每年生殁之记载。其族谱、人丁册，用小簠收贮，交付族长收领，至清明之期，值年头家领出查对无讹，于清明后交还保管"⁽³⁾。至于未曾修谱的宗族，则更是普遍备有各种"祭簿"及"人丁册"之类，同时又常有"报丁"及"清系"之举，这无疑已是修谱的发端。例如，建阳《袁氏宗谱》记载："议定递年正月初一日报丁，当即查明，如有血抱螟蛉，不得载入丁簿；迨至五年清系时，若有缺丁乏嗣者，合族早为择立承嗣，……（以免）致日后修谱之时无所承祧。"⁽⁴⁾这种定期的"报丁"及"清系"，既与祭祖的分配有关，又是修谱的准备阶段。在正式修谱之际，此类"祭簿"或"人丁册"，构成了最为翔实可靠的蓝本。民国初年，瓯宁县璜溪葛氏首次修谱，其主要工作之一，便是"按户稽查，按支考核，搜罗老年祭簿"⁽⁵⁾。在现存的族谱中，有关历代茔墓、祭田及祭规的

〈1〉 民国《仙溪黄大宗祠公簿》，油印本一册。
〈2〉 民国七年修《武平城北李氏族谱》卷末（戊），《规程类》《产业类》。
〈3〉 同上。
〈4〉 建阳县《袁氏宗谱》卷一，《文行忠信序》。
〈5〉 瓯宁县《璜溪葛氏宗谱》第二册，《纂修宗谱广告》；赞新《自序》。

记录特别详尽,这绝不是偶然的。如果说,置祭田、设祠堂及修族谱,标志着宗族组织的形态特征日趋完备化,那么,祭祖活动对此所起的作用,则更是不容忽视的。

应当指出,直至清代,有不少宗族仍未修谱,甚至也未建祠堂,却不失为严密的宗族组织。试以瓯宁县屯山祖氏为例。祖氏自南宋以降,"列祖俱起墓祭",而祠堂之设则始于清康熙四十二年(1703)。在建祠之前,"历宋、元、明,先人春秋墓祭,第饮福于家"〔1〕。延至清道光初年,祖氏虽已设有二支祠,但仍未建宗祠,未修族谱,"每逢春秋墓祭,合荐始祖暨六代列祖,所以致其同敬合爱者,惟籍田产、祭簿,派祭首以聿修祀事,稽丁男而充广积。掌是簿者,上交下接,后先承理,直同家乘,什袭珍藏。……论世二十有奇,计丁八百余,谱虽未修,簿已先正"〔2〕。这就说明,宗族组织的存在与发展,并不取决于修谱、建祠之类的形态特征,而是取决于祭祖活动的规模及祭祖方式的变化。

毛泽东在《湖南农民运动考察报告》中指出,近代中国的宗族组织,是一个"由宗祠、支祠以至家长的家族系统";近代中国以"祠堂、族长"为代表的族权,是一种"有系统的权力"。〔3〕笔者认为,这种"有系统的"的宗族组织及族权的构成,正是建基于宗族内部的一系列祭祖活动之上的。前已述及,从家祭、墓祭至于祠祭,形成了宗族内部既相互交错而又层次分明的"祭祀圈",把全部族人纳入了各种亲疏有别的亲属团体。这种通过代代设祭联结而成的宗族组织,具有高度的社会控制及管理效能。宋以后的族

---

〔1〕 民国《闽瓯屯山祖氏宗谱》卷一,《继善祠堂记》。
〔2〕 同上书卷八,《始祖溪西公祭簿序》。
〔3〕 《毛泽东选集》卷一,第34页。

权,虽然不能简单地归结为祭祀权,但至少在形式上仍是"临以祖宗,教其子孙"[1],寓威权于祭祖之中。莆田溪黄氏的《族议重建宗祠书》云:"祠堂不建,于祖何所亏损?而生者之叔伯兄弟,无以为岁时伏腊赘聚之所。……即祠堂尚在,宗家支属时为衣冠之会,得闻察父惹兄胥相训诲。苟未至于倪荡其心者,将毋畏其面斥目数而谯让之,庶其有疗乎?此祠堂兴废之明效也!"[2]在这里,祭祖活动的社会功能及族权的运作方式,也可以说是昭然若揭了。正因为如此,一旦宗族内部分化出新的功能集团,也就势必引起"祭祀圈"的相应变动,从而标志着宗族组织的结构性变迁。

综上所述,宗族内部的各种祭祖活动,不仅是社会认同的标志,也是社会整合的手段。宋以后福建宗族组织的形成与发展,首先表现为各种祭祖仪式的普及与变革,然后才有祠堂、族田、族谱等祭祖设施的创设。因此,无论是在历史上,还是在逻辑上,祭祖习俗都应视为研究宗族组织的首要依据。

---

[1] [清]陈宏谋:《案杨朴园景素书》,见《皇朝经世文编》卷五十八。
[2] 《莆阳溪黄氏宗谱》丙辑,年代不明。

明清福建的里甲户籍与家族组织

明清时期的里甲户籍,既是征派赋役的依据,也是社会地位的象征。明中叶以降,由于里甲户籍的世袭化与里甲赋役的定额化,形成了以家族为本位的赋役共同体,导致了家族组织与基层政权的直接结合。本文主要依据明清福建地区的族谱资料,探讨里甲户籍的世袭化及其对家族发展的影响。

一、里甲户籍的世袭化

所谓里甲户籍,是指隶属于里甲系统的户籍,包括里长户、甲首户、甲户和畸零户,其性质不同于民户、军户、盐户、匠户等专业户籍,也不同于单纯为交纳田赋而设的钱粮花户。明初规定,里长户及甲首户必须由里甲内部的丁、粮居多者充当,并规定每隔十年"大造黄册",依据各户人丁、事产的变化,重新编制里甲籍,调整里甲组织。然而,这一规定并未得到严格执行,"大造黄册"很快就流于形式。[1] 从永乐年间以降,明初建立的里甲组织已纷纷

---

[1] 韦庆远:《明代黄册制度》,中华书局,1961年。

解体，原有的里甲户籍也逐渐趋于固定化和世袭化。

明初的里甲组织，具有基层政权的性质，其主要职能是"催征钱粮、勾摄公事及出办上供物料"，并负责司理本里甲的"户婚、田土、斗殴、赌、盗一切小事"。[1]与此同时，各种为官僚机构服务的差役，一般也是由全县各里甲轮流承担，因而使里甲组织成为征派差役的基本单位。据《闽书》记载："里甲之役，其始催征钱粮、勾摄公事而已，后乃以支应官府诸费。若祭祀、乡饮、迎春等事，皆其措办。浸淫至于杂供私馈，无名百出，一纸下征，刻不容缓。加以吏皂抑索其间，里甲动至破产。"[2]由于里甲之役日益繁苛，民间往往花分子户以避重役，甚至千方百计隐瞒户口，使官方的户籍编审失去实际意义。[3]从永乐年间开始，福建各地的里甲户籍已严重失实，里甲组织日趋解体。如仙游县，明初共有64里，至永乐、宣德年间，"赋役重并，虎瘴交灾，人户消磨，十去八九。正统、景泰间，只有一十二里。天顺间，又将外县流民附籍，增为一十四里"[4]。里甲户籍的减少和里甲组织的解体，表明官府对里甲户籍已失去控制，十年一次的"大造黄册"无法正常进行。

至迟在成化、弘治年间，福建各地的里甲户籍已经固定化和世袭化了，里甲组织成为户籍管理和差役负担的承包单位。成化七年（1471），安溪县移民康福成兄弟入籍永春县六七都九甲，"顶其绝甲陈佛成户籍，收其随甲田租壹佰贰拾石，并其绝甲黄伯孙美安地基及院内废寺土蔗后头山林等处"。当时曾与里长陈贵立约言明：

---

[1]《闽书》卷三十九，《版籍志·赋役》。
[2] 同上。
[3] 参见拙文：《明清福建的家庭结构及其演变趋势》，原刊于《中国社会经济史研究》1988年第4期。
[4]［明］郑纪：《与庞大参书》，引自道光《福建通志》卷四十九，《田赋》。

"或是现当，约定协当两个月日；或差遣远近长解，路费依照班下丁米科贴；间年杂唤使费，约贴银八钱，不敢反悔。如是出办不前，或子孙不能承担粮差，累负里长，将田业退还，不敢出卖。如有变卖，执合同当官告理。"至成化十年（1474），里长陈贵又与康氏立约声明：

> 立送田字人六七都里长陈贵等，愿将绝甲首陈佛成户租民田六十亩，坐落洪山，年收租九十一硕，声载秋粮正耗米三硕二斗一升，自情愿央本都民谢智明为中，出送甲首康福成，前去十年冬下为头管掌，递年随业理纳；并厝基一所，土名美安，的系绝甲黄伯孙屋基，许令居住，仍中间欲要米一硕，连耗七升；坐落八坑前后等段，计租三十硕，粮米俱在里长名下。日后但遇均徭，随时征贴里长派科粮派，及带征贩米五斗。此系二比甘愿，日后各分无悔。恐口无凭，亲交文契，付本人收执者。〈1〉

在这里，里长陈贵显然已经承包了本里的里甲户籍和有关赋役，因而才有可能将绝甲首陈佛成等的户籍、田产转送给康氏，并由其承包相应的赋役负担。这说明，当时永春县的里甲户籍和赋役负担，实际上是由里长和甲首逐层承包的，而官府已不再实行户籍与赋役编审。

在里甲户籍世袭化之后，每一里甲户的差役负担也逐渐趋于定额化了。弘治年间，仙游县缙绅郑纪在《新里甲目录序》中，记述了里甲内部的差役定额化过程。其略云："予弟今年备名里正，因

〈1〉 永春县《桃源凤山康氏族谱》（民国十三年七修）卷首，《承当甲首字》《里长送田字》。

会集同事，澡神涤虑，议定供应事目，萃为一录，自圣寿、祀饮而下，至于役夫、什廪之征，量轻酌重，分条类目……岁计用银不满五百，每甲一岁出银不过三四两，视诸往年则七八分之一也。录成，呈白县堂，随与里甲百四十户合盟以坚之，以为一岁共需之则。"[1] 由此可见，当时每一里甲的全年差役负担是相对固定的，因而也就可以按既定的里甲户籍层层分摊。

明中叶前后，为了减轻现年里甲的差役负担，地方官对里甲之役的征派办法进行了一系列改革，其核心内容，是把原来由各里甲轮流承担的"出办上供物料"及"支应官府诸费"，直接摊派到全县的人丁和田亩上。[2] 不过，这一时期官府所掌握的人丁，在很大程度上只是一种法律虚构，而不是实在的人丁。据《闽书》记载：

> 今庶民之家，登册者名为官丁，不登册者名为私丁。官丁纳官钱约可三钱，私丁则里胥量其家之人口多寡、财力丰诎，而取其资，以备衙门应役之用，亦其势也。有司编审之时，率视米多寡，量注丁口，皆非实数矣。[3]

---

[1] 道光《福建通志》卷四十九，《田赋》。
[2] 明代福建里甲正役的改革，始自正德年间御史沈灼推行的八分法和纲银法。八分法主要用于采办上供物料，其具体办法是："每米一石、每丁一丁，岁征（银）八分。通融各县该办之数，就于八分内支解。"纲银法主要用于支应官府诸费，其具体办法是："将通县费用分为正、杂二办（纲），以丁四粮六法则科派。"（参见嘉靖《安溪县志》卷一，《赋役》）实行八分法和纲银法之后，里甲户不论当年是否轮充里甲之役，均需分摊有关费用，从而使值年里甲的负担大为减轻。不过，明中叶以后的值年里甲，仍须负责"承受差委、完消批票、出备长差短差雇直"等事务，并承担各种额外的杂派，俗称"协办""当日""大当"等。（参见［明］朱渊：《天马山房遗稿》卷四，《落纲协办志》）
[3] 《闽书》卷三十九，《版籍志·户口》。

在福建各地，明中叶以后按丁摊派的差役负担，实际上仍是按里甲户籍平均分摊的。如万历四十年（1612），永安县令"详请上司，每户额派十丁，不论故绝，永为定式"[1]。康熙二十五年（1686），德化县依照"成例"，把全县丁粮原额按里甲均摊，"每里编米六百三十余石，派丁二百八十余丁。具文详情，永为定例"[2]。这种按里派丁的做法，充分反映了户籍编审的形式化和差役负担的定额化。在此情况下，民间一般也就不再分拆里甲户籍，而是由分家后的族人共同继承原来的里甲户籍，并分摊有关义务。因此，明中叶以后福建的里甲户籍，往往成为家族组织的代名词，甚至"每一甲为一姓所据"[3]。永春县荣华《郑氏族谱》，对本族户籍的由来有一概括说明，兹摘录如下：

> 有明之初，朝廷编定民间户口、赋役，各给户由。我仁六公充当四五都一甲（甲首），值壬年策应公务，计管甲三户：本都大帽刘玉，即今溪头张伦；德化石山吴隆；景山李早，即今柯舜、柯兴隆。顺治戊子年，依明制编户籍，吾族仍一甲之班。嗣是军兴旁午，最苦大当。荷先祖默佑，米产如故，实赖一、二贤子孙支持之力。康熙廿三年甲子以后，上宪严革里役之弊。至庚午，制台兴公又设均苗法，每班酌定五十三石零。吾族丁米不减于前，邑官吏受贿混拨，将户内管甲拨出他班，而本族依旧居四五都一甲十班之首。自古及今，大造编审，米有增减，户头易名，难以详载。康熙辛丑年编审，尚有四十余

---

[1] 永安县《余氏族谱》（民国年间重修），《赋役志》。
[2] 德化县《双翰苏氏族谱》，清抄本一册，不分卷。
[3] 道光《龙岩州志》卷三，《赋役志》。

石，配官丁二十丁，户名今称郑泰矣，嗣后又再易郑雄。⁽¹⁾

明清两代，郑氏虽然"米有增减，户头易名"，却始终只有一个里甲户籍，即充当永春县四五都一甲的甲首户。康熙二十九年（1690）以前，郑氏尚有"管甲三户"，而此后则完全由本族承担各种额定的里甲差役。这就表明，对于一个正常发展的家族组织来说，里甲户籍事实上是世代相承的，或者说是世袭化的。

二、以家族为本位的赋役共同体

自明中叶以降，里甲户籍的世袭化，促使家族组织演变为赋役共同体。在家族内部，为了自我管理里甲户籍及分摊有关义务，必须采取各种不同的组织形式，对全体族人的人丁和财产实行有效的监控。试依据永春县《官林李氏七修宗谱》的有关记载，分析这种以家族为本位的赋役共同体。

官林李氏定居于明初，至第二代始"立户输粮"，占籍永春县九十都四甲。第三代分家时，里甲户籍由派下三房共同继承，"即抽田租一百五十石，以俾子孙轮流听年及十年一次策应大当"。此后至嘉靖年间，"历来长、二、三房轮流听年及策应大当无异"，其有关役田也由各房轮收轮管。嘉靖时，第五世汉杰"以贫不肖，遂将一百五十石之田献卖郡乡宦王福"，后经呈控，"断令族人敛银赎回"。为此，"长房汉元于嘉靖三十四年集众会议，仍将赎回前田以三分均分，每房得租五十石。里役照原三房掂阄，分月日策应，告

---

〔1〕 永春县《荣华郑氏族谱》，清抄本一册。

官钤印，以为定规"。李氏把役田分拆之后，有关差役仍由各房"协同策应"，原来的赋役共同体并未因此而解体。至万历年间，由于各房之间的贫富分化日益加深，"分月日策应"的平均分摊办法开始改为"照丁米轮流"。如万历十七年（1589）的《合同》规定："照丁米六年轮流：长房应听一年；二房应听三年；三房应听二年。"至万历四十六年（1618），"因三房米少，会从再立《合同》，以五年轮流：长房照原一年；二房照原三年，三房只听一年"。这种"照丁米"派役的做法，表明族内各支派之间的人丁和田产是可以相互核算的，因而才有可能依据各房"丁米"的消长而调整其负担额。

在李氏按房分拆役田和轮流"听年"之后，由于相关役田陆续被"盗卖""公卖"，各房内部的派役基准也不断下移，即按本房各支派的"丁米"分摊差役。某些较为兴盛的支派，开始"私置"役田以支付本支派的差役费用。万历年间，李氏曾集资赎回一些已经出卖的役田，但由于经费出自少数族人，"其田付出银之人管掌"，从而也就成了出银者的共有财产。如云："二房涌泉公赎回应得之田，私立为听年田，与通族、本房俱无预。"尽管如此，由于族内各房仍然维持同一里甲户籍，李氏宗族作为赋役共同体的性质并未改变。

延及清代，李氏的派役方式经历了更为复杂的演变过程，除了十年一次的"大当"之役仍由各房"照丁米策应"之外，其"听年"之役则有一房独办、数房轮办及全族贴办等多种方式。据记载：

> 其听年，本朝以来俱系二房催办。至顺治十七年，长房始催一年；十八年，三房朝序始催一年。越康熙十一年，三房朝序、朝郡方与二房合约，照丁米听催，五年轮流：二房听四年；三房听一年；长房以米少不与，每年只贴听年人租五石，

以为辛劳。而通族复议：杂派繁重之时，每石产贴听年人辛劳银二钱；如杂派少，每石产只贴银一钱；永以为例。通族听年租，仅有徐福插入本户为甲首充银十两，公议将此银置租，以为听年辛劳之资。……又绝甲林旺存银五两，今康熙五十三年三月，将此银买得光降田，土名青蛇仔，租二石一栳，田认回自耕，租纳听年人。……原本族听年只有一人，因奉宪均苗，拨出本户李重米入二甲户内，故于康熙三十三年甲戌正月再议：本族设听年二人，以便催纳，其通族听年租应照二人均收。其听年二人，涌泉公房递年轮一人出听；传建公房一人，碧溪公房一人，宽赐公房、宽瑞公房共一人，递年轮一人出听；周而复始，不得推诿。若我寨山公房，先年卖松柏树私置有听年租……凡系寨山公派诸孙听催，则照人均收。此租或有缺年，则将租存积，粜银再置，通族听年人不预。

如上所述，由于对里甲户籍的共同继承，李氏族内形成了相当严密的赋役征派体系。无论是按房派役、照丁粮派役或照田赋津贴，无疑都是以控制族内的人丁和田产为前提的。值得注意的是，家族组织的赋役征派权，在逻辑上优先于里甲组织。康熙年间因"奉宪均苗"，把李氏族内的部分田产拨入外甲立户当差，而李氏并未放弃对其有关田赋的催征权，仍是由本族"听年"之人统一催纳。此外，李氏还先后接收了"绝甲顾永贵塔心田共租五十石""绝甲林旺存银五两"及"徐福插入本户为甲首充银十两"，这可能是由于李氏属于里长户，因而对所属甲首的户籍及田产也有不同程度的控制权。[1]

---

[1] 永春县《官林李氏七修宗谱》（民国十六年刊本）卷一，《听年大当考》。

清代后期，官林李氏委托当地包揽赋税的粮差，代为办理本族的催征钱粮及田产过户等事宜。在此情况下，李氏族人仍然属于同一赋役共同体，家族组织并未放弃对所属花户的控制权。试见下引契约文书：[1]

> 立认册并约字人林芳章，因李姓前向陈伯炎买断得九十都四甲李际盛民册一班，因昔年章祖林允紫向李姓认来办理，亦有立约付李姓执据，因年久数目舛错，章央公再向李祖友公派下认纳办理，所有粮产三面核算辖实，不敢含混。既立约后，倘产册内条目若有差错弊混，愿将产册经管付李吊回自办，章不敢生端异言。其工资谷亦依前约，每石米议贴谷乙拾斤。至收产无论官民，时议贴笔资钱乙百贰拾文，其不上亩者当以乙亩为例，亩余者长短随送。约十年一次，章应盘造李姓通族册全本及各户家册，付李收存。今欲有凭，立认册并约字为照。
>
> 光绪七年五月日，立认册并约字人林芳章，公亲陈遇官先生，凭见林芳好。

上引契约中的"李际盛民册"，即以"李际盛"为名的里甲户籍所属的田产和钱粮档案，其中包括李氏"通族册"和族内各钱粮花户的"家册"。依据这一契约，粮差向李氏族人催征钱粮，必须得到家族组织的认可；而族内每一钱粮花户的田产及钱粮数额，也必须得到家族组织的确认。在这里，粮差只是家族组织的代理人，并不拥有实际的钱粮征派权。因此，粮差必须定期修订"李姓通族册全本及各户家册"，并经由李氏族人"三面核算辖实"，才可以

---

[1]《官林李氏七修宗谱》卷一。

正常履行其职责。据记载,光绪二十一年(1895),粮差林氏又因"年久数目舛错",再次向李姓"认册办理",并立约声明:"历年依照派征付完纳,不得含混。"[1]

上述事例表明,明清时期福建的里甲户籍,往往是家族组织的代名词。在家族内部,由于共同继承里甲户籍和分摊相关义务,必须对族内的人丁和财产实行有效的控制,这就使之具有基层政权的某些职能。

三、里甲户籍对家族发展的影响

明清时期,里甲户籍的世袭化,使家族组织得到了强化。然而,家族组织作为赋役共同体,往往会偏离原有的发展轨道,出现各种"泛家族主义"的演变趋势。

明代福建养子之风的盛行,与里甲户籍的世袭化有密切关系。明嘉靖年间,同安县缙绅林希元在《家训》中说:"本户先世因人丁稀少,有将养男收入册籍者,以相帮当门户也。今宜以此为戒,已入籍者不许收入家谱。"[2]这说明,由于林氏的"养男"与嫡系子孙共同继承里甲户籍,实际上已被视为家族成员。林希元试图对里甲户籍和家族谱系做严格区分,正是由于当时的里甲户籍已经成为家族组织的代名词。万历年间,惠安县骆氏家族发生"养男"后裔与嫡系族人的纠纷,其原因也在于对里甲户籍的共同继承。据记载,骆氏先人曾把养子"俱收入籍,共支户役",而又"虑世远健

---

[1]《官林李氏七修宗谱》卷一,光绪二十一年《认册并约字》。
[2]《林希元家谱、家训二十条》,清抄本一册。

奴乘主，严历传家，族谱记载详悉"。从明初至明后期，"里长差役两房轮当，户下甲首各有分属"，始终维持着由"养男"后裔与嫡系族人共同构成的赋役共同体。因此，有些"养男"后裔不甘于被视为非类，竟然"掇采谱记糟粕，声惑宦家代笔志铭"，公然以骆氏嫡系长房自居。⟨1⟩清代福建各地的家族组织，对养子及其后裔采取了更为宽容的态度。如南安县《卿田尤氏族谱》的《新订谱例》宣称，收养"螟蛉"有助于"蕃衍宗支，生辉门闾"，因而一律"从俗"载入族谱。宗法观念与家族组织的这一演变趋势，在很大程度上取决于养子与嫡系族人间的共同利害关系，尤其是二者在同一户籍和赋役共同体中的连带责任。

清康熙年间，由于实行"粮户归宗"，福建各地形成了各种以里甲户籍为标志的合同式宗族。所谓"粮户归宗"，亦称"归宗合户"，最初于康熙二十六年（1687）在漳州府海澄县实行，"一时澄邑甲首相视顶补，归宗者计有四百余户"⟨2⟩。至康熙二十九年，闽浙总督兴永朝在福建全省推行"归宗合户"，其基本内容是"册内各去里甲名色，听均甲立户自便"，即取消里长户与甲首户的等级差别，重新均分里甲户口，按宗族系统归并里甲户籍，征派里甲赋役。由于福建各地的里长户与甲首户之间的矛盾由来已久，"归宗合户"的政策受到了普遍欢迎。据康熙《漳浦县志》记载：

> 漳俗，无里长户者，即目之为小家。其有势力之人，必寻有里长衰弱之图立户，谓之"顶班"。无势力者虽田连千顷，

⟨1⟩ 惠安县《龙山骆氏族谱》（手抄本一册）收录的《忿词》《辨章》（万历十四年，骆日升撰）。

⟨2⟩ 光绪《漳州府志》卷十四，《赋役上·合户始末》。

不得不受人节制，至单寒小姓，更无论矣。康熙二十九年，为闽中有里霸之弊事，奉文令民得归宗合户。于是，凡为子户者，各寻同姓里长附合，可无里长、子户之分。[1]

在实行"归宗合户"之后，同一里甲户籍的族人往往遍布各地，从而形成了庞大的散居宗族。康熙三十六年（1697），漳浦知县陈汝咸在《详文》中说：

> 浦邑之丁，其在附近各县者故多，远至福州之闽县、永福，泉州之南安，皆有浦丁在焉。其户长年年往收，倘未足其欲，辄呈请关拘。问其何时迁去，则或百余年，或二百年，其近者又无论矣。而现住浦邑之人，其纳他邑丁粮者，亦十人而三。[2]

从理论上说，"合户"是以"归宗"为前提的，即只有同宗之人才可以共有里甲户籍。而在实际上，这些早已散居各地的族人，原来并无统一的宗族组织，往往只是为了"合户"而重新"归宗"。如安溪县陈氏家族，自明永乐年间入籍感化里之后，其族人陆续迁居于本县水车、飞鸦、小溪、厦镇及德化县南程、永春县留镇等地，原已各自分立户籍，彼此之间并无往来，至"归宗合户"之后，才开始形成以"朋当里役"为特征的散居宗族。康熙三十一年（1692），陈氏族人的《归宗合约》宣称：

> 迩逢生民父母部院兴，于康熙辛未间……颁出归宗之令，

---

[1] 康熙三十九年《漳浦县志》卷二十，《续志》。
[2] 同上。

扼腕而谈，洞刺民弊。我邑之匆匆者半，迟迟者亦半。《经》曰："君子见几而作，不俟终日。"其在此欤？于是，归感化里原籍陈添祖户朋当里役，昌隆万代。虽出入之费不在纤细，然入欲得鱼水之相谐，出必甘棠之系念，乃分之宜也。〈1〉

值得注意的是，在清代福建"粮户归宗"的过程中，出现了不少"异姓联宗"的合同式宗族。例如，泉州永宁卫福全所的居民，原为"零星军户，从无户眼"，"屡受大姓欺凌，势有所不堪"。康熙五十三年（1714），为了自立门户，"以地为姓，即全是也"，还专门为此创建了"全氏宗祠"。直至清末，当地各姓仍联合重修宗祠，"再集议进各姓祖先神主"132座，还共同编纂了《全氏宗谱》。〈2〉与此同时，诏安县、东山岛等地的军户后裔，也通过异姓联宗获得里甲户籍。试见东山关帝庙的《公立关永茂碑记》：〈3〉

> 天下岂有无籍之人乎？故莘庵陈公于康熙四十年将铜地户口编入黄册，而铜至此有丁粮之事焉。然泛而无宗，傍人门户，实非贻燕善策。因闻诏邑有军籍而无宗者，共尊关圣帝君为祖，请置户名曰"关世贤"，纳粮输丁，大称其便。五十年编审，公议此例，亦表其户名曰"关永茂"，众咸谓可。遂向邑侯汪公呈请定居，蒙批准关永茂顶补十七都六图九甲，输纳丁粮，不但得划一之便，且幸无他户相杂。……第迩因查县、府、司户册，而有一户"关永茂即黄启太等"，其间大有移花

〈1〉 安溪县《陈氏族谱》卷首，清抄本一册。
〈2〉 光绪八年《全氏宗谱》，清抄本一册。
〈3〉 此碑尚存东山关帝庙内。

接木、藏头露尾之虞。夫事方三载，即如此互异，又安能保其后来不无桀黠辈从中滋弊，蚕我孙子乎？于是，公诸同人，当神拈阄，分为七房；小事则归房料理，大事则会众均匀。叔伯甥舅，彼此手足，并无里甲之别，终绝大小之分，不得以贵欺贱，不得以强凌弱。苟有异视萌恶，许共鸣鼓而攻。此方为无偏无党，至公至慎，爰立石以垂不朽。

　　康熙五十二年岁次癸巳畅月谷旦立，珠浦东旭氏江日升撰（署名略）

　　如上所述，"关永茂户"原为东山岛军户家族的共有户籍，但为了防止后人"移花接木"，只好模仿宗族组织的形式，"分为七房"，以便分工协作，共同维护有关权益。这种从异姓合户到异姓联宗的演变过程，表明当时的里甲户籍已经完全家族化了。

　　清中叶前后，福建各地陆续革除了支应官府杂派的里甲"大当"之役，而且鼓励民间自立钱粮花户和自封投柜，里甲户籍的社会功能有所变化。不过，里甲组织在催征钱粮、支应公差及实行社会控制等方面，仍然具有不可替代的作用。因此，以里甲户籍为本位的赋役共同体，对族人的社会经济生活仍然具有广泛的影响。以催征钱粮为例，虽然名义上是由花户直接向官府交纳（自封投柜），但实际上却仍是借助于原来的里甲户籍，由民间自行征派。道光年间，诏安知县陈盛韶在《问俗录》中记云：

　　官陂廖氏、附城沈氏及为许、为陈、为林，田不知其几千亩也，丁不知其几万户也，族传止一、二总户名入官，如廖文兴、廖日新、许力发、许式甫是也。更有因隐避役徭，数姓合立一户，如李、林等户合为关世贤，叶、赵等户合为赵建兴是也。户长、总催轮流充当者外，有草簿名"花户册"，按年催输，唯渠是问。无户总则承差沿流而下，亦有此册，不难逐户征收。[1]

在家族内部，即使各支派另立新的钱粮花户，一般也仍是隶属于原来的里甲户籍。邵武县《黄氏族谱》的《户役志》记载："自雍正以来有积欠之累，乾隆年间又有征谷、采买之累，于是立户纷纷矣。"但与此同时，黄氏又有专门为本族（甲）"立户"而设的田租，"归册里收，凡本甲立户安粮，概不用钱"。凡是隶属于同一里甲户籍的钱粮花户，由族内统一派人催收。如云："本甲向推一人料理承差规礼及钱粮、本仓之事，谓之'管年'。每岁众派谷若干，以为辛劳之费，凡十五年而一换。……至乾隆十五年，无人接管，三大股始各自料理，立有合同议约。"这种由里甲户统辖钱粮花户，由家族组织自行负责催征赋税的做法，一般说来有利于保证田赋的如期交纳，因而得到了各级地方官的认可与支持。如陈盛韶认为，在按家族设立"总户"的催征体制下，"田丁俱无而粮空悬，合族匀赔，不起争端，彼此买卖，私相过割"，这在当时是唯一行之有效的田赋管理和征收制度。[2]

应当指出，如果在家族内部分设若干不同的里甲户籍，在族人之间形成了若干不同的赋役共同体，往往也会导致家族组织的分化或解体。例如，长汀县龙足乡《邹氏族谱》记载：

礼崇公于正德七年原在本里五图，分出承立邹叶文公原顶

---

[1]《问俗录》卷四，《诏安县·花户册》。
[2] 同上。

四图十甲内班甲首、同姓异宗小邹军户里长。……后因小邹绝军（勾补），几累倾家，叶嵩伯公父子袖手旁观，不用半文，曾言永当十甲甲首，誓不当十甲里长。至嘉靖二十一年，廷槐兄弟有违父命，复言十甲（里长）伊亦有分，要得顶当，挽生员马怀芹、马肖乐编立合同，冒名篡顶三番。至隆庆六年，方换廷梅名字顶户，吾家自顶四图四甲里长也。⟨1⟩

由于邹氏族人在户籍管理和赋役征派方面的矛盾难以调和，始终未能形成统一的家族组织，直至清末仍有"上下祠畛域之分"⟨2⟩。又如，邵武县《黄氏族谱》记载："我祖富五公始去建阳，家邵武，占籍四都一图十甲，于是里役起矣。传五世，康七公处勋潭，产寄五都龚氏户，子恭保公遂改籍八甲，而留水尾者仍故籍。"因此，"邵武黄氏世隶二籍"，即分别形成两个不同的赋役共同体，"与他族异"。顺治十六年（1659），康七公派下的黄应柏等，"承本宗黄隆旺、得九、康富扯入一图十甲进户，五都勋潭依旧有四房承顶一图八甲蓬下丁差"，从而再次导致了家族组织的分化和改组。清代勋潭黄氏族人在族谱中记述："本族应柏带二子发、赞承役，原系八甲白鹿观甲首。因发钱粮数多，带归原户十甲当役，财势两全，不带丁差，丢累黄长（户）一族。"⟨3⟩由此可见，如果家族内部存在若干不同的里甲户籍，就有可能形成家族组织的多元化结构；族人认同于不同的里甲户籍，实际上也就是认同于不同的家族组织。

明清时期福建的里甲户籍，不仅是家族成员的认同标志，在社

⟨1⟩《邹氏族谱》（民国三十六年五修）卷三十四，《行实·十二世》。
⟨2⟩ 同上书，《大学生邹贺发寿文》（光绪二十七年撰）。
⟨3⟩《黄氏族谱》（光绪七年修）卷十五，《户役志·引》。

会生活中也是一种重要的身份象征。康熙《漳州府志》记载："县中应里长者，皆丁多粮多之户，素已欺凌弱户。……里户老少，皆称里长，目甲首为子户、为图民。甲户虽斑白垂老，见孩童里户，必称为叔行。甚至甲户没故，其遗下子女，里户径为主婚、买卖。……是以甲户皆吞声隐忍，世受科制，闽俗皆然，而吾漳为甚。"[1] 这就是说，不同家族之间里甲户籍的差异，客观上导致了社会地位的不平等。迟至清末，这种派生于里甲户籍制度的等级观念，依然牢不可破。永春县《荣华郑氏族谱》记载：

> 洪武初年，……我族产米视他甲倍多，乃列我郑姓四五都一甲，依次第立在石牌上。时景山李姓附我一甲，历次值壬年祭春；大帽刘姓及溪头张姓亦附一甲，祭秋；我祖郑姓当主听拜。继后李姓灭亡，柯姓接缺，依例祭春；大帽刘姓亦遂灭亡，张姓不能胜任，我郑正甲自为秋祭，张姓帮办，至今不失。同治壬戌元年，十班齐到社坂，公举训导谢椿年更换新簿，柯姓、张姓列附一甲。讵意柯季春、柯孝义狂妄不堪，丁卯春到州诬控，称柯姓祭春为长，郑姓祭秋为次，意欲列为兄弟。此乃以奴欺主，背祖难堪。……丁卯冬，我族邀集十班正甲到州，据实共入公呈，是以柯姓俯伏，愿认永为附甲。公簿炳据，递交祭祀。久恐或忘，故载在家承（乘），以示后之知者。

上述郑氏和柯氏的门第之争，充分体现了里甲户籍对于区分社会等级的重要意义。因此，尽管里甲户籍作为派征差役的依据，可能招致沉重的经济负担，却仍然得到了族人的珍视和维护。永春县

---

[1] 转引自光绪《漳州府志》卷十四，《赋役上·合户始末》。

《荣华郑氏族谱》的编者宣称:"王土王民,乃编版籍;有丁有产,皆隶征输。故我祖宗千年以后,创业垂统,费许多心力,方得我门户。后世子孙安享其成,乌可以不思哉!"《官林李氏七修宗谱》的编者也反复强调:"服赋役而隶版籍者,方谓地著";"服赋役而录版籍矣,祖宗规模可不谓宏远欤!"由此可见,正是在"王土王民"的政治体制下,造就了"服赋役而隶版籍"的家族组织,从而使里甲户籍成为社会身份的标志。

在清末及民国初期编写的族谱中,有不少关于历代里甲户籍的记载,其重要性往往得到了异乎寻常的强调,这可能反映了当地居民的排外心态。在此情况下,即使是刚入籍不久的移民家族,对里甲户籍的重视也不亚于早已定居的土著家族。例如,泰宁县杉易镇的欧阳氏家族,原籍泉州府南安县,于清中叶移居泰宁,至第三代始定居入籍。嘉庆十四年(1809),欧阳氏首次分家时,就专门设置了"排年管里田",为后人提供管理里甲户籍的必要经费。这一时期,泰宁县的里甲组织还是相当完整的,基本上保持了明代以来的建制。如云:"每甲有户,附于里长。其所称里长之名,则各姓始祖编入者为长。后世子孙轮值者,又谓为排年管里。"里长的主要职责有二:一是"专督一年催科";二是"排班轮值乡祭社坛"。[1] 可见,这里的里甲组织不仅具有基层政权的职能,而且也是地方礼仪活动的基本单位。欧阳氏家族对于里甲户籍的重视和维护,正是为了更积极地参与当地的社会文化生活,以求达到安居乐业的目的。

以上分析表明,里甲户籍的世袭化,使明清福建的家族组织具有基层政权的职能,强化了官僚政府对基层社会的控制能力。然

---

[1] 嘉庆十四年,欧阳氏《分关》。

而，这种以家族为本位的社会控制模式，又必然导致基层社会的自治化。从明初"十年一造黄册"的里甲体制，转变为以户籍世袭化为基础的赋役征派体制，集中地反映了家族组织的政治化和基层社会的自治化进程。这一进程推动了家族组织的形成与发展，同时也规范着家族组织的结构和功能。

明清福建的家庭结构及其演变趋势

前人论及中国传统社会的家庭结构,通常有"大家庭"和"小家庭"之别。[1]一般认为,大家庭是中国传统家庭的理想模式,而在实际上并未成为中国传统家庭的主要形式。[2]不过,由于中国历史上缺乏较为完整和翔实可靠的户口资料,前人的论断大多只是推测性的意见,而不是实证性的研究成果。因此,有必要发掘新的研究资料,探索新的研究途径,以期深化对中国传统家庭结构的认识。

明清福建家庭结构的主要形式是什么?由于资料的限制,很难

---

[1] 所谓大家庭,是指由两对及两对以上的配偶组成的家庭,具体又可分为:由父母和一个已婚子女组成的"主干家庭";由父母和两个及两个以上的已婚子女组成的"直系家庭";由同一代中的两个及两个以上的已婚家庭组成的"联合家庭"。所谓小家庭,主要是指由父母及其未婚子女构成的"核心家庭",也包括并无配偶关系的不完整家庭。

[2] 如费孝通认为,"过去有人把大家庭作为中国传统社会中家庭的主要形式,这种观点至少在农村里是不符合实际的"(引自《家庭结构变动中的老年赡养》,《现代化与中国文化研讨会论文汇编》,香港中文大学,1985年)。也有学者认为,中国传统家庭的"成长极限"是"折中家庭"(即主干家庭)。由于折中家庭是由父母和已婚子女之一共同组成的,而中国人的平均子女又是在两个以上,因而小家庭的数量必然超过大家庭。(参见赖泽涵、陈宽政:《我国家庭形式的历史与人口探讨》,台湾《中国社会学刊》,1980年第5期;朱岑楼:《中国家庭组织的演变》,《我国社会的变迁与发展》,台湾东大图书公司,1981年。)

得出精确的结论。为了弥补这一缺憾，本文试图通过考察分家习俗，探讨明清福建家庭结构的基本格局及其演变趋势。笔者认为，在代代分家析产的条件下，很可能形成大家庭与小家庭平分秋色的局面。换句话说，如果分家前的家庭结构是大家庭，而分家后的家庭结构又是小家庭，那么，从长期趋势来看，家庭结构必然表现为大家庭与小家庭之间的周期性变化。这一假设是否成立，可以从分家文书及有关谱牒资料中得到验证。

一、分家习俗的演变趋势

唐以后的法律规定，父母或祖父母在世及居丧期间，子孙不得别籍异财。[1]据此推论，分家前的家庭结构，应该是父子兄弟同居共财的大家庭。但在实际上，这种法律规定往往形同虚设，并不具有保护大家庭的作用。早在宋代，福建民间为了逃避重役，往往"父子兄弟自分为户"，甚至"遣嫁孤寡"以降低户等，而地方官也"以增户课最"，并不追究民间是否依法分家析产。这就表明，民间的分家时机与分家方式，不是以官方的法律规定为依据，而是与特定的历史环境相适应。

根据笔者所见资料，明初福建的家庭结构比较简单，父子兄弟别籍异财的现象相当普遍，这可能与当时特殊的政治环境有关。例如，《闽南何氏族谱》的《清源何氏世系》记载：

---

[1] 据瞿同祖考证，唐、宋、元、明、清各朝律例，均以"父母在而子孙别籍异财"为"不孝罪"之一。违法者，唐宋时处刑三年，明清时则改为杖刑一百。（参见瞿同祖：《中国法律与中国社会》，第16页，中华书局，1981年。）

我泉翁靖之公复迁于温陵，有子添清、添治、添润、信祖、信福、信哥、信奇。添清名登仕籍，不能备御赛甫丁阿里迷可之乱，乞骸就第，惧祸全家，乘桴浮海，即同安顺济官左而居之。时卧席未暖，又因鞠阿里智逃军，勾清着役。清恃其位号，互相催迫，治、润逃回晋江，祖、福、哥、奇望绝计穷，……匿名易号，移逸于漳之浦邑南溪。

继元末战乱之后，明初福建又有倭寇之警，何氏兄弟再次为逃避军役而迁居四方。《泉漳何氏世家行状》记载："大明之改符易号时，祖、福兄弟颇有殖籍于浦邑。洪武九年防倭事剧，二丁抽一，三丁抽二，凡我血属不能保其不星散鸟飞。"《何浔本宗世系》记载："及洪武九年边尘告急，顶补防倭，抽役三名，……哥、奇二人相率而逃之何沧。至洪武十二年，抽捕太急（时国初用法严峻，有罪难赦），哥又逃之何地，奇又辞世，其子名怎，不得已顶当伯父何宗治役。"[1] 由此可见，在元末明初鼎革之际，大家庭很难得到正常的发展。

明初的户籍制度及严刑峻法，在客观上也不利于大家庭的发展，泉州《陈江丁氏族谱》的《四世祖仁庵府君传》记载："国初更定版籍，患编户多占籍民，官为出格，稍右军、盐二籍，欲使民不病为军而乐于趋盐。公抵县自言，有三子，愿各占一籍。遂以三子名首实，而鼎立受盐焉。"这种一家分立数籍的做法，实际上往往是强制推行的，而军户更是来自抽丁及罚充。何乔远在《闽书》中说："夫军户，何几民籍半也？盖国初患兵籍不足，民三丁抽一

---

[1]《闽南何氏族谱》，厦门大学历史系抄本。

丁充之，有犯罪者辄编入籍，至父子兄弟不能相免也。"[1]对于被编为军户的人家来说，分家析产是在所难免的。例如，建阳《清源李氏家谱》的《童公祖训》记述：

> 余为黄廷告买免富户事，编南京留守司中卫所百户赵享下军，……有长男展通、女福奴住坐祖宅，后带领次男展达在卫应役。因宣德年间，为吓失军伍事，奉本卫批差勾延平、建宁二府逃军，展达同余给引回籍，住四个月，敬请亲知评议，将前项田地、动用家常，均分与孙崇福、顺意、镛、铛、泰等，高低各从出资添贴。外有田地五十四亩，充作军庄，永资军前盘缠，轮流各房收管，供应军用并外坊长身役。自用支持不涉各子，自行收管。

李氏虽然迟至宣德年间才正式分家析产，但由于李童及其次子长期在外地充军服役，原来的大家庭实际上早已解体。如果不是由于财产共有关系，这种分居异地的大家庭，显然是不可能长期存在的。

明初的打击富民政策及里甲重役，对大家庭的发展也是相当严重的威胁，往往迫使民间提前分家析产，致使父子兄弟别籍异财。崇安《袁氏宗谱》的《寿八公遗文》记载：

> 洪武三年间，始与兄景昭分析祖业，家财尽让与兄。既未有子，新朝法令森严，但求苟安而已。……自后生男武孙，又陆续买田二千余石。……洪武十五年间，为起富户赴京，不幸被里长宋琳等妄作三丁以上富户举保，差官起取，无奈而行。

---

[1]《闽书》卷三十九，《版籍志》。

户下田多粮重,儿辈年幼,未能负任,诚恐画虎不成,反类狗者也。……遂谓男武孙曰:"即日现造田粮黄册,不乘机将低田亩多者写与他人,脱去袁进图头里长,只留袁成一户田粮以谋安计,更将田粮居一里之长,又当上马重任十年图头各役,将来必陷身家矣。"武喜所言得当。如是,将户下田千有余石,尽写与三贵等里李增等边为业,袁进户内过割升合无存。……当年赴京领勘合,就工部告状,转发刑部拘问得理,将宋琳等八家断发充军。冬下回还,再生一男名铁孙。……勉强于洪武二十一年,告白祖宗,将原日并又买到张八等田一千一百石内,抽出四百五十石与男武孙收管,又将田土四百五十石付幼男铁孙收管,又将田五十石付与妻李氏并残疾女琪娘收管,又将田土五十石付与次妻并残疾男斌孙管理。……余外田土一百余石,自己交收养老,并不载粮,向后充为公党之用,仰武孙、铁孙二房轮交。

袁寿八于洪武二十一年(1388)分家之际,二子尚未成年,而自己与二妻又各领一份产业,实际上一户分为五家,其目的显然是为了降低户等,避免充当富户及里长之役。与此同时,建阳地主周子原,"廪有余粟,库有余财",而三子"年尚幼艾",却匆匆为之分家析产,"三分其财,三分其业,使之各守分界,各勤生业,不相挽越"。[1]这就表明,在赋役不均的情况下,对于没有免役特权的平民来说,事实上很难维持累世同居的大家庭。

明中叶前后,由于里甲户籍与赋役制度的改革,福建民间大家庭的发展逐渐趋于稳定。例如,永春县《桃源凤山康氏族谱》记载:

---

[1] 建阳县《周氏宗谱》卷首,《周子原分三子为之三房记》。

> 我族远祖不可知矣，但家传有洪武三年户田帖，系安溪感化里民籍真福，生昆保，尚载有弟未成丁，因避乱分散。独孟聪公崎岖在永，……迨成化元年乙酉，尚居锦斗芦邱。于稽其时公年六十三，长子福成年三十三，次子福瑞年二十七，三子福孙年二十三，长孙赛养不可考，次孙观养甫六岁，三孙公保以（于）是年始生。……由是复徙洪山，托迹于十二埕。至成化八年壬辰，福成公始入户陈贵，顶其绝甲陈佛成户籍，收其随甲田租一百二十石，并其绝甲黄伯孙美安地基及院内废寺土蔗后头山林等处，皆于是焉得之。

如上所述，这一时期的户籍编审已经流于形式，民间可以自由迁徙及相互顶替户籍，而里甲组织则成为赋役负担的承包单位。康氏于成化七年（1471）十二月立有《承当甲首字》，其略云：

> 安溪感化里民人康福成，因本处田土稀少，后来永春县六都住耕田土。今蒙造册，情愿供愿供报六七都九里里长陈宅班下甲首。三面言议，将伊洪山门口垅秧土蔗等段计田粮八十亩，该年租一百二十石，载田米四石二斗，并废寺地山林，一尽送与康福成兄弟承管。或是现当，约定协当两个月日；或差遣远近长解，路费依照班下丁米科贴；若间年杂唤使费，约贴银八钱，不敢反悔。

至成化十年（1474），又由里长陈贵等立下《送田字》，宣称："愿将绝甲陈佛成户租民田……出送甲首康福成，前去十年冬下为头管掌，递年随业理纳。"在此情况下，每个家庭的赋役负担相对固定化了，从而也就不再危及大家庭的正常发展。康氏于成化初年已形成直系家庭，至承当甲首时仍未分家，大致是由第二代三兄弟构成的联合家庭。成化十七年（1481），康氏因长兄去世而分家，但大家庭并未因此而完全解体，而是分出了一个第三代的核心家庭，仍然保留一个第二代的联合家庭。其《阄书合同字》云：

> 今共议均分前地：一所坐落洪山尾安并鱼池仔一口，及山母前后等处山场，付侄宽养管掌；一所土名洪山废寺蔗地基并门口大池一口，及山母前后等处山场，分在福瑞、福清二人掌管。各自起盖居住，……永为子孙承管，理纳户役，不许侵夺地界。〈1〉

在此前后，永春县留安村的刘氏家族，也形成了累世同居的大家庭。据族谱记载，刘氏第八代仲资，生存于永乐至弘治年间，"综家勤俭，与弟同炊，终老不渝，共盖祖屋并置田租二百余石"；仲资子季清，生于正统至正德年间，"与堂弟季宗同炊，共置田租若干石，房屋三座"；季清子世伯，生于成化至嘉靖年间，"与堂叔季宗共置田一顷余，屋四座"。至季宗、世伯之后，这一延续上百年的大家庭已分房数十，始有分家之举。〈2〉这说明，在明中叶户籍与赋役制度的改革过程中，大家庭的发展逐渐趋于稳定。〈3〉

清代福建大陆地区的分家习俗，一般是在第二代均已完婚之后，才正式议及分家析产。这是因为，当时的劳动力市场还不够发达，社会生产具有明显的自然分工性质，家庭仍是生产和生活的基

〈1〉 永春县《桃源凤山康氏族谱》（民国十三年七修）卷首。
〈2〉 永春县《刘氏族谱》抄本一册。
〈3〉 参见拙文：《明清福建的里甲户籍与家族组织》，原刊于《中国社会经济史研究》1989年第2期。

本单位。因此，单身男子很难在社会上立足，也很难依靠自己的力量成家立业。为了避免在分家后出现不完整的家庭，就必须等到第二代均已完婚之后再分家，因而分家时的家庭多为直系家庭或联合家庭。根据笔者所见分家文书，只有在较为特殊的情况下，才会提前分家析产。例如，同治三年（1864）福州陈氏的分家文书，就是属于此类事例。据主分人自述：

> 盖闻贤而多财则损其志，愚而多财则益其过，余岂以多财遗子孙哉！惟仰叨先荫，渥受国恩，积廉俸之余，为俯畜之计。今养病梓里，不耐烦劳，与其合之任听虚糜，勿若分之俾知撙节。爰将原承祖遗及余续置产业，除提充公业外，为尔曹匀配阄分，列为诗、书、礼三房。第念诗房食指较繁，特以两份分之；书、礼两房尚未授室，各以一份分之。虽各掌尔业，……勿因货财而致伤和睦，勿分嫡庶而易启猜嫌，勿骄吝而免怨尤，勿怠荒而崇勤俭。兄若弟互相友爱，则和气萃于家庭，外侮何由得入？〔1〕

如上所述，主分人是回乡休假的官僚。分家前，第二代三兄弟中只有一人已经完婚，可见其家庭结构为主干家庭。据分家文书中开列的有关产业，陈氏的家资颇为丰厚，拥有价值数万两的当铺、纸栈及大量田产。那么，导致这一大家庭解体的原因是什么呢？据主分人自述，主要有以下两个理由：一是"今养病梓里，不耐烦劳"；二是"与其合之任听虚糜，勿若分之俾知撙节"。看来，陈氏的家计相当复杂，而诸子又不足以信赖，这是导致分家的直接原因。除

---

〔1〕 同治三年福州陈氏《知足斋诗房阄书》，原件藏于福建省图书馆。

此之外，主分人在分家时还对诸子提出了"勿分嫡庶而易启猜嫌"的告诫，可见第二代三兄弟有嫡庶之别，这无疑使分家前的大家庭中隐伏着更深刻的矛盾。可以设想，既然主人在家时都因主持家务而"不耐烦劳"，那么他一旦离家赴任，就更是难以维持正常的大家庭生活了。因此，对于这种富贵双全的官宦之家来说，其家内矛盾可能比平常人家更为尖锐和复杂，大家庭的发展也就可能遭受更大的阻力。

清代福建的家庭结构，一般由核心家庭发展为主干家庭、直系家庭或联合家庭，然后经过分家析产，重新分解为若干核心家庭，从而开始新的演变周期。当然也有特殊的情况，如小家庭由于某种原因未能发展为大家庭，或大家庭在分家后不是完全分解为小家庭，而是仍然保留某些规模较大的大家庭。下文主要依据清代福建的分家文书，考察各类大家庭的分家方式及演变趋势。

二、家庭结构的周期性变化

以分家析产为中介，家庭结构经历了两个不同方向的演变过程，即从小到大又从大到小的周期性变化。但是，对于同一类型的大家庭来说，其演变周期是不一致的。即使是同一类型的大家庭，由于分家方式的不同，也会形成不同的演变周期。因此，通过具体考察各类大家庭的分家方式，有助于揭示家庭结构的主要演变趋势。

在正常情况下，核心家庭仍将继续发展，直至子女已经成婚，演变为主干家庭。但是，在某些特殊条件下，核心家庭也会趋于解体，从而结束家庭结构的这一演变周期。如上引明初崇安袁氏及建阳周氏的分家事件，就是属于这种情况。核心家庭解体之后，一般是形成若干第二代的不完整家庭，其演变周期表现为两种小家庭（核心家庭与不完整家庭）之间的循环。有些核心家庭在分家之后，仍会继续保留第一代的核心家庭，但这种残存的核心家庭行将衰亡，不可能得到进一步的发展，因而不会改变这一演变周期的性质。

主干家庭的演变趋势，可能是继续发展为直系家庭，也可能直接分解为若干第二代的核心家庭和不完整家庭。如上引同治三年福州陈氏的分家事件，在分家后形成了三个第二代的家庭，其中包括一个核心家庭和两个不完整家庭。由此可见，如果家庭结构的成长极限是主干家庭，其演变趋势表现为大家庭与小家庭的周期性循环。在明清福建大陆地区，主干家庭的分家事例是很少见的，这可能是由于分家后出现了不完整家庭，不利于第二代家庭的正常发展，因而为习俗所不容。当然，如果分家时父母双全，而且只有一个已婚儿子，那么分家后就不会出现不完整家庭，而是分别形成了第一代和第二代的核心家庭。不过，这种纯粹由父母和儿子分家的行为，无疑有悖于中国传统社会的道德规范，因而一般也是不会出现的。

直系家庭的分家时机，通常是父母或祖父母已经年老，而第二代诸子均已成婚，第三代长孙尚未成年。在此情况下，其分家方式一般是以第二代诸子为核心，分别组成各自的小家庭。但是，如果分家时第三代已有成婚者，则有可能保留以第二代为核心的大家庭。试见以下分家文书：

1. 康熙三十三年侯官某姓《阄书》。[1] 主分人翼成，"春秋已高，二子长成"，又有孙三人，其产业除提留"轮收公田"外，"俱照二

---

[1] 原件藏于福建师范大学历史系。

份均分",亦即由二子各自组成新的家庭。

2. 康熙五十三年闽清某姓《阄书》,[1]主分人爱亭,"年将七旬",有子三人,"今娶媳添孙,俱各成人"。分家时,仅以"自己创置屋宅地基三份品搭均分",而田产则"抽于母作针线之资,百年之后充为蒸尝",分家后,父母与三子各自组成新的家庭。

3. 乾隆中期及嘉庆十一年崇安袁氏《分关·序》,[2]这是见于族谱中的两件分家文书,共记录了四次分家事件。乾隆中期的立《序》者袁绍武,生于康熙三十六年(1697),有兄弟四人,至康熙五十四年(1715),"承父仲春分田六十箩,时年十九岁,发配官氏。不料是岁季冬,严父又逝,……次年丙申仲春自炊"。雍正十年(1732)抱养一子,年方四岁;又两年,亲生一子,分家时,二子"婚娶已毕,俱各生孙",而绍武"年近七旬"。其产业除分给二子外,又自留田租若干,"为生赡后祀之需"。至嘉庆十一年(1806),绍武嫡子派下四房再次分家,其寡母立《序》云:"将祖遗物业作四次均分,号为文、行、忠、信四房。惟长文房乏嗣,即以(三房)之长子光涛承祧;次行房乏嗣,血抱光波为(次房)銮螟子,……即以之次子中涵为銮之嗣子,光波为銮之养子,家产对分,取经、纶为号。"如上所述,袁氏在90年中经历了四次分家析产,其中前三次分家的平均间隔为45年,而后两次分家则几乎是同时发生的。从第一次分家至第三次分家,袁氏的家庭结构经历了两次周期性的变化,每次都是由直系家庭分解为核心家庭,又由核心家庭发展为直系家庭。在第三次分家之后,由于出继外房及为嗣子和养子分析家产,随即发生第四次分家。很明显,如果不是由于

---

[1] 原件藏于福建师范大学历史系。
[2] 崇安县《袁氏宗谱》卷一。

特殊的原因而导致了第四次分家，那么在第三次分家之后，至少在二、三两房中可能形成直系家庭或联合家庭，从而展开另一种形式的周期性变化。

4. 道光六年福州林氏《阄书》。[1] 这是林则徐的父亲立下的分家文书，其中详细记述了自祖辈以来的家庭结构及其分家过程。兹摘引如下：

> 乾隆二十三年，祖母将祖遗田宅匀作五股，均分五男。余父系第四房……并生五男，都无生业，家口浩繁。……父游学山东、河南等省，母为余长兄芝岩公娶室谢氏。未几，祖母归天，母胡孺人继逝，余第五弟天裕亦夭亡。父游学方归，为余次兄孟昂公娶妇郑氏。……逾年之间，父亦逝世，家无一尺之地，半亩之田，既无田产可分，自无阄书可据。兄弟四人，各散谋生，自食其力。第三兄孟典公未尝娶妻，寄人庑下，代理家计。余教读营生，父母逝世后汗积两年，娶妻陈氏。生男两人，长则徐，次沛霖，女四人……窃念次子沛霖，虽出继第三兄，并无遗业可守。意欲将所置房屋，留两座作余养赡，余殁后或作祠堂杂用，或作祭典；将某屋某房，分与长子掌业；某屋某房，分与次子掌业……长孙汝舟，例应抽取完娶项下，但念长男现在居官，长孙年纪又轻，尚可宽容，不必亟为筹画。标载一笔，以存长孙名分。

如上所述，自林则徐曾祖户以下的历代家庭结构，基本上都是经历了直系家庭与核心家庭的周期性变化。其第三代四兄弟未能全部成

---

[1] 抄件藏于福建省图书馆，题为《林阳谷先生析产阄书》。

婚，即已"各散谋生，自食其力"，这是由于家道中落，父母双亡，可以说是一个特例。此外，林氏每次分家的间隔约为三十五年，比上述崇安袁氏的分家周期短十年，这似乎也不可视之为常例。上述第二次分家固然有其特殊原因，而第三次分家则是由于林则徐休假期满，"未敢一日暇居"，因此也只能匆促分家。

5. 道光十四年侯官某姓《嗣书》。[1] 这是分家时为无后者立继的契约文书，由主分人寡母刘氏嘱立，具有分家文书的性质。其略云："三男孔遂早亡，娶媳吴氏，未育孙男。氏夫遗命，以嫡男孔之次子，乳名长地，立为遂嗣，接承宗祧。……氏夫手所有田园、屋宅产业及树木等物，除抽祭典、抽贴、抽长外，派为五房均分。其三房之阄业，付嗣孙长地掌管；其祖上遗留及公轮，亦照序轮收。"这种立嗣继绝的做法，不仅增加了第二代的"房份"，而且使第三代的分家时间大为提前了。

6. 咸丰五年浦城房氏《分关》。[2] 主分人房星耀，"年将满甲，血气衰颓，不能营谋家用"，而三子各已婚配，"亦当司理家计"。其家产除提留"父母养赡"田产之外，由三子"抽阄品搭均平"，实际上是分解为四个小家庭。

7. 同治四年浦城吴氏《分关》。[3] 吴氏的实际分家时间为道光二十六年（1846），但由于继嗣未定，"故不忍遽立关书"。主分人吴陈氏，有子五人，"俱各婚配有年"，但分家时仅存长子、五子、长孙、次子寡妻及一女、四子遗下一孤女。分家时，其产业以"温、良、恭、俭、让"五房分配，而恭、俭两房产业分别由长

---

[1] 原件藏于福建师范大学历史系资料室。
[2] 原件藏于浦城县文化馆，厦门大学历史研究所存有照片。
[3] 同上。

子、五子"权为代理,并醮祭其坟墓"。至同治四年(1865),吴陈氏与长子均已去世,始立《分关》云:"所有物业,目下俱照前管理。但恭、俭两房,日后子孙增则接嗣承祧,自应各照房份,各管各业;倘有不得已之处,则附入祭田以为轮流暨醮祭。至于良房,现有缪氏在世,固宜听意下所愿者。"吴氏这种虚立房份以待接嗣的分家方式,可能导致两种后果:如果真的有接嗣者,无疑会加速其原有家庭的分化;如果没有接嗣者,则会导致祭田总额的大幅度增加,从而扩大了共有经济的规模。

上述七件分家文书,大多是由直系家庭分解为核心家庭的实例,但也不排除分家后仍存在某些大家庭的可能。这是因为,如果主分人的年龄较高,而且每一代人的分家周期较长,那么在若干代之后,这种直系家庭与核心家庭之间的周期性循环可能被打破。尤其是在代代早婚的情况下,每一代的间隔只有二十年左右,如果分家的周期超过了四十年,第三代的年长者就有可能在直系家庭中组成自己的核心家庭,从而在分家之后形成以第二代为中心的大家庭。不过,在现存的此类分家文书中,对第三代的年龄及婚姻状况大多语焉不详,我们目前还不能对此遽下结论。但可以推测,在某些长期稳定发展的直系家庭中,这一演变趋势是存在的。如上述崇安袁氏家族,就是属于这种情况。至于直系家庭的分家方式,除了一般是以第二代为分家单位之外,还有两种常见的做法值得注意:一是分家时为父母提留一份家产,以备"生赡后祀"之需;二是分家时在第三代诸孙中,为第二代的无后者选立后嗣。这两种做法,都会增加分家后的小家庭数量,从而扩大了直系家庭的分化程度。

在分家之前,如果父母及祖父母已经去世,而同辈兄弟或堂兄弟中有二人以上已经成婚,此类家庭属于联合家庭。在某种意义上说,联合家庭是直系家庭的进一步发展,其规模一般也大于直系家庭。联合家庭的分家时机，通常是第二代已届垂暮之年，而第三代也大多已经成婚。在此情况下，如果以第二代为分家单位，分家后仍有可能保留某些大家庭；如果以第三代为分家单位，一般只能分解为若干小家庭。试见以下分家文书：

1. 康熙二十一年侯官某姓《阄书》。[1]其略云："立阄书兄淑兰同弟淑援……自幼丧父，幸得母陈氏抚养成人，娶媳二房，同锅三十几载，产业未分。至顺治十八年惨遭迁移，至康熙九年终得展界，又遭重迁，幸至二十年再复回家。但兰年近七旬，理合将产业田园、池塘地界，烦劳本家叔弟，当面探阄均分。"《阄书》中开列的有关产业，是由第二代淑兰兄弟对半均分的，其历代祭田也是由第二代按房轮收，而第三代并未参与分配。由于淑兰已"年近七旬"，第三代想必也已经成年，因而分家后各房仍有可能形成大家庭。

2. 嘉庆十四年泰宁欧阳氏《分关》。[2]主分人欧阳容轩，及其次弟妇廖氏，三弟妇朱氏。据记载，容轩兄弟三人，"次弟于壬辰三十七年连绵抱病而亡，遗下二侄，大则九岁，小则四岁。……三弟于丁巳二年又先见背，其时幼稚尚多"。分家时，容轩年七十八，"儿侄诸人相继受室成名"。可见，在分家前的联合家庭中，实际上已分别形成三个以第二代为中心的直系家庭或主干家庭，以及若干第三代的核心家庭。其家产除了提留各种祭田、学田、役田之外，以第二代为单位"作三股均分"。很明显，分家后各房如不随即再次分家析产，则分别形成了以第二代为中心的大家庭。

---

[1] 原件藏于福建师范大学历史系。
[2] 厦门大学历史系存有照片。

3. 道光十一年光泽县古氏《分关》。[1] 主分人古为政，共有兄弟六人，为政居长。据记载，为政早年代父理家，"数十年间，虽迭遭二亲、妻、弟之丧，及弟、侄婚娶诸费，不下数百余金，未尝赁贷他人"。分家时，"兄弟年皆就衰，诣复存殁不齐，诸侄亦皆强壮"。其家产除提留"父母醮租"之外，由第二代六房"品搭阄分，各无异说"。分家后，各房的家庭结构虽不明确，但由于第三代已有成婚者，估计仍可保留若干大家庭。

4. 同治五年邵武邱氏《分关》。[2] 主分人邱玉及其寡嫂王氏、弟妇陈氏。玉父辈兄弟二人，因伯父"英年早逝"，未有后嗣，其父"乃令次子玉为之后"。分家前，玉父母及诸兄弟均已去世，唯长兄及三弟尚有遗孀，"内外事务，皆赖玉一人"。由于玉出继长房，故分家时先按父辈分为"忠""恕"两房，玉独得忠房产业，而二遗孀合领恕房产业。此后，恕房再次分为"日""月"两房，二遗孀各得一半产业。从表面上看，邱氏似乎是同时在第二代及第三代中分家析产，而实际上，只是在第三代中分家析产。由于《分关》中未见第四代的资料，分家后各房的家庭结构也就不得而知。

5. 光绪三十二年闽县黄氏《阄书》。[3] 主分人黄吕氏，有子四人，分家前与夫弟同居共财。黄氏的分家方式较为特殊，既不是以第二代为分家单位，也不是以第三代为分家单位，而是把第二代和第三代等同视之。据黄吕氏自述：

> 夫君兄弟三人……就儒就贾，量才而位置之，遂以夫弟

---

[1] 厦门大学历史系存有照片。
[2] 同上。
[3] 闽县《文山黄氏家谱》。

述钊为经纪,未几夭殁;夫弟述炎有志就读,喜而从之,氏生四子……因夫弟述钊未出而卒,故以四男昆为嗣,株守门庭。……(夫君)遗言,敦嘱男等勤守生理,添创产业,而男等遗训善承,历年生理颇见顺遂。……兹将所有产业生理,除提留祭典养膳外,均以五股均分,而夫弟述炎应分一份,出继男昆应分一份。

黄氏采取上述分家方式,可能与分家前的家庭结构有关,很明显,黄氏分家前的联合家庭,实际上是以一个第二代的直系家庭为核心,而以第二代的其他家庭为附属成分。因此,在分家之际,附属家庭也只能降格以求,比附直系家庭的成员而参与分配。此类联合家庭的分家方式,与直系家庭颇为类似,其演变趋势一般是分解为若干小家庭。

如上所述,联合家庭的演变趋势,往往不是表现为大家庭与小家庭的周期性循环,而是表现为大家庭的持续发展。当然,在联合家庭解体之际,如果是以第三代为单位组织新的家庭,那就有可能完全分解为小家庭,但一般说来,这种分家方式比较少见,可能与惯例不符。

通过分析明清福建的分家文书,我们不难发现:传统家庭的成长极限,一般不是主干家庭,而是直系家庭或联合家庭;直系家庭和联合家庭的演变趋势,可能不是完全分解为小家庭,而是导致大家庭的持续发展。由此可以得出如下推论:在代代分家析产的条件下,明清福建家庭结构的总体格局,表现为大家庭与小家庭的动态平衡。甚至可以说,在家庭结构的周期性变化中,大家庭的发展机会可能超过小家庭,因而在某种程度上占据主导地位。当然,并非在任何情况下,传统家庭都有可能发展为直系家庭和联合家庭。上文已经指出，明初福建特殊的政治环境，曾经迫使人们提前分家析产，从而限制了大家庭的持续发展。此外，还有不少家庭可能背离传统家庭的正常发展轨道，如绝嗣家庭、移民家庭、濒于破产的家庭等。因此，为了使上述推论更有意义，还必须考察传统家庭的各种不规则变化，充分估计这些不规则变化的影响。

三、大家庭发展的历史原因

有的学者认为，中国历史上累世同居的大家庭，"只有着重孝弟伦理及拥有大量田地的极少数仕宦人家才办得到，教育的原动力与经济支持力缺一不可，一般人家皆不易办到"[1]。这种观点固然有些道理，但也未必尽然。我们曾对浦城县洞头村的一个五代同堂的大家庭做过调查，发现该家庭在土改前并无固定产业，主要靠租种山地和造纸、砍柴、烧炭为生，属于社会经济地位十分低下的棚民阶层。然而，正是家境贫寒，才迫使家庭成员长期相依为命，通力协作以求生存。[2] 这就表明，大家庭作为中国传统家庭的理想模式，具有一定的经济合理性，其发展原因值得深入探讨。

明清时期福建的大家庭，一般都存在多层次的财产共有关系，其内部结构是相当复杂的。万历年间，永春县陈大晟为其父及自己立传，详细记述了三代人的同居共财关系，颇有助于说明大家庭内部的经济结构。兹摘录如下：

---

[1] 瞿同祖：《中国法律与中国社会》，第16页，中华书局，1981年。
[2] 陈支平、郑振满：《浦城县洞头村五世同堂调查》，《明清福建社会与乡村经济》，厦门大学出版社，1987年。

［父］与伯光祖协力理家，稍存赢余，陆续置田租二百二十二石，内议抽租五石立作蒸尝……始与伯光祖分异。伯住牛地，二伯、三伯、父迁于官路兜，兄弟仍旧同炊，笃相好之情，无相尤之隙。循守规约，则吉凶需费俱有品节，子孙婚娶定银一十五两。己卯年，二伯弃世，伯母孕方六月，庚辰二月育兄尾进，父与三伯同心抚鞠。至壬辰年，伯与父商议分异，将与伯光祖分炊之后续置田租三百四十六石内，除抽还陈进娘原揭买田价银三十四两五钱、租六十三石，伯居公私置租三十八石，兄祖私置租三十七石，父私置租五十九石一枑，又抽补兄祖婚聘不敷租一十石，及预抽与尾进租一十五石，光孙租一十三石、凑银二两，尚租九十五石，不照种亩，只照田收子粒，俾补均平，品作三份均管，各得三十一石零。

　　予行年三十三，父老倦勤，（长）兄应募阵亡……偕（次）兄协力营为。谨调度，家众不患饥寒；早赋役，官差免追逋负；理男女婚嫁者十八，先后适均；治父母丧事者二，获伸孝思。……综合家众三十余口，同居共炊，吉凶俱有品节。……又伯兄理家不私贷、不私蓄，次兄与余虽以私财货殖，租金满百，竟充还债、赎田之用，绝不较置于其间。……今以现在之业分作三份：兄子铸得一份，锡与铠共得一份，镇、铉共得一份。造立阄书，不相混什，使子孙久安礼让，斯为贵耳。[1]

如上所述，陈大晟的父辈兄弟四人，先后组成了两个联合家庭，经历了两次分家析产。第一次分家后，除长兄自成一家外，其余三兄弟继续同居共财，共同组成新的联合家庭。然而，在第二次分家之

---

〔1〕 永春县《陈氏族谱》，清抄本一册。

前的346石"续置田租"中，仅有95石田租属于大家庭的共有财产，其余皆属于不同家庭成员的私有财产。陈大晟之父排行第四，分家后始终与诸子同居共财，其家庭结构由核心家庭、主干家庭而发展为直系家庭。在他去世后，诸子再次组成了联合家庭，但除了共有家计之外，仍可"以私财货殖"。至第三次分家时，这一联合家庭中的第三代均已完婚，因而至少在二、三两房中，已经形成以第二代为中心的大家庭。由此可见，陈氏历代家庭结构的演变趋势，不是表现为大家庭与小家庭之间的周期性循环，而是表现为大家庭的持续发展。因此，陈氏的每一代家庭成员，既可以依赖于大家庭满足基本的消费需求，又可以通过自主经营发展小私有经济，这大概就是此类大家庭持续发展的基本原因。

明清之际，福建各地盛行收养"义男"之风，实际上也反映了大家庭的经济优越性。《闽书》卷三十八《风俗》记载："海澄有番舶之饶，行者入海，居者附货，或得宴子弃儿，养如所出，长使通夷，其存亡无所患苦。"《海澄县志》的《风俗略》亦云："生女有不举者，间或以他人子为子，不以窜宗为嫌。其在商贾之家，则使之挟赀四方，往来冒霜露，或出没巨浸，与风涛争顷刻之生，而己子安享其利焉。"这就是说，借助于收养"义男"以扩大商业经营的规模，规避海外贸易的风险，在当地民间早已习以为常。当时的士大夫阶层，对此也颇为嘉许，如蔡清在《寄李宗一书》中说："借人钱本，令的当兄弟或义男营运生理，此决不害义。"[1]

对于收养之家而言，由于增加了依附人口，必然导致家庭规模的扩大。清乾隆初年，邵武县李价人立有一件拨田给"义男"的《遗嘱字》，颇能说明养子与养父家庭的关系。兹摘录如下：

---

[1] [明]蔡清：《蔡文庄公文集》卷二。

立拨田产价人，因先年养有一义男，其父季应松，汀州宁化县人氏，寄居邵武县勘下双宿村，因家贫无奈，生有一子名乡惠，年方九岁，于康熙三十七年间，托得中人双宿欧美、堪下张以奈、木市陈子实，引至三十三都李价人名下，养为义男。当日应松凭中领去价人礼银三两正。此子改名李鸿成，自当听价人役使。兹因抚养长大，先年已亲代婚娶，生子三……每人训书三年，衣食抚养，可谓劳心费力矣。今鸿成年五十七，三子俱已长成，理应分炊。但价人产业无几，经凭族依律例，分给自己续置有水田一百秤，拨与义男鸿成承受。……倘鸿成父子日后有不测之意，荡弃田产，必须遵命价人子孙，不得擅自私弃与人。若有此情，任凭价人子孙立刻将所拨田产收归，鸿成父子不得恃强霸占。[1]

在这里，养子鸿成及其后人虽然只是依附人口，却与价人父子共同构成了同居共财的大家庭。据族谱记载，李价人只有亲子一人。因此，如果没有收养"义男"，最多只能组成一个主干家庭，而在收养鸿成之后，其家庭规模得以扩大，逐渐发展为直系家庭。

更为重要的是，即使是原来没有后嗣的小家庭，也可以通过收养义子而发展为大家庭。例如，康熙四十八年（1709），侯官县林胤昌在《遗书》[2]中记述：

　　立遗书父林胤昌，前娶九都余氏，到门十载，并未添一男女。昌年已近四十，其弟又未完亲，且家贫不能再娶。昌思不

---

[1] 邵武县《庆亲里（本仁堂）李氏宗谱》卷十。
[2] 原件藏于福建师范大学历史系资料室。

孝有三，无后为大，因承父命，抱各口董家有一新添幼童……尚在血下，方才三日，名为午使。痛母无乳，日夜食哺，百般抚养，犹胜亲生。今幸年已二十有五，娶媳黄氏。复蒙天庇佑，得产男孙一丁、女孙二口。纵谓螟蛉之子，亦不得复言螟蛉之孙。今昌病体临危，理合诸亲面前，将昌分下所有一切产业尽付与男午使掌管，家下弟侄不得妄相争执，藉称立嗣等情。

在清代福建，有不少宗族禁止"血抱螟蛉"，只许在近亲之内为无后者择立继嗣，以免导致"乱宗"，使本族资产流入外人之手。然而，由于立继大多是在被继承者年老或去世之后才确定的，而且嗣子易于受到其本生父母的支配，不足以弥补绝嗣者家庭的缺陷。因此，无后者往往乐于抱养"螟蛉"之子，而不愿意采取择立继嗣的做法。清代后期，有些宗族不得不承认既成事实，对收养义子采取较为宽容的态度。光绪年间，晋江县《虹山彭氏族谱》的《新订谱例》，专门为此而"变文起例"：

螟蛉异姓，旧谱所戒，然近乡巨室，所在多有。即以吾族而论，亦相习成风，而生长子孙者，实繁有徒，若概削去不书，势必有窒碍难行之处。且不慎于始，而慎之于后，亦非折中办法也。兹特变文起例，凡螟蛉异姓为嗣者，书曰"养子"。

由此可见，在闽南地区的世家大族中，"养子"及其后人占有相当大的比重，其社会影响力不容忽视。这种由来已久的收养习俗，自然也反映了当地崇尚大家庭的社会心理。

清代福建规模较大的家庭，大多同时从事多种职业，在家庭成员之间形成了士农工商的有机结合。试见下引长汀县四堡乡《范阳邹氏族谱》的记载：

（邹建赢）生子五人，长曰珩赐，年未弱冠，随侍伯父适湖北，入荆州之署，常请教命，后因例职业；次曰环赐，技勇冠军，蒙彭学宪取进游泮；三曰璿赐，年富力强，身亲稼穑；四曰琅赐，逊志时敏，闭户潜修；五曰球赐，长途踯躅，步东粤以经商。各勤乃事，无有息志。

（邹孔茂）王父委操家政……统一庭三十余人，或耕，或读，或商，悉能上承亲志，统一庭三十余人，俾之各勤厥职，以毋荒于嬉。数十年间……无不筹画井井。

（邹大贞）因习儒未卒业，壮游姑苏，操计然术。丈夫子五人，或读，或耕，或牵车服贾，率属馨儿。

（邹继祖）君生子七人，秀者使之读，否者使之耕，强者俾之努力，弱者使之株守。……至于祖业无多，盖藏亦薄，君能奔走经营，渐成丰裕。

（邹继云）弃儒经商……凡构造书板，继置田庄，悉本公之勤劳以致之。……厥后丁口浩繁，兄弟分籍，其所置之业条分缕析，无此厚彼薄之虞。

（邹仁宽）上舍生洪春公冢子也。……当日勖公曰："我老人耄矣，承先人余业，家号素封，汝诸弟各抱才干，或肆志芸窗，或究心翰略，或服贾他邦，汝宜在膝下佐理家政。"公亦恪遵懿志，而鹏程之志遂颓矣。嗣是措综经理，创大厦，筑精舍，延名师，课子弟。殷勤作养，善诱善培。数年之间，成名者数人。[1]

---

[1]《范阳邹氏族谱》卷三十三，《列传》。

四堡邹氏僻居闽西山区，以经营刻印业和贩书业而致富。但就其职业构成而言，却始终维持多种经营的生计模式，力求在家族内部保持士农工商的完美结合。与此同时，在当地的马氏宗族中，也出现了许多兼营多种职业的大家庭。那么，为什么会形成这种各业并举的家庭经济结构呢？笔者认为，这主要由于自然经济结构的不完全解体。在清代福建，由于人口过剩、耕地不足，客观上很难继续维持自给自足的自然经济。但在另一方面，由于社会生产力水平的限制，商品经济又未能得到充分的发展。在这种半自然经济、半商品经济的胶着状态中，既要有一定的社会分工，又不能过度专业化。因此，在家庭内部形成职业分工，被视为一种理想的选择。

从表面上看，大家庭的发展要有一定的经济基础，因而往往导致一种误解，认为只有富裕者阶层才能维持大家庭生活。但在实际上，良好的家庭经济状况，往往不是大家庭发展的原因，而是大家庭发展的结果。清代福建有不少富裕的大家庭，都是从贫寒的家境中发展而来的。例如，嘉庆十四年（1809）的泰宁县杉易镇欧阳氏《分关》[1]记载：

> 祖父迁居兹土，毫无所有。……予十余岁即弃儒业而习农事，弱冠始帮人兑换生理。……由是典屋居，自开张，自婚娶，续置业产。两弟惟予命是听，同心勤劳，如是者有年。其间编籍纳粮，两弟受室，凡礼中诸大事，次第皆能自致，予欧阳氏始得于杉易而成家矣。

上述欧阳氏大家庭的发展过程，同时也是家庭经济由贫及富的上升

---

[1] 厦门大学历史系存有照片。

过程。在这一大家庭解体之前,"儿侄诸人相继受室成名",而且拥有大量的"田园、屋宇、店房"等产业,但由于"迩来行藏各异,诸费浩繁,势难总摄",因而只好分家析产。道光十一年(1831)的光泽县古氏《分关》[1],附有一篇族人代写的《叙》,从旁观者的角度评述了该家庭的由贫入富过程。其略云:

> 叔为政先生,吾族豪杰士也,性孝友,尤善经纪。父素位公……生丈夫子六人,先生其冢嗣也;次倍轩、三谨斋、四利贞、五天益,皆力农,惟六畅然业儒,未遇。先是,素位公祖产微薄,家无长物,而督率诸子极勤谨,仅足自持。先生少习眼科,长攻青囊,所得酬金悉纳于素位公,分毫不自私,家赖以不坠。……比素位公年老,血气衰迈,食指繁增,家计几于入不敷出。先生由是独力撑持,经纪有度,且能感化诸弟,相与作苦食力,一门雍睦晏如也,识者早卜其家必兴。是以数十年间,虽迭遭二亲、妻、弟之丧,及弟、侄娶婚,诸费不下数百余金,未尝告贷他人,且增置骨租若干、皮租若干、山舍园地,约计数千余金。……要非先生之孝友性成,经纪有方,又乌能感化诸弟,同心竭力,白首犹初,以致是欤?

古氏六兄弟的致富之道,关键在于"同心竭力,白首犹初",始终保持大家庭的生活方式。这一大家庭的形成与发展,固然得力于主要家庭成员的"孝友性成,经纪有方",但也说明大家庭确能较好地适应当时的社会经济环境,具有小家庭所难以比拟的优越性。

在明清福建的分家文书中,也可以看到不少资产微薄的大家

---

[1] 厦门大学历史系存有照片。

庭。这说明,即使在家庭经济濒临破产的情况下,家庭成员仍极力维持大家庭的生活方式。例如,康熙五十三年(1714)的闽清某姓《阄书》记载,分家时仅有少量田产,"抽于母作针线之资,百年之后充为蒸尝",而诸子仅以"屋宅地基三份品搭均分"。[1] 咸丰五年(1855)的浦城县房氏《分关》记载,除了把少数田产留作"父母养赡"之外,三子仅以住房及家具什物"抽阄品搭均平"。[2] 最典型的要算林则徐父辈的大家庭,在其父母去世之前,尽管家庭经济早已破产,却仍然极力维持大家庭的生活方式。此后,尽管兄弟四散谋生,大家庭在实际上已经解体,但也并未完全切断经济上的联系。如云:"长兄芝岩公逝世,一切棺撑、衣裳、治丧、葬埋之事,系余捐资料理。族戚因长兄之子元庆系余胞侄,劝给月间伙食,限以年数,立有字据。余将'上手无产可分,亦无阄书可据'等语,插入字中,免致将来唇舌,经族戚画有花押。"[3] 这就表明,在近亲之间,相互资助是义不容辞的责任,而这正是大家庭长期存在的道德基础。

　　清代福建的大家庭,一般只能维持三至四代,其主要家庭成员包括已婚兄弟或堂兄弟。随着家庭规模的扩大,家庭成员之间的血缘联系逐渐疏远,各种矛盾日益深化,分家析产也就成为不可避免的趋势。在分家之后,家庭的规模缩小了,原来的经济结构必然受到不同程度的破坏,这就需要借助于其他形式的社会组织,弥补大家庭解体的缺陷。因此,从大家庭向宗族组织的演变,具有内在的客观必然性。换句话说,宗族组织的形成与发展,正是大家庭解体的必然结果。

〈1〉 原件藏于福建师大历史系资料室。
〈2〉 原件藏于浦城县文化馆,厦门大学历史系存有照片。
〈3〉 《林阳谷先生析产阄书》。

清代台湾家庭结构的若干特点

中国传统社会的家庭结构,大致可以分为三种类型,即大家庭、小家庭及不完整家庭。在代代分家析产的条件下,家庭结构的基本格局及其长期演变趋势,一般表现为大家庭与小家庭的动态平衡,或者说是大家庭与小家庭的周期性变化。[1] 然而,在清代台湾,不完整家庭占有相当大的比重,大家庭的发展也不稳定,从而在总体上呈现出家庭结构的小型化趋势。本文主要依据《台湾私法附录参考书》收录的分家文书和继承文书[2],探讨清代台湾家庭结构的若干特点,并分析其历史原因。

一、不完整家庭与绝嗣家庭

清乾隆五十五年(1790)以前,清政府严格限制大陆妇女移居

---

[1] 参见拙文:《明清福建的家庭结构及其演变趋势》,原刊于《中国社会经济史研究》1988年第4期。
[2] 《台湾私法附录参考书》(以下简称《参考书》)编印于1909—1911年,为日据初期"台湾旧惯调查会"编撰的《台湾私法》一书的原始资料汇编。《参考书》的第一卷下"公业"类及第二卷下"相续"类,共收入近百件清代台湾的分家文书和继承文书。

台湾。〔1〕因此，当时来自中国大陆的移民多系单身男子，导致男女比例严重失调，不完整家庭为数甚多。雍正六年（1728），蓝鼎元在《经理台湾》中说：

> 统计台湾一府，惟中路台邑所属，有夫妻子母之人民。自北路诸罗、彰化以上，淡水、鸡笼山后千有余里，通共妇女不及数百人。……合各府各县之倾侧无赖，群聚至数百万人，无父母、妻子、宗族之系累，似不可不为筹画者也。

大量单身移民的存在，构成了清代台湾特有的"游民阶层"。根据陈孔立教授的研究，乾隆二十九年（1764）至嘉庆十六年（1811），游民约占台湾总人口的20%—30%，道光二十年（1840）约占10%—20%。〔2〕这些游民的基本特征，在于无固定职业和无家室之累，亦即未能组成正常的家庭。道光年间，陈盛韶在《问俗录》卷六《鹿港厅·罗汉脚》中记云：

> 台湾一种无田宅、无妻子、不士、不农、不工、不贾、不负戴道路（之人），俗指为"罗汉脚"。……曷言乎"罗汉脚"也？谓其单身，游食四方，随处结党，且衫裤不全，赤脚终生也。大市村不下数百人，小市村不下数十人。台湾之难治在此。

〈1〉自康熙统一台湾始，即已明令禁止妇女渡台，此后于雍正十年（1732）至乾隆五年（1740）、乾隆十一年（1746）至十三年（1748）、乾隆二十五年（1760）至二十六年（1761），曾数次放宽禁令，允许已渡台者在一定期限内归籍"搬眷"。但直至福康安镇压林爽文起义之后，始正式解除"携眷"之禁。参见台湾省文献委员会编著的《台湾史》第七章第四节"渡台禁令与人口"。
〈2〉陈孔立：《清代台湾的游民阶层》，《台湾研究集刊》1987年第1期。

除了"游食四方"的"罗汉脚"之外，有不少艰苦创业的大陆移民，也未能组成完整的家庭，以致身后无人承祧，成为"绝嗣家庭"。在《台湾私法附录参考书》中，收录了一批有关"绝嗣财产"的契约文书，一般称《托付字》《托孤字》或《合约字》。[1]此类契约文书的内容，大致可以分为两种：一是业主在垂暮之年，把家业托付给族人或亲邻，以备日后代为立嗣或祭祀之需；二是业主生前未立遗嘱，而又没有后嗣，遂由族人或亲邻共同立约，承管有关产业及承担有关义务。很明显，在这两种情况下，绝嗣者的家庭都不可能发展为正常的大家庭。试见下引两件契约文书：

1. 道光十二年《托孤字》[2]

　　立托孤字宗兄陈庄，……因庄父子来台为活，克勤克俭，创（业）垂统，犹可继也。不意天缘有限，血脉兹终。年既七十，岂有何赖？此天之亡我也！……今碍病笃，日薄西山，气息奄奄，不得以已，当场将业托孤于宗弟陈奇添掌管为业，代理庄父子一炉忌辰、节祭，永远奉祀。……诚恐来日变坏此业，违失香烟，时故集诸人毕至，此业文字当天焚烧，以防其坏。

2. 道光二十七年《合约字》[3]

　　同立合约字人外甥柯溪、族侄标吟，堂侄德月、有道、扶王、扶助、扶动等。……缘我堂叔派揉、派晏兄弟二人，自来台克勤克俭，有自置开垦得田、厝、山场物业……俱各载在垦单合约内，明白炳据。今因兄弟二人不幸仙逝，并无婚娶、螟

---

[1]《参考书》第二卷下，"公业"类"相续"类第二十六至二十七；第一卷下，"公业"类第二十八至三十五。
[2]《参考书》第一卷下，"公业"类第三十二。
[3] 同上书，"公业"类第三十五。

蛉儿孙。侄念及一本至亲无嗣，又不忍其烟祀无赖，爰是邀请内外亲戚，公同妥议，将此三处物业出瞨，全年小租粟十三石五斗正，内历年踏出小租粟八石五斗正，按作七人轮流祭祀开费之资。每年除纳山税、祭祀以外，其余尚剩租粟，存积生放，以为立嗣儿孙娶妇之费。

上述两个第一、第二代移民的家庭，都是没有配偶的不完整家庭。如果婚姻状况比较正常，这两个家庭都有可能发展为大家庭，而不至于没有后嗣。然而，对于这些初来乍到的大陆移民来说，"立业"比"成家"也许更为迫切，这就不能不导致无后而终的悲剧。这两个绝嗣家庭都留下了一些产业，至少在创业方面还是比较成功的，而对于那些始终未能"立业"的移民来说，就更谈不上"成家"了。

应当指出，在任何社会中，都会出现无后者，但就其对家庭结构的影响来说，却可能是很不相同的。在明清福建大陆地区，无后者一般可以通过抱养、立继等方式，使先天不足的绝嗣家庭发展为颇具规模的大家庭。例如，康熙四十八年（1709）的侯官林氏《遗书》记述：

> 昌思不孝有三，无后为大。因承父命，所抱各口董家有一新添幼童……名曰午使。痛母无乳，日夜含哺，百般抚养，犹胜亲生。今幸年已二十有五，娶媳黄氏，复蒙天佑，得产男孙一丁、女孙二口。纵谓螟蛉之子，亦不得复言螟蛉之孙。今昌病体临危，理合诸亲面前，将昌分下所有一切产业，尽付与男午使掌管，家下弟侄不得妄相争执，藉称立嗣等情。[1]

---

〔1〕 原件藏于福建师范大学历史系。

由此可见，在抱养"螟蛉"的形式下，无后者的小家庭可以有效地扩展为大家庭。至于在近亲中择立继嗣的做法，更是中国传统社会的普遍习俗。在清代台湾，自然也有养子和嗣子，但可能为数较少，所以才会出现众多的绝嗣家庭。笔者认为，在台湾早期移民社会中，无论是抱养还是立继，都是不容易做到的。尤其是立继，一般只能在昭穆相当的近亲中选立后嗣，这对远离家乡的移民来说，往往是可望而不可即的。实际上，正是由于无后者生前立继无望，才会把产业交给族人或亲邻，使之在日后代为奉祀或立嗣。这种以"托付"的形式继承遗产及"烟祀"的做法，可以说是大陆传统的立继制度在台湾早期移民社会中的一种变态。

应当指出，在"托付"和"立继"的形式下，绝嗣家庭的演变趋势是完全不同的。很明显，"托付"只能使无后者的"烟祀"不至于失传，却不可能使无后者的家庭得到持续发展。至于那些没有遗产的绝嗣家庭，更是连"烟祀"都无从"托付"，死后只能成为无祀之鬼。清代台湾各地有不少"义冢"及"无祀坛"之类的慈善设施，就是专门为办理无后者的丧葬与祭祀礼仪而设的，可见当时绝嗣家庭为数之多。

综上所述，清代台湾的不完整家庭及绝嗣家庭，未能进一步发展为小家庭及大家庭，从而背离了中国传统家庭的正常发展轨道。究其根本原因，在于性别比例关系的失调和继嗣制度的不完善。

二、不稳定的大家庭与多元的大家庭

大家庭的发展是否稳定，取决于分家析产的时机。在清代福建大陆地区，一般是在第二代诸兄弟都已完婚之后，才开始正式分家析产。因此，分家前的家庭结构，一般是父母与已婚诸子同居共财的直系家庭，或者是父母死后已婚诸子继续同居共财的联合家庭。即使有少数大家庭未能善始善终，通常也是由于某种特殊的原因。[1]然而，在清代台湾，往往第二代尚未全部完婚，即已开始分家析产。例如：乾隆三十五年（1770），台南肖氏四兄弟分家时，只有二人已经完婚；[2]嘉庆四年（1799），台中某姓分家时，第二代七兄弟中只有五人已经完婚；[3]道光十八年（1838），嘉义某姓分家时，第二代六兄弟中只有四人已经完婚；[4]光绪二十年（1894），王氏三兄弟分家时，只有一人已经完婚。[5]类似的例子还有不少，难以一一列举。[6]这就表明，清代台湾大家庭的发展，不如大陆地区稳定，或者说不如大陆地区完满。

分家时诸兄弟是否已经全部完婚，对于分家后的家庭结构具有决定性影响。这是因为，在代代分家析产的情况下，如果分家时诸兄弟均已完婚，分家后的家庭一般是配偶关系相对完整的小家庭，甚至可能形成某些以第二代为核心的大家庭。[7]然而，如果分家时诸兄弟尚未全部完婚，分家后就会出现不完整家庭，而且很难形成以第二代为核心的大家庭。因此，大家庭的发展不稳定，必然导致

---

[1] 参见拙文：《明清福建的家庭结构及其演变趋势》，原刊于《中国社会经济史研究》1988年第4期。
[2] 《参考书》第一卷下，"公业"类第六十三。
[3] 《参考书》第二卷下，"相续"类第二十五。
[4] 《参考书》第一卷下，"公业"类第十一。
[5] 《参考书》第二卷下，"相续类"第十二之一、二。
[6] 有关分家文书，尚可参见《参考书》第二卷下，"相续"类第十二、第十六至十七、第十九、第二十一；第一卷下，"公业"类第一、第六、第十三、第二十四、第三十九、第六十三至六十四、第七十等。
[7] 参见拙文：《明清福建的家庭结构及其演变趋势》，原刊于《中国社会经济史研究》1988年第4期。

家庭结构的小型化趋势。试见下引三件分家文书:

1.道光十八年《阄书》[1]

立阄书继母郑氏。先夫首婚得蔡氏,合余生子(六)人。……因遭家不造,长子不幸夭没,四子出继夫兄,而蔡氏与先夫亦即相继殒落。……兹幸次子、三子俱各完婚,四子虽然出继,亦为之婚娶明白。……爰请房亲、族长佥议,先抽东势顶吉墓港田大小三坵,付出嗣子掌管,永为已业,以祀夫兄一支;又抽出朱晓陂乾大崎园一所,为余养赡之资;余俱拆作五份均分,拈阄为定,各人各管,与四子无干。其夫兄遗业,乃系四子掌管,与长、次、三、五、六无干。……至五、六以及长孙,尚未匹配,预约婚娶之时,将中圳园之业设成处置,各贴出佛银五十大元,以为婚娶之资。(余略)

2.道光十八年《合同阄书》[2]

同立合同阄书字人长族、次寝、三掌同等。……族等兄弟三人,意欲各人分居,致(自)火另食,以为日后创造之基,成家之富。于是公请族长,在祖先位下议定,将田园踏作三份均分。……又抽出王田社脚下园一所,为祖先祭祀之公业,作长、次、三房轮流,上承下接,耕种收成,祭祀完课。又议,三房尚未完婚,议将公业本年二月起,至廿年二月止,交掌耕种收成二年,为完娶之费。(余略)

---

[1]《参考书》第一卷下,"公业"类第十一。
[2] 同上书,"公业"类第三十二。

3. 咸丰三年《嘱阄分字》[1]

立嘱阄分字父三财。……余自念先祖父肇基贻谋以来，于我躬嗣而受之，至今耄矣。爰是邀同房长，将承先祖父建置物业……价共值银四百大元，应当为六份均分。碍母亲未及百年之老，日食诚恐无资；又有五位幼子，曾未长大，亦未成人。此时只有长男天泽长成完婚，意自欲另炊成家。吾于是仝同房亲商议，将水汴头内田契银踏出佛面银四十大元，以为后日养母亲作赡老之资；其幼子曾未长大，亦未完娶，亦踏出契面银三百大元，作五份均分，每份应分六十大元，以后可作聘费。虽以承祖父物业，时分于子，然吾思之，自不可以无谋食之计，是以将契面踏剩六十大元，可为夫妇作赡老之养。其踏明以后，无剩银项可分与长子天泽，是以将家器、什物及春粮，照六份均分。

上引第一件分家文书，是直系家庭的分家事例。这一大家庭解体之后，分别形成了三个小家庭和三个不完整家庭。上引第二件分家文书，是联合家庭的分家事例，这一大家庭解体之后，分别形成了两个小家庭和一个不完整家庭。上引第三例，是主干家庭的分家事例，这一大家庭解体之后，分别形成了两个小家庭（父母、长子）和五个不完整家庭（未婚诸子）。由于这些大家庭的解体过于迅速，分家前第三代尚未完婚，因而分家后也就不可能形成以第二代为核心的大家庭。

值得注意的是，在此类分家文书中，一般都有为未婚诸子提取婚娶费用的规定，这似乎已经成为一种约定俗成的分家方式。笔者

---

[1]《参考书》第二卷下，"相续"类第十六。

认为，在分家时为未婚者提取婚娶费用的做法，表明大陆传统的分家习俗在台湾移民社会中发生变形。前已述及，在清代福建大陆地区，一般是在第二代都已完婚之后才开始分家析产，而这正是大家庭能够长期稳定发展的道德基础。然而，在分家时为未婚者提供婚娶费用的社会习俗一旦形成，就意味着大家庭可以提前完成既定的使命，从而大大加速了其解体过程。由此可见，清代台湾大家庭的发展不稳定，绝不是一种偶然现象，而是反映了家庭结构小型化的必然趋势。

所谓"多元的大家庭"，是指大家庭中存在多元结构。在清代台湾，有些大家庭虽然尚未正式分家析产，但实际上早已形成若干相对独立的小家庭，其基本特征是共财而不同居。这些多元家庭大致可以分为两种类型：一是在移民过程中形成的多元家庭；二是因兼祧数房而形成的多元家庭。关于前者，试见下引两件分家文书：

1. 乾隆八年《阄书》[1]

立阄书人韩门郭氏。自适笃斋公，见其生平为人孝友诚实，继志述事，知公必昌后也。公产六嗣：长高泽、次高翔、三高瑞，皆前口方安人出；四高珠，侧室花氏出；五高凤、六高麟，自氏出也。公乙巳登仙箓，迄今九载……爰命泽等，延请家长三房胞叔熙文，公同酌议：凡亨记所有台漳田园、店屋、厝宅，统计价银六万四千二百八十两零九钱五分二厘，抽出七千八百三十七两四钱八分八厘，以为亨记存公；抽出三千二百零九两零四分，抵还各欠款并小宗入主费用；抽出一千六百三十九两二钱，为氏养赡；抽出四百四十一

---

[1]《参考书》第一卷下，"公业"类第七十五。

两,为侧室花氏养赡。二者百年后开费外,仍归配享。抽出一千八百四十两,为高麟暨两妹完婚妆费;抽出三百九十五两二钱,为高瑞续弦;抽出三千四百八十四两六钱,为长孙之租;抽出三千四百一十五两四钱,为书田,鼓励世世孙子读书入泮者,付其收租执掌。……尚存银四万二千零一十九两二钱四厘,作六份均分。……其四房御记,同其生母花氏在台,众不就寡,系氏代拈阄。此分外所有余剩不及声明之产业,并年久欠数者,尽行归公。

2. 光绪十年《再分阄书合同字》[1]

同立再分阄书合同字人郭维枢妻蔡氏、赵氏,偕男辅铎、奇才,孙甘棠,二房侄辅沂、辅汀,三房侄成家,四房侄光禧等。……缘氏先夫维枢自幼渡台,经营生理,建置产业。因念亲亲之谊,不忍自私,乃于光绪丁丑年,回唐设立阄书四本,将先后回唐自置房屋业产,配作四份,分与二房胞弟维坚、三房胞侄成家、四房胞侄光禧,及在唐长子辅铎,四人各得一份;又别置在唐公业,俾四人轮收;复将埠城隆益枢记股内,抽银一千元,注明维坚之额。……其在埠产业,系己卯年维枢公回埠,设立阄书五本,为长男辅铎、次男安然、三男自在、三房侄成家、四房侄光禧等,配作五份,每人分银一千五百元;惟安然、自在二人尚在幼读,加贴婚娶、书费银各五百元;俱合在隆益枢记股内。又置公业七千五百元,每人各分一千五百元。余枢记所存公款五千七百元,系维枢公自己掌管。……不意先夫去年谢世,二房侄辅祈、辅汀称伊无分在埠公业,又无加分银项。氏仰体先夫友于之志,不忍令其不均。

---

[1]《参考书》第一卷下,"公业"类第二。

爱集子侄，议请公亲，将二房所缺额数，就隆益枢记股内摊补均匀，并将公业契券检交诸子侄，再立阄书六本，俾各执掌，著为定章。庶几一劳永逸，上以成先夫之雅谊，下以杜后日之纷争。

上引二例表明，清代台湾较为富裕的移民，可能同时在大陆和台湾建家立业，从而构成分居异地的多元家庭。就其财产关系而言，分居异地的家庭成员仍然属于同一大家庭单位；而就其生活方式而言，却又分属于若干相当独立的小家庭。如上引第一例，居住在大陆的韩氏和居住在台湾的花氏，即使没有分家析产，实际上也是各自为政的。上引第二例的情况更为复杂，可以说是一种多层次的多元家庭。在分家之前，郭维枢与在大陆的诸兄弟分居共财，构成了二元的联合家庭；而郭维枢的"在唐妻"蔡氏及长子，又与"在埠妻"赵氏及次子、三子分居共财，构成了二元的直系家庭。这一相当庞杂的多元家庭，前后经历了两代人之间的三次分家，才最终宣告解体。

尽管从财产关系看，分居异地的多元家庭属于大家庭，而基本的生活单位却往往是小家庭。如上引第一例中的花氏母子和第二例中的蔡氏母子，事实上很难组成大家庭，充其量只能发展为主干家庭。此外，这些多元家庭的发展往往也是不稳定的。如上引第一例，分家时六兄弟中有二人尚未完婚；第二例中的郭维枢为诸子分家时，其次子和三子"尚在幼读"。笔者认为，这种在移民过程中形成的多元家庭，始终处于从大家庭向小家庭演变的过渡阶段，可以说同时具有大家庭和小家庭的双重特征。

因兼祧数房而形成的多元家庭，并非清代台湾所特有。不过，由于清代台湾绝嗣家庭较多，而选立继嗣又相对比较困难，兼祧数房的做法可能比较盛行。在清代台湾的分家文书中，出嗣者参与遗产分配的现象相当普遍，表明出嗣者与非出嗣者可以共同拥有本生父母的财产，从而构成了分居而又共财的多元家庭。如道光六年（1826）的李氏《分业阄书合约字》记载："爰将所创田园、厝宅，抽出养赡以外，并踏为出嗣子玉赐、玉泰二人之业，其余付与玉庇、玉清、玉琛、玉膑四人均分；厝宅以及家器、什物，各作六人均分。"⟨1⟩光绪二十一年（1895）的李氏《遗嘱阄约》记载："吾夫……生下男儿二，长曰秉渔，次曰秉钧。……然秉钧出嗣夫弟五种，与六房秉猷出嗣同承五房家业，经已阄分，立约炳据。因思秉渔、秉钧同气连枝，实属至亲至谊；与其各承家业，何若合一折中，斯为手足是敦耳？……爰是邀请房亲族戚到家作证，将先夫从前阄分物业应得租额六十石，抽起十石以为氏养赡，又抽出五石付秉钧前去掌管，由是秉渔应得租额四十五石。"⟨2⟩

一般说来，遗产继承必须以宗祧继承为前提，出嗣者只有兼祧本生父母，才有资格继承有关遗产。如前引李氏《遗嘱阄约》规定，待主分人去世后，其养赡租由出嗣者与非出嗣者共同继承，"轮流祭祀先考妣"⟨3⟩。因而，此类分居共财的多元家庭，无疑是兼祧习俗的产物。不过，在兼祧的形式下，如果出嗣者仍然与非出嗣者同居共财，此类多元家庭也就不可能出现。如光绪二十三年（1897）的刘氏《阄书约字》记载："岳等兄弟三人……惟是神岳自幼出继胞伯父拔元公为嗣，所有与腾蛟兄阄分田业，仍归先父欣其公掌理，合食已久，原无尔我之分。分居议成，必酌匀润之益。共

⟨1⟩《参考书》第一卷下，第十。
⟨2⟩ 同上书，第九。
⟨3⟩ 同上。

请族长、公亲公同酌议，将岳所有阄分田业，并先父欣其公所有遗田业，议从一体均分。"⁽¹⁾在这里，由于出嗣者与非出嗣者始终未曾分居异财，自然也就不可能形成多元家庭。

出嗣者是否兼祧本宗，往往不是在出嗣之初即已确定的，而是在分家析产的过程中才得以确认。因此，此类多元家庭也往往是潜在的，只有在分家之际才转化为现实。例如，同治七年（1868）的某姓《阄书》记载："切思父母生我兄弟四人……但次兄英出嗣于顶祖为孙，四房之中尚缺一房。当日次兄英生下三男……值临终之时，思念木本水源，特金次男厚复顶二房之额。……是以爰邀族长公同酌议，就赎回祖田业及再置田业共二所，抽出租粟以为百世祀业，付四房轮流祭祀公费；其余所有田业、房屋及家器、什物等项，配搭明白，作四房均分。"⁽²⁾由此可见，在盛行兼祧的社会环境中，出嗣者可以随时提出兼祧本宗的要求，从而也就有权参与有关遗产的分配，使潜在的多元家庭转变为现实。当然，如果出嗣者最终放弃了兼祧本宗的要求，此类多元家庭也就不复存在了，但这只有在分家析产之后才可以确认。换句话说，在分家析产之前，始终存在着出嗣者兼祧的可能性，因而也就始终存在着此类潜在的多元家庭。

因兼祧而形成的多元家庭与在移民过程中形成的多元家庭，都具有大家庭和小家庭的双重特征，二者并无本质差别。然而，就其演变趋势而言，二者又有明显的不同。如果说，移民的多元家庭正处于从大家庭向小家庭演变的过渡阶段；那么，兼祧的多元家庭则表现为小家庭向大家庭的暂时回归。在某种意义上说，这两种多元家庭都是不稳定的大家庭，或者说都是正在解体中的大家庭。

〈1〉《参考书》第一卷下，第六十五。
〈2〉《参考书》第一卷下，第八。

三、家庭结构的小型化与经济结构的共有化

清代台湾的不完整家庭、绝嗣家庭、不稳定的大家庭及多元的大家庭，都在不同程度上背离了大陆传统家庭的正常发展轨道，未能顺利实现大家庭与小家庭之间的周期性循环。除此之外，清代台湾也有稳定发展的大家庭，其演变趋势一般是分解为若干以第二代诸子为核心的小家庭，甚至可能派生出某些以第二代为核心的大家庭。因此，清代台湾家庭结构的基本格局及其长期演变趋势，取决于各类家庭所占的比重。

一般说来，如果绝大多数的家庭都有可能发展为稳定的大家庭，其总体态势必将表现为大家庭与小家庭的动态平衡；如果为数较多的家庭未能发展成稳定的大家庭，那就很难维持大家庭与小家庭的动态平衡，从而在总体上呈现出家庭结构的小型化趋势。为了对此有较为明确的认识，试依据《台湾私法附录参考书》中的有关契约文书[1]，对清代台湾不同历史时期的家庭形态做一分类统计，列为下表：

---

〔1〕 资料来源：1. "稳定的大家庭"，分别见于《参考书》第二卷下，"相续"类第十三至十五、第十八、第二十二；第一卷下，"公业"类第七、第十二、第十四至十七、第二十、第二十二至二十三、第三十六、第三十八、第四十至四十三、第四十五、第四十九至五十二、第五十五、第六十、第六十五至六十七、第六十九至七十、第七十六。2. "不稳定的大家庭"，分别见于第二卷下，"相续"类第十二、第十六至十七、第十九、第二十一、第二十五；第一卷下，"公业"类第一、第六、第十一、第十三、第二十四、第三十七、第三十九、第六十三至六十四、第七十、第七十五。3. "多元家庭"，分别见于第二卷下，"相续"类第二十至二十一、第二十三至二十四；第一卷下，"公业"类第二、第八至十一、第二十七、第三十九、第七十五。4. "绝嗣家庭"，分别见于第二卷下，"相续"类第二十六至二十七；第一卷下，"公业"类第二十八至三十五。

表 1　清代台湾家庭形态分类表

年代	类别			
	稳定的大家庭	不稳定的大家庭	多元家庭	绝嗣家庭
乾隆年间	3	1	1	0
嘉庆年间	6	1	0	1
道光年间	7	2	2	6
咸丰年间	4	1	0	0
同治年间	5	0	1	0
光绪年间	8	10	8	3
合计	33	15	12	10

上表说明：

1. "稳定的大家庭"，是指分家前第二代都已完婚的直系家庭和联合家庭。
2. "不稳定的大家庭"与"多元家庭"时有交叉，为避免重复，表中概计入"多元家庭"；在注释"资料来源"中则同时列出，以供参考。
3. "绝嗣家庭"一般同时也是"不完整家庭"。由于有关契约均与绝嗣财产的继承有关，故概计入"绝嗣家庭"，不再分别立项。

从统计学的观点看，计入上表的样本数未免太少，不足以确切反映清代台湾家庭结构的基本态势。尤其是那些没有遗产的不完整家庭，在上表中完全得不到反映。不过，上表的统计对象不是来自有意的选择，而是包括了《台湾私法附录参考书》中所有的家庭结构较为明确的契约文书。因此，相对于本文的研究目的而言，上表所显示的统计结果应当是比较可信的。如上表所示，在70个行将解体的家庭中，稳定的大家庭只有33个，约占47%；其他家庭共有37个，约占53%。这就是说，大约有一半左右的家庭，未能发展为稳定的大家庭。据此可以推断：与大陆传统家庭相比，清代台湾的家庭结构具有明显的小型化趋势。

一般认为，家庭结构的不稳定及其趋向小型化，是移民家庭形态的普遍特征。清代台湾家庭结构的演变趋势，无疑也是受到了移民环境的制约和影响。但也应当指出，至迟在19世纪中叶前后，台湾已逐渐从移民社会转化为定居社会,而大家庭的发展并未因此而趋于稳定。如上表统计的29个光绪年间的台湾家庭中,稳定的大家庭只有8个,不到总数的三分之一。这就表明,清代台湾家庭结构的不稳定及其趋向小型化,并非只是受到移民环境的影响,而是反映了更为深刻的历史变迁。由于篇幅的限制,在此不拟详述影响清代台湾家庭结构的诸多因素,仅就家庭结构与共有经济的关系略做分析。

所谓共有经济,是以按份共有为基本特征的股份制经济。在清代台湾,共有经济的表现形式是多种多样的。就其共有者的构成而言,既有乡族内部的共有经济,又有一般社会成员之间的共有经济;就其经营范围而言,既有与工农业生产有关的共有经济,又有与商品流通及房地产经营有关的共有经济。[1] 共有经济的广泛发展,遂使各种经济活动不再以一家一户为基本单位,家庭在生产经营中的作用日益衰退。

一般说来,在清代台湾的第一、第二代移民中,与他人共同合资经营,是比较成功的创业道路。例如,道光二十一年(1841),陈逊言在《遗书》中记云:"我祖子祥公生五子,无遗业,各自营生。我父文澜公最季,……迫于家计,始来淡业医度活。母终堂,我兄弟遂先后渡淡,依于父。比积有微资,付我兄弟作怡和生理,颇获微利,而我父命兄弟始置室家。至嘉庆拾年,我父年老,立书命分。统计家资店底,共银一千六百元,作四股均分,我兄弟每股分银四百元,存一股与沪尾陈有福合作布店生理,为自己膳资。……而我所分之额,即招伙合作恒丰生理,后又招伙合作长兴

---

[1] 参见拙文:《清代台湾的合股经济》,原刊于《台湾研究集刊》1987年第3期;《清代台湾乡族组织的共有经济》,原刊于《台湾研究集刊》1988年第2期。

生理，兼掌料馆事务，渐次获利。"⁽¹⁾由此可见，陈逊言的发家史，主要是通过合股经营而实现的。在合股经营的情况下，家庭只是一个生活单位或消费单位，而不是一个生产单位或经营单位。因此，能否维持大家庭的生活方式，对生产或经营活动并无太大影响。不仅如此，即使在分家之后，原来的家庭成员仍可共同拥有各种"公业"，继续保持经济协作关系。例如，陈逊言在《遗书》中规定："现将实业中有与他人合买者、有带祖坟及零碎者并典借租利、园宅、店屋生理，概抽为公。历年除公费外，若有赢余，再置公业，不许侵匿。……自分定以后，公事归公，私事归私。或事介公私者，自当公同酌议帮贴。"⁽²⁾

在清代台湾的分家文书中，为了支付"公费"而提留"公业"的做法相当普遍。有些较为富有的家庭，分家时提留的"公业"往往达到相当大的规模，对派下子孙的经济生活具有深刻影响。如乾隆五十八年（1793）的韩氏《阄书》记载，在价值六万四千余两的家产中，抽出"存公亨记产业"价值七千八百余两，抽出"书田"价值三千四百余两，抽出继母及庶母"养赡"产业价值两千余两，抽出"抵还各欠款并小宗入主费用"一千六百余两，四项共计一万五千两左右，由派下六房共同继承。⁽³⁾又如，嘉庆二年韩氏《书田约字》记载：

> 文等兄弟三人……当先严在日，既置有仁德北里等数宗田园，立作义田，以为友德公兄弟五房耕作，依次轮值，俾得各

⟨1⟩《参考书》第二卷下，"相续"类第十四。
⟨2⟩ 同上书，"相续"类第十四。
⟨3⟩《参考书》第一卷下，"公业"类第七十五。

安其业;又置有大埔林等处公馆,共十万余金,立作元记大公,凡元记份下子孙,无论成名不成名,皆可依次轮收,支理族中公务;又置有广储东里一带田业,内荫风水一穴,命百岁后营葬在此,并将该业配作祀田,以为祭扫之资。……我兄弟谓欲继其志,述其事,爰将在日所踏赡养四万余金,兹计除该丧费外,只剩有大槺榔保、大坵田保等处大小租谷及二八抽的糖筋、两店地、水埠各项租业,计有一万零五百金,金议将此立作书田,馆号"捷记"。⟨1⟩

在分家时提取如此之多的"公业",实际上不可能全部用于分家后的"公费",其中必有余利归派下子孙分享。如云:"如是有承高、曾、祖之公尝,如是值年之际,须要三大房当同到佃,公收公费,其余剩者照三大房均分。"⟨2⟩由于每一代分家都要提留"公业",这种以宗族的名义集中经营的共有经济势必日益扩大,其余利也就日益增加。除了宗族内部的"公业"之外,清代台湾还有各种民间社团的"公业",一般也是合股经营的共有经济。如云:"圣王公田分得三十石,按作三大房均分,每房历年各收一十石正。"⟨3⟩如果一个家庭同时对若干民间社团的"公业"拥有此类股份,那么,得自这些"公业"的收益也就很可观了,对家庭经济的影响同样是不可忽视的。⟨4⟩

值得注意的是,在分家析产之后,家庭财产的所有权固然是分散了,其经营方式往往仍是集中的。这就是说,在产权因分家而分

⟨1⟩《参考书》第一卷下,"公业"类第七十六。
⟨2⟩ 同上书,"公业"类第六十九。
⟨3⟩ 同上书,"公业"类第二十四,光绪五年《阄书字》。
⟨4⟩ 参见拙文:《清代台湾乡族组织的共有经济》,原刊于《台湾研究集刊》1988年第2期。

散之后，仍可对遗产实行集中经营，从而也就未能形成以家庭为单位的经济实体。试见光绪十年郭氏《阄书合同字》[1]的有关记载：

> 一、长房长子辅铎，丁丑年阄分在唐业产，价银二百七十八元；又分长孙光趁业估银二百二十六元；又己卯年阄分银一千五百元，附枢记股内；又分公业估银一千五百元。以上共分去银三千五百零四元正，此照。
>
> 一、长房次子安然已故，传孙甘棠承，己卯年阄分银一千五百元，又加贴婚娶书费银五百元，俱附枢记股内；又分公业估银一千五百元。以上共分去银三千五百元正，此照。
>
> 一、长房三子自在已故，先夫在日再立一子奇才承顶，己卯年阄分银一千五百元，又加贴婚娶、书费银五百元，又（俱）加枢记股内；又分公业估银一千五百元。以上共分去银三千五百元正，此照。
>
> 一、二房维坚已故，传两子辅沂、辅汀承顶。维坚自咸丰十年经与先夫分炊清楚……又另给单对隆益枢记股内本银一千元，合戊寅年终得利二百元，内扣庚辰年维坚别世抽作丧费六百元余，止存六百元附枢记股内。批明于此，以前银单不得执照……
>
> 一、三房维晃早世，子成家承顶，丁丑年阄分唐业二百八十一元六角；又己卯阄分银一千五百元，附枢记股内；又另给公业估银一千五百元。……
>
> 一、四房维扈幼殇，螟光禧承顶，丁丑年阄分唐业二百七十八元；又己卯年阄分银一千五百元，附枢记股内；又

---

[1]《参考书》第一卷下，"公业"类第二。

分公业估银一千五百元。……

一、长房在唐妻蔡氏，议贴赡老银八百元，附枢记股内，此照。

一、长房在埤妻赵氏，议贴赡老银八百元，附枢记股内，此照。

一、长房次媳李氏守节，议贴月费银三百元，附枢记股内，此照。

一、公议：枢记存银六百元，仍附枢记股内，得利即交赵氏，为逐年祭祀、应酬诸费，此照。

上述郭氏各房于光绪五年（1879）瓜分的"在埤"产业，实际上是一种可以定期领取红利的股本所有权。就其经营方式而言，分家后的各房无疑仍是属于以"隆益枢记"为标志的同一经济实体。在这里，由于家产的所有权与经营权相分离，分家析产对经营活动并无直接的影响。郭氏在分家后对家产继续实行集中经营，可能是为了保持一定的经营规模以利于同业竞争，这在城市工商业中尤为重要。不过，即使是在竞争并不激烈的其他经济领域，集中经营仍不失为一种可取的协作方式。如云："承典詹双美水田一所，……每年的瞨小租谷一百一十石，先抽起租谷一十五石，付母亲吕氏取收，以为养赡之资；又抽起租谷一十五石，付汉生取收，以为功勋之资；又抽起租谷五十二石四斗，以为抵还他人银利；其尚剩小租谷二十七石六斗，作四份均收。"[1] 这种只分租而不分地的做法，无论对佃户还是对地主，都可以省去不少麻烦。在某种意义上说，分家后对家产继续实行集中经营，也就是把家产全部转化为"公业"。

---

〔1〕《参考书》第一卷下，"公业"类第十五，光绪十二年林氏《分关阄约字》。

这是一种与"公费"无关的"公业",因而更集中地反映了清代台湾经济结构的共有化进程,同时也更集中地反映了清代台湾家庭经济功能的衰退。

一般说来,家庭经济功能的衰退,是家庭结构趋于小型化的必不可少的前提条件。在雇佣关系还不发达的传统社会中,只有借助于共有经济的广泛发展,才有可能使各种经济活动从家庭中解放出来,因而可以说,清代台湾家庭结构的小型化,与经济结构的共有化是密切相关的。但也应当指出,经济结构的共有化,并非清代台湾特有的历史现象。在大陆传统社会中,至迟自明中叶以降,由于合股经营及乡族财产的发展,经济结构已出现了明显的共有化趋势,而家庭结构却并未因此而出现明显的小型化趋势。[1]因此,清代台湾家庭结构的小型化,无疑还受到其他历史条件的影响。例如,清代台湾的商品经济及雇佣关系较为发达、就业机会较多、社会流动性较大、孝悌伦理观念较为薄弱等,都可能是促成家庭结构小型化的重要因素。这些都是有待深入探讨的问题,本文暂不赘述。

---

[1] 杨国桢:《明清以来商人"合本"经营的契约形式》,《中国社会经济史研究》,1987年第3期;叶显恩、谭棣华:《论珠江三角洲的族田》,《明清广东社会经济形态研究》,广东人民出版社,1985年;拙文:《明清闽北乡族地主经济的发展》,《明清福建社会与乡村经济》,厦门大学出版社,1987年。

卷三

民间信仰与仪式传统

闽台道教与民间诸神崇拜[1]

唐以后道教的发展，受到了民间诸神崇拜的深刻影响。这种影响不仅见之于历代的道教文献，也见之于各地现存的道教仪式之中。当然，在不同的时期及不同的地区，道教与民间诸神崇拜的关系是有差异的，这种差异反映了唐以后道教发展的某些时空特征。

我们认为，民间诸神崇拜对于道教的影响，可能经历了以下若干阶段：首先是把民间诸神纳入道教仪式，其次是形成专门的道教经典和科仪书，最后得到了官方正统道教的认可，被收入全国性的道教文献汇编。在这一历史过程中，道教与民间诸神崇拜的关系日益密切，其社会影响也不断扩大了。因此，深入研究历代道教文献的形成过程，有助于揭示道教与民间诸神崇拜相结合的演变趋势。

本文拟首先考察历代《道藏》与民间诸神崇拜的关系，再通过研究闽台地区为民间诸神编撰的道教经文、科仪书等历史文献，分

---

[1] 本文于1993年发表于"中研院"《民族学研究所集刊》第73期，由笔者与加拿大麦吉尔（McGill）大学丁荷生（Kenneth Dean）教授共同撰写。承蒙丁教授同意收入本书，谨此致谢。

析闽台道教与民间诸神崇拜相结合的不同类型，探讨闽台道教发展的阶段性特征和地区性特征。

一、官方正统道教与民间诸神崇拜的结合

道教最初只是民间自发形成的一种宗教运动，南北朝时期开始得到官方的认可，逐渐成为合法化的官方正统道教。唐以后的历代王朝，都设立了专门的机构，试图统一管理全国的道教运动。但是，官方正统道教并非一成不变，而是在综合各种地方教派的基础上形成与发展的。历代由官方主持编修的《道藏》，实际上就是综合各地教派历史文献的产物。

我们知道，在现存的道教文献中，《道藏》是最重要的历史文献资料。以明朝正统年间编修的《道藏》为例，共收录1487种经典、科仪书、传记、文集、方志等历史文献，可以说是研究中国传统社会和文化的资料宝库。[1]

据中外道教学者研究，《道藏》始修于唐朝开元年间，此后又经历了多次的编辑和修订。[2] 由于《道藏》的历次编修都是在中央王朝

---

[1] 施舟人编《正统道藏目录索引》，台北新文丰出版社，1977年重印。又，翁独健编《道藏子目引得》（哈佛燕京学会，1935）共录1476种书名，并录1926年出版的《道藏辑要》144种书名。

[2] 《道藏》曾经历八次编修。最早是由陆修静奉宋明帝之命，编成《三洞经书目录》一千二百卷。唐玄宗于748年下令编纂《三洞琼纲》（三千七百卷或七千三百卷），此后在安禄山与黄巢之乱中散失。宋太宗于990年下令收集道教文献，而宋真宗于1019年令王钦若和张君房编修《大宋天宫宝藏》四千五百六十五卷。1114年，宋徽宗令天下道士集中在开封编修《正和万寿道藏》，1118—1120年刻版印刷于福州。1192年，金世宗和金章宗把本版送到北京天长观（即今白云观），令道士们编修《大金玄都宝藏》。1244年，全真道士宋德方和弟子秦志安在山西平阳编辑了《玄都宝藏》。（转下页）

的组织下进行的,因而具有一定的权威性,足以代表当时的官方正统道教。通过比较分析不同时期编修的《道藏》中有关民间诸神的资料,可以大致了解官方正统道教与民间诸神崇拜相结合的历史进程。[1]

唐以前的正统道教,原来是反对民间诸神崇拜的[2]。唐朝开元年间编撰的《道藏》,试图把道教各派整合为一个严格的等级系统,这就意味着对各地民间宗教的排斥。然而,晚唐时期的一些地方性

(接上页)1281年,《道藏》被元世祖禁止、焚烧。明永乐年间,令第四十三代天师张宇初编修《大明道藏经》,于1441年完成,共五千三百一十八卷,即《正统道藏》。1598年,明神宗令第五十代天师张国祥(1611年卒)编修《续道藏经》,于1607年编成刊行。清朝末年,完整的《正统道藏》已极少见,大致仅存北京白云观、上海白云观和太原崇喜寺三套(以上前二套都在19世纪补充完整)。1926年,傅增湘先生和上海商务印书馆的张元济先生受徐世昌总统之命,组织重印《正统道藏》。参见陈国符:《道藏源流考》,中华书局,1963年;吉冈义丰:《道教经典史论》,东京大正大学东洋哲学研究所,1955年;福田康顺:《道教基础的研究》,东京书籍文物流通会,1958年;J.Boltz.*A Survey of Taoist Literature: Tenth to Seventeenth Centuries*.Berkeley: Institute of East Asian Studies and Center for Chinese Studies, University of California, Berkeley. 1987。

[1] Piet van de Loon, *Taoist Books in the Libraries of the Sung Period: A critical Study and Index*.London: Ithaca Press 1984.

[2] 根据司马虚(Michel Strickmann)的定义,"正统道教"是指"自称拜张道凌为教主"的道教运动,包括正乙派、上清派、灵宝派等,见M.Strickmann, "On the Alchemy of Tao Hung-ching." pp.123-192, in *Facets of Taoism: Essays in Chinese Religion*, edited by H.Welch and A.Seidel.New Haven: Yale University Press, 1979。另据石泰安(R.A.Stein)、司马虚和宫川尚志(Miyakawa)的研究,早期道教运动经常与地方性民间诸神崇拜对立。见R.A.Stein, "Religious Taoism and Popular Religion from the Second to the Seventh Centuries." pp.53-81, in *Facets of Taoism: Essays in Chinese Religion*; Strickmann, "The Mao Shan Revelations: Taoism and the Aristocracy." *T'oung Pao* 63: 1-64, 1977; Strickmann, *Le Taoïsme du Mao Chan, Chronique d'une Révélation*. Memoires de l'Institut des Hautes Etudes Chinoïses, vol.17, Paris, 1981; Miyakawa, "Local Cults around Mount Lu at the Time of Sun En's Rebellion." pp.83-102, in *Facets of Taoism: Essays in Chinese Religion*. 但施博尔(K.M.Schipper)认为,早期道教也有地方神崇拜的特征,只是对民间诸神崇拜进行改造和提高,因而并无根本矛盾。见K.M.Schipper, *Le Corps Taoïste: Corps Physique-Corps Social*.Paris: Fayard, 1982; "Taoist Ritual and Local Cults of the T'ang Dynasty." In *Tantric and Taoist Studies in Honour of R.A.Stein*. Mélanges Chinois et Bouddhiques, vol.3. M.Strickmann, ed. Brussels, 1986。

的道教运动,已经和民间诸神崇拜发生了密切的关系。例如,以许逊为代表的"净明忠孝道",就是直接与地方神崇拜相结合的。⟨1⟩在宋以后编修的《道藏》中,收录了这一教派的下列有关资料:

1. HY 449,《孝道吴吴许二真君传》(HY,即哈佛燕京学社《道藏引得》,北京,1942,下同);

2. HY 263,《修真十书》(白玉蟾著《玉隆集》);

3. HY 440,《许太史真君图传》;

4. HY 447,《许真君仙传》;

5. HY 448,《西山许真君八十五化录》;

6. HY 1102,《净明忠孝全书》。

宋朝是道教复兴的时代,许多新的地方性道教运动相继兴起,从而也就促进了道教与民间诸神崇拜的进一步结合。例如,北宋林灵素的"神霄五雷法"、江西龙虎山张天师府的"灵宝大法"、天台山的"上清灵宝大法"、茅山的"天初大法"、江西华盖山的"天心正法",以及祖舒创始的"清微道法"等教派,都在不同程度上与民间诸神崇拜相结合。这些教派的有关文献,后来都被收入官方组织编修的《道藏》中,成为道教经典的重要组成部分。神霄派的主要经文有:HY 1209《高上神霄玉清真王紫书大法》、HY 219《灵宝无量度人上经大法》,还有HY 1210《道法会元》卷一九八至二〇五林灵素所写的《金火天丁神霄三无火铃歌》。龙虎山第三十代天师张继先得到宋徽宗的支持,扩大了天师府的影响,其主要文献有《无上黄箓大斋立成仪》和HY 1451《汉天师世家》。天台派的主要文献,有HY 1211《上清灵

⟨1⟩ 秋月观暎:《中国近世道教的形成——净明道的基础研究》,东京创文社,1978年; K.M.Schipper, "Taoist Ritual and Local Cults of the T'ang Dynasty." In *Tantric and Taoist Studies in Honour of R.A.Stein*. Mélanges Chinois et Bouddhiques, vol.3.M.Strickmann, ed.Brussels, 1986。

宝大法》和 HY 466《灵宝领教济度金书》。茅山"天初大法"文献，只有 HY 1210《道元会元》卷一七一至一七八《上清天初五元素府玉册》。天心正法的主要文献有：HY 1217《太上助国救民总真秘要》、HY 566《上清天心正法》、HY 1210《道法会元》卷一五六至一六八《上清天蓬伏魔大法》、HY 220《无上玄元三天玉堂大法》。此外，在洪迈《夷坚志》中，也经常提到天心正法道士的除驱仪式。清微道法的主要文献，有 HY 171《清微仙谱》和 HY 1210《道法会元》卷一至卷五十五诸法。〔1〕尤其有趣的是，北宋道士林灵素把宋徽宗奉为当时新发明的"神霄天"的最高神祇，即"长生大帝"，还专门为此改编扩充了《灵宝无量度人上品妙经》(HY1)，而宋徽宗居然对此表示同意，并把这篇经文置于《道藏》诸经之首。

在明朝编修的《道藏》中，此类资料更为丰富，至少可以找出以下十五种有关地方神的经典：

1. HY 206，《五显灵观大帝灯仪》；
2. HY 317，《灵宝天尊说洪恩灵济真君妙经》；
3. HY 649，《太上老君说天妃救苦灵验经》；
4. HY 753，《太上说玄天大圣真武本传神咒妙经》；
5. HY 779，《地祇上将温太保传》；
6. HY 1183，《太惠静慈妙乐天尊说福德五圣经》；
7. HY 1210，《道法会元》卷三十六《清微马赵温关四帅大法》；
8. HY 1210，《道法会元》中其他地方神的专门道教科仪书；
9. HY 1275，《翊圣保德传》；

---

〔1〕 M.Strickmann, "The Longest Taoist Scripture." *History of Religions* 17：331-354，1978；孙克宽：《寒原道论》，台北联经出版事业公司，1977年；金中枢：《论北宋末年之崇尚道教》，见《宋史研究集》，台湾书局，1974年。

10. HY 1431,《太上元阳上帝无始天尊说火车王灵官真经》;

11. HY 1433,《碧霞元君护国庇民普济保生妙经》;

12. HY 1434,《太上大圣朗灵上将护国妙经》;

13. HY 1435,《太上老君说城隍感应消灾集福妙经》;

14. HY 1436,《太上洞玄灵宝五显观华光本行妙经》;

15. HY 1437,《太上说通真高皇解冤经》。

上述资料表明,唐以后的官方正统道教,吸收了越来越多的地方神崇拜,从而使之与民间诸神崇拜的关系日益密切。当然,《道藏》不可能把全国的道教文献搜罗无遗,因而势必还有许多已被纳入道教体系的民间诸神,在《道藏》中并未见诸记载。换句话说,民间诸神是否在《道藏》中出现,只是反映了它对官方正统道教的不同影响,而不表明它是否已和道教相结合。这一问题留待下文分析,在此暂不赘述。

二、福建民间诸神崇拜与官方正统道教的关系

福建历史上被载入《道藏》中的民间诸神,主要是福州地区的徐氏兄弟和莆田地区的妈祖,而以徐氏兄弟的地位尤为显要,对官方的正统道教具有不可低估的影响。〈1〉

〈1〉 关于徐氏兄弟研究,见 E. Davis, "Arms and the Tao: Hero Cult and Empire in Traditional China," in《宋代の社会と宗教》(《宋代的社会与宗教》),"宋代史研究会研究報告" 2: 1-56, 汲古書院, 1985; J. Lagerwey, *Taoist Ritual in Chinese Society and History*, New York: MacMillan, 1987。关于妈祖研究,见李献璋:《妈祖信仰研究》,东京:泰山文物社,1979年; J.Watson, "Standardizing the Gods: the Promotion of Tien Hou ('Empress of Heaven') along the South China coast, 960-1960." pp.292-324, in *Popular Culture in Late Imperial China*, edited by David Johnson, Andrew J. Nathan and Evelyn(转下页)

福州的地方神徐氏兄弟，原是五代时吴国强人徐温的第四子徐知澄和第五子徐知谔，后被徐温的养子李昪（即徐知诰）分别封为江王和饶王。944年或945年，徐氏兄弟以救民为名入闽夺取政权，被福州民众视为"再生父母"，逐渐演变为地方守护神，尊称"徐仙"。在明朝正统年间编修的《道藏》和万历年间编修的《续道藏》中，收录了一整套与徐仙崇拜有关的道教经典、科仪书、签诗、传记、碑文、庙志及其他文献资料。其具体篇目如下：

1. HY 317，《灵宝天尊说洪恩灵济真君妙经》；
2. HY 468，《洪恩灵济真君自然行道仪》；
3. HY 469，《洪恩灵济真君集福宿启仪》；
4. HY 470，《洪恩灵济真君集福早朝仪》；
5. HY 471，《洪恩灵济真君集福午朝仪》；
6. HY 472，《洪恩灵济真君集福晚朝仪》；
7. HY 473，《洪恩灵济真君祈谢设醮科》；
8. HY 474，《洪恩灵济真君礼愿文》；
9. HY 475，《洪恩灵济真君璇玑七政星灯仪》；
10. HY 476，《洪恩灵济真君事实》；
11. HY 1291，《洪恩灵济真君谶》；
12. HY 1292，《灵济真君注生堂灵签》；
13. HY 1456，《徐仙翰藻》；
14. HY 1457，《赞灵集》；
15. HY 1458，《徐仙真录》。

以上这些历史文献，详细记述了福州民间的早期徐仙崇拜及其与官

（接上页）S. Rawski. Berkeley: University of California Press，1985；蒋维锬：《妈祖文献资料》，福建人民出版社，1990年。

方正统道教相结合的过程。

据说，早在徐氏兄弟去世前，福州民众已为之建祠，后又立庙奉祀于鳌峰。北宋太平兴国八年（983）、元至正七年（1347）及明永乐三年（1405），曾三次重建祖庙。北宋大中祥符元年（1008），徐仙的信徒为之分香立庙于潢溪，又相继创建了洪恩灵济宫、旗龙仙祠等。至元明之际，福州地区已有不少奉祠徐氏兄弟的灵济庙，并形成了相当严密的分香系统。据《徐仙真录》记载："灵济香火遍于一方。当时人物繁盛，随处立庙。如玉水、清江、桂宫、岳山、玉坂、富山、旗龙、新安、江尾、石舍……庙虽异，香火皆本于祖宫，其实洪恩真君之一源也。"这一时期的徐仙崇拜，已经完全道教化了。明永乐皇帝在《二真成仙》中纪云：

> 一日，黄箓斋筵，忽闻天乐鸣空，祥云环绕，仙官导从甚都。乃感天帝，遣神人颁诰封：江王为"九天金阙明道达德大仙显灵溥济真人"，主管上清天文院，便宜行事，行文昌司禄上宰，金书天机省事；妻泾国夫人许氏"顺助仁惠仙妃"，兼管太乙延生右真事；饶王为"九天玉阙宣化扶教上仙昭灵博济真人"，主管下地府诸司，便宜行事，权南极注生上相，金书雷霆玄省事；妻卫国夫人陶氏"善助慈懿仙妃"，兼管元皇北阴注生司事；仍封父"忠武真人"，母"仁寿仙妃"。

徐氏诸神的上述封号及神职，最初可能只是出自当地道士的杜撰，南宋时得到了朝廷的认可，被正式纳入官方的正统道教体系。宋理宗端平三年（1236），徐氏兄弟首次受封于宋王朝，立庙专祀于福清。明永乐年间，据说由于徐氏兄弟屡次显灵，有功于朝廷，再次受到加封，并在北京专门为其创建了一座灵济宫。永乐皇帝在

《御制灵济宫碑》中宣称：

> 乃者朕躬弗豫，用药百计，罔底于效。神默运精灵，翊卫朕躬，顷刻弗违，随叩随应，屡显明征。施以灵符天医妙药，使殆而复安，仆而复起，有回生之功，恩惠博矣！盛矣！朕揆德凉薄，何由获兹？永怀神德，曷其能忘？海深岳峻，其焉有极？盖有功必报，国之恒典。是用祝册，加封神号，伯曰"清微洞玄冲虚妙感慈惠护国庇民洪恩真君"，仲曰"高明弘静冲湛妙应仁惠辅国祐民洪恩真君"，旧号俱如故。大新庙宇，亢爽轩豁，称神所栖。爰敕有司，虔洁香火，春秋祭祀，岁易时衣，给洒扫五户，表朕悃幅，答神鸿休。

由此看来，当时可能有些道士以徐仙显灵的名义，治好了永乐皇帝的病，因而使之深信不疑，对徐氏诸神倍加推崇。另据《徐仙真录》记述，福清县慈济宫内有一庙官曾陈孙，于洪武年间，"始扶神笔，判符、药、地理、吉凶，无不响应"。永乐十四年（1416），事闻于朝，"遣使迎神"。曾陈孙奉徐氏二仙入京后，"遇事密祷，应验不爽，愈敬愈灵"。永乐十七年（1419）五月，下旨赐予曾陈孙冠带，命其住守北京灵济宫，并派人接其家属赴京完聚，由官府代为"盖房舍而居焉"。曾陈孙的发迹与徐氏二仙的得宠，无疑是有密切关系的。

明代前期，由于朝廷的格外尊崇，徐氏二仙由地方神演变为具有全国性影响的道教神祇。永乐十五年（1417），北京的灵济宫建成之后，明王朝授予徐氏二仙以官方道教最高级的宝箓。永乐十七年，内臣张达与掌印教主真人张宇奏准，在福州鳌峰灵济祖庙举行特大规模的"建斋"仪式，"集浙江、湖广、江西、福建四处道士，与会者七千余人。七日内，有仙人现身"。这一盛举及灵应传说，很快就被编写成文，在全国各地广为传播。有些道士还不失时机地提议，应该把有关徐氏二仙的科仪书颁行天下，作为民间道教仪式的范本。试见下引《保奏真君文》：

> 金阙侍中行九灵飞步章奏节制雷霆臣王谨奏……切见九天金阙真人徐知澄、九天玉阙真人徐知谔，声名冠世，功德在民，内察其行，外观其绩，委是骨像合仙，有心积善建功，笃好三宝之士。若非宿幸因缘，穷神而知化者，孰能如此？所著《九真妙戒化文》《九岳神灯科格》《三界科》《保马科》，并出于太上玄言，究微摘实，自然成章，灵音啸咏，可以为浩劫津梁，所谓闭门造车者，不计其岁月矣。外有《灵济醮科》《本愿仪文》《七政灯科》，自非敢以为己功，从民请也。……欲望圣慈允俞所奏，再将臣徐知澄等所撰科典，翻行三界合属去处，各请遵禀验照施行。不惟显灵济度之功，亦足以张吾军而慰民心之所望也。

王道士的这一提议究竟是否付诸实行，未见文献记述。不过，他的奏议和各种新编的科仪书，后来都被编入《道藏》，自然也就具有了全国性的影响。如果把这些科仪书和后来的其他道教科仪书相比，我们不难发现，其间的差别往往只是在于封号及灵应故事有所不同，其基本格式则一成不变，可见其影响是很深远的。

在明正统年间刊行的《道藏》中，徐氏二仙的地位特别显要。《道藏》共分"三洞四部"：三洞即"洞真""洞玄""洞神"，分别收录上清派资料、灵宝派资料及老庄资料；四部即"太玄部""太平部""太清部""正一部"，分别收录金丹资料、太平诸经、百家杂著及各种法术。专门为徐氏二仙撰写的《灵宝天尊说洪恩灵济真君妙经》，收录于"洞玄"之首，其有关科仪书则编录于"洞玄"之"文本类"的第三至第十二卷。为了表明朝廷对徐氏二仙的尊崇，当时的皇帝还为这些经文和科仪书写了序文。明成化二十一年（1485），朝廷再次重修北京的灵济宫，还赐给庙田九顷七十四亩。这说明，从永乐至成化的近百年时间内，徐仙崇拜始终受到了明王朝的推崇，这就不能不对当时的官方道教产生深刻的影响。

收录于明代《道藏》中的妈祖崇拜文献，只有一篇《太上老君说天妃救苦灵验经》（HY 649）。这篇经文称妈祖为"妙行玉女降生人间"，归天后被太上老君封为"辅斗昭孝纯正灵应孚济护国庇民妙灵昭应弘仁普济天妃"，有降妖伏魔之神通，能为人解除一切危难。我们知道，妈祖原是莆田湄洲岛上的女巫，死后被奉为神，尤其受到各地航海者的崇拜。自北宋末年以降，妈祖多次得到朝廷加封，逐步演变为具有全国性影响的航海保护神。根据宋人记载，妈祖崇拜在宋代已被纳入道教体系，有的称之为"通灵神女"，有的则称其与"建隆真人"（宋太祖）同时奋兴，去而为神。不过，宋代的官方道教似乎对此不以为然，因而并未把妈祖崇拜的有关资料收入《道藏》。

在民间宗教中，妈祖崇拜的性质历来较为复杂，元代时莆田人黄四如曾称之为"普陀大士之千亿化身也"，即试图把妈祖崇拜纳入佛教体系。也许正是由于这一原因，明初的道士才为妈祖编撰了符合道教传统的神仙谱系。据考证，这篇经文初刊于永乐十四年，距正统年间正式刊行《道藏》不到三十年。在同一《道藏》中，未见收录其他与妈祖有关的资料，如科仪书、签诗、庙志等，不知是由于当时尚未形成这些文献，抑或是编者有意不予收录，现在已无从查证。但无论是何种原因，都说明妈祖崇拜对当时的官方正统道教的影响是比较小的。然而，在闽台民间道教的发展过程中，妈祖崇拜却具有广泛的影响。

在闽台地区，目前还保存着不少与妈祖有关的道教科仪书，如泉州关岳庙收藏的《海醮科仪》，就是专门为妈祖编写的科仪书，台南陈荣盛道长也收藏了同类科仪书。此外，法国巴黎大学的施舟人（Kristofer Schipper）教授收藏的《明著天妃五福圣灯》《安船科仪》《三五朝文检》等，都是与妈祖崇拜有关的道教科仪书。这些资料说明，妈祖崇拜对闽台道教的影响是既广泛又深远的。因此，当我们研究民间诸神崇拜对道教发展的影响时，不能只依据《道藏》中的资料，还必须搜集散存于民间的道教文献，观察各地现存的道教仪式。从研究民间宗教的角度来说，后者比前者更为重要。

三、闽台民间诸神崇拜与当地道教发展的关系

我们已经考察了福建历史上的徐仙崇拜和妈祖崇拜对官方正统道教的影响。这两种地方神的崇拜，都是首先与当地的道教活动相结合，而后才被纳入官方的正统道教体系中的。在福建历史上，还有不少地方神从未被纳入官方的正统道教体系，却和当地的道教活动紧密结合，对道教的发展同样具有深远的影响。下文着重考察保生大帝、广泽尊王、开漳圣王等地方神崇拜对当地道教的影响。[1]

---

[1] 见 K.M.Schipper, "The Cult of Pao-sheng Ta-ti and Its Spreading to Taiwan: a Case Study of Fen-hsiang." pp.397-416, in *Development and Decline of Fukien Province in the 17th and 18th Centuries*, edited by E.B.Vermeer.Leiden: New York: Brill, 1990; B.Haar, "The Genesis and Spread of Temple Cults in Fukien." pp.349-396 in *Development and Decline of Fukien Province in the 17th and 18th Centuries*, edited by E.B.Vermeer.Leiden: E.J.Brill, 1990。关于保生大帝和广泽尊王的道教经文和历史文献，主要收集于杨浚《四神志略》之《白礁志略》《凤山寺志略》；戴凤仪《郭山庙志》，1897年；李献璋（转下页）

保生大帝原名为吴夲，是漳泉一带的地方神。据宋人记述，吴夲生于北宋太平兴国四年（979），卒于宋仁宗景祐三年（1036），"享年五十有八"。他生前以行医为业，死后被奉为神，"乡之父老私谥为医灵真人，偶其像于龙湫庵"[1]。南宋绍兴二十一年（1151），当地乡绅颜师鲁奏准为吴夲立庙，又过了十五年，宋王朝赐予"慈济"庙额。此后，漳泉各地纷纷为吴夲立庙，以致"支分派别，不可殚纪"[2]。例如，"泉郡善济铺之有花桥庙，漳郡上街之有渔头庙，同安白礁乡、龙溪新岱社、诏安北门外各有慈济宫，海澄青礁乡有吴真君祠，皆建于宋"[3]。两宋时期的吴夲崇拜，已经具有明显的道教化趋势，以致民间"私谥为医灵真人"。不过，宋代的佛教对吴夲崇拜也有一定的影响。最初供奉吴夲神像的"龙湫庵"，实际上就是当地的一座小寺院。南宋淳熙年间，青礁颜氏为吴夲重建"东宫祖祠"之际，也是同时设立僧舍，"其房居学佛者，以供洒扫之役，然后祠宇粗备"[4]。然而，自明代以降，吴夲崇拜已完全道教化了。

明代规定，民间诸神皆可称为"真人"，亦即确认了道教对民间诸神崇拜的统辖关系。于是，人们就按道教的要求编撰吴夲的生平传记及灵应故事，把他纳入道教固有的神仙谱系之中。明人何乔远在《闽书》中，首先记述了吴夲得道成仙的神话故事，清代的各种地方志及私家记述又据此推演，几乎把此类神话指为信史。例

（接上页）《全国佛刹道观总览：保生大帝专辑》，台北，1987年。又见K.Dean（丁荷生），*Taoist Ritual and Popular Religion of Southeast China*，Princeton University Press，1993。

[1] ［宋］杨志：《慈济宫碑》，引自《白礁志略》。
[2] 同上。
[3] 同上。
[4] 同上。

如，清人黄化机在为泉州花桥宫"采辑"的《谱系》中记云：

> 宋太宗兴国四年，真人母梦星入怀，是生真人，时己卯三月望日辰刻也。……乙未年十七，中秋之夕，偶步月海滨，遇异人浮槎相邀，偕至昆仑。俄有青衣童引观蓬莱诸胜，入瑶岛，谒西母，授以医书，传斩妖伏魔之法。于是修真养性，炼丹药，以医济世。宅左涌泉，病者求一勺辄愈。当时如黄医官、程真人、昭应灵、王舍人辈，均师事之。有江少峰者，就试京师，道遇虎，亡其仆。真人于桑林间见仆遗骨在地，失左股，取路旁柳枝代之，咒以符水，仆顿苏，愿从真人。及少峰登第归，途遇旧仆，相顾愕眙，真人告之故，少峰以为荒谬，执见司牧。真人令仆仆地，仍以符水咒之，肤肉消融，乃得柳枝代股之实。司牧据以申奏，真宗嗟异，诏授御史，真人辞不就职。少峰除同安令，甫莅任，询于邑吏，访真人所居，弃官从学。同时主簿张圣，亦解组相从，求传其法。……仁宗明道元年，妖魔为祟，飓风时起，岁洊饥。真人期以十日约，泛舟输粟，全活饥民无算，众以为神。越明年，漳泉二郡大疫，真人步罡驱禳。其捍患御灾，保护桑梓，盖指不胜屈。真人举家飞升于景祐四年丙子五月二日。

以上这些有关吴夲生平道行的神话故事，究竟于何时开始形成，如今已不可考。由于其中主要情节见于《闽书》，可以断定其形成年代不会迟于明末。《闽书》还记载了吴夲为皇后治病及受封"保生大帝"的故事，清代的《泉州府志》《同安县志》《海澄县志》及各种有关碑文、传记又相继转引和改编，进一步提高了吴夲在当地道教诸神中的地位。在《闽书》中，"惟记明永乐中文皇后患乳

（疾）……梦道人献方，牵红丝缠乳上灸之，后乳顿瘥。问其居止，对云某所。明日，遣使访之，云有道人自言福建泉州白礁人，姓吴名夲，昨出试药，今未还也。既不得道人所在，遂入闽求而知之。后惊异，敕封'恩主昊天医灵妙惠真君、万寿无极保生大帝'，仍赐龙袍一袭"。在嘉庆《同安县志》中，除了抄录《闽书》的有关记载之外，又增添了吴夲在宋仁宗时"医帝后愈"的事迹。

关于吴夲被封为"保生大帝"一事，并未见诸正史记载，很可能是当地的道士杜撰的。其实，在宋代的道教文献中，已有"保生大帝"之称。HY 1211《上清灵宝大法》卷十记云：

> 圣祖保生天尊大帝，按古典云，九天司命真君于大宋真宗大中祥符元年十月二十五日降于延恩殿，时有六真人侍立左右，自称是赵氏之始祖。当时王钦若为宰相，遂下诏上尊号曰"高道上灵九天司命圣祖保生天尊大帝"。又尊司命之配为圣祖母，上尊号曰"元天大圣后"，自此列天帝之班，为上九位。天下只得遵朝旨行。或云，黄龙一炁司命保生天尊，乃神仙人物之主、天子王侯之尊也。

可见，此封号早在宋朝官方道教圈子里流行。后来的正乙派道士，在建醮时也会安排保生大帝的祭坛，所以地方道士都会知道这个神号。如果进一步比较闽南地方文献中有关"保生大帝"的记载与《道藏》中有关徐氏兄弟的文献，我们不难发现，二者有惊人的相似之处。这说明，闽南道士试图依照官方正统道教的模式，改造和利用当地的吴夲崇拜。

闽台地区有关吴夲崇拜的道教文献，主要是《保生大帝真经》。这一经文的大致内容是：元始天尊与太上老君在太清宫中演经说法，指称人间时值末世，"诸佛涅槃，贤圣隐伏"，致使妖魔横行，凡夫俗子灾难深重。于是，天尊"乃推穷历数，考究谶言"，明了可以"永镇魔兵"的经法；而老君"复敕秘诀灵符一百二十道"，令吴夲下凡"传布经法，救度群生，同归大道"。吴夲下凡之后，又作有"神咒"，以之调遣神兵，"荡涤群凶"。因此，民间如欲得到吴夲的庇护，必须举行"诵经""书符""念咒"三种仪式。经文对吴夲的信徒提出了以下具体要求：

> 今传灵宝经法以救世人，若有男女得吾真经妙印，信受供养。或请僧道转诵，或结会读诵，广令传说。求心所愿，无不遂意。若人开筑井、灶，架造宅、墓，猪、羊、牛、马、鸡、鸭栖栏，或有时气疫病，可以香花、灯、茶、异果供养，持诵此经，连念吾咒七遍，以朱砂书吾传示符诀如法，敕向门上，灾鬼自消，人员自泰，所求称心，咸登道岸。

如上所述，民间必须借助于各种道教仪式，才能得到吴夲的庇护；而道教则利用民众对吴夲的崇拜，为自己开辟了广阔的活动场所。值得注意的是，上述经文中尚有"扶降真童，宣说此经""真童说己，呼魂而悟"之类的词句，可见道教在利用吴夲崇拜时，也吸收了民间诸神崇拜中固有的巫术成分。闽台地区的神童或巫师往往在道教仪式中出现，其原因即在于此。

广泽尊王原名郭忠福，是南安、安溪一带的地方神。据说，他生存于后唐同光年间至后晋天福初年，原籍清溪（即今安溪），后随母迁居南安，为财主牧羊，十余岁时蜕化成仙，托梦乡人为之立庙。南宋绍兴年间，赐庙额"威镇"，后累封至"保安威镇忠应孚惠威烈广泽尊王"。现在有关广泽尊王崇拜的最早记载，是南宋宝庆二年（1226）永春人王胄撰写的《郭山庙记》。这篇碑文称郭氏"生而英异，化而神灵"，又自述其写作经过云："一夕，假寐于馆，有神相访，出一篇示予，予受而观之，乃侯之履历也。晨兴，有人来自郭山，以奉侯之意，命予为记。乃以梦中语，援笔而书之。"[1] 可见，作者是按照道教的神仙观念描绘郭忠福的。

明代编修的《八闽通志》及《闽书》，对郭氏蜕化成仙的故事做了详细描述。如《八闽通志》记述："其神郭姓，生而神异，甫十岁。一日，忽取瓮酒、全牛，登郭山绝顶。明日，坐逝古藤上，牛酒俱尽。其后常见梦于人，因为立庙，号郭将军。"[2] 清代的各种有关文献，基本上都是照此模式为郭氏立传，并为之编造了道教化的神仙谱系和灵异故事。不过，历代奉祀广泽尊王的郭山庙，清代曾一度为僧人所占据，并易名为"凤山寺"。清康熙年间，晋江陈迁鹤游郭山庙时，据说已有"山僧献茶"。清嘉庆年间重修凤山寺（即郭山庙），也是由"住持僧玉环"发起和主持的。有趣的是，当地民间还流传一些广泽尊王与道士斗法的故事。如云："有道士得异术，咒水淹神庙。神即为贩瓷器者，掷一盏，则水退三尺。"又如："或言道士符召朱、刑、李三神助战不胜。今谒者误佩三神香火入庙，多不吉。"由此看来，广泽尊王的信徒似乎对道士并无好感，因而更乐于皈依佛教。但在实际上，清代的各种以广泽尊王崇拜为主的宗教活动，还是具有明显的道教特征。试见下述记载：

> 同治间，温陵瘟疫，多死者，佥迓神至开元寺，焚香顶礼，各家荐馨。神箕示禳疫文，不数日而时气平。阖郡士庶瓣

---

[1] 引自杨浚《四神志略》之《凤山寺志略》。
[2] 引自《八闽通志》卷五十九。

香，不忍离左右，更塑像于开元寺奉之。

　　光绪二年，福州遭巨浸，官衙民舍一望汹涌。民呼神救，不一日而涨平。神复栖箕示以真经，劝令回心向善，以消劫难。

　　光绪十年，南安近邑诸乡得时疫，值神驻驿于县内黄姓家，乡民虔迎神往，到一乡则一乡安愈，不数日而疫气一空。

上述三例中的"迎神""箕示""禳疫"等，显然都是传统的道教仪式。当然，此类仪式也可以为佛教所接受，从而导致僧道的合流。

流传于闽台民间的《太上元阳上帝元始天尊说得保安广泽尊王灵济普德郭星君摄魔醒世妙经》，是与广泽尊王崇拜有关的最重要的道教文献。经文称郭氏系"南陵真仙"下凡，归天后"玉封灵济普德星君、万方护佑天尊"，位居"玉清宫应元府"，属于道教神谱中的雷府将。其主要职能是："掌南极雷霆之任，司都天报应之权；诛奸邪于已往，判善恶于当时；剪魔精于斗罡之下，驱瘟疫于国土之中。"此外，还有各种专门为广泽尊王编撰的《神咒》《宝诰》《谶谱》等，也在闽台地区广为流传，在各种道教仪式中得到了普遍的运用。

开漳圣王原名陈元光，是漳州地区的开拓者及守护神。漳州地区的陈元光崇拜，可以追溯至唐代中期。根据历史文献记载及现代考古发掘资料，漳浦县绥安城郊奉祀陈元光的威惠庙，始建于唐开元四年（716）。当时唐王朝以陈元光有开漳平蛮之功，追封为颍川侯，并下旨立庙奉祀。唐以后，历代王朝多次重修漳浦威惠庙，加封陈元光为"灵著顺应昭烈广济王""开漳圣王"等，并载入官方祀典。在漳州民间，更是把陈元光视为当地的保护神，纷纷为之立庙奉祀。据调查，仅漳浦县境内，现存的奉祀开漳圣王的庙宇就有九十五座。明末以后，由于漳州民众大量移居台湾，遂使开漳圣王崇拜在台湾地区广泛传播。目前台湾较著名的开漳圣王庙约有七十座，其中仅宜兰县就有二十五座。在漳州及台湾历史上，陈元光崇拜都是一种重要的社区认同标志，具有很强的宗教凝聚力。

漳州历史上的陈元光崇拜，与佛教的关系较为密切。漳浦绥安威惠庙（西庙）历代都有僧人住守，建有附属的佛殿。庙中现存清光绪二十八年（1902）由"住僧天怀"书立的《开漳圣王碑记》，记述了明代檀越主吴氏族人捐献的"开漳圣王缘田"，历来"付交住僧掌管收税纳粮，恭奉圣王，永远无异"。这说明，当地的开漳圣王崇拜已被纳入佛教系统。不过，漳州历史上的开漳圣王崇拜，对道教的发展同样也有影响。例如，明洪武年间的御使苏举，曾在漳浦威惠祖庙建"本醮"祈安，庙旁的石井圈上尚存"普天醮、苏举舍"六字。所谓"普天醮"，就是一种大型的道教仪式。

我们目前尚未发现专门为陈元光编撰的道教文献，却发现陈元光崇拜与许多道教仪式有关。闽台地区的道教仪式，大致可以分为三大类：一是"建醮"，就是神诞庆典或修建神庙时做一天半至七天半的仪式；二是"做功德"，就是为超度亡灵做半天至七天（有时可长达七七四十九天）的仪式；三是"做小法"，就是为个人或家庭做祈福、消灾的仪式，如"起土""安宅""收惊""改运""过限"等。在这些仪式中，一般都要"请神"。由于各地民众崇拜的地方神不同，道士们请来参加仪式的神也不同。在漳州及台湾地区，陈元光是道士必请的地方神之一。例如，台南著名道长陈荣盛在各种道教仪式中请来的地方神，包括保生大帝、开漳圣王、天上圣母等。在漳州郊区的道教仪式中，我们看到建醮时请来的地方神包括：漳州城隍神、州主唐将军灵著尊王（陈元光）、宣封护国灵惠广应广平尊王、慈济普祐妙道真君（吴夲）、敕封上善五显灵官大帝、祠山长大帝、宣封护国庇民灵著太后元君。当然，在这些仪式中，也会请出道教系统中固有的各种神祇，如元始天尊、灵宝天尊、道德天尊（太上老君）以及天上、地下大自然诸神。[1]此外，在道士家里，通常也有奉祀道教诸神和民间诸神的祭坛。这种祭坛不仅是道士及家人的宗教活动中心，也是当地民众的宗教活动场所。

闽南和台湾地区的道士，主要是正一派的"火居道士"。他们一般都住在自己家里，以家族为单位承办道教仪式，而且世代相传，形成职业性的道士世家。在这些道士家族中，一般每一代中只推选一人为"道长"，其余则分别担任"都护""引班""侍香"等角色，因此，他们的职业训练往往并不依赖正式的经典和科仪书，而是通过长期的耳濡目染和口头传授。台湾的道士都会唱一种"七字句"，就是用于各种道教仪式的请神歌词，其中也有请开漳圣王的歌词。在这种歌词中，陈元光的生平事迹、神职、封号等都被唱了出来，实际上类似于道教经文。这种歌词有时也会用文字记录下来，但在做仪式时不必放在祭坛上，因而还不是正式的道教经典。我们可以推测，请神歌词最初是由民间传说演变而来的，经过道士们的不断改编和充实，逐渐趋于规范化，并最终演变为正式的道教经典。

四、结论

自唐宋以来，由于道教与民间诸神崇拜相结合，使之与基层社

---

[1] K.Dean, "Field Notes on Two Taoist Jiao Observed in Zhangzhou in December, 1985." *Cahiers d'Extreme-Asie 2*：191-209，1986.

会生活的关系越来越密切了。在闽台民间,大至整个社区的建醮、普度,小至每个家庭的祈福、消灾,都可以举行专门的道教仪式。因此,各地都有不少职业性的"火居道士",专门为当地民众及神庙承办各种道教仪式。有些久负盛名的道士世家,与当地的各种神庙建立了相当稳定的协作关系,每年都有许多预约的道场,以致无暇为当地民众"作小法"。与此相反,那些为了个人修真养性而出家的道士,如今已经很少见了。以往曾经盛极一时的道观,后来也大多被废弃了,或是被改为寺院,由僧尼占居。毋庸讳言,道教与民间诸神崇拜相结合,促成了中国传统道教的世俗化,这是唐以后道教发展的主导趋势。

闽台道教与民间诸神崇拜的结合,可能经历了由北向南、由政治中心向边缘地区推进的历史过程,因而呈现出明显的地区性特征。在福州和莆田地区,有各种专门为民间诸神编撰的道教经文、科仪书等,而且被收入了全国性的道教文献;在泉州和漳州地区,虽然也有专门为民间诸神编撰的道教经文和科仪书等,但都未被收入全国性的道教文献;闽南和台湾地区的某些地方神,只是被纳入当地的道教仪式,至今尚未形成专门的道教经文、科仪书等。如果进一步区分,可以找出以下四种不同类型:

1. 道教与徐仙崇拜相结合,有完整的道教经文、科仪书等,并被收入全国性道教文献汇编;

2. 道教与妈祖崇拜相结合,有完整的道教经文、科仪书等,其主要经文被收入全国性道教文献汇编;

3. 道教与保生大帝、广泽尊王等地方神崇拜相结合,有某些专门的道教经文、科仪书等,但均未被收入全国性道教文献汇编;

4. 道教与开漳圣王等地方神崇拜相结合,有相应的道教仪式、歌词等,但尚未形成正式的道教经典。

上述四种类型，实际上代表了闽台道教与民间诸神崇拜相结合的不同发展阶段。这是因为，在道教与民间诸神崇拜相结合的进程中，首先必须把民间诸神纳入道教仪式，然后才有可能形成专门的道教经典和科仪书，而这些道教文献必须得到官方正统道教的认可，具有一定的权威性，才会被收入全国性的道教文献汇编。因此，从逻辑上说，上述四种类型构成了道教与民间诸神崇拜相结合的完整系列。

本文的目的只是探讨闽台道教的演变趋势，而不是描述闽台道教和民间诸神崇拜相结合的具体过程。如果要完整描述这一过程，就非提到闾山派（或曰三奶派）的临水夫人陈靖姑崇拜不可。陈靖姑崇拜对闽台道教曾经发生了深刻的影响，有关她的仪式在闽台道士和法师之中相当流行。[1]虽然《道藏》并未收录有关文献，但民间的道士和法师都有不少关于陈靖姑的科仪书。参照上述四种类型，陈靖姑崇拜应该属于第三类。我们希望，在今后的有关研究中，更为全面地考察闽台道教与民间诸神崇拜相结合的历史过程，深入探讨道教在地方历史发展中的地位。

---

〔1〕 刘枝万：《闾山教之收魂法》，收录于《中国民间信仰论集》，台北，1974年；B. Berthier, *La Dame-du-bord-de l'eau*, Nanterre：*Societe d'Ethnologie*, 1988。

吴真人信仰的历史考察

吴真人原名吴夲,又称"大道真君""保生大帝",闽台民间一般称为"大道公"。吴真人信仰最初形成于北宋,原是漳泉民间的医神信仰。自南宋以降,由于受到士绅阶层和地方教派的不断改造,吴真人信仰具有了精英文化与庶民文化的双重特征,已经形成相当庞杂的文化象征体系。本文主要依据历史文献资料,考察吴真人信仰的形成过程及其演变趋势,探讨神明正统性与地方历史记忆的建构过程。

一、两宋时期的吴真人信仰

在宋代民间诸神中,吴夲既是医神,也是漳泉地区的守护神。作为医神的吴夲,大约形成于北宋中期,而作为地方守护神的吴夲,则迟至南宋初期才基本定型。因此,两宋之际的早期吴真人信仰,经历了从医神崇拜向地方神崇拜的演变过程。在这一过程中,漳泉地区的士绅发挥了主导作用。

现存有关早期吴夲信仰的历史文献,主要有《宋会要辑稿》及宋人杨志和庄夏的《慈济宫碑》。在《宋会要辑稿》中，可以查到有关慈济庙的以下记载："庙在同安县，[神]忠显侯。嘉定元年五月，加封忠显英惠侯。"〈1〉这是宋代赐封吴夲的直接证据，但在此未说明初次赐予庙额与封号的年代，也未说明赐封的缘由。为了考察当地民间早期吴夲信仰的形成与演变，需要深入分析杨志和庄夏的碑记。

杨志为漳州府龙溪县人，南宋嘉定元年（1208）进士，官至广东通判。〈2〉庄夏为泉州府永春县人，南宋淳熙八年（1181）进士，官至兵部侍郎。〈3〉嘉定二年（1209），杨志作为本乡新科进士，为龙溪县青礁慈济宫撰写了碑记，这是现存关于吴夲信仰的最早历史文献。〈4〉此后不久，庄夏也应"乡之秀民"所请，为同安县白礁慈济宫撰写了碑记。〈5〉关于早期吴夲信仰的形成过程，杨志在碑记中有如下记述：

> 介漳泉之间，有沃壤焉，名曰"青礁"。……笃生异人，功巨德崇，世世庙食，是为慈济（宫）忠显英惠侯。侯弱不好弄，不茹荤，长不娶，而以医活人。枕中肘后之方，未始不数数然也。所治之疾，不旋踵而去，远近以为神医。……既没之后，灵异益著。民有疮疡疾瘵，不谒诸医，唯侯是求。摄盐盂水，横剑其前，焚香默祷，而沉疴已脱矣。乡之父老，私谥为

〈1〉《宋会要辑稿》卷一七一五〇，"礼二一"，中华书局影印本，1957年。
〈2〉乾隆《龙溪县志》卷十三，《选举》。
〈3〉乾隆《泉州府志》卷三十三，《选举一》；卷四十一，《宋列传二》。
〈4〉[宋]杨志：《慈济宫碑》，郑振满、丁荷生：《福建宗教碑铭汇编·泉州府分册》卷七，第952—954页，福建人民出版社，2003年。
〈5〉[宋]庄夏：《白礁慈济祖宫碑》，郑振满、丁荷生：《福建宗教碑铭汇编·泉州府分册》卷七，第954—955页，福建人民出版社，2003年。

"医灵真人"，偶其像于龙湫庵。〔1〕

如上所述，地处漳泉交界的同安、龙溪（明代分出海澄）一带，是吴夲的家乡及其主要活动地区，也是吴真人信仰的发源地。吴夲以行医为业，受到了漳泉民众的敬仰和崇拜，生前已被视为"神医"，死后则被奉为"医神"，以致民间私谥为"医灵真人"。

值得注意的是，漳泉民间的早期吴真人信仰，实际上是与巫术崇拜相联系的。据说，吴真人生前即已未卜先知，"常与同门黄驭山过今庙基，指其地曰：'据此当兴，先至者为主。'乃用瓦缶有三，纳誓辞埋之"。后人在此地创建青礁慈济宫，就是由于挖到了当时埋下的瓦罐。〔2〕他在行医过程中，也曾经用巫术治病，"或吸气嘘水，以饮病者，沉痼奇怪，亦就痊愈"〔3〕。由此看来，吴夲生前既是医生，也是巫师，这就使之从"神医"演变为"医神"。由于漳泉民间"信巫不信医"，作为"医神"的吴夲受到了普遍崇拜，即使是当时的士绅也深信不疑。据庄夏记述：

> 夏尝见今枢密曾公，言幼年苦风头疡，头几秃，就侯医辄愈。嘉定九年丙子岁，右股赤肿，大如胚，惟祷于侯，不事刀匕之剂，未几日而平复。因念畴昔双瞳幻翳，积久浸剧，百药俱试，如水投石，自分已为废人。适有良医，自言能游针于五轮间，小有差舛，如触琉璃而倒沉瀣，人皆危之。赖侯之灵以

---

〔1〕［宋］杨志：《慈济宫碑》，郑振满、丁荷生：《福建宗教碑铭汇编·泉州府分册》卷七，第952—954页，福建人民出版社，2003年。
〔2〕同上。
〔3〕［宋］庄夏：《白礁慈济祖宫碑》，郑振满、丁荷生：《福建宗教碑铭汇编·泉州府分册》卷七，第954—955页，福建人民出版社，2003年。

迄济,乃今渐还旧明。……荷侯之休,何有终穷?[1]

吴夲的生存年代,大约为北宋太平兴国四年至景祐年间(979—1036)。[2] 由于他生前医术高明,"远近咸以为神",在他去世后,"闻者追悼感泣,争肖像而敬事之"[3],逐渐演变成为巫术化的医神崇拜。不过,直至南宋初年,漳泉民间尚未专门为吴夲立庙,也没有形成规范化的宗教仪式,因而只是一种尚未定型的民间诸神信仰。

吴夲信仰正式纳入官方祀典,最初是由于漳州缙绅颜师鲁和泉州缙绅梁克家的推荐。在杨志碑记中,述及"岁在辛未,乡尚书颜定肃公奏请立庙"[4]。按,"辛未"即绍兴二十一年(1151),"颜定肃公"即颜师鲁,漳州龙溪县青礁村人,官至吏部尚书。这是初次为吴夲"奏请立庙",但并未获得庙号和封号。事过二十年,由于梁克家的积极推动,南宋王朝正式赐予庙号和封号。在庄夏碑记中,对赐封过程有如下记述:

> 岁在辛未,肇创祠宇于是,精爽振发,民欢趋之。水旱疾疫,一有款谒,如谷受响。时梁郑公当国,知其事为详,适部使者以庙额为请,于是有"慈济"之命。越庆元乙卯,又为

---

[1] [宋]庄夏:《白礁慈济祖宫碑》,郑振满、丁荷生:《福建宗教碑铭汇编·泉州府分册》卷七,第954—955页,福建人民出版社,2003年。
[2] 关于吴夲的生年,杨志与庄夏都记为太平兴国四年(979);至于吴夲的卒年,杨志记为景祐三年(1036),庄夏记为景祐六年。由于景祐仅历五年,当以杨记为是。
[3] [宋]庄夏:《白礁慈济祖宫碑》,郑振满、丁荷生:《福建宗教碑铭汇编·泉州府分册》卷七,第954—955页,福建人民出版社,2003年。
[4] [宋]杨志:《慈济宫碑》,郑振满、丁荷生:《福建宗教碑铭汇编·泉州府分册》卷七,第952—954页,福建人民出版社,2003年。

"忠显侯"之命。开禧三年……邑人又以其绩转闻于朝,于是有"英惠侯"之命。[1]

上文中的"梁郑公",即梁克家,泉州晋江县人,官至右丞相。如上所述,正是在梁克家的授意下,由"部使者"奏请庙额和封号,使吴夲信仰正式纳入官方信仰体系。

在南宋王朝的认可和推动之下,漳泉各地纷纷为吴夲立庙,以致"支分派别,不可殚纪"[2]。据清人黄家鼎考证,"泉郡善济铺之有花桥庙;漳郡上街之有渔头庙;同安白礁乡、龙溪新岱社、诏安北门外,各有慈济宫;海澄青礁乡,有吴真君祠;皆建于宋"[3]。至南宋中期,"不但是邦家有其像,而北逮莆阳、长乐、建、剑、津南被汀、潮以至二广,举知尊事"[4]。这就表明,南宋时期的吴真人信仰已趋于定型,并开始广为传播。

在漳泉各地为吴夲建庙的过程中,吴夲逐渐由医神演变为地方守护神。据说,龙溪县青礁慈济宫的创建,就是由于吴夲曾经显灵平定流寇,有保境安民之功。杨志记云:

> 绍兴间,房寇猖獗,乡人抱头鼠窜,束手无策,委命于侯。未几,官军与贼战,毙其酋李三大将者,残党皆就擒。今之庙基,即贼酋死地也。阖境德侯赐,益以竭虔妥灵。岁在辛

---

[1] [宋]庄夏:《白礁慈济祖宫碑》,郑振满、丁荷生:《福建宗教碑铭汇编·泉州府分册》卷七,第954—955页,福建人民出版社,2003年。
[2] [宋]杨志:《慈济宫碑》,郑振满、丁荷生:《福建宗教碑铭汇编·泉州府分册》卷七,第952—954页,福建人民出版社,2003年。
[3] [清]黄家鼎:《吴真人事实封号考》,引自光绪十九年补刊《乾隆马巷厅志》附录下。
[4] [宋]庄夏:《白礁慈济祖宫碑》,郑振满、丁荷生:《福建宗教碑铭汇编·泉州府分册》卷七,第954—955页,福建人民出版社,2003年。

未,乡尚书颜定肃公奏请立庙……其基则颜公发所施也。庙既成,四方之香火来者不绝,士祈功名,农祈蕃熟。有欲为非义者,则所祷更不酬。盖古所谓聪明、正直而一者也。淳熙乙巳,承事郎颜公唐臣、乡大夫与其耆老,撤旧而新之……既又立屠苏,其房居学佛者,以供洒扫之役,然后祠宇初备。[1]

由此可见,在颜师鲁奏请立庙之后,吴夲的神通已经不再局限于治病救人,而是有求必应,因而受到社会各阶层的共同信奉,成为主宰一方的社区主神。与此同时,有关吴夲的灵异传说也不断增加,几乎已是无所不能。庄夏记云:

开禧三年春夏之交,亢阳为沴,邻境赤地连数百里,独此邦随祷辄雨,岁乃大熟。会草窃跳梁,浸淫至境上,忽有"忠显侯"旗帜之异,遂汹惧不敢入,一方赖以安全。……先是,邑人欲增故居之祠,而窘于财。一夕有灵泉涌阶下,甘洌异常,饮者宿患冰释。自是求者益众,百役赖以俱举,不数月而成。[2]

大致说来,至迟在庄夏和杨志撰写碑记的宋宁宗时期,吴真人作为漳泉地方神的地位已经确立。因此,漳泉民间奉祀吴夲的祭祀礼仪也日益隆重,每年都有定期的游神和迎神、送神之举,开始形成社区性宗教仪式。杨志在《东宫慈济祖殿碑词》中赞曰:

---

[1] [宋]杨志:《慈济宫碑》,郑振满、丁荷生:《福建宗教碑铭汇编·泉州府分册》卷七,第952—954页,福建人民出版社,2003年。
[2] [宋]庄夏:《白礁慈济祖宫碑》,郑振满、丁荷生:《福建宗教碑铭汇编·泉州府分册》卷七,第954—955页,福建人民出版社,2003年。

酒醴清兮饵粢香，杂嘉蔬兮荐侯之堂。侯之堂兮孔迩，奕奕寝庙兮奉考与妣。右岐山兮左龙湫，青衣前导兮侯出游。民之疾疢惟侯是求，侯不来兮吾何以瘳？左龙湫兮右岐山，幡幢盖兮侯往还。下田湿兮上田干，侯不福兮何以有年？侯之度兮春之暮，迎者谁兮坎坎击鼓？岁之残兮侯上天，挽而不留兮何日旋？[1]

两宋之际的吴夲信仰，经历了从神医、医神到漳泉地方神的演变过程，这是一个合乎逻辑的历史进程。一般说来，士绅阶层致力于地方守护神的塑造，反映了区域社会的认同和社区整合的需要。颜师鲁和梁克家为吴夲奏请立庙和赐封，其目的在于利用国家的祀典制度，建立正统性的文化象征；庄夏和杨志为吴夲树碑立传，也是为了以之"表著方望，纳民瞻依"，强化本地居民的认同意识。因此，吴夲作为漳泉地区的守护神，实际上是当地士绅的政治工具。

自南宋以降，漳泉各地纷纷为吴夲立庙，在很大程度上也是为了适应社区整合的需要，具有明显的地域性特征。在吴夲的故乡，同时并立着青礁"东宫"和白礁"西宫"，其间"相去不一二里"，但由于二者分属于漳、泉两州，始终未能形成统一的宗教活动，往往"东欲其来兮西欲其去"。不仅如此，当时在青礁和白礁慈济宫之间，可能已经出现"祖宫"之争。如云："同安、晋江，对峙角立；闽莆、岭海，随寓随创；而兹庙食，实为之始。"[2] 吴真人信仰与地域社会的紧密结合，成为社区整合的有效工具及主要标志之一。

---

[1] [清]杨浚：《四神志略》之《白礁志略》，光绪十三年刊本。
[2] [宋]杨志：《慈济宫碑》，郑振满、丁荷生：《福建宗教碑铭汇编·泉州府分册》卷七，第952—953页，福建人民出版社，2003年。

二、明代吴真人信仰的重建

明代初期,由于禁止民间举行迎神赛会等宗教活动,使地方神崇拜失去了合法性依据。⟨1⟩明中叶以后,随着民间仪式传统的再度复兴,吴真人信仰也经历了重建过程,开始出现各种新的"封号"和灵异传说。

明代关于吴真人信仰的地方文献,主要有弘治年间编纂的《八闽通志》和万历年间编纂的《闽书》。此外,在南安县丰州慈济宫中,还保存着立于万历三十年(1602)的《吴真人世修道果碑》⟨2⟩和立于顺治三年(1646)的《敕封仁济医局江仙君碑记》⟨3⟩,对我们了解明代吴真人信仰的演变颇有助益。

《八闽通志》的有关记载颇为简略,仅在晋江、南安、同安、龙溪等县的"寺观"中,记载了"慈济宫"的地点及修建年代。这些可能都是原来的祀典庙,至明代已存废不一,唯有地处泉州城内育材坊的慈济宫,"国朝洪武、永乐中俱尝修葺"⟨4⟩。何乔远在《闽书》中,对"慈济宫"未做专门记载,而在《方域志》的"白礁"条目下,记述了吴夲的历代封号与灵异传说。他在摘录宋人杨志和庄夏的碑文之后,补写了以下内容:

> 历宋,累封普祐真君。皇朝永乐十七年,文皇后患乳,百

⟨1⟩ 万历《明会典》卷一六五,《律例·禁止师巫邪术》,中华书局,1989年。另请参见拙文:《明清福建里社组织的演变》。
⟨2⟩ 此碑尚存南安县丰州慈济宫,碑文见于郑振满、丁荷生:《福建宗教碑铭汇编·泉州府分册》卷二,第619—621页。
⟨3⟩ 此碑尚存南安县丰州慈济宫,碑文见于郑振满、丁荷生:《福建宗教碑铭汇编·泉州府分册》卷二,第644页。
⟨4⟩ 转引自《白礁志略》卷一。

药不效,一夕梦道人献方,牵红丝缠乳上灸之,后乳顿瘥。问其居止,对云某所。明日,遣使访之,云有道人自言福建泉州白礁人,姓吴名夲,昨出试药,今未还也。既不得道人所在,遂入闽求而知之。后惊异,敕封"恩主昊天医灵妙惠真君、万寿无极保生大帝",仍赐龙袍一袭。〈1〉

《闽书》的上述记载,自然只是神话,而不是信史。然而,在明以后的各种地方文献和通俗读物中,几乎都转录了《闽书》的上述资料,其影响极为深远。那么,《闽书》的说法又是从何而来呢?笔者认为,何乔远编《闽书》时,很可能参考了此前不久立于丰州慈济宫的《吴真人世修道果碑》〈2〉。此碑在记述吴夲"医帝后""线头察脉""隔屏灸乳"等灵异故事之后,又列举了宋明王朝的历次赐封:

> 孝宗乾道三年,赐"慈济"宫额。宁宗庆元二年,封"忠显侯"。嘉定元年,封"英惠侯"。理宗宝庆三年,封"康佑侯";端平二年,封"灵佑侯";嘉熙二年,封"正佑侯";四年,封"冲应真人";宝祐五年,封"妙道真君"。度宗咸淳二年,封"孚惠真君"。恭宗德祐元年,封"孚惠妙道普祐真君"。国朝太祖洪武五年,封"昊天御史";二十年,封"医灵真君"。成祖永乐七年,封"万寿无极大帝";二十一年,封"宝生大帝"。仁宗洪熙元年,封"恩主昊天金阙御史、慈济医灵冲应护国孚惠普祐妙道真君、万寿无极大帝"。

〈1〉[明]何乔远:《闽书》卷三十,《方域志》,第274—275页,福建人民出版社,1994年。
〈2〉据《闽书》卷一五四《我私志》记载,此书编撰于万历四十年至四十四年(1612—1616),至少比《吴真人世修道果碑》迟十年。

上述封号大多并未见诸正史记载，很可能是后人虚构的。尤其是明王朝对吴夲的五次赐封，都是很可疑的。明洪武初年，曾多次要求地方官员申报各地"应祀神祇"，由朝廷统一确认其封号及祀典。因此，吴夲于明初再次纳入官方祀典，这是有可能的。不过，明代规定民间诸神皆称为"真人"，如果加封吴夲为"昊天御史""医灵真君"，并不符合当时的礼制。至于洪熙年间赐予吴夲的封号长达三十字，甚至连"恩主""大帝"之类的尊称都用上了，其崇尚程度可谓无以复加，更是令人难以置信。何乔远可能也认为这些"封号"太离谱了，因而并未全部采纳，并把明王朝的封号删改为"恩主昊天医灵妙惠真君、万寿无极保生大帝"，补充了永乐十七年（1419）吴夲显灵"医帝后"的具体细节，试图使之更为合乎情理。

何乔远是明末福建的大儒，曾经历任刑部主事、礼部郎中、光禄寺少卿、太仆寺少卿、左通政、太仆卿，官至南京工部右侍郎，立朝正直敢言，三度贬官去职，所著《闽书》及《名山藏》皆享有盛誉。[1] 那么，他为何采纳出自民间的碑刻资料，为吴夲杜撰了"保生大帝"的封号呢？笔者认为，这可能是为了借助虚构本朝的"封号"，使吴夲信仰具有新的正统性和合法性。其实，前人早已指出："按史，文皇后崩于永乐七年，以后竟虚中宫，安得十七年有后可病乳来？"更为可疑的是，所谓吴夲为皇后治病的故事，"与灵济二徐真人梦中授药治文皇疾相类"[2]。这就是说，《闽书》记载的吴夲灵异故事，实际上是福州徐真人神话的翻版。然而，后人为了论证吴夲信仰的正统性，仍然不惜以讹传讹，而吴夲的"保生大

---

〔1〕 乾隆《泉州府志》卷四十四，《明列传九》。
〔2〕 乾隆《海澄县志》卷二十四，《丛谈》。

帝"称号也因此不胫而走。

《吴真人世修道果碑》的立碑者为"会首"吴孔道等二十六人和"会信"黄鸣镛等三人，可能是当地民间崇拜吴真人的宗教社团。由于此碑主要讲述吴夲得道成仙的神话故事，集中地反映了明代道教对吴真人信仰的影响。兹摘引如下：

> 明万历壬寅年三月十五日，仁济仙官江闻兹香信呼魂，摄箕笔纪吴真人世修道果，庠生谢甲先和南书。
>
> 尝闻维岳降神，钟而为人。其生也，挺然异于夷俦；其化也，不与草木朽腐。因而二五凝精，布炁存神于十方，体天运道于无极。焕然其有文章，渊乎其不可量，堂堂乎神明之宗。阐教造化，弘诸大道，世世庙食。而常自然者，惟慈济吴真君之神乎？父吴通四十八，母黄氏三十八，至宋太宗兴国三年，母梦见白衣长斋清素下降，觉而有孕。至四年己卯三月十五辰时，诞生于漳。生时，五老庆诞，三台列精。名曰夲，字华基，号云衷。世居泉郡，而职登御史，时乃退爵修真，誓以济利为人，道全德备，善行清隆。幼不美，长不娶，不茹荤，不顾家。灵通三界，可伏群魔。至仁宗明道癸酉年，承太上老君之妙敕，得至人神方之秘法，遄敕妙所。于四月七日步罡呼气，地震三声，叱盐盂水，扶降真童。彼时也，其性明畅，一视轸解。……传灵宝经法，以救世人。夫如是，道能泰于邦家，恩能及于人物。神之圣也，太上其能无物色乎？至丙子年五月初三日，上帝闻其道德，命真人捧诏召夲，夲乘白鹤，白日升天，衣则道，冠则儒，剑在左，印在右，计在（世）五十八年。自升之后，世间或有望祷，应于物如扣钟鸣，现于世如镜明照。大事身现宫禁，小事魂梦形躯。矧思于方寸之内，依光

于咫尺之间。是以诸将协力扶持,生民披肝而崇祀焉。

在上引碑文中,借助于"江仙官"降箕,记述了吴真人修真得道、"承太上老君之妙敕""传灵宝经法""白日升天"等神迹,使之具有道教神仙的完整履历。碑文中的"仁济仙官江",俗称"江仙官",据说原为吴夲的高徒,从明初已分灵至南安,成为当地降箕的主神。在顺治三年的《敕封仁济医局江仙君碑记》中,对此事的前因后果有如下记述:

> 有宋江仙君,世居广省惠莱邑,生于兴国十五年三月十八日卯时。……二五登第,初授泉银同县令,访道宏理,时即弃官,抛家离邑,从吴真人,得道青礁而化。化时,封为"威武舍人"。乾道二年,封为"仁济医局仙官"。至洪武二年,分身武荣,箕笔悬梁,叩时即应。时黄县令求之,箕云:"门前三竿竹,屋后一口池。本是三胎子,夺长为男儿。"手指箕灵,一别而去。至万历戊戌岁,呼童摄箕,济世疾苦,流传于今。因吴真人谒祖进表,赵斗枢、彦琦邀吴震璟求表章,呼童降笔,咳唾珠玉,焚香叩请,应也如响。震璟求余文以志之。余慕仙君道德全备,神灵不测,而知天地间无日不有阴阳。人所不能存者,天独存之;天所不能存者,神独存之。明有礼乐,幽有鬼神,亶其然乎?书之以垂不朽。

此碑的撰文者为"浯溪居士吴震交",晋江县人,明崇祯七年(1634)进士,官至扬州知府,清初归隐于乡;[1] 而刻碑者为"彦

---

[1] 乾隆《泉州府志》卷五十,《明循绩十四》。

琦男轼夫",碑末署名为"武荣弟子"洪伯丹等十二人"焚香拜祝",可能是当地主持降箕的宗教社团。如上所述,"江仙官"从明初分灵至南安以后,以显灵降箕而闻名,但此后一度离去,至万历二十六年(1598),又再次"呼童降笔"。延及清初,当地信徒去慈济祖宫进香时,仍是请"江仙官"降箕书写"表章"。由此可见,从明初至明中叶,这一仪式传统曾经中断,至万历年间才再度复兴。

一般说来,降箕是通过神灵附体书写宗教文献,因而是由神童主导的仪式传统。不过,由于降箕需要具备一定的宗教知识和文化素养,与民间道士和士绅阶层也有密切的关系。因此,明清之际丰州慈济宫的降箕活动,可以视为精英文化与庶民文化相结合的典型例证。

三、清代吴真人信仰的象征体系

清代闽南地区的各级地方政府,一般都把吴夲纳入官方信仰体系,"与文武学宫、山川、社稷、城隍之神,并载祀典"〈1〉。地方长官对于当地的主要吴真人庙,"每逢月朔,必循常例诣香焉"〈2〉。在闽台地区的民间道教仪式中,大多也把吴夲列入地方主神。〈3〉因此,在清代闽南的各种地方文献中,吴真人信仰的政治意义与宗教意义都得到了强化,其象征体系日趋复杂化。

前已述及,在宋人有关记述中,吴真人的政治意义在于"表著

〈1〉 [清]许邦光:《谱系纪略序》,引自《白礁志略》卷二。
〈2〉 [清]黄家鼎:《吴真人事实封号考》。
〈3〉 K.Dean(丁荷生),*Taoist Ritual and Popular Religion of Southeast China*,Princeton University Press,1993.

方望,纳民瞻依",即作为保境安民的地方守护神;在明人有关记述中,开始把吴真人塑造为效忠于王朝的象征,致力于建构吴真人信仰与国家政权的联系。在清代闽南的地方志中,不仅抄录了前人的有关记载,又增补了许多相关的灵异传说。光绪年间的马巷厅通判黄家鼎,在综合前人有关记述的基础上,对吴真人效忠于宋明王朝的灵异故事做了如下概述:

> 溯神灵之护宋也。高宗为太子时,曾质于金,思归中原,步月崔子庙,忽闻廊下马嘶,遂乘之逃。金遣铁骑追至黄河,高宗仰天呼祝,忽见神幡蔽天,戟钺如雪,金将怯退,得从容渡河。靖康二年,高宗南渡,神亦显灵助战。深夜虔叩,始梦示姓名。……更著灵于明代。太祖与陈友谅鏖兵鄱阳湖,飓作,龙舟将覆,云端忽露旗幡,大书吴字,天遂反风,太祖得安。成祖永乐间,文皇后患乳,百药不效,诏求名医。神化道士诣阙,牵丝于外诊之,隔幔灸以艾柱,应手而愈。问其姓氏、官、里,神以实告,且曰:"臣乃高皇帝时鄱阳湖助战者。"⟨1⟩

上述吴真人效忠于国家的灵异故事,主要取材于清人颜兰的《吴真君记》。颜兰的身世未见记载,黄家鼎称其为"校官",可能是当地的低级士绅。⟨2⟩由于这些灵异故事反映了地方士绅的国家认同,自然也就受到了地方官的欢迎,辗转收录于官方主持编纂的各种地方文献。至于宋明王朝赐予吴夲的"封号",在清代地方志中也是不论真假,随意抄录,以致"各家所载,纷如聚讼"。据黄家鼎考证:

⟨1⟩ [清]黄家鼎:《吴真人事实封号考》。
⟨2⟩ 同上。

神之封号，据《福建通志》，宋开禧三年封英惠侯，累封普祐真君。《泉州府志》谓，宋庆元中封忠显侯，开禧三年加封英惠侯，明永乐十七年封恩主昊天医灵妙惠真君、万寿无极保生大帝。《漳州府志》谓，宋乾道间封慈济真人。《同安县志》称，宋乾道二年赐祠额曰"慈济"；淳祐元年升祠为宫，十五年封显佑真人；宝祐五年封守道真人，加封广惠；景定五年，封福善真人；咸淳二年，封孚惠真人；德祐元年，封普祐真君；明永乐七年，封万寿无极大帝，二十二年封保生大帝，寻封恩主昊天医灵妙惠真君；又称庆元中封忠显侯，开禧初加封英惠侯，累封普祐真君。《安溪县志》称，自宋迄明，敕封十五次，为无极保生大帝。《龙溪县志》称，宋乾道中封慈济真人。《海澄县志》称，宋乾道丙戌赐庙号为慈济；庆元丙辰加忠显侯；嘉定间封英惠侯，增康祐侯；端平乙未封灵护侯；嘉熙己亥晋正佑公，庚子从御史赵涯之请，改封冲应真人；淳祐辛丑诏改庙为宫。〈1〉

吴夲的上述称号，大多并不可信，但由于见诸官方主持编纂的地方志中，具有一定的权威性，因而也就为各种通俗读物和宗教文献所引用，成为论证吴真人信仰正统性的可靠依据。

在清代闽南吴真人庙宇的修建碑记中，留下了不少地方官积极倡导与赞助的资料，同样反映了吴真人信仰的政治化倾向。例如，嘉庆二十年（1815），福建水师提督在《重修白礁慈济宫碑记》中宣称："余思自己巳扫清海氛，迄今六七年，沐保生大帝之恩庇者屡矣。自当乘此机缘，酬我夙愿，谨捐廉俸佛番贰千大员。爰集诸

〈1〉[清]黄家鼎：《吴真人事实封号考》。

同志，共襄义事。"⁽¹⁾又如，光绪四年（1878）重修白礁慈济宫时，捐资者中计有"提督军门李、兴泉永道曾、税务协镇刘、中协参府曾、铜协参府陈、厦防分府马、二等子爵王、庶吉士王"等各级文武官员。⁽²⁾这些地方官员倡导及赞助此类活动，不仅是消极地认同当地的文化传统，而且强化了吴真人信仰的政治意义，具有因势利导的教化作用。

清代后期，闽南各地出现了大量有关吴真人信仰的通俗读物，如传记、谱系、庙志等。这些通俗读物的共同特点，就是试图通过"神道设教"，改造民间的吴真人信仰。收录于嘉庆《同安县志》的颜兰《吴真君记》⁽³⁾，应是清人较早编撰的吴真人传记，对此后的各种通俗读物有广泛影响。光绪年间，杨浚在《白礁志略序》中说："鹭门林君廷瓒所纪吴大帝传文，漳厦皆有刻本。中引颜兰《吴真君记》，未见原书，或林本所采多颜记语也。"⁽⁴⁾所谓"林本"，大约编撰于道光年间，《白礁志略》收录了林氏于道光元年（1821）编撰的《保生大帝赞》。⁽⁵⁾道光二十八年（1848），海澄生员颜清莹在《保生大帝传文序》中说："莹不敏，忝乡先贤之胄，不惜重赀，共新庙貌。因购大帝之传文，广布当世，俾当世得所观瞻者，复知其懿行。"他所刊布的《保生大帝传文》，即为"鹭门林廷瓒手辑之书"。⁽⁶⁾在上述通俗读物中，除了记载吴夲的历代封号及其"护国

⟨1⟩ 此碑尚存白礁慈济宫，碑文见于郑振满、丁荷生《福建宗教碑铭汇编·泉州府分册》卷七，第1135页。
⟨2⟩ 光绪四年《重修慈济祖宫碑记》。此碑尚存白礁慈济宫，碑文见于郑振满、丁荷生《福建宗教碑铭汇编·泉州府分册》卷七，第1244—1247页。
⟨3⟩ 嘉庆《同安县志》卷十，《坛庙》。
⟨4⟩ [清]杨浚：《四神志略》之《白礁志略》卷首，光绪十三年刊本。
⟨5⟩ [清]杨浚：《四神志略》之《白礁志略》卷二。
⟨6⟩ 同上。

庶民"的灵异传说，也记述了吴夲得道成仙的神话故事和传承谱系，强化了吴真人信仰的宗教意义。

吴真人信仰形成之初，已经具有明显的道教化倾向，以致民间"私谥"为"医灵真人"。不过，最初供奉"医灵真人"的"龙湫庵"，原是当地的一所小寺院，其宗教属性并不明确。南宋淳熙十二年（1185）重建青礁"东宫祖祠"之际，也同时设立僧舍，"其房居学佛者，以供洒扫之役，然后祠宇粗备"〈1〉。然而，在明代的《吴真人世修道果碑》中，却完全是按道教神仙的形象塑造吴夲，使吴真人信仰完全道教化了。在此基础上，清人又把吴夲说成紫微星的化身、西王母的徒弟，使之纳入更为多元的道教神仙谱系。例如，颜兰在《吴真君记》中，对吴夲得道成仙的经历有如下记述：

> 宋太平兴国己卯三月十四夜，圣母将娩，梦长素道人，五老庆诞，三台列精、南陵使者、北斗星君护童子至寝门内，曰："是紫微神人也。"越辰诞公。……年十七，游名山，遇异人浮槎水中，招公同往。公欣然登舟，听其所。忽见高峰亭峙，风景异常，乃昆仑也。公摄衣陟绝顶，见西王母，留宿七日，授以神方济世、驱魔逐邪之术。归，倏然至家。遂觉悟修真，不受室，不縻爵，说法云游天下。……景祐六年五月初二日，公自白礁偕圣父、圣母及圣妹吴明妈、妹夫王舍人，白日升天，鸡犬皆从。乡人见之，列香案以送。公既登上界，犹以凡间氛尘未净，监观不忘，屡有寇贼侵境，水旱疾疫，所祷必应。〈2〉

〈1〉[宋]杨志：《慈济宫碑》。
〈2〉[清]颜兰《吴真君记》，嘉庆《同安县志》卷十，《坛庙》。

上述神话故事究竟于何时开始形成，如今已不可考，但最初无疑是由道士编造的，其目的在于借助吴夲信仰弘扬道教。当时漳泉民间还有一种"炼丹救世图"，其主要内容也是宣扬吴夲的道行。嘉庆二十年，晋江何善言在《炼丹救世图赞》中纪云：

> 云游渺渺兮白鹤冥冥，炼丹采药兮王母传经。或腿残兮代柳，或乳灸兮临屏，或救饥疫兮扶民命，或佐军功兮动天霆。凡庇民护国兮，不借封册而德馨。呜呼！世皆奉为医灵，不知其所产兮，乃紫微帝君。〈1〉

清代后期，由于各种通俗读物广为流传，吴夲得道成仙的故事已是有口皆碑，"其神灵变化类乎仙人所为者，何尝不交口称述于宇宙"〈2〉。在嘉庆《同安县志》和道光《重纂福建通志》等地方志中，都记载了吴夲"蜕化""升天"的故事。〈3〉与此同时，清人还依据道教的等级观念，为吴夲配置了众多的"侍从"，主要有"神妹吴明妈、神妹夫王舍人、江仙官、张圣者、黄医官、程真人、鄞仙姑、邓天君、连圣者、刘海王、孔舍人、炳灵官、马迦罗、虎迦罗、刘天君、李太子、何仙姑、殷太子、张真人"，此外还有诸多"元帅"及"将军"，全都"绘像庙中配享"。〈4〉其中有些"侍从"可能原来就是各地的"土神"，在吴真人信仰的传播过程中才陆续被吸收和同化的。例如，道光十一年（1831），黄化机在为泉州花桥慈济宫"采辑"的《谱系纪略》中记述：

〈1〉［清］杨浚：《白礁志略》卷二。
〈2〉同上。
〈3〉同上。
〈4〉同上。

> 宋太宗太平兴国四年,真人母梦星入怀,是生真人,时己卯三月望日辰刻也。……入瑶岛,谒西王母,授以医书,传斩妖伏魔之法。于是修真养性,炼丹药,以医济世。宅左涌泉,病者求一勺辄愈。当时如黄医官、程真人、昭应灵、王舍人辈,均师事之。有江少峰者,就试京师,道遇虎,亡其仆。真人于桑林间见仆遗骨在地,失左股,取路旁柳枝代之,咒以符水,仆顿苏,愿从真人。洎少峰登第归,途遇旧仆,相顾愕眙。真人告之故,少峰以为荒谬,执见司牧。真人令仆仆地,仍以符水咒之,肤肉消融,乃得柳枝代骨之实。司牧据以申奏,真宗嗟异,诏授御史,真人辞不就职。少峰除同安令,甫莅任,询于邑吏,访真人所居,弃官从学。同时主簿张圣,亦解组相从,求传其法。……真人举家飞升于景祐四年丙子五月二日。〈1〉

清代漳泉地区还流传《保生大帝真经》《保生大帝签谱》和《太上说慈济仙姑救产妙经》等,都是有关吴真人信仰的道教文献。〈2〉在《保生大帝真经》中,收录了《启请》《开经偈》《敕水咒》等经文。《启请》即请神科仪,主要述及吴真人的来历及神谱,全文如下:

> 仰启昊天吴大帝,世居泉郡诞临漳,威灵勇猛起慈心,以法力故作医王。于诸众生多饶益,功成行满感玉皇,诏问修何因缘行,得正知见道弥彰。敕补医灵大徽号,仍差仙医官姓

〈1〉［清］杨浚:《白礁志略》卷二。
〈2〉［清］杨浚:《白礁志略》卷末。

黄，威武舍人江四使，青巾真人并二童，驱邪力士六丁将，女医太乙勤小娘，更与飞天大使者，协力扶衰驱病殃。我今至心皈命请，愿歆一念降恩光。

《开经偈》的大致内容是：元始天尊与太上老君在太清宫中演经说法，指称人间时值末世，"诸佛涅槃，贤圣隐伏"，妖魔横行，凡夫俗子灾难深重。于是，天尊"乃推穷历数，考究谶言"，演成经法，"永镇魔兵"；而老君"复敕秘诀灵符一百二十道"，令吴夲下凡，"传布经法，救度群生，同归大道"。吴夲下凡之后，又作有"神咒"，以之调兵遣将，"荡涤群凶"。因此，如欲得到吴真人的庇护，必须举行"诵经""书符""念咒"三种仪式。

《敕水咒》的全文如下：

孚惠真君，观音化身，慈悲普济，随念降灵。行云布炁，治病除迍。火车去毒，水车咸臻，风车炁车，洞达玄冥。青龙守木，白虎卫金，朱雀守火，玄武水神。吾为土主，道宗混元，罡步正炁，保卫万生，功成行满，与吾同升。急急如律令。

据《白礁志略》记载："相传此经专治时疫，诵之可为众生解厄。"[1]为此，在经文中对信徒们提出以下具体要求：

今传灵宝经法以救世人，若有男女得吾真经妙印，信受供养。或请僧道转诵，或结会读诵，广令传说，求心所愿，无不遂意。若人开筑井、灶，架造宅、墓，猪、羊、牛、马、鸡、

---

[1]［清］杨浚：《白礁志略》卷末。

鸭栖栏，或有时气疾病，可以香花、灯、茶、异果供养，持诵此经，连念吾咒七遍，以朱砂书吾传示符诀如法，敕向门上，灾鬼自消，人员自泰，所求称心，咸登道岸。

在上述经文中，尚有"扶降真童，宣说此经""真童说已，吁魂而悟"之类的说法，可见这些经文也是以降箕的形式编造的。换句话说，在清代吴夲信仰的传播过程中，降箕的仪式传统仍然具有重要的影响。

综上所述，清代吴真人信仰的日益政治化与道教化，使之形成相当庞杂的象征体系。在政治上，吴夲作为各级地方政府的祀典神，拥有众多的国家"封号"，既是漳泉地区的守护神，也是效忠于国家的典范；在宗教上，吴夲作为紫微星（或观音）的化身、西王母的徒弟，既是白日飞升的仙人，又是从天而降的神灵。吴夲的这些象征符号，无疑具有精英文化的基本特征，反映了士绅阶层与地方教派对民间信仰的深刻影响。

四、余论

本文依据的历史文献资料，主要是由当地士绅编撰的，因而难以反映吴真人信仰的历史全貌。这是因为，士绅阶层热衷于记述吴真人的故事，并不是为了使之传为信史，而是为了"以神道设教"。因此，尽管吴真人的历代封号和神迹未必查有实据，在士绅的笔下依然煞有介事，言之凿凿。道光年间，曾任光禄寺卿的晋江乡绅许邦光为泉州花桥慈济宫的《谱系纪略》碑作序，曾明确指出："顾余尝考方外一编，所志缁流仙释，大半子虚亡是。……遂使一二好事者，相与附会，建淫祠而兴土木。以是为神道设教，何其诬也。夫苟不足以安国家、利社稷、庇民人、御灾捍患、赞化调元，即显耀一时，何益于世？"〔1〕这就表明，士绅阶层编撰吴真人信仰的历史文献，目的在于建构规范化的象征体系，强化民间的国家认同，维护社会秩序的稳定。通过追溯这些历史文献的来龙去脉，有助于揭示神明正统性的建构过程。

在吴真人信仰的历史文献中，也不难看出民间宗教观念和地方教派的深远影响。由于这些历史文献的素材大多取自民间传说，因而在一定程度上反映了当地民众的宗教观念。例如，杨志在撰写《慈济宫碑》时，自称旨在"罗网放佚，采故老之所闻，贻诸后人，信以传信"。庄夏的《慈济宫碑》，据说是应"乡之秀民"所请而写的，自然也就必须顺乎民情，记述吴真人作为医神的各种灵异传说。至于明清时期的地方教派，更是直接参与了吴真人信仰的建构。如万历年间的《吴真人世修道果碑》、顺治年间的《敕封仁济医局江仙君碑记》和《保生大帝真经》等道教文献，显然都与降箕的仪式传统密切相关。清代的各种通俗读物，如颜兰的《吴真君记》、林廷瓘的《保生大帝传》与黄化机的《谱系纪略》，都收录了大量的民间传说，或者是由神话故事改编而成。这些来自民间的神话故事，历经地方文献的辗转记述与宗教仪式的反复演示，如今已经成为地方社会的共同历史记忆。

自宋代以降，士绅阶层与地方教派的积极干预，促成了吴真人信仰的政治化与道教化，具有精英文化的某些特征。然而，对普通民众而言，也许吴夲始终只是包治百病的医神，而不是国家或道教的象征。清人曾力求调和这一矛盾，使吴真人信仰成为更具有包容

---

〔1〕[清]许邦光：《谱系纪略序》，引自《白礁志略》卷二。

性的教化工具。例如，黄家鼎在《吴真人事实封号考》中说："神以医名，亦一末技耳。而技进于道，生则救民之疾病，殁则捍民之灾患，而其威灵赫奕，乃至于裂赤县、拟黄屋，而天下后世翕然无异辞。此虽神之灵爽有以致之，而历代帝王爱民保赤之深心，亦于此可见云。"[1]这就是说，如果不是借助于道教和国家的力量，吴真人信仰也不可能具有广泛的影响力。因此，吴真人信仰的包容性与多元化，反映了精英文化与庶民文化的反复"交叉感染"，而这正是民间信仰始终充满活力的秘密所在。

---

[1] 光绪补刊本《马巷厅志》附录下。

神庙祭典与社区发展模式
——莆田江口平原的例证

在中国传统社会的区域研究中,前人已经提出了若干不同的分析概念与理论模式,如"祭祀圈""市集区""宗族""乡族""乡绅"等理论,都是学者耳熟能详的。以往的研究成果表明,这些理论对于探讨中国区域社会文化的形成与发展,都具有一定的启发意义和解释能力。因此,在具体的区域研究中,可以把这些理论作为基本参照系,并使之得以检验和发展。

本文试图通过考察莆田江口平原的神庙系统和祭典组织,发掘"祭祀圈"理论的潜在意义。这一理论最初由日本学者冈田谦提出,在台湾史研究中得到了较为广泛的运用,已经发展为解释台湾社会文化史的一种主要理论模式。台湾学者一般认为,"祭祀圈"是指特定地域范围内的公众祭祀组织,因而亦可定义为以神明崇拜为标志的地域性社会组织。这种地域组织通常以聚落或村落为基本单位,逐渐向超村落区域扩展。[1] 由于此类研究主要局限于台湾史领

---

[1] 主要参见许嘉明:《彰化平原福佬客的地域组织》,施振民:《祭祀圈与社会组织——彰化平原聚落发展模式的探讨》,"中研院"《民族学研究所集刊》第36期,1973年;林美容:《由祭祀圈来看草屯镇的地方组织》,"中研院"《民族学研究所集刊》第62期,1986年;林美容:《由祭祀圈到信仰圈——台湾民间社会的地域构成与发展》,《中国海洋发展史论文集》第三辑,1988年。

域,有不少学者把"祭祀圈"视为台湾汉族移民社会的特有历史产物,甚至认为这"表示台湾民间社会的自主性发展,完全是老百姓的自发性组织,与官方的行政官僚体制无关"[1]。然而,在大陆传统社会的区域研究中,我们同样可以发现此类地域组织的普遍存在,其社会性质也未必"完全是老百姓的自发性组织"。例如,陈春声对樟林社神崇拜与火帝巡游的研究[2]、刘志伟对沙湾北帝祭祀的研究[3]、罗一星对佛山祖庙祭典的研究[4]、刘永华对适中盂兰盆盛会的研究[5],都为我们提供了有关"祭祀圈"与地域性社会组织的新范例。这表明,只有把"祭祀圈"置于更为广阔的历史背景之中,才有可能阐明其社会性质与历史成因。

莆田江口平原位于福建中部沿海,濒临兴化湾,是唐以后逐渐形成的河口冲积平原。自北宋以降,当地居民不断围海造田,兴修水利,把江口平原开发为闻名遐迩的鱼米之乡,同时也形成了富有特色的社区文化传统。宋、元、明、清时期,这里共设有三个里一级的政区,至今仍分属于若干不同的乡镇。然而,由于江口平原长期处于同一水利系统——南安陂灌区——之内,当地居民具有高度的认同感和凝聚力,因而历来被视为统一的社区,俗称"九里洋"。

---

[1] 林美容:《由祭祀圈到信仰圈——台湾民间社会的地域构成与发展》,《中国海洋发展史论文集》第三辑,1988年。
[2] 陈春声、陈文惠:《社神崇拜与社区地域关系——樟林三山国王的研究》,《中国历史社会发展探奥》,辽宁人民出版社,1994年;陈春声:《从〈游火帝歌〉看清代樟林社会》,《潮学研究》1993年第1期。
[3] 刘志伟:《大族阴影下的民间神祭祀:沙湾的北帝崇拜》,《寺庙与民间文化》,台湾汉学研究中心,1994年。
[4] 罗一星:《佛山祖庙与佛山传统社会》,《中国历史社会发展探奥》,辽宁人民出版社,1994年。
[5] 刘永华:《文化传统的创造与社区的变迁——关于龙岩适中盂兰盆盛会的考察》,《中国社会经济史研究》1994年第3期。

为了有助于说明江口历史上的生态环境,本文拟先对水利设施与社区发展略做概述,再依次考察不同层次的神庙系统与祭典组织,最后是对有关理论问题的简要讨论。由于前人曾对"祭祀圈"的概念下过不同的定义,本文在具体论述过程中不拟套用这一概念,以免引起不必要的误解。

本文所依据的资料,是由笔者与加拿大麦吉尔大学丁荷生教授共同收集的,有关论点的形成也得益于长期的合作研究。[1]当然,行文如有不妥之处,概由本人负责。

一、水利设施与社区的发展

江口平原靠山面海,东、西、北三面皆为山地丘陵,地势自北向南倾斜,延伸入海。根据地质钻探资料,江口平原在近两三千年间呈上升趋势,平原中部约有1.65米厚的河流冲积层,已高于海平面近2.4米。[2]在江口平原的东北部边缘,有北萩芦溪与蒜溪汇入海,但由于丘陵台地的阻隔,溪流未能自然进入平原腹地。因此,江口平原的农业用水,主要依赖于人工营造的水利灌溉系统。

在宋代以前,江口一带水源十分贫乏,居民只能在山间丘陵地带耕作。北宋太平兴国二年(977),清源军节度使陈洪进始于此地兴修水利,在远离江口的北萩芦溪下游拦溪筑陂,沿山开圳,引水灌溉"海滨斥卤之地",受益面积可达百顷。[3]北宋后期,"重修于

---

[1] 此项合作研究始于1987年,1991—1992年得到了香港中文大学"华南社会文化史研究"计划的资助,该计划由陈其南博士主持,谨此致谢。
[2]《江口镇志》,第19—20页,华艺出版社,1991年。
[3]《八闽通志》卷二十四,《食货·水利·兴化府》。

蔡端明学士，增石于方三使庭实"[1]。然而，这一时期的水利设施尚不完备，只是"于上流叠拳石遏水"，以致"盛雨暴涨，旁穴四出，浩漫不知纪极"[2]。据说，在蔡襄奏复莆田五塘以备旱时，江口平原尚存"圣寿""西冲"二塘，可见当时"水利未洽"[3]。南宋绍兴十五年（1145），莆田县丞王康功应当地居民之请，重修南安陂水利设施，"命工凿大石，去拳叠，因旧规而甃之。……补罅苴漏，枝分畎浍，造二斗门于下流，视时水之上下而开闭之。凡灌田二万亩"[4]。此次重修之后，不仅扩大了南安陂的受益面积，而且使江口平原成为旱涝保收的乐土，"暴涨稽天而苗不腐，亢阳烁石而土不焦；农无怨嗟，田无下岁"[5]。

根据宋代地方志的有关记述，南安陂原名"南湾陂"，分为上、下洋二陂，"上陂深一丈，阔一丈五尺，为圳一，长一千一百丈，跨待贤、永丰二里，灌田四十顷；下陂深一丈二尺，阔一丈，为圳二，长一千二百丈，跨永丰、望江、待贤三里，灌田六十顷"[6]。准此，则当时的上、下洋二陂实为相对独立的两大水利系统，江口平原可能尚未形成统一的社区。清人陈池养在《莆田水利志》中对此表示质疑。他认为，在同一水源上同时创设二陂，似无必要，亦与地势不合，"疑所称上、下二陂即上、下二圳也。……想立陂时山址多余地，于陂口即分二圳，后溪道渐逼，不得不合为一圳"[7]。即使如此，当时的"上、下二圳"也是相对独立的水利系统，除修陂

---

[1]［明］陈中：《重修南安陂记》，弘治《兴化府志》卷三十。
[2]［宋］黄公度：《修南安陂记》，《莆田水利志》卷八。
[3]《莆田水利志》卷三。
[4]［宋］黄公度：《修南安陂记》，《莆田水利志》卷八。
[5] 同上。
[6]《莆田水利志》卷三。
[7] 同上。

之外不必有其他协作关系。明正统七年（1442），莆田知县刘玭应当地"耆民黄大三秀等"之请，对南安陂水利系统进行大规模的改建，将原来的上、下二陂（或二圳）合而为一，"陂口作圳以引水，修沄（原注：沄是水洄洑处）以止水，就沄头山下作上、下二沟，分水散行，灌溉永丰、待贤、望江三里田土，复于下沟作沄，分作二小沟，各沟又支分派析，分灌各里田土"[1]。此次改建之后，南安陂水利系统已趋于定型，江口平原始以"九里洋"著称于世。

在江口民间，对"九里洋"之名的由来有一传说，可以印证明代江口社区关系的发展。据说，明成化年间，太常寺卿黄本清主持重修南安陂水利设施，在计算工程所需石料时打错了算盘，多进了一位，结果在备料时多买了九千多块基石。工程结束后，遂用剩下的基石铺了一条长九里的石板路，从江口平原北端的江口街直通南端的石庭桥头店。此路宽敞平整，纵贯江口平原中部，从明代起即为福建沿海驿道的必由之路，"九里洋"之名亦因此不胫而走。黄本清为江口石庭村人，后人讥其"打错一只铺九里"，对他的筑路之举颇有微词。[2]然而，这一筑路工程得以完成，无疑有助于加强社区内部的联系，强化了当地居民的认同感。

明中叶以后，南安陂水利系统历经重修，受益范围不断扩大，逐渐形成了"顶洋""内埭""外埭"三大开发带。大致说来，"顶洋"开发于北宋时期，"内埭"开发于南宋时期，而"外埭"则开发于明清之际。与此相适应，居民聚落也日益向沿海埭田地带推进。据宋代地方志记载，江口一带"人烟稠密，环山以居"[3]。可见

---

[1] ［明］陈中：《重修南安陂记》，弘治《兴化府志》卷三十。
[2] 《福莆仙东岳观志》（油印本），东岳观董事会，1994年。
[3] 弘治《兴化府志》卷九，《里图考》。

当时的居民点主要分布在靠山的"顶洋"地带。至明代中叶，沿海埭田地带已有不少村落。明弘治十六年（1503）刊行的《兴化府志》，记录了南安陂灌区内的大小十七村，其中分布于"顶洋"地带的共有六村，而分布于埭田地带的共有十一村。[1]这些村落一般是沿各大沟渠呈线状分布，每一村落都隶属于特定的水利灌溉系统。清道光三年（1823）议立的《南安陂善后章程》记载：

> 南安陂圳经观后村，分上、下两瓣：上瓣为上沟，得水四尺，内加深靴瓣，灌前王、丰美、下萧三甲田，又石筧，溉江口并新丰埭、欧埭、李埭田；下瓣得水六尺，分中、下二沟，中沟溉上林、上方、石庭、浦城、东施、西刘、佘埔、田头、后郭田，下沟溉吴墩、东蔡、下厝、沟上四甲并囊山寺及澄墩、下墩、外埭田；又下瓣未分中、下二沟之先，另有七寸涵，溉江口甲及何埭、卓埭田。以上各分各水，如有阻塞侵凌，准就近呈投迎仙司拿解讯究。[2]

上述这些枝分派别的水利灌溉系统，既把江口平原联成有机的整体，又使同一沟系的村落休戚与共，这就势必形成超村落的社区组织。

在南安陂灌区内，为了统一管理及维护水利设施，历代都有相应的制度和组织。清光绪十年（1884）的《南安陂善后章程》记载：

> 南安陂向设公正、副正各一人，十五甲各举能干一人。遇修陂时，某甲经管田若干亩，应配亩捐钱若干千贯，责成各甲

---

[1] 弘治《兴化府志》卷九，《里图考》。
[2] 引自《莆田水利志》卷六。

能干按户查收,不得推隐。圳道淤积泥水,向由各甲民夫按段分修。至陂头挑掘沙石水工,旧例视每甲田额若干,派出民夫多少,均责成各能干就甲内匀派供役,不得推赖。如何甲能干身故,即由该甲内衿耆公举接充,毋许互推,致误公事。〈1〉

这里的所谓"能干",亦称"甲首",是由各村选派的管理水利设施的代表。由"能干"或"甲首"组成的水利组织,一般只负责南安陂水利设施的日常管理及维修,如遇大规模的修陂工程或水利纠纷,则必须由士绅和耆老出面解决。因此,在南安陂水利组织之上,还有更高一级的权威机构。清雍正五年(1727),兴化知府沈起元在《修南安陂记》中指出:"旧例,江口十五乡各举一甲首,亩岁出谷一斤备修筑。甲首侵牟,致废公事。是役也,监生佘廷梁、生员李国璋、吏员李廷秀董其事。"〈2〉在当时,设立修陂董事可能是权宜之计,而事后则演变成常设机构,俗称"董事会"。这种由士绅和耆老组成的"董事会",既是南安陂灌区的权威机构,也是社区组织的有机组成部分。

清代后期,南安陂灌区内共有"大小二十九村",其中属待贤里者十一村,属永丰里者十五村,属望江里者三村。〈3〉在这些村落之间,由于受到了里甲体制与沟渠系统的双重制约,形成了错综复杂的社区关系。兹依据陈池养《莆田水利志》一书的有关记载〈4〉,对清末南安陂灌区的聚落形态与行政隶属关系略做分析,列为下表:

〈1〉 此碑尚存东来寺水利会内。
〈2〉《莆田水利志》卷八。
〈3〉《莆田水利志》卷三。
〈4〉《莆田水利志》卷三、卷六。

表1 江口平原的里甲、沟渠与村落关系

沟渠	里甲		
	待贤里	永丰里	望江里
上沟	观后、游陇、山头、前王、上魁（烧灰）	东田、邦尾（丰美）、下肖、上蔡、上方	
石笕、七寸涵	江口、港下、度围头		
中沟		上林、上方、石庭、浦城、东施、西刘、东蔡、西蔡	田头、余埔、后郭
下沟	沟上、新墩、陈墩、下墩、吴墩、下厝	游墩、东蔡、新厝	

如表1所示，依据行政体制与水利设施，可以把南安陂灌区的村际关系分为四种不同类型：一是同一里甲不同沟系；二是同一沟系不同里甲；三是既同沟系又同里甲；四是不同沟系也不同里甲。一般说来，在既同沟系又同里甲的村落之间，可能形成较为稳定的长期协作关系，因而也有可能形成相对独立的村落集团。明清时期，这些村落集团大多建立了相应的神庙系统与祭典组织，在社区生活中发挥了举足轻重的作用。

二、社区权力中心的建构

江口历史上的社区权力中心，是为"九里洋"居民所共同信奉的中心庙宇——东岳观和东来寺。这种以宗教形式建构的社区权力中心，具有较为广泛的社会基础，对社区生活实行了有效的控制。

江口东岳观主祀东岳注生大帝，其香火据说始于宋代。民间传说，北宋杨家将率部入闽平蛮十八洞，途经江口，宿于一土地庙中，离开时遗留一香袋，即为泰山神东岳帝君之香火。乡人得而供之,默祷有应,灵感日著,后遂改土地庙为东岳观。不过,根据乾隆《莆田县志》的有关记载,江口东岳观始建于元至元二年(1336),"后圮,遗址浸没"。明万历三十七年(1609),由莆田知县何南金"查得重建"。[1]明万历、崇祯年间,兴化府同知汪懋功和礼部尚书曾楚卿,曾分别题赠"岱宗天府""东皇司命"匾额。[2]清嘉庆十二年(1807),因东岳观"历年既久,殿庑摧残",由曾任知县的乡绅庄允治等倡捐重修。[3]清同治元年(1862),东岳观曾受到往来官兵的驻扰,兴化知府应当地士绅、耆老之请,出示立碑严禁。[4]民国初年,又因"历年久远,栋宇颓坏",由清末御史江春霖倡议重修,其弟江春澍"首捐巨金为之倡",其子江祖筵又"多方劝募,以竟先志"。[5]由此可见,江口东岳观虽然始建于元代,却是自明末以后逐渐复兴的。明以后东岳观的修复与管理,得到了当地官府与士绅阶层的积极支持,因而颇具官方的色彩。

士绅阶层在参与修建东岳观的过程中,总是试图使之成为控制社会的工具。清嘉庆十六年(1811)的《重修东岳观碑》[6]宣称:"崇祀东岳圣帝,职掌注生,有求必应,士民所瞻仰而悚惶者。故入庙而善心生,恶心戢,实大有功名教也。"民国十一年(1922)的《重修锦江东岳观碑》[7],对东岳观在江口社区生活中的作用有如下说明:

---

[1] 乾隆《莆田县志》卷四。
[2] 《江口镇志》,第121页。
[3] 清嘉庆十六年《重修东岳观碑》,此碑尚存。
[4] 清同治元年《兴化府为文昌东岳行宫示禁碑》,此碑尚存江口东岳观。
[5] 民国十一年《重修锦江东岳观碑》,此碑尚存江口东岳观。
[6] 此碑尚存江口东岳观。
[7] 同上。

> 泰山屹立海表,为五岳宗,历代帝王祀崇封禅,南茅北泰,玉检金泥,典至隆也。闽虽濒海,神之灵爽实式凭焉。锦江立观始于有元,迄今五百余载,香火之盛甲于全莆。其所以御灾捍患,造福斯民于冥冥中者,不可殚述。至于排难解纷,彰善瘅恶,其威权实足辅地方官吏之所不及。每间十数载,辇神以巡境内,一邑之人并肩累迹,奔走偕来,以恪恭将事。谓非神之盛德及人,乌能若此耶?

在这里,东岳观被视为社区权力的象征,宗教与政治的关系昭然若揭。此次重修东岳观之前,江口平原曾经历了旷日持久的"乌白旗械斗"〈1〉,当时由江春霖等乡绅出面调停,据说用的就是东岳观的"令旗"〈2〉。

在江口东岳观的大门内,迎面悬挂着"先问心"的金字牌匾,还有一个八尺宽的大算盘。这是因为,东岳观的董事经常在此调停民间争端。"先问心"的牌匾意在告诫人们言行必须"问心无愧",而大算盘则暗示"人算不如天算"。在东岳观的前殿,排列着十殿阎王及其部属的塑像,气氛阴森可怖。凡是来东岳观打官司者,必须先在神像前赌咒发誓,然后才可以向董事申诉。为了维护东岳注生大帝的"威权",其神殿一般是不对香客开放的,乡民只能在大门外的护卫神曹将军塑像前祭拜。据说,曹将军原是平倭名将戚继光的部下,于明嘉靖年间入闽平倭,身负重伤,在江口东岳观不治而死,遂为此观守护神,有求必应,灵验异常。因此,在普通乡民的心目中,对"帝爷"多存畏惧之心,对"曹爷"则有敬爱之情。

〈1〉《莆田县志·乌白旗械斗》(草稿),莆田县志编辑委员会,1964年。
〈2〉《福莆仙东岳观志》(油印本),东岳观董事会,1984年。

每逢"曹爷"诞辰,都有不少乡民前来还愿,其盛况远非"帝爷"诞辰可比。

每年由东岳观主持的大规模祭典仪式,主要是农历三月二十八日的"帝爷诞"庆典与四月十五日的"曹爷诞"庆典。届时,江口平原的居民都要来此进供祭品,当地的道士也要集中起来做道场,俗称"师公会"。更有民间为还愿而捐献的莆仙戏和木偶戏,往往日夜连场,数十日不断。1933年以前,东岳观的"帝爷"和"曹爷"还要不定期出巡,即所谓"辇神以巡行境内"〔1〕。这种大规模的巡游,大约每十年一次,每次历时三至五天,境内各村都要派出仪仗队助威,总人数可达数万之众。因此,尽管最后一次巡游距今已有半个多世纪了,当地耆老仍是记忆犹新。每当我们问及当地最有特色的宗教民俗活动时,他们总是首推东岳观大巡游。

江口东岳观虽然号称道观,但在平时并无道士驻观,只有几位香公负责清扫及照管香烛。观内的一切重要事务及仪式活动,都是由当地士绅及耆老组成的董事会主持。按照惯例,东岳观的董事必须由"九里洋"内的十五个主要村落选派,每村一人,总数不得超过十五人。如果上一任董事去世或因故退出董事会,也只能由所在村落派人顶缺。这种较为稳定而又拥有深厚权力基础的董事会,具有很高的办事效率,有效地维护了社区传统的存续。清末至民国年间,东岳观的董事会除了"排难解纷"及主持各种祭典仪式,还曾经主管南安陂水利系统,创办书院、小学、育婴堂、孤老院、义塚等文教及慈善事业。每年农历十二月二十五日,东岳观董事会还要举办一次大规模的施舍活动,把善男信女捐献的钱、粮、物发放给

---

〔1〕 据调查,东岳观曾于1917年、1927年、1933年举行大巡游,因全面抗战爆发而终止。

当地的贫困户和远道而来的乞丐、孤老等人。[1]这一时期的东岳观，实际上已经演变成一种综合性的社区服务机构。

坐落于江口镇西郊的东来寺，曾经是东岳观的附属设施。据说，东来寺之所以得名，就是由于"董其事者，多来自东岳观"[2]。这一说法未必可信，却反映了二者在社区历史上的主从关系。还有人谈到，由于东岳观靠近交通要道，人多嘈杂，董事们不耐其烦，经常到较为僻静的东来寺议事，久而久之也就反客为主。因此，东来寺与东岳观的董事会，其实都是同一批人。这些可能都是较为晚近的情况，尚不足以说明东来寺的早期历史。据了解，在东来寺的早期住持中，有来自莆田名刹广化寺及梅峰寺的僧人，可能该寺最初曾隶属于某些大寺，后来才逐渐由东岳观接管。

在东来寺中，建有大雄宝殿、玉皇阁、灵显庙、三教祠、檀越祠、德建祠等宗教设施。大雄宝殿奉祀释迦牟尼，玉皇阁奉祀玉皇大帝，灵显庙奉祀本地土神彭泰山，三教祠奉祀三一教主林兆恩，檀越祠奉祀本寺历代檀越主，德建祠奉祀历代修建南安陂水利系统的功臣及董事。这些宗教设施的规模都不大，一般都是一进深、二至三开间的小庙，而且香火也相当冷清，只有被称为"鬼头神尾"的彭泰山时常有香客光顾。与江口平原的其他神庙相比，东来寺可以说是一种缩微的寺庙群，其存在意义只是象征性的，并不用于大规模的祭典仪式。

关于东来寺的创建年代，如今已无从查考。不过，依据清乾隆五十七年（1792）的《重建南安陂报功祠记》[3]，东来寺中的德建祠

---

[1]《福莆仙东岳观志》（油印本），东岳观董事会，1984年。
[2]《江口镇志》，第133页，华艺出版社，1991年。
[3] 此碑尚存，并有拓本。

始建于清乾隆五十六年（1791）。按，德建祠即南安陂报功祠，实为当地水利组织的办事处，俗称"水利会"。东来寺作为江口平原的中心庙宇，在很大程度上是由于德建祠得以确立的。有趣的是，在东来寺现存的有关碑记中，已把碑题改为《修建东来寺南安陂记》，并把碑文中的"古来建报功祠于五里塘"改为"古来建德建祠于东来寺"。这显然是为了强调东来寺与南安陂水利组织的历史渊源，试图以此抬高东来寺在江口社区中的地位。而实际上，南安陂报功祠原是相对独立的，清中叶以前并不隶属于东来寺。试见下述记载：

> 江口南安陂，派出荻芦溪，肇绩于太傅陈公洪进，继修于学士蔡公襄，增石壮础于捕史方公延实。……景泰间，太常黄公本清留心屡整，弗惮于勤，故其后代荣登方伯，诚义举之美报也。古来建报功祠于五里塘，地当孔道，戎马扰攘，由之倾坏。康熙乙丑春，三里能干鸠集重建。几历二三纪，又经修葺。时圳道复圮，郡守起元沈公轸念民瘼，举贤能者董其事，且勒碑于祠内，以示奖劝。但赀薄工庸，飘摇风雨，椽瓦无存，致前贤神像漏湿弗堪，良可慨也。……兹董事黄孙景、李名达、吴国耀、许子辉、李正年、李禹伯等，捐金倡建，复募三里内殷实乐捐，合金五百有奇。度地于龙山之阳，依山面流，天然明秀。辛亥年二月起居，至十一月落成。[1]

如上所述，南安陂报功祠原在江口平原中部的五里塘，清康熙二十四年（1685）及雍正年间曾两度修建，至乾隆五十六年始迁建

〈1〉 此据原有碑拓本。

于东来寺内,从而使东来寺演变为南安陂水利系统的管理机构。不过,依据清同治七年(1868)的《修筑南安陂长堤碑记》[1],当时的水利工程主要是由东岳观主持,可见东来寺在此之前已由东岳观的董事会接管,南安陂水利组织也就直接隶属于东岳观了。

东来寺与东岳观对南安陂水利组织的相继接管,可能导源于当时日益激化的水利争端。清道光年间,兴化知府徐鉴在《南安陂记事诗》中记云:"南安陂水分荻芦,始于岐山及君谟,其初灌溉仅百顷,均沾渥泽能盈余。海荡日开田日广,始教涓滴成珍珠。在昔刘侯求治理,二陂合一真宏模。……百有余年堤决裂,沈、张相继营锾朽。简拔佘、李俾主进,阻扰评讼除枭徒。厚赀讵肯饱奸蠹,神灵鉴殛昭天诛!"[2]这就是说,清雍正年间起用佘廷梁、李国璋、李廷秀等人为修陂董事,主要是为了弹压阻扰修陂的不法之徒。这一时期的水利争端,集中表现为"顶洋"与"外埭"之间的用水矛盾。如云:"陂水先溉顶洋、内埭,近海筑外埭,俟顶洋灌足波及。近人心不古,遇旱堵塞斗门,顶洋水流入田,外埭一任干涸。"[3]清中叶以后,由于沿海埭田的不断增加,水源供应日益紧张,不同沟系之间的矛盾进一步激化,经常因此而引起械斗。清光绪十年的《南安陂善后章程》记载:

> 上圳之石笕系引水灌溉江口、度围头、后佘埔、外新埭、新丰埭、欧埭、卓埭各田,故旧设止水石遏流,使水由笕头而入。嗣因该石被人移灭不见,得水无几,随起争端,致将上、

---

[1] 此碑尚存江口东岳观内。
[2] [清]陈池养:《莆田水利志》卷八。
[3] 《莆田水利志》卷六。

下圳束水堤岸掘坏。

上、下圳高低悬殊，中间分界堤岸因被削薄，漏穴甚多，致上圳水渐趋下圳，水利不均，往往因此相争，酿成人命。[1]

在上述情况下，为了协调不同沟系之间的利益，缓和社区内部的矛盾，不仅需要具有强制性的合法权力，更需要具有威慑力的教化工具。东岳观和东来寺正是为此而建构的，因而也就取代了南安陂报功祠，跃居江口平原的权力中心。

在江口历史上，南安陂报功祠与东来寺、东岳观，都可以视为社区整合的文化形式。如果说，南安陂报功祠只是直接服务于当地的水利组织，东来寺与东岳观则具有更大的包容性。从东岳观、东来寺与南安陂报功祠的相互继替中，我们可以发现水利系统对于江口社区生活的持久影响，也不难察觉社区权力结构的微妙变化。

三、从里社向村庙的演变

江口平原的每一村落，都有全村共同信奉的村庙，这些村庙大多由明代的里社演变而来。在同一里社系统的村庙之间，存在着逐级"分香"的从属关系，形成了多层次的祭典组织。考察从里社向村庙演变的历史过程，有助于探讨明清以来基层社会组织的演变趋势。

明初规定，凡乡村各里都要立社坛一所，"祀五土五谷之神"；立厉坛一所，"祭无祀鬼神"。[2] 这种法定的里社祭祀制度，是与当

---

[1] 此碑尚存江口东来寺水利会内。
[2] 《洪武礼制》卷七。

时的里甲组织相适应的,其目的在于维护里甲内部的社会秩序。明弘治年间编纂的《兴化府志》,对"祭里社礼"与"祭乡厉礼"有详细的说明,兹摘引如下:

> 祭里社礼:每里立坛一所(其制坐南向北),祀五土五稷之神,其牲用一羊、一豕,酒、果、香、烛、纸随用。每岁轮一户为会首,遇春、秋二社,……就行会饮礼。会中,令一人先读誓词(名"抑强扶弱之誓"),其词曰:"凡我同里之人,各遵守礼法,毋恃力凌弱,违者先共制之,然后经官。或贫无可赡,周给其家,三年不立,不使与会。其婚姻、丧葬有乏,随力相助。如不从众及犯奸盗、诈伪、一切非为之人,并不许入会。"读誓词毕,长幼以次就座,尽欢而退。务在恭敬神明,和睦乡里,以厚风俗。[1]
>
> 祭乡厉礼:凡各乡村,每里立坛一所,祭无祀鬼神。每岁三祭,日期与府厉同,祭物、牲、酒随乡俗置办。轮当会首,如里社仪。……祭毕会饮、读誓等仪,与祭里社同。[2]

如上所述,在每年五次的祭社与祭厉仪式中,里甲成员都要轮流主祭,并举行"会饮""读誓"等仪式,以达到"抑强扶弱""和睦乡里"之目的。这种里社祭礼的维持,必须以里甲成员的相对均衡为前提,凡不能自立或不守礼法之人,皆不得参加有关活动。因此,一旦里甲内部出现两极分化,此类祭典也就难以正常进行了。

明中叶以后,里甲组织趋于解体,里社祭礼也日益废弛。弘治

---

[1] 弘治《兴化府志》卷二十一,《礼乐志》。
[2] 同上。

《兴化府志》的编者指出:"乡社礼久废,为政君子宜督民行之。"[1]而在述及每年上元节的"乡社祈年"习俗时,又有如下记载:

> 各社会首于月半前后,集众作祈年醮及舁社主绕境,鼓乐导前,张灯照路,无一家不到者。莆水南唯方氏、徐氏、邱氏,筑坛为社,春秋致祭,不逐里巷邀嬉,其礼可取。[2]

这里的所谓"社主",实为神像,因而必有神庙,不同于"筑坛为社"的法定规制。明正德年间,莆田知县雷应龙"力毁淫祠"一千七百余所,其中即有以"社"为名的神庙。如涵江龙港的新有社,原在应毁之列,因社中存有文天祥题写的匾额,遂得以幸免。[3]延及清代,依据里社祭礼设立的社坛、厉坛已极为罕见。乾隆《莆田县志》记云:

> 里社坛,本以祀土、谷之神,今皆建屋,杂祀他神。惟连江上余、待贤里前黄仍坛;东厢龙坡、兴泰英惠、通应、左厢长寿、延寿里黄巷、太平六社,虽建屋,尚立土、谷神主,春秋集社众祭毕,读诰、律、誓约,然后会饮,犹有古之遗风焉。[4]

同书又云:

---

[1] 弘治《兴化府志》卷二十一,《礼乐志》。
[2] 弘治《兴化府志》卷十五,《风俗志》。
[3] 乾隆《莆田县志》卷四,《建置》。
[4] 同上。

> 各里乡厉坛，洪武间奉例建置不一，今俱废。[1]

由于厉坛是为"祭无祀鬼神"而设的，因而一旦社坛演变为"杂祀他神"的神庙，厉坛自然也就不复存在了。可以说，在明以后莆田民间的神庙祭典中，祭社与祭厉已经合而为一了。

在里社演变为神庙之前，一般仍会保留原有的社名，而以"各里所祀之神祇，别其名为宫、庙"[2]。因此，这些神庙往往既有庙名，又有社名。在江口平原，凡属社、庙并存的村落称为"境"，意指某一社、庙的管辖范围，亦即绕境巡游的"境"。在这里，"社"与"庙"都是构成"境"的必要条件，只有已经建庙立社的聚落才可以举行独立的绕境巡游仪式。换句话说，有庙无社或有社无庙，都不成其为一"境"。例如，江口镇的下后度村，据说自明代开村时已建立了一座主祀玄天上帝的新兴殿，但由于至今尚未立社，因而历来都不是独立的一"境"，每年都必须参加孝义村佑圣观的绕境巡游。相反，江口刘井村的崇清观内，设有梯云、麟振二社，据说原来各有不同的社庙，后来其中一座毁弃了，二庙合而为一，因而也只算一"境"。此类例子还可举出很多，兹不赘述。

在"境"的形成过程中，"社"的创立具有决定性的意义。这是因为，村社是由里社直接派生出来的，一般只有开村年代较早的村落才有可能自立一"社"。据调查，江口历史上共有五座"祖社"，即前王村的凫山社、前会村的兴贤社、前面村的嘉兴社、石庭村的福兴社及下肖村的礼兴社。这五座"祖社"可能都是明初设立的里社，其中三座在待贤里境内，两座在永丰里境内。按，明代

---

[1] 乾隆《莆田县志》卷四，《建置》。
[2] 乾隆《仙游县志》卷十二，《建置志》。

莆田的里甲组织较为特殊，于每里之下又分若干图，"以一百一十户为图，十户为里长，一百户分为甲首以隶之"。[1]因此，这里的"图"实际上相当于一般以一百一十户为限的"里"。另据弘治《兴化府志》记载，待贤里"管内人户厘为三图"，永丰里"管内人户厘为二图"，即二里之内共设五图。[2]可以推测，明初各图皆立一"里社"，因而江口平原共有五座"祖社"。明中叶前后，莆田各地的里图屡经裁并，永丰、待贤二里皆仅存一图，而五座"祖社"却存而不废，并逐渐演变为"杂祀他神"的"祖庙"，江口民间称之为"七境总宫"。以这些"七境总宫"为中心，形成了号称"七境"的五大村落集团，即江口七境、石庭七境、沟上七境、丰美七境及凫山七境。

明清之际，由于里甲的解体与聚落的分化，在"祖社"及"祖庙"之下又派生出许多新的村社及村庙。在田野调查中，可以依据各村建庙、立社的大致年代，追寻从里社向村庙演变的历史轨迹。例如，江口七境所属各村的社庙修建概况如下：孝义村佑圣观、灵兴社，始建于明，清雍正年间重修；港下村福海堂、宁江社，明万历八年（1580）改福海庵而成，清乾隆年间重修；度围头村清达堂、龙兴社，清康熙六十年（1721）改庵堂而成，乾隆至嘉庆年间重修；刘井村崇清观、梯云社、麟振社，创建于清乾隆年间；新井村凤池宫、龙津北社，始建于明，清乾隆年间重修；后墩村炉台宫、龙津社，始建年代不明，但因龙津北社派分于此，故当创建于明；前会村妙应宫、兴春社，始建年代不明，清同治二年（1863）重修。大致说来，江口七境的社、庙大多建于明代，至清中叶已基本定型。

〈1〉 弘治《兴化府志》卷九，《里图考》。
〈2〉 同上。

清中叶以前，有些村落集团可能尚未最后形成，因而清后期仍在创立新社。如丰美七境的下列社、庙：中宅村北垣宫、重兴社，创建于清乾隆二十四年（1759）；东田村武当殿、民安社，创建于清嘉庆十六年；井头村北极殿、礼兴东社，创建于清同治七年。上述三村皆为丰美七境之一，可见该村落集团迟至清后期才基本定型。又如石庭七境中的下列社、庙：东施村北极殿、齐兴社，创建于清乾隆元年（1736）；西刘村新灵宫、福兴西社，创建于清乾隆年间；界下村北辰堂、连江社，创建于清同治元年。按，界下村的社、庙派分于东蔡村的紫霞堂、振江社，据说当初立此一境，是为了替代已经失传的"临江境"。这说明，清后期石庭七境的发展尚不稳定。

在聚落发展速度较快的沟上七境中，一社多庙的现象相当普遍。例如，前面村的广仁庙和嘉兴殿，皆设嘉兴社，而村中另有一座奉祀社公社妈及四海龙王的嘉兴社，据说即为原来的"祖社"。此外，游墩村的极乐堂、顶墩村的广惠宫、下墩村的灵显庙，皆设集福社；后枯村的威显庙、李厝村的威显殿、新墩村的福惠堂、田中央村的永福堂，皆设新兴社。这些同社不同庙的村落，虽然可在各自的村内举行绕境巡游，但在沟上七境中却只能合为一"境"。这是因为，沟上七境位于沿海埭田地带，明代已形成各大主要村落，并分别建庙立社，组成七"境"。因此，明以后形成的新聚落，只能在原有的"境"内自立门户，谋求相对独立的发展。实际上，沟上七境中还有一些较迟形成的村落，始终未能自立村社，至今仍是有庙无社。如新店村有隆佑堂、蔗车村有威显堂、后埕（佘）埔村有金山宫，但皆未能自立一社，因而也从未举行独立的绕境巡游仪式，每年元宵都必须参加外村的绕境巡游。

凫山七境位于江口平原开发最早的"顶洋"地带，明清时期反而日趋衰微。据调查,凫山七境中有二境已灭绝,仅存前王、石灰、游陇、山头、石狮五境。这五境的社庙大多规制简陋、破漏不堪,有的甚至至今只称社而不称庙(请参见下文表2)。不过,从前王村尚存的"七境总宫"凫山社中,仍可了解这一村落集团的原有组成形式。凫山社除了主祀社公(尊主明王)、社妈(后土夫人)之外,另有陪神张公圣君、都天元帅、温公元帅、康公元帅、刘公元帅、田公元帅、金大将军。据说,当初七境分别建庙立社时,就是从这七位陪神中各分去一神。此后,每年元宵绕境巡游之际,这七位陪神皆回总宫,结伴出巡,而平时则分镇各境,其神诞庆典亦由各境自理。由于凫山七境的下属社、庙大多来历不明,这一村落集团的形成年代难以推断,但也并非毫无踪迹可寻。位于南安陂畔的石狮村凤来宫,据说是明代由凫山社的田公元帅分灵而建的,初名"安泰社",而后灵异日著,遂定名为"凤来宫"。按,"凫"字倒写即为"凤",故"凤来宫"之名颇有深意,既表明此庙与凫山社的渊源关系,又暗寓"后来居上"之义。假如此一传说可信,凫山七境当形成于明代。

如上所述,从里社向村庙的演变,直接表现为各村分别建庙立社的历史过程,这一过程具有逐级"分香"的性质。在聚落发展较快的"七境"集团中,可能形成四种不同层次的神庙:一是以"祖社"或"祖庙"为标志的"七境总宫";二是以"社庙合一"为标志的原生村庙;三是以"数庙合社"为标志的次生村庙;四是以"有庙无社"为标志的再次生村庙。与此相适应,这些村庙的祭典组织也具有逐级"进香"的性质。例如,沟上七境中的蔗车村威显堂,原由后枯村威显庙派分而来,因而必须参加威显庙的祭典组织;李厝村的威显庙、新墩村的福惠堂及田中央村的永福堂,都是由新兴社派分而来,因而这些村庙必须合为一"境",组成共同的祭典组织；新兴社原由嘉兴社派分而来，因而必须参加嘉兴社即"七境总宫"的祭典组织。这种陈陈相因的祭典组织，可以图示如下：

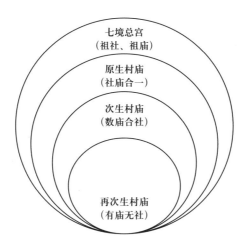

应当指出，在"七境"集团形成之后，经由"分香"和"进香"而建立的社区关系，取代了里甲内部的行政隶属关系，从而实现了从里甲组织向社区组织的历史转变。更为重要的是，在各村分别建庙立社的过程中，以村落为基础的祭典组织得到了普遍发展，这就势必导致基层社会结构的全面改组。因此，当我们论及神庙系统的演变，应当特别关注村庙祭典组织的发展。

四、村庙祭典的组织形式

江口平原的村庙祭典仪式，主要是每年元宵节前后的绕境巡游和各级神祇的诞辰庆典。此外，还有为培养新一代神童而举行的"关戒"和"预修"仪式，每村数十年才组织一次，每次为期数十天。[1]在这些祭典仪式中，传统的社区关系得到了充分的展示，为我们提供了考察村内社会结构的良好时机。近年来，我们在江口平原参观了上百场村庙祭典，对祭典组织及仪式过程有初步的了解。在此着重分析村庙祭典的组织形式，探讨亲属关系与地域关系在社区发展中的互动过程。

在江口的村庙中，大多同时供奉着各种不同等级的神祇。其中有些是全球共同信奉的主祀神；有些是某一角落信奉的角落神；还有不少无人问津的普通陪神。区分这三种神明的主要标志，在于神诞庆典的不同组织形式。一般说来，主祀神诞辰的庆典仪式，由村庙的董事或头人、福首统一组织，其有关费用由全体村民分摊；角落神诞辰的庆典仪式，由各角落自行组织，其有关费用也在角落内分摊。至于普通陪神的诞辰，一般不举办庆典仪式，只是临时增添几样供品而已。在元宵绕境巡游时，除了坐镇本庙的社公社妈之外，主祀神和角落神通常都要出巡，而普通陪神则不参加巡游。在此试以孝义村佑圣观为例，对村庙祭典的组织形式略作说明。

孝义村现有人口近四千，分属于七社（角落），各社1989年户口数如下：陈社，173户，982人；下街社，63户，390人；东社，41户，218人；李社，184户，989人；观前社，66户，355人；荔社，30户，146人；后度社，57户，282人。[2]以上各社都有特定的崇拜对象，每年分别为本社崇拜对象举办神诞庆典。陈社奉祀陈太尉和康元帅，农历五月十八日和七月七日举行庆典；下街社奉祀金大将军，二月十三日举行庆典；东社奉祀都天元帅，九月十三日举行

---

[1] Kenneth Dean and Zheng Zhenman, "Group initiation and exorcistic dance in the Xinghua religion",《中国傩戏·傩文化国际研讨会论文集》，《民俗曲艺》1993年，第85期。
[2] 此据佑圣观1989年元宵节收款清单。

庆典；荔社奉祀田公元帅，四月十八日举行庆典；后度社奉祀张公圣君（武），七月二十三日举行庆典。各社的神诞庆典，一般都是由本社推举若干名"头人"主持，其经费都是由本社各户按丁口摊派。

每年元宵节前数日，佑圣观下属的各社都要抬出本社角落神，轮流举行绕境巡游，其经费一般也是按丁口摊派，也有少数福首自愿捐资。李社与东社于正月十二日巡游，陈社与荔社于正月十三日巡游，观前社与后度社于正月十四日巡游，下街社于正月十五日巡游。元宵节之后，佑圣观主神玄天上帝、王中军和各社角落神择日"总出游"，具体日期要在神前"卜筶"而定，一般都是选在正月二十至二十五日之间。此外，全村还分别为玄天上帝、王中军、顺天圣母及社公社妈举行神诞庆典。"总出游"和主祀神的神诞庆典仪式，由佑圣观董事会主持，其经费大多来自私人捐款，如有不足则按全村人口摊派。在这些不同的祭典仪式中，村内各角落之间既相互合作，又彼此竞争，每年都有新花样出现，从而使社区传统不断地得到延续和更新。

为了较为全面地反映村庙祭典的不同组织形式，兹将部分村庙或村社的主要崇拜对象列为下表：

表2 江口村庙（社）崇拜对象一览表

村名	庙名	社名	主祀神	角落神
孝义	佑圣观	灵兴社	玄天上帝、王中军、顺天圣母、社公社妈	1.陈公太尉、康公元帅；2.齐天大圣、张公圣君；3.五显灵官；4.田公元帅；5.都天元帅；6.张公圣君；7.金大将军
刘井	崇清观	梯云社、麟振社	玄天上帝、朱公元帅、齐天大圣、二社公妈	1.都天元帅；2.马灵官；3.陈灵官；4.朱灵官；5.韩灵官；6.张公圣君

续表

村名	庙名	社名	主祀神	角落神
前会	妙应宫	兴春社	一殿真君、田公元帅、社公社妈	
度围头	清达堂	龙兴社	齐天大圣（文）、协天大帝、社公社妈	1.司马圣王；2.武按圣王；3.北斗中天大圣；4.齐天大圣（武）
港下	福海堂	宁江社	慈济真君、天上圣母、社公社妈	1.都天元帅；2.张公圣君；3.刘公元帅；4.伽罗大圣；5.肖公圣侯
后墩	炉台宫	龙津社	五显灵官、天上圣母、观音大士、社公社妈	1.周广平王；2.郑圣侯；3.吴都统；4.伽罗大圣；5.田公元帅
新井	凤池宫	龙津北社	五显灵官、意山大帝、金大将军、社公社妈	
后枯	威显庙	新兴社	天上圣母、广泽尊王、四海龙王、社公社妈	1.司马圣王、陈舍人；2.武按圣王、金大将军、郑都统；3.北斗中天大圣、刘太保；4.田公元帅、灵牙中军；5.陈公圣侯
李厝	威显殿	新兴社	社公社妈	1.田公元帅；2.青山王公；3.邱将军、刘太保；4.北斗中天大圣；5.四海龙王
沟上	福兴堂	隆兴社	显灵大王、社公社妈	
蔗车	威显堂		天上圣母、司马圣王、武按圣王	
后埕埔	金山宫		天上圣母、齐天大圣、田公元帅	
新店	隆佑堂			1.齐天大圣；2.张公圣君；3.田公元帅；4.吉祥大将
新墩	福惠堂	新兴社	玄天上帝、灵官大帝、太乙仙姑、社公社妈	1.刘公元帅；2.张公圣君；3.玄坛元帅；4.康公元帅；5.吉祥大将
田中央	永福堂	新兴社	张公圣君、都天元帅、社公社妈	
前面	广仁庙	嘉兴社	慈济真君、都天元帅、林都统、王大将军、社公社妈	1.慈济真君、都天元帅；2.温公元帅；3.康公元帅；4.太乙仙姑

续表

村名	庙名	社名	主祀神	角落神
前面	嘉兴殿	嘉兴社	玄天上帝、慈济真君、温公元帅、康公元帅、赵公元帅、太乙仙姑、林都统、社公社妈	1.都天元帅；2.陈都统；3.金大将军
前面	嘉兴社		社公社妈、四海龙王	
顶墩	广惠宫	集福社	慈济真君、社公社妈	1.司马圣王；2.都天元帅
下墩	灵显庙	集福社	玄天上帝、白马元帅、张公圣君、吉祥大将、社公社妈	1.玄天上帝、白马元帅、张公圣君；2.齐天大圣、刘公元帅、陈公圣侯；3.田公元帅
游墩	极乐堂	集福社	玄天上帝、都天元帅、杨公太师、张公圣君	1.杨公太师、齐天大圣、伽罗大圣、观音大士；2.黑虎将军；3.慈济真君、都天元帅；4.张公圣君；5.刘公元帅

如表2所示，除了少数较小的村落之外，江口大部分村庙都有为数众多的角落神。这些角落神又可以分为若干组，分别代表村里的不同角落。有些角落神同时也是主祀神，他们通常有不同的塑像，并在不同的日期分别举行神诞庆典。如度围头村清达堂的齐天大圣，有一文一武两尊神像，"文身"为全村的主祀神，每年农历二月二十五日举办神诞庆典；"武身"为佘社的角落神，每年农历九月二十五日举办神诞庆典。在这里，神的等级序列服从于社区生活的需要，人们可以相当随意地设定诸神的地位及形象。

为举办村庙祭典而分设的角落，在江口民间俗称"社"或"甲"，这可能也是来自里社制度的历史投影。"社"或"甲"大多以姓氏为标志，相当于明清时期的里甲户[1]，但目前已演变为地域

---

[1] 参见拙文：《明清福建里甲户籍与家族组织》，《中国社会经济史研究》1989年第4期。

单位，未必纯粹由某一族姓组成。例如，清达堂派下原有佘、陈、蔡、郭四"社"，据说原来皆由单姓组成。至1986年，佘社共有40户，包括吴、陈、王等姓；陈社共有20户，包括陈、庄、刘等姓；蔡社共有50户，包括郭、郑、蔡等姓；郭社共有50户，包括陈、郭、刘等姓。⟨1⟩有趣的是，尽管各"社"的族姓构成已完全改观，其"社"名却一仍旧惯。当地人认为，由于他们的角落神原是属于不同族姓的，因而还是以这些族姓称呼不同角落。在刘井村崇清观，则直接以神名称呼不同角落。崇清观派下原有六"甲"，其中以都天元帅（即哪吒）为角落神的称"李公甲"，以张公圣君为角落神的称"张公甲"，其他四"甲"分别以朱、陈、韩、马四位正一灵官为角落神，相应的称其角落为"朱公甲""陈公甲""韩公甲""马公甲"。近年来，张公甲居民因村镇改建而外迁，故已失传，而陈公甲因户数太多，又分出一甲，以陈太尉为角落神。据当地老人说，刘井村各角落的命名，原来也是与居民的姓氏有关的，只是由于此后的诸姓杂居，渐失其本意。此类事例说明，在多姓杂居的村落中，纯粹以亲属关系为基础的角落难以长期存续，因而村庙祭典组织必将演变为地缘组织。

在单姓聚居的村落中，最初可能并无角落神，各种神庙祭典是由宗族统一组织的。然而，随着宗族的解体与聚落的分化，其祭典组织也会逐渐演变为地缘组织。如沟上七境中的新墩村，现在居民皆为李姓，可以说是典型的单姓聚落。该村于乾隆十一年（1746）始建宗祠，至乾隆十三年（1748），"祠成进主，渐辟圭田，聊充祀典"⟨2⟩，已形成较为完善的宗族组织。乾隆四十九年（1784），又

⟨1⟩ 此据清达堂"1986年人口收入公布"榜文。
⟨2⟩ 乾隆十九年《李氏倡建宗祠碑》，此碑尚存。

在族内发起"捐金附祀"以"广置圭田",并演变为以"董事"阶层为首的依附式宗族。[1] 嘉庆十年(1805),该村从后枯村"古宫"威显庙中退出,自建村庙福惠堂、新兴社。据现存抄本《福惠堂新兴社志》记载,该村当时的祭典组织是:"当年成婚者照录,待后为福首,每年各一人,以年纪为次,余为值年执事。"每年正月十三日举行绕境巡游,除福首之外,所有登记在册的已婚者都要轮充各类"执事"。至于其他各种祭典仪式,则由全体"执事"于正月初一日到宫中抽签,依次轮流办理。其具体安排如下:

> 一号,福首;二至五号,接神(正月初四);六至九号,上元玉皇生(正月初九);十一至十二号,上元康公寿诞;十五至十六号,上元肖公寿诞;十七至二十号,保境送神(正月十八,醮并按坛友各人照做);二十一至二十四号(十月十二,保境兰盆);二十五至二十七号,采买春社(二月初二,杀豕,分肉);二十八至三十号,采买秋社(八月十三,杀母豕,分肉);三十二至三十五号,上帝寿诞戏文;三十六至三十九号,玄坛寿诞戏文;四十至四十三号,灵官寿诞戏文;四十四至四十七号,张公寿诞戏文;四十八至五十一号,社公戏文;五十二至五十五号,姑妈戏文;五十六号,统手(全年);五十七号,管账(全年);五十八至六十号,开鼓声(三月三十)。[2]

由此可见,新墩村福惠堂的各种祭典仪式,原来都是在全体已

---

[1] 乾隆四十九年《李氏增置祀叶董事碑》,此碑尚存。
[2] 《福惠堂新兴社志》,清抄本一册。

婚族人中统一安排的。然而，目前除了少数主祀神的神诞庆典及接神、送神、开鼓声等仪式，上述神庙祭典大多交由各"甲"分别办理。新墩李氏现分后厝、石门、尾厝、井头四"甲"，由各"甲"分别承办的神诞庆典如下：四月十八日刘公元帅诞，由后厝甲主办；七月二十三日张公圣君诞，由石门甲主办；三月十六日玄坛元帅诞及七月初七日康公元帅诞，由尾厝甲主办；九月初九日吉祥大将诞，由井头甲主办。此外，在元宵绕境巡游时，上述角落神也要轮流出巡，每年轮一"甲"，周而复始。新墩李氏村庙祭典组织的这一演变过程，表明地缘关系日益受到重视和强调，而亲属关系则日益淡化了。村里的李氏宗祠早已荒废，近年虽由华侨捐资修复，却未能定期举行祭祖仪式。

在少数较为兴盛的聚居宗族中，村庙祭典组织实际上是按宗族组织的模式复制的。例如，前王村王氏与石庭村黄氏的村庙祭典，都是以族内各人房支为单位组织的。

前王村是江口平原最古老的村落之一，历来为王氏宗族的聚居地。弘治《兴化府志》记载："前王，宋特奏名第一人王声叔家于此，后族大，遂姓其地。"[1]明人陈中在《重修南安陂记》中，称王氏为"里之巨姓"[2]。当地民间传说，王氏祖上曾连续十八代为官，权势极大，故明代修陂时特在上沟为之留一"靴瓣"，以示尊崇。在前王村中，至今还有一座相当古老的王氏宗祠，据说始建于明代。然而，王氏已多年未在祠堂中举行祭祖活动，其宗族组织却在村庙祭典中得以存续。

前王村的村庙为"文兴社"，主祀"普济圣侯"（即猪八戒）及

---

[1] 弘治《兴化府志》卷九，《里图考》。
[2] ［明］陈中：《重修南安陂记》，弘治《兴化府志》卷三十。

社公社妈，另有角落神齐天大圣、张公圣君、水头王（即唐三藏）、都天元帅、六猕猴、黑白将。每处除全村共同举办元宵巡游和主祀神的诞辰庆典外，其余角落神的诞辰庆典由族内五大房分别主办：农历二月二十五日的齐天大圣及黑白将诞辰庆典，由"石墓房"主办；七月二十三日的张公圣君诞辰庆典，由"便东房"主办；六月八日的水头王诞辰庆典，由"六冬户"主办；九月九日的都天元帅诞辰庆典，由"乌门房"举办；六猕猴的生日不定期，由"陂头房"举办。王氏的上述各"房"，实际上已演变为村内的不同角落，但据说都有各自的祖厝和祖墓，每年还要分别举行相应的祭祖活动。在这里，村庙祭典组织显然是宗族组织的翻版。

石庭村黄氏是目前江口平原最大的族姓，在明清时期也极为兴盛，其祖先黄大三秀、黄本清等曾先后主持重修南安陂水利工程。据近年重修的《黄氏族谱》记载，石庭黄氏始祖讳虎，出生于莆田城内东里巷，为郡庠生，"元朝顺帝时，往九里洋永丰里黄宅村教授，围田一埭，就田起厝居住，地名石庭"[1]。传至四代，派分公启、公烈、公谟、公著四大房，其族始大。第八代号"松居"者，"创先祠……增田以祀"[2]，可见当时已有较为发达的宗族组织。石庭黄氏宗祠原已废弃，于1987年重建，目前已恢复祠祭活动。不过，黄氏宗祠至今仍由村庙的"董事会"兼管，其祭典组织亦与村庙祭典组织雷同。

石庭的村庙主祀三殿真君、白牙中军及福兴社社公社妈，另有角落神惠济圣侯、昊天帝子、法主仙妃、柳圣侯、金圣侯等，其

---

[1]《石庭黄氏族谱》（1993年编修）卷首《序》。
[2]［明］林大辂：《松居公八十华诞寿序》，《重修石庭黄氏家谱》（清嘉庆二十四年刊本）卷首。

神诞庆典分别由四大"甲"举办：农历三月九日的惠济圣侯诞辰庆典，由"后亭甲"举办；八月二十三日的昊天帝子诞辰庆典，由"中华甲"举办；八月二十一日的法主仙妃诞辰庆典，由"大门甲"举办；十月十一日的柳、金圣侯诞辰庆典，由"后厝甲"举办。石庭村的上述各"甲"，实际上即为原来族内的四大房，如"大门甲"亦称"前所房"，为公启派下裔孙；"后厝甲"亦称"中间房"，为公烈派下裔孙；"后亭甲"亦称"中所房"，为公谟派下裔孙；"中华甲"亦称"四房"，原为公谟派下最为兴盛的一支，因公著派失传，遂分出顶替该房。这些房支在村内并非各自聚居于同一角落，而是互相混杂，各房支之下都有许多不同的聚居地。例如，1992年交纳元宵"丁钱"时，"大门甲"派下共有1992丁，其中122丁聚居于中央厝，632丁聚居于桥头外，98丁聚居于田下，326丁聚居于三张厝，205丁聚居于田中央，137丁聚居于西坡；"后厝甲"派下共有1506丁，其中409丁聚居于后厝，202丁聚居于厝前，92丁聚居于前厝，108丁聚居于寨里，614丁聚居于鸳鸯厝。〈1〉

　　据族谱记载，石庭黄氏的每一聚居地，通常也是族内的同一支派。有些聚居地甚至直接以"房"命名，如"后亭甲"派下有田中房、上方房、顶斗房、前厝房、三房、尾房等。"后厝甲"派下的鸳鸯厝中，又分为四大房，其中长房共有130丁，二房共有110丁，三房共有257丁，四房共有117丁。〈2〉因此，在同"甲"之中分出的不同聚居地，颇类似于宗族组织的"分枝"形态。在石庭黄氏宗祠的大厅两侧，同时悬挂着"历代分支谱系图"和"各甲聚落分布图"，二者之间具有十分吻合的对应关系。这说明，石庭村的村庙

〈1〉 此据石庭宫1993年元宵收款清单。
〈2〉 同上。

祭典组织，实际上是由宗族组织转化而来的。

值得注意的是，石庭黄氏族内的某些支派，近年来又创办了新的神诞庆典，试图在原有的四大"甲"之外自立一"甲"。例如，"后亭甲"派下的田岑、旧岑二支，于六月初十日为三殿真君举办诞辰庆典；"中华甲"派下的六房一支，于八月一日为福兴社"后土夫人"举办诞辰庆典；"后厝甲"派下的寨里一支，于四月初七日为昊天帝子举办神诞庆典。这些新型祭典组织的形成，无疑也显示了从宗族组织向村庙祭典组织演变的可能性。不过，这些新的祭典组织仍然必须参加原来各大"甲"的神诞庆典，而在全村性的祭典组织中，仍然是以原来的四大"甲"为基本成员。此类事例表明，尽管石庭黄氏的村庙祭典具有明显的地域化特征，其发展趋势仍将受到宗族房支结构的制约。

在江口平原，还有两种特殊的村庙祭典组织，即"神明会"和"坛班"。"神明会"是以诸神崇拜为标志的一种民间自由结社，其组织形式一般是由参加者按股集资，购置祭产，每年定期为崇拜对象举行神诞庆典，并分享祭产红利。在有些村落中，此类祭典组织相当发达。例如，前面村广仁庙的温公元帅，民国时期共有十余个"神明会"，每会参加者十余户至数十户不等。每逢温公元帅的诞辰，村中除了设筵庆贺之外，往往同时上演若干台酬神戏剧。"坛班"是当地特有的一种神童组织，主要负责各种村庙祭典中的迎神、送神、跳神、扶乩、行傩等仪式活动。村庙中的每位角落神，一般都有若干名特定的"神童"和"扶童"，他们是各角落在"坛班"组织中的代表。"坛班"的职务是终身的，因而通常是每隔两代人更换一批神童。培养新的神童称为"关戒"，由上一代神童向下一代神童秘密传授表演技艺及符诀等，以便使之在各种仪式中扮演神的化身或代言人。

五、余论

江口历史上的神庙祭典组织,与台湾地区的"祭祀圈"颇为相似。根据前人的有关研究成果,台湾的"祭祀圈"一般具备以下特征:一是具有共同的主祀神;二是具有公共的祭祀组织;三是具有明确的地域范围;四是具有多层次的从属关系。[1]江口历史上的各级神庙祭典组织,无疑也具备上述特征,因而亦可称为"祭祀圈"。但也应当指出,本文考察的神庙祭典组织,不仅是一种宗教组织,同时也是一种社区组织,因而具有比"祭祀圈"更为丰富的内涵,有必要略做申论。

前已述及,作为江口中心庙宇的东岳观和东来寺,实际上可以视为社区权力中心。东岳观和东来寺的董事会,除了管理庙宇及主持各种社区性的祭典仪式,还曾经主管南安陂水利系统,调解当地的各种民事纠纷,创办书院、小学、育婴堂、孤老院、义塚等文教及慈善事业,对社区事务实行全面的干预。由里社演变而来的"七境总宫",在社区生活中也有重要的影响。这是因为,"七境"集团是由里甲组织演变而来的,具有基层政权的某些职能。如征派赋役、维护治安等行政事务,照例都是在"七境"集团内部摊派的。南安陂水利设施的日常维修及管理,原来是由里甲组织中的"甲首"或"能干"分工负责的,在里甲解体之后也势必由"七境"集团承担。江口历史上的村庙祭典组织,往往与基层政权相结合,成为里甲组织和保甲组织的有机组成部分。因此,村里的各种政治、经济、文化活动,都是由村庙出面主持的。民国以来,尽管村庙与

---

[1] 参见丁荷生、郑振满:《闽台道教与民间诸神崇拜》,"中研院"《民族学研究所集刊》第73期,1992年。

基层政权相对分离，但在经济、文化等领域仍有广泛的影响力。例如，孝义村佑圣观目前所主办的公共事业，包括铺设全村水泥路和自来水管道、维修供电线路、开办图书阅览室，并设有董事会、老人会、教育基金会等管理机构。在这里，神庙祭典为社区组织提供了必要的认同标志和行文规范，因而也就成为社区发展的普遍模式。

江口历史上神庙祭典组织的发展，固然可以视为地域社会的自我组织过程，但也受到了官方意识形态与政治体制的制约。以上关于社区权力中心与里社制度的探讨，已经涉及官方政治体制对于民间社会组织的制约，而如果论及神庙祭典仪式的形成，则必须注重道教与民间诸神崇拜的互动关系。[1] 还应当指出，明清时期社区组织的发展，反映了官方政治体制的深刻变化。明中叶前后，由于赋役制度和财政体制的改革，各级地方政府逐渐放弃了对里甲户籍、水利设施及各种社会文化事业的管理权，从而导致了基层社会的全面自治化。[2] 这种自上而下的权力转移，促使民间形成相应的自我管理机制，推动了各种社区组织的普遍发展。因此，只有把社区发展置于明清社会变迁的总体趋势之中，才有可能揭示其内在机制。

在此无意讨论台湾地区学者有关"祭祀圈"理论的得失，但也应该指出：以"祭祀圈"为标志的地域组织，并不是台湾汉族移民社会的特殊历史产物，而是中国传统社会中的普遍历史现象。因此，为了充分阐明这一理论模式的学术意义，有必要对台湾与大陆的"祭祀圈"进行深入的比较研究。

---

[1] 参见丁荷生、郑振满：《闽台道教与民间诸神崇拜》，"中研院"《民族学研究所集刊》第73期，1992年。
[2] 参见拙著：《明清福建家族组织与社会变迁》，湖南教育出版社，1992年。

明清福建里社组织的演变

福建民间的传统社区组织，主要表现为神庙祭祀组织，其中大多是由明清时期的里社演变而来。上文主要利用田野调查资料，考察莆田江口平原的里社向村庙演变的历史过程，并论及官方政治体制与意识形态对社区发展的制约及影响。[1] 本文拟利用近年来收集的有关历史文献，考察明清时期福建里社组织的不同形态与演变趋势，探讨民间社会文化的发展机制。

一、明代的里社制度与里社组织

"社"的本意为土地之主，亦可引申为土地之神或土地主权之象征。《说文解字》释"社"字："地主也，从示、土。《春秋传》曰：'共工之子句龙为社神。'《周礼》：'二十五家为社，各树其

---

[1] 参见拙文：《神庙祭典与社区发展模式——莆田江口平原的例证》，《史林》1995年第1期；《莆田江口平原的里社与村庙》，《地域社会与传统中国》，西北大学出版社，1996年。

土所宜之木。'"[1]先秦时代，立社奉祀土地神是贵族阶层的等级特权，与"分土封侯"制度密切相关。《礼记·祭法》云："王为群姓立社，曰'大社'；诸侯为百姓立社，曰'国社'；诸侯自立社，曰'侯社'；大夫以下成群立社，曰'置社'。"在当时，唯天子、诸侯可以单独立社，"大夫不得特立社"[2]。秦汉以降，由于郡县制取代了封建制，"社"逐渐演变为行政区域的象征，如州有"州社"，县有"县社"。明代以前，虽然民间也有祭社之举，但似乎并未形成统一的规制。南宋学者刘克庄在《宴云寺玉阳先生韩公祠堂记》中论曰："古乡先生殁祭于社。社者何？非若郡邑之社不屋而坛也，有名号而无像设也。三家之市、数十户之聚，必有求福祈年之祠，有像设焉，谓之'里社'是也。祀乡先生于是，敬贤之意与事神均也。"[3]这就是说，当时民间的"里社"与官方的"郡邑之社"是完全不同的，里社不仅建有庙宇，设有神像，其奉祀对象也是可以随意设定的，未必是土地之神。

明初规定，民间每里都必须设立"里社"，定期举行社祭仪式[4]，这就使民间的社祭活动正式纳入官方的祭祀制度。依据明代的统一规制，民间的里社只可设土坛、立石主、奉祀"五土五谷"之神，而不可建神庙、立神像、奉祀其他杂神，这是明代里社制度的重要特征。与此同时，对民间的各种宗教结社与迎神赛会活动，则一律明令禁止。如云：

> 凡师巫假降邪神、书符咒水、扶鸾祷圣，自号端公、太

---

[1]《说文解字》第一上"示部"，天津古籍出版社，1991年。
[2]《独断》卷上，上海古籍出版社，1990年。
[3]《后村先生大全集》卷九十三，赐砚堂刊本。
[4]《洪武礼制》卷七。

保、师婆，及妄称弥勒佛、白莲社、明尊教、白云宗等会，一应左道乱正之术，或隐藏图像、烧香集众、夜聚晓散，佯修善事，煽惑人民，为首者绞，为从者各杖一百、流三千里。若军民装扮神像、鸣锣击鼓、迎神赛会者，杖一百，罪坐为首之人。里长知而不首者，各笞四十。其民间春秋义社，不在禁限。[1]

上述规定表明，明王朝推行里社制度的目的，是把各种宗教活动纳入官方的统一规范，以限制民间集会结社的自由。因此，明代的里社制度不仅是一种宗教制度，同时也是与里甲体制相适应的社会控制手段。在同一里甲的编户齐民之间，为了共同维持里社祭祀活动的正常进行，就必然形成相应的里社祭祀组织。《明会典》记载：

> 凡各处乡村人民，每里一百户内，立坛一所，祀五土五谷之神，专为祈祷雨旸时若，五谷丰登。每岁一户轮当会首，常川洁净坛场，遇春、秋二社，预期率办祭物，至日约聚祭祀。其祭用一羊、一豕，酒、果、香烛随用。祭毕，就行会饮，会中先令一人读抑强扶弱之誓。其词曰："凡我同里之人，各遵守礼法，毋恃力凌弱。违者先共制之，然后经官。或贫无可赡，周给其家，三年不立，不使与会。其婚姻丧葬有乏，随力相助。如不从众，及犯奸盗诈伪，一切非为之人，并不许入会。"读誓词毕，长幼以次就坐，尽欢而退。务在恭敬神明，和睦乡里，以厚风俗。[2]

---

[1] 万历《明会典》卷一六五，《律例六·禁止师巫邪术》，中华书局，1989年。
[2] 万历《明会典》卷九十四，《礼部五十二·里社》，中华书局，1989年。

每里除社坛之外,又有厉坛之设,也是由同一里甲的编户共同奉祀的。《明会典》记载:

> 凡各乡村,每里一百户内,立坛一所,祭无祀鬼神,专祈祷民庶安康、孳畜蕃盛。每岁三祭:春清明日、秋七月十五日、冬十月一日。祭物牲酒,随乡俗置办。其轮流会首及祭毕会饮、读誓等仪,与里社同。〈1〉

从表面上看,这种由同一里甲编户组成的里社祭祀组织,似乎与里甲组织完全相同,而就其组织目标而言,二者却是完全不同的。里甲组织是为官府服务的基层行政组织,其主要职责是"催征钱粮、勾摄公事"及"支应官府诸费";〈2〉而里社组织则为自律性的基层社会组织,其主要目的是"恭敬神明,和睦乡里,以厚风俗"。此外,二者的组织形式也有所不同,如里甲组织有里长、甲首之设,而里社组织则不论户等,"每岁一户轮当会首"。更为重要的是,里甲组织必须包容同里的所有编户,而里社组织则可以把某些编户排除在外。〈3〉因此,在里社组织与里甲组织之间,从一开始就具有内在的分离倾向,二者不可一概而论。

关于明初福建里社组织的具体形态,我们目前尚未发现较为翔

〈1〉 万历《明会典》卷九十四,《礼部五十二·乡厉》,中华书局,1989年。
〈2〉《闽书》卷三十九,《版籍志》,福建人民出版社,1994年。
〈3〉 例如,徽州府《茗洲吴氏家记》的《社会记事》记载:正统十二年二月廿六日(春社),"是日绌革吴宗成等非类者四户,新入德烜、德安、德皓、敏文四户。无何,宗成兄宗佑自外归,介李存政、谢瑞恳入社,愿椎羊豕樽酒至门,赛谢社神,姑许留之"。正统十三年二月二十日戊辰(春社),"宗佑客外不归,弟宗成、宗和仍前不悛,祀慢不恭,众议再绌之。是社会值宗佑为渠首,兄弟因其不类,众给办赛,竟斥去成兄弟"。这说明,里社组织可以适应社区关系的变化而不断改变其组织形式,因而具有较高的自由度与灵活性。

实可靠的文献资料。不过，我们在福建各地的田野调查中，经常可以看到里社坛与乡厉坛的遗迹，在地方志中也有不少有关记载。因此，依据洪武礼制而举行的里社与乡厉祭祀活动，在明初福建应是普遍存在的。弘治《八闽通志》在述及建宁府的"社日·宴社"习俗时说："每岁春秋社日，具鸡、豚、酒食，以祀土谷之神，已乃会宴，尽欢而退。"[1]这说明，建宁府在当时仍依法举行社祭活动。令人惊异的是，当时福建其他各府已无此俗，一般是于上元节期间兼祀社神。例如，延平府各属地于上元"放灯"之际，"儿童鼓乐迎祀典土谷之神，民家各设香案，候神至焚楮钱，拜送之"[2]。兴化府各属有上元"祈年"之俗，"自十三日起，至十七日止，里民各合其同社之人，为祈年醮。是夜，以鼓乐迎其土神，遍行境内，民家各设香案，候神至则奠酒果，焚楮钱，拜送之"[3]。这种以迎神巡境为特征的里社祭祀活动，显然并不符合官方的法定祭礼。主持编纂弘治《八闽通志》的名儒黄仲昭，认为此"亦古者乡人傩之遗意"[4]。但他在弘治《兴化府志》中，对每年上元节的"乡社祈年"习俗又有如下记述：

> 各社会首于月半前后，集众作祈年醮及舁社主绕境，鼓乐导前，张灯照路，无一家不到者。莆水南独方氏、徐氏、丘氏，筑坛为社，春秋致祭，不逐里巷遨嬉，其礼可取。[5]

[1] 弘治《八闽通志》卷三,《地理·风俗》。
[2] 同上。
[3] 同上。
[4] 同上。
[5] 弘治《兴化府志》卷十五,《风俗志》。

这就表明，黄仲昭也对民间的"乡社祈年"习俗不以为然。他在述及里社祭祀制度时，又强调指出："乡社礼久废，为政君子宜督民行之。"⟨1⟩由此可见，这一时期的里社祭祀活动，已经逐渐为迎神赛会所取代，而里社也就逐渐演变为神庙了。

明中叶以后，福建的里社大多与神庙合而为一。嘉靖初年，莆田缙绅郑岳在家乡主持兴修水利及桥梁，事毕，"乃又即佛刹旧址，为屋四楹，以祀土、谷二神，旁祀他神，前辟为门，后栖巫祝，且聚土植木，而社又成"⟨2⟩。这里的所谓"社"，不仅有社坛，也有神像和庙宇建筑，实际上也就演变为神庙了。莆田孝义里在此前后重建的"里社"，也具有社、庙合一的特征。万历十六年（1588），里人方万有记云：

> 孝义里社故在玉井街孝义坊之东，国初参军林公用和率里人创建者，后被武夫侵毁。正德庚戌，其六世孙都事公有恒、都宪公有守，购地于其东葵山巷中徙建焉，以是里人至今称林氏为檀越主云。社位癸向东，中堂祀土、谷、圣王诸神，东偏一室为仙姑坛。嘉靖壬戌，毁于兵燹。寇退，都事子别驾仰成倡众修葺，时诎力乏，暂以栖神耳。余岁时伏谒，心窃不安，欲议改建，而未之逮也。岁丁亥春暮不雨，众祷于社，……乃介文学卓先生中立为主盟，高君文、彭君思鹏募众，各捐金有差，而缙绅士多乐捐助。乃市材贸植，蠲吉告神，以孟冬朔日肇工。仍其旧址，建堂一座，前建以堂，分建瓴水于左右。……东偏坛室旧面壁逼暗，今凿垣别开一门，与社门并，

⟨1⟩ 弘治《兴化府志》卷二十一，《礼乐志》。
⟨2⟩ ［明］郑岳：《山斋集》卷十三，《蒲坂兴造碑》。

颇觉明豁，……仍祀仙姑，改名曰"太一灵官"。[1]

如上所述，从正德至万历年间，孝义里社历经多次重建，都是采用社、庙合一的规制。值得注意的是，孝义里为士绅聚居之地，其里社却公然违背官方的礼制，可见当时法定的里社制度已是名存实亡。

在里社演变为神庙之后，里社祭祀活动仍可照常举行，原有的里社组织并未因此而解体。例如，万历十六年春社日，新建的孝义里社刚落成不久，当地士绅"率诸里隽举祈谷礼，读誓诫，济济彬彬"[2]。这种由士绅阶层主持的里社祭祀活动，无疑使里社组织得到了进一步的强化。因此，考察明中叶以后的里社组织，不能以官方法定的里社制度为依据，而必须关注里社祭祀活动的具体表现形式。

二、里社组织与里甲户籍的关系

明中叶以前，由于里甲编户的大量流失，福建各地的里甲组织日趋解体，[3] 里社组织也经历了分化与重组过程。因此，明中叶以后福建的里社组织，虽然仍是以里甲编户为基础，但未必等同于某一里甲组织。明末名相叶向高在《家谱宗邻传》中，详细记述了家乡"云山社"的构成及其变迁，对我们了解当时的里社组织颇有助益，兹摘引如下：

---

[1] 郑振满、丁荷生：《福建宗教碑铭汇编·兴化府分册》，第182—183页，《孝义里社重建记》。
[2] 同上书，第183页。
[3] 参见拙文《明清福建的里甲户籍与家族组织》，《中国社会经济史研究》1989年第2期。

环云山而居者数百家，吾居中央，又近水，故曰田墘。在吾居之后而稍右者，曰墙里，意其初以墙为界，故曰墙里也。墙里叶姓，其祖曰琚公，……今折〔析〕七户：曰南厝，民户，曰新厝，民户，曰后厝，盐户，俱隶六图；曰上厝，民户，曰北头，民户，曰北头，盐户，俱隶五图；曰利厅，盐户，隶二图；合之近百人，与吾家讲宗礼，庆吊往来最密。在吾居之后而稍左者，曰师厝，以其业巫祝，俗称之曰师，故曰师厝。师厝亦叶姓，八户：曰公俊、曰榕郎，俱民户，隶六图；曰仕美，盐户，曰思谦，民户，隶二图；曰仕清、曰仕棍，俱盐户，隶三图；曰保渴，民户，隶三图；曰伯琳，盐户，隶六图；合之亦近百人。……在吾居之右而稍高者，曰前宅，其地故林姓，曰上庄林，今迁化北里，而叶氏居之，户三：曰世敬，盐户，隶五图；曰德立，盐户，隶三图；曰邦佐，盐户，隶二图。德立、邦佐为一族，甚微，而世敬之族分居山西，后折〔析〕三户：曰琼瑶、曰洪江、曰魁荣，俱盐户，而琼瑶、魁荣（隶）六图，洪江（隶）三图，合之可百余人，多治梓人业。又有别户曰有贤，附山西。在吾居之右而稍前者，曰薛厝，其地故王姓，而薛氏自里之东薛来赘焉，未几王氏绝，并其旁曲店叶氏，皆归于薛。薛氏军户，而方、陈二户共之，族可三四十人。……此数家，皆吾密邻，皆共社。社有祠，以奉土谷神。……山西故共社，然其人众而嚣，每岁时迎神报赛为社会，辄使酒骂坐，甚至斗眠，乡人苦之。顷社祠圮，更筑，父老议不敛山西一钱，摒不与会，山西亦自创社，不复来会。社会之免于纷呶，自分社始也。[1]

---

[1] 叶向高：《苍霞草》卷十五，《家谱宗邻传》，明天启刊本。

叶向高家在福清县东南孝义乡化南里，其里社称"云山社"，其地亦称"云山境"。如上所述，"云山社"的基本成员都是化南里的里甲编户，除叶向高的本家田墘叶氏外，另有墙里叶氏七户，师厝叶氏八户，前宅叶氏三户（后析为五户，又附有一别户），薛厝薛、方、陈三户。在这些里甲编户中，既有民户、盐户、军户之别，又分属于二、三、五、六、七各图。按，明清福建各地的"图"，实为里之下、甲之上的赋役征派单位，相当于一般里甲组织中的"里"一级建制。与福清县相邻的莆田县，明初曾于每图各设一里社，当地民间称之为"祖社"。〈1〉然而，明末的"云山社"却跨越了若干不同的"图"，可见这一里社组织早已突破了原有里（图）甲组织的藩篱。山西叶氏的"分社"之举，也是值得注意的历史事件。在"分社"之后，山西叶氏"亦自创社"，开始形成新的里社组织，可见当时创立新社是相当自由的，并未受到原有里甲组织的限制。此次"分社"始于"云山社祠"重建之际，而此次重建又是由叶向高主持的，〈2〉因而"分社"之举很可能出自叶向高的动议，至少是得到了他的认可。叶向高赞同把山西叶氏驱逐出社的理由，据说是因其"人众而嚣"，与同社之人不和，以至"乡人苦之"。这种以"和睦乡里"为首要目标的里社组织，实际上已具有社区组织的性质了。

清初福建盛行"归宗合户"，里甲户籍大多为宗族组织或乡族集团的认同标志，具有极为复杂的社会内涵。〈3〉因此，以里甲编户为基础的里社组织，往往也是由若干不同的宗族组织或乡族集团共

〈1〉 参见拙文：《神庙祭典与社区发展模式——莆田江口平原的例证》，《史林》1995年第1期。
〈2〉 叶向高：《苍霞草》卷十一，《云山社祠记》，明天启刊本。
〈3〉 参见拙文：《明清福建里甲户籍与家族组织》，《中国社会经济史研究》1989年第2期。

同组成的，这就使之具有不可克服的内在矛盾，难以长期稳定发展。兹以连江县集二图五甲的里社组织为例，[1]分析其内在结构及演变趋势。康熙四十七年（1708），该甲各姓设立的《图甲规约》记载：

> 皇清康熙叁拾壹年，蒙本邑尊张君讳云槎归户，至肆拾柒年，户首曾明生置买下官吴乾长图甲，用银贰拾两正，后呈官用银陆拾柒两正。十三姓曾、郑、蔡、汪、吴、庄、邱、黄、陈、郭、周、洪、蓝等朋户，公起肉贰斤，为曾明生谢劳，宜各尊诸。
>
> 三月清明祭（厉）坛，蓝功志共十五官丁：……蔡如四官丁：……汪显贰官丁：……前村郭成十四官丁：……
>
> 七月十五祭（厉）坛，庄建立十官丁：……
>
> 八月祭戊（秋社），土坎黄一肃十三官丁：……陈君发六官丁：……郑宣四官丁：……
>
> 十月初一祭（厉）坛，邱章盛七官丁：……儒宅陈瑞道四官丁：……凤崎周志顺三官丁：……
>
> 二月祭戊（春社），曾明生图首共贰拾肆官丁：……土加宅曾峻高六官丁：……洪下峻成分一官丁，凤崎君显、元得共一官丁。

这一《图甲规约》是专门为祭社与祭厉活动而立的合同，直接反映了该甲"十三姓"从获得里甲户籍到形成里社组织的全过程。从合同中可以看出，这一"图甲"是在康熙年间实行"归户"（即

---

[1] 有关资料为哈佛大学东亚系博士宋怡明教授实地调查所得，承蒙赠阅，谨此致谢。

"粮户归宗")之后向吴乾长承买的,并得到了官府的认可。吴乾长可能原是里长户(即"图首"),实际上领有一甲(即集二图五甲)的户籍。因此,在此次交易中,以曾明生为"户首"(亦称"图首")的十三姓都同时获得了里甲户籍。其所谓"朋户",并非合为一户,而是共同承接一甲的户籍。十三姓在获得里甲户籍之后,也就随即承办相应的祭社与祭厉仪式,形成了新的里社组织。这一合同未涉及集二图其他各甲的里社祭祀活动,可能该图并无统一的里社祭祀组织,即各甲的里社组织是相对独立的。严格地说,即使是在集二图五甲的十三姓中,分别负责每次祭社或祭厉活动的祭祀组织也是相对独立的。如负责二月祭社的为曾姓,负责三月清明祭厉的为蓝、蔡、汪、郭四姓,负责七月十五祭厉的为庄姓,负责八月祭社的为黄、陈、郑三姓,负责十月初一祭厉的为邱、陈、周三姓。

清代后期,由于当地人口的迅猛发展,导致了里社祭祀组织进一步分化。咸丰四年(1854),原定共同负责清明"祭坛"的蔡、蓝、蒋三姓,议定分别举行祭祀仪式,其《分祭坛社规约》记载:

> 立合约集二图五甲坑园家长蔡元滔、辋里家长蓝禄和、北营后湾家长蓝足新、丹阳后湾家长蓝季彩、屿腰家长蒋昌通等,自咸丰肆年叁月初八清明日当祭,各姓同到坑园象纬祭坛,人众太多,蔡家铺盖、酒饯相请浩繁,拖累实在难当。今公议,经户首曾家后代人众手,均匀分祭:蓝家共成一十五官丁,……蒋家二官丁,统共一十七官丁。通祭之日,两姓面约:一官丁应许二人登席,不得太多;倘有反口多人,罚席钱照凭每官丁出份。面约:十牌户首人客贰席,熟肉共十斤,猪肝一只,酒十瓶,曾家户首生肉贰斤候劳;当境土主牲礼一付、斋一延(筵),有乞丐者应领一桌。当祭所用之钱,照官丁出份,

与蔡姓无干。又约：蔡家四官丁，当值自祭，请户首邱、庄两姓登席。自分祭以后，蔡家不用接应蓝、蒋两姓子侄等人，亦不得废祭。我同人唯愿子子孙孙枝叶茂盛，长发其祥焉。恐口无凭，立合约五纸，各执一纸，永为存据。面约：主祭、引赞、通赞者，各应生肉贰斤，标照。

这一合同表明，从咸丰四年开始，负责清明"祭坛"的蔡、蓝、蒋三姓已经分化为不同的祭祀组织，即蓝、蒋二姓合而为一，而蔡姓族人则"当值自祭"。当然，在分祭之后，仍须共同遵守相应的礼仪规范，原有的里社祭祀组织并未完全解体。

在家族内部，为了共同维持里社祭祀活动，也必须采取相应的组织形式。例如，道光十六年（1836）的蓝姓《合约》记载：

> 立合约辋里家长禄兴、北营后湾家长尊龙、丹阳后湾家长季禄，……十三姓朋户祭坛，公起肉二斤以为明生谢劳，蓝功志共应一十五官丁：辋里四官丁、北营后湾七官丁（居泰分三官丁）、丹阳后湾四官丁。共承一十五官丁，当值坛祭，用费若干，俱系照官丁出钱。但缘官丁开份不明，丹阳后湾又因路途遥远，当祭之期未曾到坑园坛观祭，当祭照官丁出份之钱，俱是辋里、北营后湾家房长同到丹阳后湾墩（敦）取回明白。后沿道光拾陆年又当祭，文浴到下观祭，稽查曾明生户首总簿，辋里实应四官丁：朝仁公、朝参公、朝明公、朝功公。十六[年]起以下当祭，辋里应出四官丁外，更剩又谦公一官丁，各房下不认，以至争口。经下宫吴善丹户首，开配辋里、北营后湾、丹阳后湾三房公众代出。又谦公一官丁，以下或变售他人，三房通知，不得私卖。向后恐口无凭，立合约字叁

纸，永为存据。

内标：当祭之日，面约壹官丁应许贰人登席，不得太多。倘有不服反约者，公议罚钱壹官丁，照算出份，决不徇情。标照花押。

如上所述，在蓝姓家族内部，又分为辋里、居泰、北营后湾、丹阳后湾等房，而且各房族人的聚落形态也是相当分散的，这就使族人在里社祭祀活动中难以协调一致，易于出现纠纷。因此，有必要在家族内部建立统一的行为规范，确认各自的权利与义务，从而也就形成了相应的里社祭祀组织。

在清代福建，里甲组织作为基层行政组织的职能，已经逐渐为保甲组织所取代，但里甲户籍仍是征派赋役的基本单位。民间为了在产权交易及纳税过程中不受制于人，总是力求保有相对独立的里甲户籍，因而也特别重视里社祭祀活动。例如，嘉庆十四年（1809）的泰宁县欧阳氏《分关》记载：

我朝鉴于历代，仍设保甲，使户口有所稽，赋税有可考。每保有长，公举充当；每甲有户，附于里长。其所称里长之名，则各姓始祖编入者为长，后世子孙轮值者，又谓为排年管里，专督一年催科。其里中册里作单、图差催粮常礼，俱要经手查办。至于十年排班轮值，乡祭社坛费用不等，饮福分胙在所必需。予家编入在城二图七甲，与叶姓同为里长，廖又继入，十年经办一次：叶七月十五日上班办祭，欧十月初一日为主祭，廖次年三月清明为主祭。虽本里神社右边原遗有些店租，值祭者分收，及甲户相帮，实不敷用，是以予置田米贰石，永为欧阳一姓排年管里田。历岁租数，除开每年册里、图差常礼以及完纳本田粮额外,约总贮得租谷叁拾余石,排至十年之期,尽数核办祭品,各规详后。……唯愿后日子孙无侵蚀、无耗散,每届祭期竭忱办理,庶几神其鉴我,本甲之人亦借是以讲信修睦,则幸甚。[1]

在这里,欧阳氏把保甲组织与里甲组织混为一谈,可能是由于当时的保甲组织也是以里甲编户为基础的,因而被视为里甲组织的代名词。欧阳氏在分家时专门设立了"排年管里田",其目的在于维护里甲户籍,同时也是为了"轮值乡祭社坛"。

清代福建的里社祭祀活动,往往被视为里甲编户的固有特权,甚至因此而导致户籍门第之争。试见永春县《荣房郑氏族谱》的有关记载:

洪武初年,……我族产米视他甲倍多,乃列我郑姓四五都一甲(甲首),依次第立在碑上。时景山李姓附我一甲,历次值壬年祭春;大帽刘姓及溪头张姓,亦附一甲祭秋;我主郑姓当主听拜。继后李姓灭亡,柯姓接缺,依例祭春。大帽刘姓亦遂灭亡,张姓不能胜任,我郑正甲自办秋祭,张姓帮办,至今不失。同治壬戌元年,十班齐到社坂,公举训导谢椿年再换新簿,柯姓、张姓列附一甲。讵意柯季春、柯孝义狂妄不堪,丁卯春到州诬控,称柯姓祭春为长,郑姓祭秋为次,意欲列为兄弟。此乃以奴欺主,背主难堪。……丁卯冬,我族邀集十班到州,据实共入公呈。是以柯姓俯伏,愿认永为附甲,公簿炳

---

[1] 泰宁县欧阳容轩《分关》,清嘉庆十四年立。

据,递交祭祀。久恐或忘,故载在家乘,以示后之知者。[1]

郑氏与柯氏在里社祭祀活动中的地位之争,其实都是为了维护里甲户籍的相应特权。《荣房郑氏族谱》的编者论曰:"王土王民,乃编版籍;有丁有产,皆隶征输。故我祖宗千年以后,创业垂统,废许多心力,方得我门户。后世子孙安享其成,乌可以不思哉!"[2]这说明,在当时的历史环境中,里甲户籍已被视为社会地位与权力的象征,因而里社祭祀活动也备受重视。

三、里社组织的演变趋势

清代后期,由于里甲编户的相对独立与"分祭"之风的日益盛行,原来以里或甲为单位的里社组织趋于解体,逐渐演变为以里甲编户为单位的里社组织,从而导致了里社组织的家族化或社区化。例如,莆田黄石《祁氏族谱》记载:

> 盖闻春祈秋报,古有常规;祀稷享农,久垂巨典;此立社所以尊古制也。福德东社自建社以来,盖亦有年矣,……逆料于道光十九年己亥秋祭,有蚁聚揉板之辈,顿生鼠牙雀角之争,人心不古,社事沦亡。我姓目击心伤,未甘顿坏前功,爰是道光二十年庚子岁,合族鸠丁,重兴福德东社,不没前人之矩蠖,鼎兴新立之规条。

---

[1] 永春县《荣房郑氏族谱·龙头一甲郑氏户籍》,写本一册,藏永春县图书馆。
[2] 同上。

一议：社老、社干、副劝、同劝合同当面议定约过，遂年法师忏资钱四百文，并寿灯料、吹生（笙）钱八百文。

　　一议：福首、副劝、同劝轮值，须依生辰簿，就长顺次轮流，有亲及亲轮当，不得推诿他人、下者占长。

　　道光二十年正月，建谟、建康、亦弼创建置租。至咸丰四年三月，买得东华村郑仲拔民田一段，计田三亩三分，坐在蒸尝洋落。正月上元祈福之旦，众议报功。[1]

如上所述，"福德东社"于道光十九年（1839）解体之后，祁氏随即于道光二十年（1840）组成了以家族为基础的里社祭祀组织。这一祭祀组织采取"合族鸠丁"的形式，对全体男丁摊派有关费用，按长幼顺序轮充"福首"及"副劝""同劝"等职务，并集捐购置了专用的祭产。在此之后，原属"福德东社"的其他家族，也相继组成了类似的里社祭祀组织。据笔者实地调查，当地目前共有十三个里社祭祀组织，其中多数是以家族为基础的，如江姓有"福德中社"，刘姓有"福德西社"，郑姓有"东里家社"，吴姓有"永兴中社""永兴后社""盛兴义社"，陈姓有"永兴前社""永兴义社"。另有"新安寿社""东春上社"等，由当地的各小姓联合组成。这些里社祭祀组织除分别举办社祭活动之外，每年还轮流承办"江公真人""张公真君"等地方神的神诞庆典与"出郊"巡境仪式，共同组成了以当地神庙"浦口宫"为中心的社区性祭祀组织。

在人口流动性较大或杂姓混居的地区，以里甲户籍为基础的里社组织往往直接演变为社区性祭祀组织。例如，道光元年（1821）的仙游城郊《三宫登贤上境规簿》记载：

---

[1] 莆田黄石《祁氏家谱·生辰簿序》，写本一册，藏莆田县档案馆。

邑之城北有社焉，厥名"三宫境"，……显迹久矣。我朝之初，社内户丁繁盛，中间支分派别，有登贤、瀛州诸境，各崇祀典。而我境登贤尤盛，分而析之，名曰"登贤上境"。……第中道式微，社之同人亦曾议振公业，以壮神威，竟不克成其事。及嘉庆十年，鼎新宫宇落成，鸠工董事吴君卿宝之力居多。于是社众酌商建功之事，咸举卿宝为董成焉，而卿宝亦欣然从之。就社内每户各题熙钱三千文，又有信心乐捐者十余户，各加题熙钱六千文，助建成功。经营数载，积毛成裘，迄今建置产业，递年生息，足供元宵、神诞之费。……今者建置既成，设立规簿，公议定正月廿八日元宵，仍在武庙设坛，诸凡事务，一一照簿举行，神诞亦如是。倘要祈安，议定子、午、卯、酉年期，俾社内诸同人子子孙孙共荷神庥，同膺福祉。[1]

这里的所谓"登贤上境"，是由"三宫境""登贤境"逐级分化而成的里社祭祀组织。这一祭祀组织的基本特征，是对"社内每户"按统一定额派捐，同时也吸收额外的捐款，用于置产生息，维持每年的里社祭祀活动。由于这一祭祀组织包容了当地的所有住户，而不论其族姓及是否为里甲编户，因而可以视为社区性的里社组织。

清代至民国年间，福建各地还有不少按股份组成的里社祭祀组织，俗称"社会"或"社公会"。我们在闽北的浦城与闽南的仙游等县都曾经发现若干买卖"社会"股份的契约，兹略举二例，以资说明：

---

[1]《三宫登贤上境规簿·原序》，民国二十一年刊本。

(一)嘉庆四年"卖社份契"[1]

立卖社份人童长寿,自手置有社会一股,原系前洋前坊社主之祭,今因缺乏使用,自托中议将其社份出卖与吴宅春官兄边前去登簿听名。是日经中言议,三面议定,卖得铜钱肆仟文正,是日亲收,并无短少。所卖所买,系是两家甘愿,并无相贪逼勒,并无交易折债。自卖以后,听凭前去轮流分内收租。当日面断,童边办得原钱,无论远近早晚收赎,吴边不得挽留。先言后定,各无反悔,今欲存凭,立卖社份契为照。

(二)光绪五年"卖社会契"[2]

立卖社会契吴金棋,承祖父手置有高坂村仁和社会,共贰拾捌股,计额租贰仟陆佰伍拾硕,其会念捌股内合壹股,今因乏用,自托言中,愿将其社会应合壹股,立契出卖与宗兄树声边登名入会,春、秋两祭分内营业。当日三面言订,卖得土风时值价银洋捌元正,其洋即日亲收是讫,并未短少分厘,所卖所受并无相贪、逼勒、折债等因。此系已应合之业,与门房伯叔兄弟人等原无干涉。倘有来历不清,不涉受者之事,卖者自己支理。所卖其社,是日面订光绪庚辰年交纳租谷贰硕,自后任凭受者入簿分内营业。叁年之外,办得契内原价银洋,对期取赎,受者不得执留。但庚辰如有租谷不清,赎社之日听凭受者加贰称息,卖者不得异言。

上引二契表明,在按股份组成的里社祭祀组织中,其有关股份是可

---

[1] 原件存仙游县档案馆。
[2] 同上。

以分别继承、买卖、典押的，因而其成员也是可以随股份的转移而变更的。此类里社祭祀组织实际上是一种神明会，或可视之为社团性的里社组织。

四、结语

明清时期的里社组织，派生于官方法定的里社祭祀制度。明初的里社只可设土坛、立石主、奉祀"五土五谷"之神，因而不同于一般的神庙。明中叶前后，里社祭祀活动逐渐为迎神赛会所取代，里社也就逐渐演变为地方神庙。

明中叶以后的里社组织，一般仍是以里甲编户为基础，但未必等同于某一特定的里甲组织。这是因为，里社组织是一种自律性的民间社会组织，可以随着社区关系的变化而不断重组。在同一里甲系统内部，可能因"分社"而形成不同的里社祭祀组织；在不同的里甲系统之间，也可能因"合社"而形成共同的里社祭祀组织。

清初福建实行"合户归宗"，里甲户籍大多成为宗族组织或乡族集团的认同标志，具有极为复杂的社会内涵。因此，以里甲编户为基础的里社祭祀组织，也经历了错综复杂的演变过程。清代后期，随着"分社""分祭"的日益盛行，原来以一里、一图或一甲为单位的里社组织趋于解体，逐渐演变为以里甲编户为单位的里社组织，从而促成了里社组织的家族化与社区化。不仅如此，清代福建各地还有不少按股份组成的里社祭祀组织，实际上是自愿结合的民间社团。

明清时期的里社祭祀制度，为民间社会文化的发展提供了合法性依据。从表面上看，里社制度维持了仪式与象征的"标准化"，反映了民间对国家政治体制与意识形态的认同。而在实际上，里社制度包容了各种不同性质的民间社会组织，促成了基层社会结构的多元化进程。通过考察明清福建里社组织的演变，我们既可以发现"地方行政体制的仪式化"，也不难揭示"国家内在于社会"的历史契机。

卷四

地方行政与社会转型

明后期福建地方行政的演变
——兼论明中叶的财政改革

前人论及明代的政治体制,往往片面强调专制主义中央集权的高度发展,而忽视地方行政的实际效能及其演变趋势。然而,就国家与社会的关系而言,明代地方政府的行政职能趋于萎缩,因而导致了社会控制权的下移,促成了基层社会的自治化。[1]本文通过考察明后期福建的财政危机,探讨地方政府职能的萎缩与基层社会的自治化进程,并对明中叶的财政改革略做评述。

一、明后期福建的财政危机

明代福建的财政危机,始自嘉靖年间的倭寇之乱。嘉靖时边防告急,有"南倭北虏"之虞,"边供费繁",而明世宗又好兴"大工"之役,"加以土木、祷祀,月无虚日,帑藏匮竭",导致了全国性的财政危机。[2]福建地处抗倭前线,承担了庞大的军费开支,而

〈1〉 参见拙著《明清福建家族组织与社会变迁》,第242—256页,湖南教育出版社,1992年。
〈2〉《明史》卷七十八,《食货二》,上海古籍出版社、上海书店,1986年影印本。

中央政府又无力补助，遂使地方财政严重超支，难以维持。嘉靖四十二年（1563），福建巡抚谭纶奏云：

> 近该臣等部署水陆，分布官兵，共计用兵三万二千，岁用工食银二十八万。加以修船给械，悬赏冲锋，通计一岁非三十二万不可。⟨1⟩

当时福建全省的地、丁、料、屯、盐诸项钱谷总收入，每年不过二十五万两，即使全部用于军费开支，尚且不敷，更何况还有其他必不可少的行政费用。因此，谭纶要求中央每年补助福建二十一万两，却不了了之。⟨2⟩按，明代福建共设有二都司、十六卫，原额旗军近十万人，明初军饷主要依赖屯田，地方政府只给少量补贴。⟨3⟩明中叶前后，屯政废弛，军饷无着，旗军大量逃亡，又值海疆多事，倭警频传，当局始有募兵之举，而军饷也转由地方财政支出。至万历、天启年间，为了防范"红夷"，又议增兵，福建的军费开支有增无减。据郭造卿《闽中兵食议》的记述，万历时福建二都司、五水寨共有"马步官军四万八千二百余员"，加上各县的机兵、弓兵，总数不下十万，其军饷皆由地方财政支出。⟨4⟩此外，自嘉靖以降，福建各地还留驻六营浙江客兵，每年约需要军饷三万余两，也全部由客兵所在的州府承担。⟨5⟩

明代后期，福建当局为了筹措军费，可以说无所不用其极。万

⟨1⟩《明臣奏议》卷二十六，《倭寇暂宁条陈事宜疏》，清乾隆武英殿聚珍版丛书。
⟨2⟩《明世宗实录》卷五一七、卷五二六，台北历史语言研究所校印本。
⟨3⟩［明］何乔远：《闽书》卷三十九，《版籍志·屯田》，卷四十《捍圉志·军兵名饷》，福建人民出版社，1994年。
⟨4⟩［明］顾炎武：《天下郡国利病书》卷九十六，《福建六》，道光敷文阁仿刊聚珍本。
⟨5⟩同上。

历《漳州府志》记载：

> ［嘉靖］四十三年，时军兴多故，福建巡抚谭纶议，寺田俱以十分为率，以四分给僧焚修，其六分入官（每亩征租银二钱，内一钱二分充饷，八分粮差），是为寺租四六之法。四十四年，巡抚汪道昆又题请额加派，民间每丁征银四分，米一石征银八分，专备军饷之用，号曰"丁四米八"，而僧与民俱重困。〔1〕

这两项都是新增的税目，至明末仍相沿不替。不仅如此，又加派、克扣各县机兵、弓兵的"工食银"，搜括各级政府的机动财源，其收入全部移作军费。《闽中兵食议》论曰：

> 机兵每名有加二分之一者，弓兵每名有减二分之一者，以所加［征］减［支］之食充饷，又有机兵若干名全以充饷者。此外，备用、存留有丁料及仓粮、折色浮粮、余剩、鱼课、寺田、海田、摘课之租税，并诸司之罚锾，皆可以佐军兴。〔2〕

实际上，当时为了支付军费，连各种经常性的开支项目也裁减了。康熙《漳浦县志》记载："以军兴兵饷不敷，四差亦多裁充饷。"〔3〕康熙《宁化县志》记载："扣裁四差以充饷者，又三分之一。"〔4〕这里所说的"四差"，是指纲银、均徭银、兵食银、驿站银四种代役银，原来都有特定的用途，如今却被大量挪用，可见当时

---

〔1〕 ［明］顾炎武：《天下郡国利病书》卷九十三，《福建三》。
〔2〕 ［明］顾炎武：《天下郡国利病书》卷九十六，《福建六》。
〔3〕 康熙《漳浦县志》卷七，《田赋志·寺租》，民国十七年重印本。
〔4〕 康熙《宁化县志》卷五，《岁役志》，福建人民出版社，1989年。

财政制度已极为紊乱。

万历至崇祯年间，由于明王朝的各种加派接踵而至，福建的地方财政再度濒于崩溃。据明人郑邦泰记述，从万历末年到崇祯初年，福建当局都设法"抵解"了一部分"辽饷"加派，以减轻对民间的压力。如云：

> 自万历四十六年，有事于辽，部文该派每石七分一厘七毫，共该派银四万七千七百三十两四钱一分，经布政毕公茂良、粮道魏公时应一括盐钞银抵解，各州县一年免派矣。四十七年，又派银如上年，经二公搜括料剩、站剩银一万四千四百五十一两三钱一分抵解，每石实只派五分耳。四十八年，部文加派至一钱八分四厘三毫，共派一十二万二千七百三十五两三钱，几与起运正粮等，二公又多方搜括银二万七千五百三十四两三钱抵解，每石得减派四分。天启二年分，又该加派如上年，而方伯游公汉龙又多方搜括银五万二百五十六两一钱六分抵解，每石减去七分五厘，只派银一钱八厘，视上年又多减矣。故闽省虽有辽饷，而民稍不为害。〔1〕

在此情况下，虽然减轻了民间的直接负担，却对地方财政造成了极大损害。因为"搜括抵解"的结果是藩库告竭，使地方政府毫无应变能力。自天启末年以降，就连"搜括抵解"也难以做到，还要裁省各种已有的行政经费，以供明王朝的不时之需。康熙《宁化县志》记云：

---

〔1〕［明］郑邦泰：《蓼园集》卷一，《福建赋役考》，福建省图书馆抄本。

［天启］二年至六年，俱蒙本司搜括抵解，止加派一钱八厘八毫五丝。至七年搜括已竭，每石亦减派三分四厘，实加派一钱五分四厘二毫八丝四忽。至崇祯元、二、三年，无可抵解，每石俱加派一钱八分四厘三毫奇。四年，石米又加派六分一厘四毫奇，共派二钱四分五厘七毫奇矣，计辽饷为银二千八百六十一两六钱五分而奇也。民固已戚额相告矣，其后加征之目益多。……通计所加征，几侔于起、存旧额矣。又不足，则职役优免有裁，生员优免有裁（崇祯三、四、五年尽扣解，六年免解），杂役、机兵工食有裁，囚犯、孤贫口粮有裁，有司给从驿站有裁，凡裁差银解部者又三千八百三十五两，而闰年扣裁者不与。襟露履决，意象萧条，无复雍容畅裕之观。〈1〉

这说明，当时地方政府为了应付各种临时性加派，已经难以维持正常的地方财政支出，这就势必导致地方行政职能的萎缩。

二、财政危机与财政改革的关系

　　明后期福建的财政危机，直接导源于倭寇之乱与明末的加派，而更深刻的根源在于明中叶的财政改革。明代前期，地方财政的规模不受限制，各级政府皆可相当随意地征发民力，自然也就不会发生财政危机。明中叶前后，地方财政一度恶性膨胀，"浸淫至于杂供、私馈，无名百出，一纸下征，刻不容缓。加以里皂抑索其间，

〈1〉　康熙《宁化县志》卷五，《度支志》。

里甲动至破产"[1]。为了减轻人民负担，缓和社会矛盾，各地相继对赋役制度实行改革。万历《兴化州志》记载：

> 成、弘之间，乃令见役里长随其丁、田赋钱输官，以供一年用度者谓之"纲"，以雇一年役事之佣者谓之"徭"。既出此钱，则归之农，惟一里长在役，以奉追征、勾摄。[2]

明中叶赋役改革的总体趋势是以钱代役，以免服役者受到官吏的勒索，这就使徭役开始转化为财政形式。然而，由于当时的财政支出尚未受到限制，这一改革不久即归于失败。如云："法虽具，而所入不足以供所费，则又倚办于里甲。里甲既输钱，而又治办，则向者所赋之钱，悉充县官私橐，是重利县官耳。于是乃不赋钱，第复国初之制，以丁、粮定班，纲则使之自供用度。"[3]这说明，当时的赋役改革必须与财政改革相结合，或者说是以财政改革为必要前提。

在明中叶赋役制度的改革过程中，民间的各种赋役负担日益趋于定额化，遂使地方政府的财政规模逐渐受到了限制。弘治年间，仙游缙绅郑纪在《新里甲目录序》中记云：

> 予弟今年备名里正，因会集同事，澡神涤虑，议定供应事目，萃为一录。自圣寿、祀饮而下，至于役夫、什廪之征，量轻酌重，务条类目。……岁计用银不满五百，每甲一岁出银不

---

[1] [明]何乔远：《闽书》卷三十九，《版籍志》。
[2] 转引自《天下郡国利病书》卷九十二，《福建二》。
[3] 同上。

过三四两，视诸往年则七、八分之一也。录成，呈白县堂，随与里甲百四十户合盟以坚之，以为一岁共需之则。⟨1⟩

在这里，财政支出的项目与数额显然已受到限定，才有可能预先做出精确的预算。在此之前，仙游县的各种里甲费用，据说多为不必要的开支。如云："县令黄时，每甲值一日，用银二十余两，十六图一岁计之，用银三千余两，悉皆庖厨之共［供］，妻妾之奉，与夫过客、来使、权门馈赠之需而已。至于祭、饮、科、贡物料之类，国典所载者，率以一科十，岁又千两有奇。"⟨2⟩由此可见，这一时期赋役改革的主要成果，在于限制了地方财政的规模。

明中叶以后，福建各地的赋役改革已基本定型，同时也形成了以定额管理为特征的地方财政体制。正德年间，御史沈灼在福建全省推行"八分法"和"纲银法"，对里甲之役实行全面改革。所谓"八分法"，即把原来由现年里甲采办的"上供物料"，改为由官府征银采办，"每米一石，人丁一丁，岁征银八分，通融各县该办之数，就于八分内支解"⟨3⟩。所谓"纲银法"，即把原来由现年里甲支应的各种行政费用，预先核定数额，总征在官，再由官府逐项支付，不必临时向里甲责纳。嘉靖十六年（1537），御史李元阳在福建推行"十段法"，对均徭之役实行全面改革。所谓"十段法"，即每年取全县丁、田的十分之一，派征当年的各项均徭之费，由官府自行雇人代役，其经费在十年之内通融扯平，"今年盈则捐之以补明年之不足，明年缩则益以取诸年之有余"⟨4⟩。由于里甲之役和均徭

⟨1⟩ 道光《重纂福建通志》卷四十九，《田赋》，同治七年正谊书院刊本。
⟨2⟩ 同上。
⟨3⟩ 嘉靖《安溪县志》卷一，《赋役》，上海古籍书店1963年影印本。
⟨4⟩ 乾隆《龙溪县志》卷五，《赋役》，乾隆二十七年刊本。

之役是地方财政的主要来源,在这两种徭役转化为财政的形式之后,也就必然随之形成地方财政的管理体制。不过,当时对地方财政的收支还缺乏必要的约束机制,财政预算的规模经常被突破,而地方官也往往巧立名目,另增新税。《闽书》记载:

> 正德十五年,沈御史灼议将通县费用,分正、杂二纲,以丁四粮六法科派。……正纲费用可得稽按,杂则私而难考矣。嘉靖十六年,李御史元阳知其多费,再议征银储库,用度各有定则。但额外费多,支应不给,仍令里长贴办,称为"班次"。又为"杂泛",名色猥琐,甚或借办铺户,全不偿价,或半给者有之。较其一年之费,倍之二纲之数,而里甲困矣。[1]

在兴化府莆田县,官府征收纲银之后,仍按里甲派佥民户"落纲协办",因而支出多超出原额。嘉靖二十三年(1544),莆田落职御史朱㵾赋闲在家,为本图承应"杂纲"五日,据说原定该银八两,而实际上却花了二十八两。朱㵾对此大为不满,在《落纲协办志》中记云:"穷乡小民,靡损尤甚,一经此役,无不破家。"[2] 嘉靖末年,福建当局再次对里甲支应之役实行改革,"令各县除正、杂之名,止称'纲银',以一年应用通计实数,只据见年丁、粮多寡,每户征银若干,审定规则,先一月征收在官,以应后月支出"[3]。此次改革的要点,即明确规定纲银必须官收官支,从而使里甲支应官府之役完全转化为地方财政,这已经相当接近于此后"一

---

[1] [明]何乔远:《闽书》卷三十九,《版籍志》。
[2] [明]朱㵾:《天马山房遗稿》卷四,隆庆三年刊本。
[3] [明]何乔远:《闽书》卷三十九,《版籍志》。

条鞭法"的改革目标了。

万历五年（1577），福建巡抚庞尚鹏推行"一条鞭法"，对全省各项财政收支实行统一核算，并打破原来十年轮役一次的惯例，把全年的费用直接摊派到官府所控制的全部丁、田之上，由官府"总征均支"。在福建地区，"一条鞭法"对赋役改革并无多大建树，却为各级地方财政制定了统一的规范，"缕析条分，著为成规，以垂永久"[1]。"一条鞭法"作为通行全国的财政法规，对此后的地方财政体制具有深远的影响。《闽书》记载：

> 自是条鞭法行，则通府、州、县十岁中夏税、秋粮、存留、起运额若干，纲、徭、兵、站加银额若干，通为一条，总征均支，异时民间征派名色，一切省除。[2]

这就是说，全省十年之内的一切财政收支项目，都已被统一规范于"一条鞭法"之内，各级地方政府完全失去了财政收支的自主权。万历二十年（1592），福建巡抚许孚远在《申饬条鞭行各道》中再次重申，除了"一条鞭法"之外，"不许分外一毫偏累里甲"，如有"仍前科扰，及索取民间一廪一蔬，或用里甲一夫一马者"，即为国法所不容。[3]在此情况下，如果不是铤而走险的贪官污吏，自然也就不敢越雷池一步了。

综观明中叶福建的财政改革，令人颇有矫枉过正、作茧自缚之感。当时财政改革的重点在于"节流"，而不是"开源"，遂使

---

[1] 崇祯《宁化县志》卷二，《徭役》，顺治年间刊本。
[2] [明]何乔远：《闽书》卷三十九，《版籍志》。
[3] [明]许孚远：《敬和堂集》，卷八。

各级地方财政的规模屡受压缩，失去了应有的活力。从"一条鞭法"规定的财政支出项目看，当时各级政府只能满足于应付例行公事，很难有所作为。延及明末，又有许多经常性的开支项目遭到裁减，这就使地方官员更是难为无米之炊。明代的有识之士早已指出，解决财政危机的出路在于"开源"，而不是"节流"。万历年间，郭造卿在《闽中兵食议》中提出，福建饶于渔盐之利，又可通商海外，"操奇莫赢于市舶"，只要稍加变通，即可增税以足兵食，又何必巧立名目搜括军饷？[1] 然而，当时福建当局却恪守成规，未能采纳他的建议。延及天启年间，郑邦泰在《福建赋役考》中论曰：

> 今日赋役大增于旧额矣。财用匮乏，赋役繁兴，规避精巧。彼强宗巨姓，蕃衍至于仟佰，视国初通天诡寄之名尤甚，县官曾不得庸调其寸缣，则荷重役者俱属何人？……孰如清其户口，使利归公家，额外可以免派，火耗可以少减也。[2]

的确，当时赋役与财政问题的症结是税源不清，各地的人丁与土地大多为强宗大族所控制，这就使财政压力难以向全社会转移。明代福建在册户口与土地的流失趋势，早在永乐、宣德年间已相当明显，而明中叶的历次赋役与财政改革都未能致力于解决这一问题，每隔十年的黄册编审也是徒具形式，各级官吏历来只满足于维持"原额"。[3] 正是这种根深蒂固的"原额"观念，导致当时的财

---

[1]〔明〕顾炎武：《天下郡国利病书》卷九十六，《福建六》。
[2]〔明〕郑邦泰：《蓼园集》卷一，《福建赋役考》，福建省图书馆抄本。
[3] 参见拙文：《明清福建里甲户籍与家族组织》，《中国社会经济史研究》1989年第2期。

政改革走向"节流"而不是"开源",从而也为明末的财政危机埋下了祸根。

三、地方政府职能的萎缩

明代后期,由于财政危机的日益加深,福建地方政府的原定经费屡遭裁减,因而各级政府的行政职能也日趋萎缩。康熙《宁化县志》记载,该县于明代编列于"条鞭四差款目"的财政开支,共计一百五十四项,其中大多于明末被扣裁充饷或上解。兹以有关资料列为下表[1],以资说明。

表1 明后期宁化县财政支出定额变动表

四差类别	原编项目（项）	原编款额（两）	全裁项目（项）	全裁款额（两）	扣减项目（项）	扣减款额（两）
纲银	85	1133	44	518	32	238
徭银	47	2505	8	26	37	1006
机兵	10	3458	1	998	5	2257
驿站	12	1889	1	45	3	674
合计	154	8985	54	1587	77	4175

如上表所示,宁化县以"四差"的名义编列的154项支出项目中,于明末被全裁的达54项,占三分之一强;被扣减的达77项,占二分之一;二者合计共131项,约占全部支出项目的85%。从裁减的款额看,总数共达5762两,约占原额8985两的63%。这说明,

---

[1] 本表资料见于康熙《宁化县志》卷五,《条鞭四差款目》。表中款额以"两"为计量单位,"两"以下以四舍五入法计入。

明末福建地方政府的财政支出规模，比"一条鞭法"实行之初的万历年间缩减了近三分之二。应当指出，宁化县编列于"条鞭四差款目"中的财政预算，并非全部用于宁化县的财政支出，其中有不少属于省布、按二司及各道、府乃至外县的财政收入，而由宁化县代为收解。这些财政项目于明末同样被大量裁减，因而上表资料也反映了当时各级衙门的总体财政状况。

宁化县的原编"纲银"类经费中，属于省级和各道收入的项目共36项，其中于明末被全裁的共15项，被扣减的共16项，只有5项未被扣裁，而且其总额不及30两，皆为零星小项；属于府级收入的共23项，其中全裁14项，扣减8项，仅有1项未被扣裁，而其款额也只有6两。此类经费原为各级衙门的"支应"费用，相当于现代财政预算中的办公费。对此类经费的大幅度裁减，表明当时各级衙门的许多例行公事，由于经费困难，已无法照常进行。

编列于"徭银"类中的财政支出，主要用于雇用各级衙门的劳务人员，即支付"工食银"。宁化县为省级衙门提供的劳务支出共15项，为府级衙门提供的劳务支出共10项，其中4项全裁，其余皆被扣裁。在宁化县衙门的16项"徭银"支出中，全裁4项，扣减10项，仅有2项未被扣裁。由此看来，"一条鞭法"对于各级衙门的员役定额是相当严谨的，因而直至明末也难以大幅度裁员。不过，当时地方当局还是千方百计使这些员役节衣缩食，宁化县被扣裁的"徭银"约占原额的40%。

明末的"机兵银"支出极为复杂，其中多数被移作军饷，或上解中央，很少用于本地兵役。宁化县原编3458两"机兵银"中，先扣除"解司充饷银"，又扣除"解府出征路费""解上杭县募兵""会昌团练""赣州所事""草料马价银""会昌骁勇""本府应捕"等项支出，用于"本县民兵"的仅有1190.8两，而非闰年还应再扣106两"解司充饷"。以上尚属原编正额。至明末,"先裁扣三银〔饷〕三百二十五两四钱四分,后裁冗役银一百两八钱,有闰加裁一十二两。又编民兵银五百四十五两六钱,全裁"。如此扣裁之后,宁化县无闰年仅有"民兵"经费658.56两,而有闰年也仅有725.56两,这已不及原额的五分之一了。除机兵之外,宁化县原额尚有"铺司兵"76名、"弓兵"12名、"隶兵"22名,其经费列于"徭银"类开支,明末也多被扣裁。〈1〉

由于"机兵银"被大量裁减或挪用,明末福建各地的地方武装名存实亡,官方的社会控制能力大为降低,因而加速了统治秩序的解体过程。康熙《宁化县志》立有《民兵志》,详述晚明地方兵制的废弛。如云:"嘉靖之季,闽中苦倭,抚院汪道昆以各司弓兵多逃,乃司减其兵,兵减其雇值,征其赢以充军饷。弓兵之名,仅存而已。""崇祯间裁革机兵四十名,并裁工食一千四百二十两有奇,机兵仅名焉耳。"〈2〉编者论曰:"始之置民兵,将以补卫所之弊也。无补于卫所,而民兵又刍偶不可用,徒浚民膏而阴自削,终明世而兵不振,岂无故乎?"〈3〉此书编者李世熊,于明末清初历经"寇变"之苦、亡国之痛,论及晚明史事语多愤激,所论也颇能切中时弊,发人深省。

驿站作为明代官办的交通及联络机构,是政令统一与中央集权的象征,因而不惜为此耗费巨资。自万历以降,驿站经费也屡遭裁减,有不少地区因此引起动乱。崇祯初年的秦晋大起义,据说即与此密切相关。〈4〉宁化县地处偏僻的闽西山区,驿务较少,所编驿站经费大多"解府给发玉华、馆前、九龙、芋源诸驿",留在本县的

〈1〉 康熙《宁化县志》卷五,《条鞭四差款目》。
〈2〉 康熙《宁化县志》卷六,《民兵志》。
〈3〉 同上。
〈4〉 此据〔明〕史惇:《恸余杂记》。

仅占三分之一左右，七百余两。其中扣解"县官撙节银""额剩站银"五十余两，所占比例不大。不过，从宁化县解府协济外县驿站的经费看，仅崇祯五年即扣裁"四站银"五百余两，约占原额的一半，[1] 其比例也是相当大的。有关明代驿政的沿革及其弊端，前人已有不少专论，兹不赘述。

除了康熙《宁化县志》之外，明末清初编纂的许多福建地方志，都保留了丰富的晚明财政史料，还有待于系统地整理和分析。从这批史料中，可以清楚地看出，明后期福建的地方财政日趋窘困，迫使各级政府相继放弃了许多固有的行政职能，尤其是把各种地方公共事业移交给当地的乡族集团。笔者在考察闽北乡族共有经济时发现，当地有不少桥田、渡田、渠田、陂田、祠田、仓田、学田、义田等地方公产，都是肇始于明代后期。在实行"一条鞭法"之前，此类公共事业通常都佥派役夫或里甲支应，在实行"一条鞭法"之初也都编列了专项经费，而不久之后即相继受到裁减，因而只好由当地"善士"捐资置产，以供常年费用。因此，笔者曾把此类地方公产称为"赋役的转化形式"[2]。现在看来，这一提法尚有不妥，更准确地说应是"地方财政的转化形式"。这是因为，在明中叶赋役与财政改革过程中，此类赋役早已转化为地方财政的形式，此后又由财政支出项目转化为地方公产。在这一转化过程中，乡绅与乡族集团开始全面接管地方公共事务，从而也就合法地拥有对于基层社会的控制权。

---

[1] 康熙《宁化县志》卷五，《条鞭四差款目》。
[2] 参见拙文：《试论闽北乡族地主经济的形态与结构》，《中国社会经济史研究》1985年第4期；《明清闽北乡族地主经济的发展》，《明清福建社会与乡村经济》，厦门大学出版社，1987年；《明以后闽北乡族土地的所有权形态》，《平准学刊》第5辑上册，光明日报出版社，1989年。

四、社会危机与乡族自治

明中叶以后，由于福建当局未能有效履行若干重要的行政职能，曾经多次引发严重的社会危机。例如，万历二十年福州城的饥民暴乱事件，即因有司未能及时赈济、平粜而引起。关于此事的前因后果，当时的福建巡抚许孚远在《敬和堂集》中有详细记述。其《抚定省民谕》宣称：

> 岁闽地荐饥，米价日贵，本院出示平价，原是为尔贫民。乃有奸人陈梅等籴米李三家，争价高低，聚众抢夺，将李三资财一时掠尽。……奸人鼓煽，千百成群，满街呼噪。遂至拆坐营古应科之屋，劫林布政等二十余家，几至大乱。[1]

从表面上看，此事似乎是突发性事件，其实却是时局发展的必然结果。许孚远在《题处乱民疏》中，曾"自劾抚绥无状"，而对致乱缘由做了如下说明：

> 该臣看得：福建地方迩年旱潦频仍，米谷腾贵，已非一朝一夕之故。臣于去年七月内，据福、泉、漳、延各府先后报到水旱灾伤，题请勘处蠲恤。后因晚禾稍收，该按臣陈子贞勘复，灾伤分数不多，议且停止。又该臣看得省城绝少储积，荒警无备，特行布政司查发备赈等银二万一千两，转行福州、邵武、汀州三府及福宁州，分投籴买米谷，运至省城。自去秋迄今，据各府、州陆续解运前项米谷上仓，甫及一半。本年三月

---

[1]［明］许孚远：《敬和堂集》卷九，《谕》。

内，据福州府申详闽县嘉登里民陈尚宾等告赈议处缘由，该臣批："嘉登百姓屡次告赈，果有灾荒，赈恤诚不容已。该府所议出示令有余贷不足，其意固善，却恐有余之家不肯自认，又生烦扰。该县所申积谷报部银两，宜就用此赈之，当官领散，秋成偿还，亦不费之惠也。贷银多寡，当量其家产厚薄。无产而与，恐其难偿，须别议赈恤。若有游手棍徒素行不良者，俱不宜贷与。仰府再议详报。"去后春夏之交，米价渐涌，每石至一两三、四钱。臣与司、道官商议，将见积在仓米谷量发平粜；又行福州府，将各卫官军粮米借支三个月，以纾目前之急；仍行产谷府县，传谕商贩装运到省；并令省城有谷之家，零星发粜，牙侩人等不许囤利商抬米价，每石暂定一两，俟后渐减。百计调停，以救时艰。不意五月初二申牌时分，忽有生员李章奔臣衙门投告，见彼棍徒以籴米为由，聚众抢夺，乞要救援……[1]

如上所述，福建当局事前采取的唯一实际行动，是于上年秋天动用"备赈"银二万余两，转发给各地买粮运存省仓，而到事发时解运不及半数。其他举措或议而未行，或行而未果。至于由抚院出示"平价"，则无异于空话。若是追究此事的罪魁，当推负责勘灾的巡按陈子贞。他在"迩年旱潦频仍，米谷腾贵"的情况下，竟因"晚禾稍收"而报称"灾伤分数不多"，建议停止蠲恤。然而，当时并无其他官员真心以救灾为己任，所议多为推托之词。如福州府议"出示令有余贷不足"，闽县议请借用"积谷报部银两"放贷，无非都是不花钱的主意。当然，单纯指责这些官员也不公平，因为实施

---

[1]［明］许孚远：《敬和堂集》卷一，《疏》。

惠政要有财力,而当时各级政府并不具备此类财源。按,洪武初年规定,各地凡发生水旱灾害,所在府县必须不拘时限,随时勘灾蠲税;洪武十八年(1385)又规定,各地凡遇岁饥,先发仓赈贷,再具奏报闻。然而,弘治三年(1490)规定,凡蠲免税粮,只准在存留项内动用,而不得减少起运之额,这实际上是把蠲税的责任完全推给地方政府。至于赈济用款,明代一般是取自各级政府的"罚锾",这并非固定的经常性收入,而且常被移作他用,其存留量是很有限的。明前期还要求各地设立预备仓,收纳"义捐"以备赈,但到明中叶多已废置。(1)因此,在明后期地方财政日益窘困的情况下,的确很难要求有司切实负起救灾的责任,这就使之尽可能把救灾职能向社会转移。

天启年间,周一夔在《广积谷以固闽圉议》中,充分论述了地方财政之不可恃,并建议创立民办的救灾体制。他指出,自万历末年抵解加派以来,福建省库空虚,"所存常不过数千",而省会"邑库亦从来如洗"。当时用于"备赈救地方缓急之需"的"积谷银"及"赎银"等,均已"截半解部"以"暂充辽饷",福建当局曾题请存留,"倘得允留闽省买谷助赈,庶几搜括司帑,可得二万余金"。以此区区之数,自然不足以解决当时日益严重的粮食危机。他因而建议,除了委派官员去外地采运仓谷之外,"四季积谷[银]尽行存留本色,自理赎银尽行买谷贮仓,以备不时赈贷。在乡缙绅、贤达长者倡率大户,……渐渐举行义仓、社仓;再以余力劝诱商贾,多方远籴"(2)。在《积谷末议》中,他又提出,以民办的社仓备荒,比官方的赈贷更有效,"救荒未有善于此者"。然而,他的这

---

(1) 道光《重纂福建通志》卷五十二,《明蠲赈》。
(2) [明]周一夔:《弃草文集》卷五,崇祯刊本。

一建议却遭到当地"大户"的反对,难以付诸实施。这使他极为愤慨,要求当局以行政手段强制推行:

> 今日台议,又非骤劝民行社仓也。劝民自赡其家,仓勿使空虚而已;劝其以实仓之余,待邻里之来籴而已。劝其明白积谷取息,官不为定价,民不许强勒,其利贫民者尚什之二三,利富民者盖什之七八矣。比而不肯听令,则真积玩之后,无所警觉。合无激场之际,参用刑威,预查坊里大户若干,……责令巢谷若干。〈1〉

周一夔试图以行政权力推行社仓,把官方的救灾责任转移到民间,但终究未能取信于民,不了了之。不过,当时也有不少民间自发创立的社仓,其赈贷范围一般只限于乡族内部。万历年间,闽县乡绅董应举在《社仓议》中记云:

> 昔先君子尝以夏初发粟平价,至秋冬收成,如其价以入,不加息焉,曰:"吾此法成,即古常平、社仓昉是矣。"不幸遽没。而予兄弟无腴田之所入,仅足自给,警于岁饥,市粟五千,以待乡族之乏者。春放而秋还,以新还旧,粟不论价,而数加十二。……乡族有好义者,为予推行,庶几有备,而先君子未竟之志,或少酬万一乎?〈2〉

这种行之于乡族内部的社仓,强化了乡族集团的内聚力,反映了

〈1〉［明］周一夔:《弃草文集》卷五,崇祯刊本。
〈2〉［明］董应举:《崇相集·议》,民国十七年重刊本。

社会控制权的下移。例如,董应举议立的《小埕义仓规则》宣称:"此仓专为守垛贫民而设,……其贫民懈怠不行守垛者勿给。"⁽¹⁾应当指出,由乡族集团设立的社仓或义仓,只能解决局部性的饥荒,而不能完全取代政府的救灾职能。明末福建的抗租及抢米风潮颇为盛行,这无疑与荒政废弛有密切关系。

明后期福建的大型水利设施,也往往由于官府的失职而日益毁坏。笔者曾论及明清时期福建农田水利制度的演变,认为从明中叶赋役制度改革之后,各地政府相继放弃了修建和管理水利设施的责任,因而使水利事业由官办改为民办,即由当地乡族组织自行负责维修和管理。不过,有些大型的农田水利设施,其受益范围涉及数乡、数县乃至数府,很难完全由民间自理,这就需要采取官督民办或民办官助的形式,由地方政府统一组织和协调。

明代前期,由于地方政府可以随时征发民力,大型水利设施一般皆可及时维修,而到了明代后期,由于地方财政中并无此类专项经费,地方官也就难以过问此事了。万历年间,侯官县石门硖大堤年久失修,"每岁巨浸横流",祸及数十里,当地耆老陈某冒死诣阙上书,始下旨令地方官议修。知县周某实地勘测后,"谓父老言是,白谓大吏,具题获允。民之系产于兹地者,遂欢然相率捐缗钱,鸠工筑堤,横亘三十余里。……不费县官一钱也"⁽²⁾。在这一惊动朝廷的大工程中,各级政府居然一毛不拔,这大概也足以证明当时地方财政的窘困了。当然,这一时期仍有一些地方官兴修水利的"德政",但他们一般都必须"捐俸"倡修,而非动用公款。

明后期福建的社会治安,主要依赖于保甲组织与乡族武装。前

⟨1⟩ [明]董应举:《崇相集·议》,民国十七年重刊本。
⟨2⟩ [明]徐熥:《幔亭集》卷十七,《侯邑周侯修筑石门硖碑铭》,万历年间徐氏刊本。

已述及，福建各县原有弓兵、机兵等地方武装，至明末已名存实亡。因此，各地政府难以承担地方防务，只能要求民间武装自卫。隆庆四年（1570）至万历二年（1574）的惠安知县叶春及，在其任上力行乡约保甲制度，主要目的即在于强化社会治安，加强地方防卫能力。他在《惠安政书》中记云："夫保甲者，岂诚荷殳远斗若兵也哉？寇至捍御，乃有家者之必然，何为不乐？故余因其情而简其法，以《铺册》三壮丁共当一夫，登于《保册》。无事，巡警如故；有警，社首、保长统帅册内夫家，更迭而出。或据险而守，或乘便而击，或以侦贼等役。……盖有常数，无常人，各推其家之壮者为兵。"(1) 当时尚未实行"一条鞭法"，但各项地方行政经费已有定额，据叶春及自述："余三年不用里甲一文，盖纲银之式行也。"至于雇用乡兵、弓兵与机兵的经费，则大多已被裁减或挪用，"惟机兵半征饷于兵备道，别募而练之，半隶于县练之，其内以十名更番守宿于府焉"(2)。可见，当时地方政府可以动用的兵力已大为减少，因而不得不依赖于乡族武装。

自"一条鞭法"实行之后，各县机兵与弓兵虽有定额，但由于经费屡遭裁减，兵员所存无几，只能充任各级官府的差役。《闽书》记载："各府县机兵，今隶在官籍役；弓兵隶巡检，亦徒具数，不责逐捕盗贼。"(3) 因此，明后期的历任福建巡抚都积极推行乡约保甲法，(4) 要求民间组织乡族武装，加强自我防卫能力。万历二十年，福建巡抚许孚远在《颁〈正俗编〉行各属》中说："禁奸戢乱，则

〈1〉［明］叶春及：《惠安政书十二·保甲篇》，福建人民出版社，1987年。
〈2〉［明］叶春及：《惠安政书三·版籍考》，福建人民出版社，1987年。
〈3〉［明］何乔远：《闽书》卷四十，《捍圉志》。
〈4〉详见［日］三木聪：《明末福建的保甲制》，《东洋学报》第六十一卷第1—2号。

保甲为急;维风善俗,则乡约为要。"⁽¹⁾在《团练乡兵行各道》中,他又提出:"乡宦、举、监、生员之家,不宜慨使出兵。但此举方为各保地方,所保惟富室大家为重,贫人下户干系甚轻。……若令贫人为守,巨室安坐,设有缓急,彼将思逞,何足赖耶?今须理劝士大夫家为之倡率,若果为保家保族之谋,即子弟、僮仆,皆可教之即戎,何须规避?"⁽²⁾在这里,他已直接把地方防卫职能交给了士绅阶层,从而使乡族武装具有合法的地位。

万历四十三年(1615),福建巡抚黄承玄在《约保事宜》中提出,"乡兵"可以独立自主,不受官府节制。如云:"凡保中富室大姓,其族众、义男、干仆率以千百计,宜于保甲之外另集乡兵,以资防御。……或再募教师一人,督率训练。然不强之必行,即行亦仅籍名报官,官不派人查点。第于练成之日,该保呈县,转报院道,以凭颁赏,用于激励。"⁽³⁾不仅如此,他还赋予乡约保甲组织各种政教职能,使之成为高度自治的社会组织。兹摘其要目如下:

一、一乡之约正,必有一段精神常与乡人相通,乃可冀化成之效。若有约无会,殊失其旨,今后务令各随便各立约所。每月朔望,保长率各甲人等齐集会所。……如保正副、甲长无故不到者,纪簿戒惩;如里甲人等无故不到者,着令保长次令召至警谕,再不到者亦纪簿戒惩。

一、会日宣讲既毕,保长各报善恶姓名,约正当众核实,除孝子顺孙、义妇节妇公举表扬外,其余但有一善可取,即与

⟨1⟩ [明]许孚远:《敬和堂集》卷八,《公移》。
⟨2⟩ 同上。
⟨3⟩ [明]黄承玄:《盟鸥堂集》卷二十九,《公移·约保事宜》,崇祯元年刊本。

纪簿；如恶迹显著，如窝盗、通番诸重大事情呈官究治外，其余小过，初次约正姑当众训诲，令其愧改，二次纪簿报官。此亦善善长而恶恶短之意也。

一、纪善戒惩之后，凡有彼此相竞及冤抑不伸者，俱以实告，约正询之保长，参之舆论，以虚心剖其曲直，以温语解其忿争，务令两家心服气平。……如有重大事情须白官府者，亦必先经约会，然后告官。所告中证，必须在场曾经告明约会者，不许妄引他人，以图党恶。以后本院词状，一一据此查核，以杜诬罔。

一、各约人等，既同一会，便须休戚相关。会日，约正遍询各保内，有贫不能活，病不能医，患难无援，孤寡无靠，及婚葬、耕读苦于无资者，即当共为区处，曲加周恤。……如修桥、筑堰，一切有益地方者，俱行纪簿旌赏。所有一切乡中兴利除害事宜，亦许约保于会中公议，佥同连名呈举，凭官酌议施行。⁽¹⁾

以上各项规定，大概只能反映当时福建当局的施政理想，未必可以全部付诸实施。不过，即使这只是一纸空文，也表明当时地方政府已无力直接控制基层社会，因而不得不依赖乡族组织，以维持社会秩序的相对稳定。

值得注意的是，乡约保甲制度始于明代中叶，原来只是作为官府的统治工具，至明末则演变为乡族自治组织，其性质已完全改变。嘉靖二十六年（1547），福建巡抚朱纨在推行保甲法时，曾明确指出："保甲之法，操纵在有司则可，操纵在巨室则不可。近

⟨1⟩［明］黄承玄：《盟鸥堂集》卷二十九，《公移·约保事宜》，崇祯元年刊本。

见闻一等嘉谈力行者，此不过为蕃植武断之地耳，非真欲厚风俗也。"⁽¹⁾他试图以保甲组织强化官府的直接统治，抑制豪族势力，却无力改变现存的局面，反被闽南"巨室"诬告入狱而死。这就表明，在明后期的地方政治格局中，乡族自治已经成为不可逆转的趋势。

综上所述，自正德、嘉靖年间以降，由于财政改革与财政危机的日益加深，福建地方政府的行政职能趋于萎缩，因而逐渐把各种地方公务移交给乡族集团，促成了基层社会的"自治化"倾向。明后期福建的乡约保甲制度，可以说是乡族自治的集中表现。这种由地方政府授权的乡族自治，虽然可以暂时弥补因政府职能萎缩而形成的权力真空，有助于维持社会秩序的相对稳定，但就其长期演变趋势而言，又势必危及政令的统一与社会的长治久安。明以后福建乡族械斗与乡族割据的持续发展，可以说是这一地方政治格局的必然后果。⁽²⁾

〈1〉［明］朱纨：《甓余杂集》卷八，《公移二》。
〈2〉 参见拙文：《清代闽南乡族械斗的演变》，《中国社会经济史研究》1998年第1期。

清代福建地方财政与政府职能的演变
——《福建省例》研究[1]

前人论及清代的地方政府职能，大多注重其社会控制能力，而忽视其内在运作机制。笔者认为，清代的政府行为在很大程度上取决于其政治体制，因而有必要从制度史角度研究清代的地方政府职能。本文试图利用《福建省例》[2]，考察清代福建的地方财政体制，以期揭示清代地方政府职能的演变趋势。

《福建省例》为清代福建的地方行政法规汇编，由福建省布政司陆续整理、编印，颁行各属作为处理地方行政事务的基本依据。现存版本大约刊行于同治末年（约1873—1874年），共收录例案484件，按其内容分为33项。大致说来，这些行政法规可以分为"内务"与"公务"两大类，前者涉及各级地方政府的内部事务，如公式例（16案）、仓库例（25案）、钱粮例（4案）、奏销例（3案）、交代例（23案）、解支例（4案）、俸禄例（11案）、养廉例（21案）、捐款例（14案）、恤赏例（10案）、兵饷例（14案）、邮

---

[1] 本文曾在2000年12月牛津大学中国研究所"明清地方政府与地方社会"学术研讨会上提交讨论，得到科大卫、吴密察、蔡志祥、陈春声、刘志伟等教授的批评指正，谨此致谢。
[2] 此书原名《省例》，台湾文献丛刊本的编者改用现名，本文所用即这一版本，故沿用此书名。

政例（45案）、差务例（5案）、铨政例（18案）；后者涉及地方公共事务，如税课例（6案）、平粜例（4案）、社仓例（4案）、户口例（13案）、田宅例（9案）、劝垦例（3案）、当税例（5案）、科场例（2案）、盐政例（7案）、钱法例（3案）、铁政例（2案）、船政例（36案）、海防例（9案）、修造例（2案）、刑政例（121案）、捐输例（8案）、征收例（17案）、缉匪例（4案）。另有杂例16案，除少数与"内务"有关外，大多也可以归入"公务"的范畴。这些例案的形成过程，约经历一百二十年时间，其中形成年代最早者为乾隆十七年（1752），最迟者为同治十一年（1872）。[1]这就是说，《福建省例》主要收录了1752—1872年的福建省地方行政法规，反映了清代中后期的地方行政状况。由于此书保存了各类地方行政法规的原始面貌，具有较高的权威性与实用性，对于了解当时的地方行政事务是必不可少的基本史料。

在《福建省例》中，与地方财政体制密切相关的例案主要集中于"内务"类，但在诸如"税课例""平粜例""社仓例""当税例""盐政例""钱法例""捐输例""征收例"等"公务"类例案中也不乏有关资料。此外，在清代福建的各种地方志、地方档案及地方官的文集、笔记中，此类资料甚多，本文难以全面考察，只能留待今后继续探讨。

一、地方财政的构成及其管理

清代地方财政沿袭明中叶确立的"一条鞭法"，实行分级分类

---

[1] 以上简介可参见《福建省例》之"弁言"及"总目"。

定额包干体制。在明代，福建各级地方财政的基本来源及经常性支出项目可以归纳为"四差"，即里甲、均徭、驿站及机兵。里甲类经费主要用于地方政府的日常办公及礼仪、接待支出，均徭类经费主要用于各种政府雇用人员的工资支出，驿站类经费主要用于官方交通、邮政的支出，机兵类经费主要用于地方武装的兵饷支出。由于"一条鞭法"的立法意图在于"节流"，各类地方财政经费的定额相对从紧，只能维持各级地方政府最低限度的财政需求。因此，一旦有额外的财政支出或不时之需，就必然破坏收支平衡，影响各级地方行政的正常运作。如明末福建的财政危机，其直接原因虽是倭寇之乱与三饷加派，而根源却在于明中叶的财政改革，即实行"一条鞭法"的财政体制。[1]这一地方财政体制的固有弊端，在清代得到了更为充分的表现，使各级地方政府无不深受困扰。

在清代的各种地方志中，由各级地方政府支配的财政经费通常都列入"存留"项目，而归中央政府支配的财政项目则列入"起运"项目。[2]因此，可以通过对地方志中"存留"项目的分析，探讨清代地方财政的基本构成。例如，乾隆《安溪县志》共记载"存留"经费75项，分为"支应""经费""驿站""支发"四大类，每类各有"原额"，有"奉裁"，有"新增"。"支应"类项目主要用于某些不时之需，如建进士牌坊、采购颜料、火药等，原额编银223两；"经费"类项目主要用于各种经常性行政支出，如官吏和衙役的"俸银"或"工食银"、办公材料及维修费等，原额编银1606两；"驿站"类项目主要用于维持官方的邮政及运输，如雇用驿夫、

---

[1] 参见拙文：《明后期福建地方行政的演变——兼论明中叶的财政改革》，《中国史研究》1998年第1期。
[2] 参见陈锋：《清代中央财政与地方财政的调整》，《历史研究》1997年第5期。

养马等，原额编银50两余；"支发"类项目主要用于各种公共事务的支出，如科举、教育、治安、司法、救济、礼仪等专项经费，原额编银442两。[1]

　　清代地方财政预算中的"原额"，是指清初从明末直接承袭而来的定额。从中不难看出，当时地方财政的基本功能在于维持地方政府的日常支出，其中并无任何地方政府可以机动使用的财力。更为严重的是，当时的地方财政缺乏独立性与自主权，中央及上级政府可以随时挪用或裁减。据乾隆《安溪县志》记载，从清初至乾隆年间，该县"存留"经费先后"奉裁"多达1235两，占原编"存留"经费2413两的一半以上。至乾隆中期，安溪县"存留"经费仅存1177两，其中"支应"类项目112两、"经费"类项目694两、"支发"类项目371两，而原有"驿站"类项目全被裁减，分文无存。因此，与明代相比，清代的地方财政更是相形见绌。

　　清初对地方财政的大幅度裁减，反映了地方政府职能的日益萎缩。从当时裁减的具体项目看，主要为各级地方政府的雇用人员与日常办公经费。以安溪县为例，康熙元年"奉裁"的项目有：知县衙门原设书办、库书、仓书共14名，工食银86两余；典史衙门原设书手一名，工食银6两余；安溪县学原设学书一名，工食银6两余。原在安溪县"存留"经费中编列的兴泉道衙门吏书5名、泉州府衙门吏书9名、泉州府同知衙门吏书4名、泉州府推官衙门皂隶3名，也在康熙元年同时被裁撤。上述政府雇员原为地方官员的主要行政助手，裁撤之后仍不可或缺，因而只能由地方官员自行设法雇募，这大概就是清代幕友盛行的主要原因。

　　康熙四年、五年、六年、九年、十七年，又陆续对福建各级地

---

[1] 参见乾隆《安溪县志》卷三"赋役"。以下有关安溪县财政资料均同此出处，不具引。

方政府的雇用人员和办公经费大加裁减。安溪县在此期间先后被裁减而又未经复设的"存留"经费项目有：料剩拨抵硝磺火药银64两余，司库盐钞拨剩银46两余，抚院心红纸张银约6两，按院蔬菜烛炭银6两余，兴泉道快手、皂隶共7名，泉州府马快10名、马快草料银116两余，泉州府经历衙门皂隶4名，安溪县心红纸张银20两、修理仓监银20两，灯夫4名，马快草料银89两余，县学斋夫、门子共5名，县学训导、教谕喂马料银各12两余，驿站夫马银50两余，按院考校生员试卷茶饼银2两余，提学道岁考生员试卷茶饼银12两余，本县攒造《朝觐须知》等册工食银及新官到任等项银2两余，鞭春牛等2两余，考试生儒进学花红等银2两余，季考生员试卷茶饼银10两余，恤刑公费银8两，管解军黄二册扛索盘缠银4两余，大比年科举生儒卷录生盘缠银20两余。此外，尚有不少"存留"经费项目曾一度被裁减，至康熙中叶以后"复奉留给"，但已比原额大为缩减。如安溪县原设民壮50名，于康熙十七年（1678）全裁，康熙二十二年（1683）复设，至雍正十三年（1735）复裁22名，乾隆元年（1736）再裁8名，此后仅存20名；原设县学岁贡生往京盘缠银31两，于康熙十七年全裁，二十二年复设，二十六年再裁29两余，此后仅存1两余。

如果说，清初大幅度裁减地方财政经费有其特殊的财政原因，那么，此后不再复设这些财政经费，甚至续加裁减，则只能说是清王朝有意简化地方政府的行政职能。值得注意的是，乾隆时期曾追加某些地方财政项目的经费，如安溪县儒学训导、教谕的俸银都从原额的31两余增至40两，安溪县各项官方祭祀仪式的经费从原额99两余追加至123两余，乾隆三年又追加关帝祭费18两，另于乾隆三年、十九年先后追加"存恤孤贫衣布月粮银"7两余。这些举措固然反映了乾隆时代重视文教的倾向，但并未加强地方政府的行政职能，也不可能使地方财政经费紧缺的状况得到改善。

清代前期，为了解决地方财政经费不足的问题，福建各级地方政府一度恢复向里甲派役的做法，即由各里甲轮流承担各种额外的地方行政费用，时称"大当"之役。康熙后期，这一违背"一条鞭法"原意的"大当"之役受到了严令禁止。[1] 此后，福建地方财政的主要补救办法为征收"加耗"，即通过征收钱粮时附加一定比例的"耗羡"，以弥补地方财政的亏空。雍正时期推行"耗羡归公"与"养廉银"制度，使这一做法得以规范化与合理化。以安溪县为例，乾隆年间每年额征耗羡银1630两，已超过当时本县额定的"存留"经费。其中除了拨给泉州府及福建布政司作为"公费银"之外，留作本县"养廉银"共800两，另有140余两用于本县"老农花红酒礼""存恤额外孤贫"等。

从理论上说，"养廉银"为清代地方财政的基本来源之一，也是清代地方政府可以自主支配的主要机动财源。不过，"养廉银"制度实施不久，又以各种名义受到裁减，从而失去了其立法本意。此外，清代地方政府可以支配的预算外财政来源，还有各种罚没款、杂税盈余及由"生息银两"而来的利息等。这些预算外财源因时因地而异，颇不稳定，本文暂不做申论。

清中叶前后，福建地方财政的管理体制也发生了重要变化，即把各级地方政府"自收自支"的经费改为"随正批解"，由省布政司统一管理核销。据《福建省例》记载，这一管理体制大约始自乾隆后期，而且是先从"耗羡"的解支过程开始改革。乾隆五十一年（1786），福建省布政司经巡抚部院批准，颁行"各属耗羡随正批解"的"新例"，内称：

---

[1] 这一现象涉及较为复杂的历史环境，拟另文探讨。

窃照耗羡银两，本系随同正项征收，原应随正批解，以副支送各官养廉及地方公事之需，难容积压属库，致滋侵挪情弊。……上年钦奉上谕，耗羡银两统行解司，各官养廉赴司具领，不准自收自支等因，钦遵在案。……为此，仰府州官吏照依院批司详内事理，立即飞饬所属各厅县并分征县丞，嗣后起解地丁一千两，即随解耗羡银一百二十两。倘仅解地丁，不并解耗羡，定将现填解地丁内，如银一千两，以八百八十两作正，以一百二十两作耗，分晰兑收，批回立时驳换。再额征存留款内，应随征耗羡银两，遵照单开银数，务于六月内先行扫数填批驰解，立等兑收，以应各官养廉及地方公用之需。该府州务须赶紧催解，毋得徇延，致干未便。〈1〉

清乾隆年间，福建当局为了筹措各种额外的财政经费，已经开始盛行"就廉摊捐"。当时实施"耗羡随正批解"的目的，不仅是为了防止各属"侵挪"，更重要的是便于"就廉摊捐"（详见下文）。随后实行的"存留"经费"随正批解"，无疑也有同样的用意。乾隆五十二年（1787），福建当局又通令各属，将"额征存留项下驿站、牌坊、宴赏、俸斋、廪膳各款"，归入地丁正项"全数解司"，而"所有各属应领一切俸工、役食，赴司领支"。至嘉庆四年（1799），复奉上谕："州县佐杂养廉及吏役工食，仍照旧例于征收耗羡内就近坐支，其余仍随正项钱粮尽数解司，以杜挪移之弊等因。"续经江苏布政使奏准，各属"驿站夫马工料"仍可就近坐支，其余"存留"经费则一律解运至省，由布政司统一管理。然而，由于"存留"经费无关考成，这一改革受到了福建各属的普遍抵制，

〈1〉 引自《福建省例·解支例》。

以致"抗延不解"。

据福建布政司清查,仅嘉庆五年(1800)至八年(1803)间,"积欠至二万一千五百余两之多"。因此,该布政司于嘉庆十年(1805)详请福建巡抚及闽浙总督批准:"嗣后每遇奏销之期,如有驿站、俸工、牌坊、宴赏等项存留之款,无论欠解多寡,统就所解地丁先行划完。"此次核定的"应行随正起解额编存留各款名目"共计22项,其中包括:"驿站、裁四、续裁、现裁、新裁、匀捐充饷、留给匀润小建、廪给口粮、进士牌坊、宴赏、新科进士花币、新科举人花币、新科文武举盘缠、旧科文武举盘缠、神袍、乡饮、旗匾、时宪书工价、扣缺官俸、各学俸斋、廪膳、扣缺马夫。"[1]这些"存留"经费"随正起解"之后,由布政司统一管理和调度,各属如需动用,必须向布政司支取和核销,从而也就失去了使用这些财政经费的自主权。

清代后期,福建地方财政的管理极为混乱,以致新旧任官员之间难以如期办理交代,积案甚多。其主要原因之一,在于地方政府的各种垫支经费无法及时报销,卸任官员往往难以结账移交。嘉庆十二年(1807),福建布政司经闽浙总督批准,专门对此做如下规定:"州县交代案内有应领银款,或因未奉部复,或因司库无款,不能遽放,暂行作抵之项,应于交代时由新任详明立案,方可列抵。将来如有领不足数,仍于经手之员名下按数追赔。倘新任未经详明,混行接收,即着新任赔补。"[2]在此情况下,继任官员为了明哲保身,大多不愿接管旧账,而只以本任新账交代,时称"小交代"。如此陈陈相因,遂至积案无从清理。道光二十年(1840),福

---

[1] 以上均引自《福建省例·解支例》之"各属续完地丁应将存留各款随正批解"。
[2] 《福建省例·交代例》之"严杜各属亏缺章程拟定规条"。

清代福建地方财政与政府职能的演变

州知府禀称：

> 伏查各属交代，竟有一县未结五、六案之多，迟延六、七任之久，实为他省所未有。推原其故，间有前任交抵款项纠葛不清，短交各数会算未定，往往心存畏避，以不结报冀可诿卸干系，仅将本任经手银谷照册盘交，名曰"小交代"，置前任盘案于不问。而后来之员复以上手尚有交款未清，藉不能越次结报，辗转延挨，为取巧图宕之计。卑府现在督算闽县交代，该县各前任已有小交代四任，此任之抵款即彼任之交款，彼任之交款即此任之抵款，互相纠葛，稽核为难。……且漏交重抵之款，后任查出续追，不特案牍徒烦，辗转着追，更需时日。是交案之纠葛迟延，多由于此。[1]

此后，为了清理积案，福建当局筹设"督算交代总局"，其具体做法是把历任交代"统归现任接收"，由"总局"统一提省督算。在此期间，各项暂存省司的本地财政经费一律冻结，以备冲抵亏空。如云："各属应领存司银款，宜照章暂行截止，以杜取巧也。查各属存司未领银两，多有列抵交款，若任随时领回，则交代抵款，转至悬而无着。前定章程，将各属存司款项暂行截止，不准具领，仍俟交代算结后，查明并无短交银米，再准详领。"[2]在这一财政制度下，地方财政经费被用作交代结算的抵押款，一旦前任官员有旧账未清，现任官员也就无款可用了。

如上所述，就清代福建地方财政的基本构成及管理体制而言，

---

〔1〕《福建省例·交代例》之"严饬各属革除小交代名目"。
〔2〕《福建省例·交代例》之"续议交代提省督算章程"。

州县地方政府可以自由支配的财力是极其有限的。在这种财政体制下，无论地方官员如何廉洁奉公，都不可能大有作为。

二、养廉银与"就廉摊捐"

前已述及，清代征收的钱粮"耗羡"，原是为了弥补地方财政经费之不足，而由"耗羡"转化而来的"养廉银"自然也具有同样的用意。不过，由于养廉银是直接发给各级官吏的，因而往往被视为官吏的个人收入，甚至被后世论者称为"合法的贪污"。其实，无论是清代官吏还是立法者，对养廉银应用于公务都是毫无疑义的。如云："各官养廉，原为办公而设。"[1]"国家设官分职，优予养廉，原为办公有资，方得清勤共励。"[2]正因为如此，清代福建当局在筹划各种额外的公务经费时，往往先要求属员捐出养廉银，时称"就廉摊捐"。

据《福建省例》记载，福建当局大约从乾隆中期开始实行"就廉摊捐"，其起因是为了资助各级官员回原籍的路费。乾隆二十九年（1764），福建省布政司经巡抚和总督批准，通令全省官吏"公捐养廉资助穷员"，其略云：

> 窃照各省无力回籍，例得于存公项下赏给路费，俾穷员回籍有资，不致羁留异地，固已共沾皇上格外优恤之殊恩。惟是定例只及八品以下佐杂与教职等官，而府佐、州县及州同暨两

---

[1]《福建省例·捐款例》之"停止各属滥请就廉摊捐"。
[2]《福建省例·捐款例》之"分别删免展扣州县养廉"。

司经历等官在从七品以上者,例不准给。但此等人员或莅任未久,既遭事故,廉俸所余无几,归路遥远,盘费缺乏,殊属拮据,往往不能速归故土,情殊可悯,应请公捐养廉以为资助。除两司首领及州同养廉无多,毋庸议捐外,查闽省司、道、府、厅、州、县每年共应支领养廉银一十一万二千五百余两,应各捐百分之一,共得银一千一百二十余两。……再查此项资助,事属义举,各属无不乐从,但零星解司,未免纷繁,应请责成该管府、州,按所属应捐银数,于季首先行垫解各厅、县,就近解府归款,亦为省便等缘由。[1]

虽然此举是为了筹集官员内部的互助基金,但其动机也是为了弥补"公项"支出之不足。至于乾隆中期以后陆续推行的"就廉摊捐"之例,则大多用于地方公共事务。嘉庆二年(1797)间,福建巡抚认为派捐过多,有损吏治,责令布、按二司与粮、盐二道"逐一清厘"。当时的署理福建布政使禀称:

本署司查各属递年应捐本司衙门外办各款,或采买铜筋、颜料捐贴运费,或增设禁卒、塘站、驿夫工食及资助穷员回籍路费、提塘报资、鳌峰书院经费、刊刷条例、誊黄工价等项,在在均关公事,递年经费在所必需。又如重建谯楼,补造文庙器具,天津路委解官犯赴京,清查提审书役口粮等费,先经司库借款垫给,并清厘局费工伙,又系无可报销,亟须匀摊归补支应。至于差竣事故人员应赔脚价未完,借支银两贫不能完,

---

[1]《福建省例·捐款例》。

匀派公捐，亦属不得已之举，均未便遽行裁减。[1]

那么，办理地方公务为何需要由各属官员"公捐"养廉银资助？究其原因，不外有二：一是原无此项经费；二是原有经费不足以报销。这两种情况，都与清代的财政定额包干制度有关。例如，乾隆四十二年（1777）间，福建布政司与粮驿道在详准"丞倅匀捐养廉津贴买铜委员各费章程"时称：

> 本司、道遵查闽省委员赴滇办运鼓铸铜筋，虽系按照定例核给价、脚领办，但近年滇省马匹稀少，尽赖人夫，兼之水次船价倍贵，均须加增。甚至在滇守候，往返动需三、四年之久，一切饭食杂费，势必多用。迨至差竣报销，既不能于额定之外率请增给，难免追赔之苦，实有今昔情形之异。今据各府同知、通判会禀，以领办铜斤例在丞倅内派委，请于各厅员应得养廉内分别匀捐解贮，以资津贴，似亦急公调剂之意，应如所请。除理事、同知例不差委外，其余十六员均有差委之责，应视缺分之繁简，定捐数之多寡。……总计每年约可捐存银二千一百三十两，饬令各该厅查照派捐之数，即于本年秋季为始，按季扣存批解，以备委员津贴之费。[2]

此例即为原有专项经费，但定额太低，经办官员无法报销，只好请有关官员共同分摊缺额。至于原无专项经费，而又势在必行，

---

[1]《福建省例·捐款例》之"各属应解外办一切匀捐各款银两，专责府州随案核办，撙节停派，以节糜费"。
[2]《福建省例·捐款例》。

更是无从报销，只能从养廉银中摊赔。乾隆四十八年（1783）间，福建布政司在详准"养廉匀捐委员盘费银两"时称：

> 本司遵查，闽省从前按年历办颜料红铜、黄熟铜、黑铅、高锡四料解部，向支给委官盘缠银三百两。嗣因各料停办，如只办解铜、铅三料、二料及仅办黄熟铜一料者，亦准支销盘缠银三百两。唯办解高锡一料，未有准销盘缠之例。兹委员金印、王景耀各办解四十五、六两年高锡一万六千五百斤，与仅办黄熟铜一料只计三千余斤者，彼此已相悬殊。今奉大部将所支办锡盘缠银两驳追，不准支销，原应着落赔缴。但巡检微员，前已奉差赔累，今再饬追盘缠，诚如该员等所禀，力难措缴。若筹项拨补，现在司库并无闲款可动。查按年办解颜料，原属苦差，是以前议各府州公同派委轮办，以均劳逸。所有此项奉追盘缠共银六百两，相应俯如所请，准其免追，公捐解缴。收完之日，作为该员等完缴详咨。此后办解锡斤，即照此公捐给发。……于司、道、府、厅、县养廉内均匀摊捐。[1]

此项经费原从额定存留颜料款中支出，福建布政司认为应照原来采购其他颜料之例报销路费，但工部认为"采办锡斤盘缠一项例无开载，是以从前各员领解锡斤而无开销，未便核准"，因而不准报销路费，转令追赔。[2] 这就是说，无论其开支是否合理，只要与"定例"不符，就无法报销有关费用。这种僵化的财政经费定额管理与包干体制，是导致"就廉摊捐"泛滥成灾的重要原因。在当

---

〔1〕《福建省例·捐款例》。
〔2〕参见《福建省例·捐款例》之"养廉匀捐委员盘费银两"。

时，即使是封疆大吏，也无法在"定例"之外报销经费，因而只能求助于"就廉摊捐"。例如，道光九年（1829）间，闽浙总督孙尔准在奏销台湾北路械斗案的经费时宣称：

> 兹据藩司程含章会同臬司岳良、督粮道强逢泰，查照例案，于无可撙节之中撙节、核删银八万四千两零，在于承办之员名下着赔。……此外尚有例不准销银十万八千四百七十六两零，在于文职各官养廉内摊扣归款。如此分别办理，务俾用款胥归实在，帑项不至虚糜。〈1〉

此案共用银四十六万余两，而列入"正开销"的款项仅有二十七万余两，无法报销的款项多达十九万余两，〈2〉占总数近一半。造成这一亏空的主要原因，在于"定例"与实际费用不符。据孙尔准奏称：

> 臣等查向例，兵丁口粮每日准给银四分，抬运军装每夫每站准给银二钱四分、口粮米一升，乡勇每名每日准给钱六十文。臣等查此次台北匪徒分类滋事，蔓延嘉义、淡水数百里之间，焚抢二百七十余庄，食物价格顿昂，且台湾山溪交错，道里袤长，夫价尤贵，非给价数倍，不能雇募。地方官惟以公事为重，不敢惜费贻误，尚属实情。至奉旨雇募乡勇，或在乡团结，或用作军锋，入险穷出，最为得力，不能不酌加雇值，俾其踊跃从公。应请将兵丁口粮每日加给银二分，抬运军装夫价

〈1〉《孙文靖公奏牍稿本》之"剿办台湾北路匪徒分类焚抢动用银米各款分别销摊"，北京大学图书馆馆藏稿本丛书之三，天津古籍出版社。
〈2〉同上。

每站加给银一钱六分，乡勇口粮每日加给银四分，同抚恤难民口粮、修费、屯丁口粮、添设正腰各站递夫、号书口粮及雇募商船载运官兵、军装往回船价，一并销摊归款。[1]

这就是说，孙尔准也认为原有定额太低，增加各项费用标准是合理的，但他并不能如实奏销这些经费，只好让下属官员"着赔"或"摊扣"了。

清代后期，由于地方多事，各种额外的财政费用层出不穷，福建"就廉摊捐"的事例也日益增加，逐渐达到了各级官员所能承受的极限。早在嘉庆、道光年间，有些仅支"半廉"的署理官员已经无廉可捐，甚至在捐出全部养廉银之后还要继续摊赔。道光十六年（1836）间，福建布政司在详请"闽省额派摊捐各款分别半廉半捐"时称：

窃照闽省额派摊捐以及不时匀捐各款，前于嘉庆八年间议定章程，如核减林、蔡二逆军需公捐、资助穷员路费、水口黄田夫食等三款，凡遇署理悬缺人员，只照署员支食半廉之数半捐。又提塘报资、津贴铜费、条《省例》、誊黄工价、塘站夫食、缉匪经费等六款，如无实任人员支食半廉者，即令署员照额全捐。……以上各款全、半捐章程，刊入《省例》，通行遵照在案。此后尚有按届匀摊之加买红铜一款，捐数较多，未刊入例。是各属额捐各款，为数本多，迨后将捐数最多之林、蔡二逆核减军需及津贴铜费、缉匪经费三款先后停捐，业已轻

---

[1]《孙文靖公奏牍稿本》之"剿办台湾北路匪徒分类焚抢动用银米各款分别销摊"，北京大学图书馆馆藏稿本丛书之三，天津古籍出版社。

减。惟迩年陆续添派之款，不一而足。固因地方公用无款可筹，不得不酌量匀捐，以期众擎易举。然州县养廉原为办公之用，若摊扣过多，非特办公无资，设遇署理悬缺人员仅支半廉，转有全捐之款，竟至年无剩廉，殊非体恤之道。况查道光十二年七月间钦奉上谕：据给事中握克精额条奏，各省州县捐款宜大加裁减，不准过三成以外等因，更应随时裁减，岂可逐渐加增？兹经本司查核各属应支养廉，以一千两额廉而计，现有核扣年额应捐穷员资助、水黄夫食、台北械斗兵费、提塘报资、加买红铜、津贴颜料盘费、塘站夫食、誊黄工价、条《省例》价，不时派捐修理省会城垣工料、洪山桥工料、采买海米平粜、不敷万寿宫工料、汉字中枢政考例价、浙米外销运费、交代饭食、各员匀摊京借、修理乐器、分赔米价等款，核计派捐银数已及五成。若系署理悬缺人员，只支半廉银五百两而计，内惟资助、水黄、台北械斗三款半捐，其余概行全捐，是所支半廉尚不敷扣收捐款，竟至办公无资，殊属未协，自应酌量改议。〈1〉

此次改革的重点在于核减署理官员的捐款比例，此外又对某些捐项"酌量核减、停捐"，但就总体比例而言，"应捐之款尚在三成以上"。〈2〉在此之后，"就廉摊捐"的例案更是有增无减。咸丰九年（1859）间，福建布政司在详请"停止各属滥请就廉摊捐"时宣称：

窃照各官养廉，原为办公而设，迩年州县廉内捐款逐渐增

〈1〉《福建省例·捐款例》。
〈2〉《福建省例·捐款例》之"闽省额派摊捐各款分别半廉半捐"。

多，计自道光十六年间经贺前升司议详分别酌量核减、停捐之后，旋又陆续增派臬署经费、发审修金、忙奏饭食、抬炮硝斤运费、藩臬署火兵工食、鳌峰经费等款，均应照额全捐，已属不少。此外尚有不时摊捐各项工程，及时有时无各款，指不胜屈。迨至咸丰八年起，又复先后添派修理省会万寿宫、学院官厅、东街文昌宫、臬司及福州府监狱、南北较场、洪山桥、仓前桥、省会城垣等多款。再加以例捐各款及减成、减平等项，为数甚巨。凡额廉较少之处，匀扣各款之外，十不剩一。其署悬缺各员，廉仅半支，而例捐各款中有仍应全捐者，则竟廉不划扣，尚有应行追找之银。现计被匪毁坏衙署、仓、狱、驿舍、祠宇等工，复请筹款修造，就廉摊捐，纷至沓来，不一而足，殊觉不成事体。……本代办司悉心酌核，今请自本年八月以前已据详请摊捐到司者，仍准酌核，如有应准办理者，分别转详立案办理外，通饬各属，自九月起概行停止。如值万难停缓，必须动垫赶办，以及事在必需，应行摊捐者，概令核实酌核，饬令由府县自行设筹垫办，按月摊捐归补，不准再请就廉匀摊，以杜滋弊。并请刊入《省例》，永远遵行。[1]

这一例案的要点，是从咸丰九年八月之后，不许各属再向省司申请"就廉摊捐"，如有急需款项只能自行设法解决。但由于当时已有不少积案，此后捐额仍在持续增加。同治元年（1862），福建布政司在详准"分别删免展扣州县捐款"之余，再次重申：

遵查咸丰九年间详停滥请就廉摊捐案内，仅以停止以后报

---

[1]《福建省例·捐款例》。

办各项工程，不准再请就廉匀摊。然其时积弊已深，所有从前准摊各案，为数过多，已属莫能照扣。且于详内声明，是年八月以前已据详请摊捐到司者，仍准酌核，如有应准办理者，分别转详，立案办理。以致议停之后，复准派摊南关外乌龙江一带桥梁道路傅筑桥工料、泉州府修署、泉厂修船不敷料价、省会汤门、通津两处堆房吊桥等处工料等款。遂至迩年州县剩廉，不特无可办公，抑有应追坐扣不敷银两。矧廉内尚有原额摊捐以及陆续增派划支各款，固已指难胜屈。刻当裁停捐款之际，亦应权其缓急，量为删免，分别展舒，以示捐款定有限制，而办公不至竭蹶。……至此次核议详定以后，无论何项何案一切工程，概行由府县衙门自行设筹垫办，匀摊归补，不得藉以当时具报有案，复请就廉匀派扣捐，以杜滋弊。[1]

自此之后，福建布政司不再统一受理"就廉摊捐"的申请，因而全省通过"就廉摊捐"筹集财政经费的做法就此截止。不过，在同治元年清理"就廉摊捐"例案之际，全省尚有十八项捐款"或系有关解部，或系年额必需，均应随时解给，款难稍缺"；而原已立案派捐的各类工程款，也只限定各按养廉银的5%逐年"展扣"归补；至于各属历任所欠捐款，则"概行由司逐一按员支收"，即一律从当地现任官员的养廉银内扣还。[2]因此，清末福建各级地方官员的养廉银收入，大约都是有名无实的。

清中叶以后盛行的"就廉摊捐"，实际上反映了上级政府对下级地方财政经费的侵蚀和剥夺，因而从一开始就受到了地方官员的

---

[1]《福建省例·捐款例》。
[2] 以上均参见《福建省例·捐款例》之"分别删免展扣州县捐款"。

抵制。其突出表现，即以各种理由扣压捐款，拒不解司。福建布政司于乾隆五十一年（1786）实行"各属耗羡随正批解"，由省司统一发放养廉银，其目的之一即防止各级官员抗交捐款。然而，嘉庆四年复奉上谕，特许"州县佐杂养廉"照旧例于额征耗羡中"就近坐支"，这就使各项捐款难以催解，积欠甚多。道光七年（1827）间，福建布政司重新详准"道、府、同、通、州、县等官应支养廉由司支领酌议扣款章程"，内称：

> 窃照闽省道、府、同、通、州、县等官养廉，本系由司支领，遇有应捐款项，得以随时扣收。自嘉庆五年改为留属坐支之后，竟视一切捐款为无关考成，任催不解，以致司库节年借垫归补无期，随时领项无款可支。业经本司详请，自道光七年春季为始，将各官应支养廉提解司库，扣收捐款，详请两院宪会折奏，奉谕旨允准转行，钦遵在案。除道、府等官陆续请领春夏季养廉，先经分别应扣、应给，详奉两院宪批准扣收给领外，其余未领、未扣之处尚多，现在春夏早已历过，亟应查明扣收，以凭归垫支用。……仍通饬各属，嗣后遵照道光六年详定章程，将捐款一项归入交代接收，不准剔出自行批解。如敢故违，毋论银数多寡，着落出结之现任赔补，即于养廉银内扣收。⟨1⟩

此次详准实行的新"章程"，共有七则"条款"，其主要内容为现任各级官员应扣捐项与历任旧欠捐款扣收办法。在当时，全省已有旧欠捐款"为数不下二十几万"，皆由现任官员养廉银内"渐次扣

⟨1⟩《福建省例·养廉例》。

收",即该官员除了当年应摊捐款之外,所剩养廉银中应有一半用于扣抵历任旧欠,"其余一半给属承领"。⁽¹⁾因此,对于尚有旧欠未清的地方政府来说,现任官员所能领取的养廉银是极为有限的。正因为如此,清后期福建的地方官普遍不愿正式办理交代接收,从而导致"小交代"盛行,积案如山,难以清理。

清代后期,由于地方财政经费严重不足,不仅各级地方政府无法履行正常的行政职能,而且导致了吏治的迅速败坏。嘉庆年间,福建著名乡绅陈寿祺在论及闽南官吏的"贪贿"之风时指出:"大邑廉俸仅千金,而岁费当数万缗。郡伯之例规,幕宾之修脯,驿传之供亿,贼囚之解送,其用至浩繁。计安所出?非资贿于民不可。资贿于民,则莫械斗若也。故莅兹土者,上下内外嚣然,惟贿之是图。官所置民壮乡勇,大抵皆市井诸恶少,与悍役日出洞伺民间,一闻某乡械斗,则鼓掌相庆,否则疾首蹙额,若不可终日。"⁽²⁾由此可见,当时的吏治败坏与地方财政体制密切相关。

养廉银作为地方政府的额外财源,原是为了办理各种地方公务。然而,由于"就廉摊捐"泛滥成灾,遂使养廉银之设有名无实,各级地方官员也就难以"清勤共励"了。可以说,从养廉银到"就廉摊捐"的演变,集中地反映了清代地方政府的财政困境。

三、捐纳与厘金

捐纳为清代的重要财政来源之一,但早期的捐纳之例大多是为

〈1〉 参见《福建省例·养廉例》之"道、府、同、通、州、县等官应支养廉由司支领酌议扣款章程"。
〈2〉 [清]陈寿祺:《左海文集》卷三,《冶南狱事录》。

中央财政服务的，只是到了清代后期，捐纳才成为地方财政的重要来源。晚清时期，捐纳与厘金制度相结合，成为地方政府的经常性财政收入。由于捐纳与厘金为地方实力派提供了参与政治的重要途径，因而其演变过程也特别值得重视。

清代福建的捐纳之例，最初用于劝捐社仓积谷，此例大约始自雍正年间。乾隆三十三年（1768），闽浙总督在论及福建各地的"社谷积弊"时说："先因通省社谷分储无多，经前部院钟具折奏请，每邑加捐监生添谷三千石，同原捐、续捐、新捐各谷，共计有一百五十万四千余石之多。"[1] 这种经由捐纳而设的社仓，具有"官督民办"的性质。其具体管理办法是："设举社长副分储四乡，民为收管，不虞官有挪移；官为稽查，无虑民之侵蚀。"[2] 不过，由于官吏在"稽查"社仓之际往往任意需索，清政府逐渐放弃了对社仓的有效监管，而各地社仓历年亏空的积谷，也不再通过"加捐监生"之例追补，社仓之法遂日益废弛。[3]

清代福建各种大规模的公共工程，如兴修水利、兴办学校、修建桥梁、庙宇、城墙等，也经常动用捐纳之例。例如，道光初年的闽浙总督孙尔准，曾先后倡修莆田县木兰陂水利工程和福建省贡院的拓地改造工程，都通过奏请立案，援捐纳之例劝捐经费。当时的捐纳之例分为两种，一种是捐建一般性公共场所，为数较多者给予旌表，如云："查例载士民捐输公所，其捐银至千两以上者，请旨建坊，遵照钦定'乐善好施'字样，由地方官给银三十两，听本家自行建坊；不及千两者，请旨交地方官给匾旌赏，仍照钦定'乐善

---

[1]《福建省例·社仓例》之"社谷积弊"。
[2] 同上。
[3] 参见《福建省例·社仓例》之"禁止委盘社谷"。

好施'字样给予。"另一种是事关国计民生,捐款较多者除给予旌表,亦可给予"顶戴"或"议叙",如云:"例载各省遇有修城、筑堤、义学、社仓等项公事,士民捐银十两至五十两,赏给花红匾额,递加奖励;三四百两,奏请给以八品顶戴,如有顶戴人员奏请声明,听部另行议叙;一二千两至三四千两者,请从优议叙。"⟨1⟩在实施过程中,这两种捐纳之例也可以通用。例如,孙尔准在奏请福建贡院奖励案时,列入"请旨建坊"者共有例贡七人,列入"情愿议叙"者共有贡生二十七人,另有候选官吏十五人"情愿仰邀议叙"⟨2⟩。

经由捐纳而兴办的地方公共事业,其经费主要来自民间,因而一般由民间自行管理,不纳入地方财政管理系统。例如,孙尔准在奏准兴修木兰陂水利工程时称:"此案工程系由外捐办,其捐项出纳悉由绅士经理,概不假手胥吏。该绅士等不谙工程则例,将来报竣之日,应请免其报销,以归简易。"⟨3⟩不过,由于此类工程耗资甚巨,地方官一般都要"捐廉倡始",并委官督查,因而使之具有"官民合办"的性质。如福建贡院的改建过程,据孙尔准奏称:"臣等与在省司、道、府、厅、县各官捐廉倡始,一面出示,劝谕通省绅士、商民量力题捐,随有在籍之原任云南迤西道谢凝道首请捐银三千两,此外各属士民亦皆踊跃输将。臣等恐一经胥吏之手,易至偷工减料、侵蚀冒销,留心访有熟谙工程、众所信服之公正绅士陈曜、张冕、李鸿文等,责令董司其事。一切购料、雇匠、出纳、经理,毫不假手胥吏,并遴委平素办事谨慎之员监督、调度、弹压、

⟨1⟩《孙文靖公奏牍稿本》之"闽省贡院拓地改造全竣恭折具奏并将捐输最多之绅士及督办出力人员请旨奖励"。
⟨2⟩ 同上。
⟨3⟩《孙文靖公奏牍稿本》之"修复莆田县水利情形"。

稽查。"[1]这种"官民合办"的公共事业,在清代福建颇为常见,但未必都与捐纳有关。这是因为,援用捐纳之例必须奏准立案,而这可能只有少数封疆大吏才可以做到。因此,在研究清代的地方公共事业时,不宜过高估计捐纳制度的影响。

清代后期,为了筹集各种军需、兵饷,福建当局大开捐纳之门,使之一度成为地方财政经费的主要来源。早在道光后期,福建已开设"海疆""河工"等捐例[2],但这些例案都是通行全国的,其收入也是归中央财政支配,时称"大捐"。道光二十七年(1847)间,福建巡抚兼署闽浙总督奏准"修造炮船暂开捐输"一案,是首次用于本省地方财政的例案。这一捐例的实施办法,与其他捐例大致相同。如云:"应请援照上届捐输成案,不拘何项官职职衔、何项奖叙以及分发指省,遇缺即补、即选等项,均以豫工二卯事例并现行常例开载银数,暨各省捐输成案为准,准予指项捐输,俾急公慕义各捐生得以及时自效,群思鼓舞,以裕经费。"[3]不过,与历届"大捐"相比,该捐例不必交纳原有的"解部"附加费,因而较为优惠。如云:"此次捐输银两,系就本省发给船炮工需,并非拨解部库。所有解部添平及解员盘费,均毋须随缴,以免籍口。"[4]根据立案之初的规定,该捐例只许实行一年,"如未及一年期限,而捐银业已敷用,即行奏明停止"[5]。由于未见相关资料,其实施效果不得而知。

咸丰初年,福建先后有镇压会党起义与防堵太平军余部之役,

---

〔1〕《孙文靖公奏牍稿本》之"闽省贡院拓地改造全竣恭折具奏并将捐输最多之绅士及督办出力人员请旨奖励"。
〔2〕参见《福建省例·捐输例》之"筹办收捐上兑请奖章程""捐输人员给照分发例本"。
〔3〕《福建省例·捐输例》之"置造炮船捐输事宜条款"。
〔4〕同上。
〔5〕同上。

军需孔急，原有地方财政根本无法承担。据说，仅咸丰三四年间，福建已积欠兵饷一百余万两[1]。因此，从咸丰三年到六年，福建当局相继奏准开设劝捐"军需""兵饷""防剿经费"等捐例，大量出卖各种文武官职及学衔，使士绅阶层的构成发生了重大变化。如咸丰五年（1855）开设的"捐输兵饷"之例，共向户部领取7935张空白执照，折银619840两。其中包括：都司5张、营卫守备10张、守千总10张、卫千总20张、营千总20张、把总20张，以上武职官衔共85张；正五品40张、从五品50张、正六品30张、从六品100张、正七品40张、正八品60张、从八品40张、正九品20张、从九品1000张，以上文职官衔共1380张；另有封典40张、贡生20张、部监照3000张、国子监贡照200张、国子监监照3000张。[2] 如果加上历届的"海疆""河工""修造炮船""津米""军需"及此后的"防剿"等捐例，经由捐纳而来的绅士当不下数万之众。与此同时，福建当局又对各种捐例的实施办法实行了一系列改革，以期速见成效。如咸丰五年实行的"闽省筹办捐输兵饷酌议条款"，共有现颁现填空白执照、减价收捐、分设劝捐委员、各县就地劝捐、分区分项捐纳等新举措，兹摘引如下：

> 一、此次奏奉谕旨劝捐兵饷，其报捐各项银数以及应得议叙，与筹捐军需并无二致。……如系报捐职衔、封典，即填明现奉颁发空白部照截给本生领执，将截存照根缴部。如系报捐官职级纪，则填明正副实收，编号用印，将正实收给付本生收执，副实收汇奏请奖，并造册送部请换执照，擎签分发。惟报

---

[1] 参见《福建省例·捐输例》之"闽省筹办捐输兵饷酌议条款"。
[2] 同上。

捐职官及贡生者，应令遵照前奉部咨，另捐监生随缴加平、公费等项，另行给发部照，以符部案。

一、闽省前办筹捐军需，系以制钱一千六百文作银一两，按每两易钱二千文核算，计捐银一两，实缴银八钱。……现经查照捐米成案，奉恳圣恩，一律折减。拟以制钱一千四百文作银一两，分饬各府州属一体劝捐，仍折中定价易换纹银七钱。如有原缴现银者，以每银七钱作银一两，倾销解纳，以臻划一，而广招徕。

一、此次劝捐兵饷，事在急需。……现已分饬劝捐委员，会同府县，邀集绅士，钦遵谕旨，剀切劝导，务使家喻户晓，尽力输诚。所捐银两，仍准缴存县库，先给收单，俟捐项汇解赴司，造册请换照收。其有情愿自行赴省报捐者，均听其便。

一、被匪滋扰各处，现当搜捕余匪，办理善后，需费浩繁。值此库款支绌之时，势不能由司筹拨，惟有饬令各该县就地劝捐接济。间有据请空白执照，亦不得不通融给发，以资劝办。

一、此次劝捐兵饷，现经奏恳圣恩，援照捐米成案，概以七折申算。恐各捐生视捐米购运惟艰，捐银较为简捷，未免舍难趋易。应分别将沿海各属或产米较多之处，一概饬令劝捐米石，其腹内州县及向非产米地方，饬令报捐兵饷，以杜规避，而免窒碍。〈1〉

在当时，福建除了有各种本省捐例之外，还有全国性的"捐办天津米石"之例，时称"津米"或"捐米"。由于其定价比福建"军需"之例更为优惠，以至"各捐户较此锱铢，悉皆避重就

〈1〉《福建省例·捐输例》之"闽省筹办捐输兵饷酌议条款"。

轻，是以报捐军饷甚属稀少"⁽¹⁾。因此，福建此次新开"捐输兵饷"之例，实际上是为了取代"军需"之例，与"津米"争夺捐户，这就是实行上述新举措的真实意图。此后新设的"闽省劝捐防剿经费酌议章程"，基本上也是照此办理，但取消了分区分项捐纳的做法，可能也是为了便于为本省争取更多的捐户。

咸丰五年实施的"捐输兵饷"新例，对捐款的分配办法也有重要改革。如云："前此筹捐军需，曾议二成留充团练经费，八成解司。此次系为备应兵饷，应令全数解缴司库，毋庸议留二成。"⁽²⁾这一做法的直接后果，是使全省各地的团练失去了合法的经费来源。这是因为，各地团练的捐款原来也可以援例"奖叙"，而在咸丰三年（1853）实行"军需"之例时已被归并在内，因而已无独立的经费来源。试见咸丰三年的有关规定：

> 各属设立团练局，经绅士捐资团练乡勇，急公好义，同属可嘉，自应汇请奖叙。惟该绅士等所募乡勇，本为保卫闾阎，并不由官经理。现当库款支绌，甫经劝谕捐输，所有应用钱文，自不能由官支发。而既经归并请奖，该绅士等亦势难另行劝捐，自应立定章程，以免纠缠推诿。应饬各府绅士赶紧协同劝捐，凡有捐缴银钱，均以八成先行解司支应军饷，其余二成准归各该府绅士支应团练经费。仍俟事竣另行造册请销，以昭核实。⁽³⁾

⟨1⟩《福建省例·捐输例》之"闽省劝捐防剿经费酌议章程"。
⟨2⟩《福建省例·捐输例》之"闽省筹办捐输兵饷酌议条款"。
⟨3⟩《福建省例·捐输例》之"闽省现办捐输酌议章程"。

这就是说，在把各地团练募集的捐款纳入"军需"之例"归并请奖"之后，组织团练的绅士们已难以"另行劝捐"，而官府又不可能支付各地团练的经费，因而才决定从捐输"军需"的收入中提留团练经费。然而，由于咸丰三年的"军需"之例未能有效实行，而咸丰五年的"兵饷"之例又取消了各地团练的提成，这就使之难为无米之炊了。实际上，在捐纳演变为厘金之后，这一问题仍未得到解决。例如，同治初年的"劝办捐厘章程条款"宣称："商贩人等执有照单，凡在本省销售，并非运出边口者，毋论运至何处，不准再抽。惟查上下游各属筹办团练，间有绅董人等酌抽厘金，以资经费，虽为数无多，究不足以示体恤。应即通饬各属，一律查禁。嗣后如再有绅民私设关卡，擅抽厘金，定即严拏，照例惩办。"〈1〉晚清至民国初年，由于缺乏合法的经费来源，福建各地的团练逐渐脱离了与官府的联系，往往演变为私人武装，甚至割据一方，形同土匪。

自咸丰年间以后，各种地方性的捐纳之例逐渐截止，福建地方政府的主要筹款来源开始转向厘金。据同治初年的"劝办捐厘章程条款"记载，福建开征厘金始自福州与厦门，然后才逐渐推广于全省；其派征对象也是从"广货"开始，逐渐推广于各种进出省货物。值得注意的是，福建的厘金制度与捐纳制度是一脉相承的，也可以说厘金是捐纳的转化形式。例如，同治初年的"劝办捐厘章程条款"规定：

> 鼓励捐资，应确核请奖也。查省城南台厘捐总局核定厘捐章程，援照上海成案，议定按季截数，照海疆例奏给奖励。盖

〈1〉《福建省例·税课例》。

各商既有奖叙可邀，自不致偷漏隐瞒，自干究罚。今各属分设捐局，亦准照此办理。应请饬将所收捐厘，每季请叙一次。饬将截给完厘执照，按季核明银数，并开具三代履历及愿得何项奖叙，一并呈送捐局，核对相符，由该委员汇照清册，详请核奖。如所捐银两不及请奖之数，即归下季核办。如有自愿归并一人名下，暨存俟下季汇奖者，亦听其便。惟不得报捐实在官阶，以示限制。[1]

在这里，实际上是直接把"捐厘"纳入"捐输"之例，或者说"捐厘"实为强制性的"捐输"，二者的差异只是在于是否自愿和可否获得实缺。同治年间，福建的"厘捐总局"仍直属于"军需总局"，而"军需总局"的前身为咸丰年间设立的"捐输总局"，[2] 由此不难看出从捐纳向厘金演变的历史轨迹。晚清时期的福建商人，大多拥有各种捐纳的官衔或学衔，其原因大概即在于此。

通过捐纳筹集财政经费，是清代财政史的一大特色。其直接社会后果，是使为数众多的有钱人获得绅士身份，甚至进入仕途，成为官僚体制的有机组成部分。至于晚清与捐纳相结合的厘金制度，更是使大批商人同时拥有绅士的身份，从而真正实现了绅商一体化。尽管这些绅士出自"异途"，可能不如出自"正途"的绅士受人尊敬，但他们无疑都是有钱人，因而也可以更有效地利用官方赋予的政治资源和文化资源，争夺地方社会的领导权与控制权。

清代的地方财政体制直接沿袭了明中叶确立的"一条鞭法"，

---

[1]《福建省例·税课例》。
[2]《福建省例·捐输例》之"闽省劝捐防剿经费酌议章程"及《福建省例·税课例》之"劝办捐厘章程条款"。

其基本特征为分级分类定额包干。清代初期，对各级地方财政经费实行了大幅度的裁减，从而使地方政府的行政职能大为萎缩。清后期对全省地方财政经费实行集中统一管理，也在一定程度上限制了道、府、州、县各级地方政府的行政自主权。在福建，为了解决地方财政经费不足的问题，清初曾一度恢复向里甲派役的做法，康熙中期以后则主要通过加征"耗羡"弥补地方财政亏空。雍正年间实行"耗羡归公"之后，养廉银成为各级地方政府的机动财源，主要用于支付各种额外的办公费用。清中叶以后，由于"就廉摊捐"日益盛行，养廉银已经名存实亡，不再具有原有的意义。清代后期，福建地方财政主要依赖于捐纳和厘金，其结果是造就了大批出自"异途"的绅士，从而促成了基层社会中的绅商一体化。

如果说，财政来源对政府行为具有重大影响，那么，我们就必须从财政结构解释清代地方政府职能的演变。在"一条鞭法"体制下，地方财政的主要来源是农业税，因而力求简化地方政府职能，使之尽可能减轻农民负担。清中叶实行的养廉银制度与"就廉摊捐"，实际上是官僚体制内部的财源重新分配过程，省级政府职能在这一过程中得到了加强，而基层政府职能则相应受到了削弱。清后期通过捐纳和厘金制度筹集财源，强化了地方政府的某些职能，但同时也导致了商人政治影响力的不断扩大，推动了基层社会的自治化进程。

从总体上看，清代的地方财政体制并非只局限于"一条鞭法"，而是相当多元和富有变化的复杂体系。在面临重大的政治危机时，地方政府不难动员各种社会力量，筹集必要的财政经费。然而，在正常情况下，清王朝并不允许地方政府拥有充裕的财力，这就使之长期处于无所作为的状态。从某种意义上说，这也可能正是保证清代专制政体长治久安的秘密所在。

清代闽南乡族械斗的演变

所谓乡族械斗，是指不同乡族集团之间的武装冲突。乡族械斗的盛行，与基层社会的军事化密切相关，反映了社会控制权由官方向民间的转移。清中叶前后，南方地区的福建、广东、广西、江西、湖南、安徽、浙江等省，普遍发生了大规模的乡族械斗，这是清朝由盛入衰的重要标志之一。[1] 福建东南沿海的漳州、泉州、兴化等地，早在清初已是械斗多发之区，清末一度演变为乡族割据局面，受到了历朝统治者的密切关注。其流风所及，对台湾、粤东等地的械斗也有深刻的影响。[2] 本文通过考察清代闽南乡族械斗的演变趋势，探讨基层社会的重组过程，并分析其社会根源。

〈1〉 参见冯尔康等著：《中国宗族社会》，第248—253页，浙江人民出版社，1994年。又，日本学者仁井田陞在《中国法制史研究·家族村落法》一书中，收录了大量南方各地乡族械斗的资料，可资参考。

〈2〉 清人程含章《论息斗书》认为，粤东械斗之风，"起于福建之漳、泉，流传至于潮州，渐染及惠、嘉、广、肇、韶、南，而以潮州为尤甚"（《清经世文编》卷二十三）。乾隆皇帝亦云："广东之惠、潮两府，与闽之漳、泉壤地相接；江西之宁都一州，与汀州府属亦属毗连，悉皆薰刁风，号称难治。"（《清高宗实录》卷一四六）详见徐晓望：《试论清代闽粤的乡族械斗》，《学术研究》1989年第5期；胡炜崟：《清代闽粤乡族性冲突之研究》，台湾师范大学历史研究所硕士论文。至于清代台湾的械斗之风，论者多认为与闽南、粤东民俗有关，兹不赘引。

一、乡族械斗与族群联盟

闽南地区乡族械斗的盛行,可以追溯至明代前期。据说,咸丰皇帝曾询及福建械斗的起源,漳州知府张集馨奏称:"臣查《漳州府志》,盛于永乐末年,其始则不可考。"⟨1⟩明中叶以后,福建沿海地区长期遭受倭寇的骚扰,导致了民间的普遍军事化,遂使乡族械斗愈演愈烈。⟨2⟩清人汪志伊在《敬陈治化漳泉风俗疏》中说:"查闽省漳、泉二府,宋时有'海滨邹鲁'之称,由风俗以思教化,美可知也。自明季倭寇内犯,练乡兵以卫村堡,募其勇豪,授以军器,尚勇尚气,习惯成风,嗣遂逞忿械斗。礼义廉耻之风微,而诡诈贪横之习起。"⟨3⟩郑振图的《治械斗议》亦云:"前明之季,海氛不靖,剽劫公行,滨海居民各思保护村庄,团练乡勇,制造戈兵。逮入国初,耿、郑交讧,戈铤蔽野,……百姓习于武事。其间聚族之人,挟睚眦之嫌,辄至操戈相向,彼此报复,率以为常。械斗之兴,有自来矣。"⟨4⟩这种因地方军事化而引发乡族械斗的议论,在闽南地方文献中屡见不鲜,兹不赘引。⟨5⟩

至于清代闽南乡族械斗的起因,大多因大姓欺凌小姓而引发,这也是清人的普遍共识。雍正皇帝在谕旨中说:"朕闻闽省漳、泉地方,民俗强悍,好勇斗狠,而族大丁繁之家,往往恃其人力强盛,欺压单寒。偶因雀角小故,动辄纠党械斗,酿成大案。及至官

⟨1⟩ [清]张集馨:《道咸宦海见闻录》,第266页,中华书局,1981年。另据黄谋烈《从先维俗》,泉州地区的械斗亦源于明代。
⟨2⟩ 参见拙著:《明清福建家族组织与社会变迁》,第171—174页,湖南教育出版社,1992年。
⟨3⟩ 《清经世文编》卷二十三。
⟨4⟩ 同上。
⟨5⟩ 参见拙著:《明清福建家族组织与社会变迁》,第171—174页,湖南教育出版社,1992年。

司捕治，又复逃匿抗拒，目无国宪。"⁽¹⁾乾隆皇帝也认为："漳、泉等府民人，凡遇争夺田土、集场以及口争等事，辄率多人，执持器械，以决胜负。大姓欺凌小姓，小姓不甘，又复纠集乡人，复仇报怨。"⁽²⁾在清朝最高统治者看来，闽南械斗之风导源于宗族矛盾，这无疑是正确的。但由此往往引起误解，以为清代闽南乡族械斗的主体是宗族组织，因而未能揭示其演变趋势与时代特征，在此有必要略做辨析。

自明末以降，闽南的小姓为了抵御大姓，往往组成各种形式的族群联盟，与大姓长期抗衡。因此，清代闽南乡族械斗的主体并非单纯的宗族组织，而是较大规模的乡族组织。明清之际，闽南地区已有不少"合众姓为一姓"的乡族集团。据《台湾外纪》记载，在漳州府平和县一带，"崇祯间乡绅肆虐，百姓苦之，众谋结同心，以万为姓"⁽³⁾。这一"万姓"集团拥有自己的乡族武装，于南明永历四年（1650）率众归附郑成功，从征江南各地。郑氏失败后，该集团的主要成员归隐于漳州云霄一带的寺庙中，继续从事反清活动，成为早期天地会的创始人。⁽⁴⁾

清代前期，由于族群矛盾日益激化，闽南各种拟制的同姓集团层出不穷，名目繁多。《宫中档》刘师恕奏折记载："其初，大姓欺压小姓，小姓又连合众姓为一姓以抗之。从前以'包'为姓、以'齐'为姓，近日又有以'同'为姓、以'海'为姓、以'万'

⟨1⟩《清世宗圣训》卷二十六，《厚风俗》。
⟨2⟩《清高宗实录》卷一四六，乾隆六年七月乙丑上谕。
⟨3⟩［清］江日升：《台湾外纪》卷七，福建人民出版社，1983年。
⟨4⟩ 参见翁同文：《康熙初叶"以万为姓"集团余党建立天地会（天地会起源新证之一）》，中华学术院编《中华学术与现代文化丛书》第三册《史学论集》，华冈出版有限公司，1977年。

为姓者。"[1]在乡族械斗较为激烈的地区，就连大姓之间也有类似的同"姓"组织。例如，泉州府同安县于雍正六年（1728）发生"包""齐"二姓大械斗，其中"包"姓集团即由李、陈、苏、柯等大姓组成，而"齐"姓则由众小姓组成。[2]郑振图在《治械斗议》中，对"包""齐"二姓解释如下："强斗弱以族胜，名曰'包'。包者，必胜之谓。弱斗强以联族胜，名曰'齐'。齐者，协力取胜之谓。"[3]这说明，当时闽南地区的"包""齐"二姓已经成为社会分类的标志，专门用以特指不同的乡族械斗集团。

清中叶前后，闽南乡族械斗的规模不断扩大，械斗的主体逐渐演变为各种"会社"。时人论曰："昔日之斗，会社犹少，今各处无不会社。"[4]这种因械斗而形成的"社"，一般是以宗族或村落为基本单位，平时通过"会社"的形式组成庞大的乡族集团，一旦械斗发生，遂演变为大规模的攻守同盟，形成广泛的军事对抗。道光年间，龙溪知县姚莹对当地的械斗态势有如下描述：

> 迩者古县之郑姓及杂姓五十余社械斗于南，天宝之陈姓及杂姓七十余社械斗于西，田里之王姓及洪岱之施姓械斗于东，归德之邹姓与苏、郭等姓械斗于北。西北则乌头门之詹、陈等姓，东北则鳌浦、扶摇之吴、杨等姓，浦南、芹里之梁、宋、钟、林等姓，丰山、龙架坂之杨、林等姓，金沙、银塘之陈、赵等姓，东南则官田、宅前之吴、杨等姓，各社接连，大者数

---

[1] 转引自庄吉发：《清代天地会起源考》，台北故宫博物院，1981年。
[2] 王先谦：《东华录》，雍正朝卷十二，雍正六年正月己未。另据民国《同安县志》卷三，《大事记》，此次械斗的大姓集团为李、陈、苏、庄、林五姓。
[3] 《清经世文编》卷二十三。
[4] ［清］丁曰健编：《治台必告录》卷二，同治刊本。

十,小者十余。频年以来,仇怨相寻,杀夺不已。其焚掠截房、死伤破败之惨,既不可胜言矣。〈1〉

在泉州府属地区,清代也有各种因械斗而形成的"会"。《温陵风土纪要》记载:"郡属械斗最为恶习,有大小姓会、东西佛会,勾结数十姓,蔓延数十乡。"〈2〉这里的所谓"大小姓会""东西佛会",是指同类乡族集团之间的联谊组织,亦称"会邦"。根据民国年间的调查,"会邦的组织,有如国际的攻守同盟。一旦风潮激起,械斗的事总不能避免,……于是会邦的联络,各尽其互助的天职。因此一乡有事,牵连常及于数十乡。"〈3〉这就说明,在"会邦""会社"之类的组织形成之后,乡族械斗的规模已不可能局限于一乡一族,而是势必波及周边的同类乡族集团。清人论曰:

> 泉民之斗以乡斗,漳民之斗则以姓斗。以乡斗者,如两乡相斗,地画东西,近于东者助东,近于西者助西,其牵引尝至数十乡;以姓斗者,如两姓相斗,远乡之同姓者必受累,受累则亦各自为斗,其牵引亦能至数十乡。〈4〉

无论是以"乡"斗或以"姓"斗,械斗的主体都不是单一的宗族组织,而是以族群联盟为基础的乡族集团。在此情况下,即使是同一族姓内部的不同房派之争,也会引起大规模的乡族械斗。如泉

〈1〉 [清]姚莹:《东溟外集》卷四。
〈2〉 转引自《泉州旧风俗资料汇编》,第111页,泉州市民政局、泉州市志编纂委员会办公室编,1985年。
〈3〉 转引自《泉州旧风俗资料汇编》,第166—167页。
〈4〉 [清]丁曰健编:《治台必告录》卷二,附《泉漳治法论》。

州地区的"强弱房"械斗,往往演变为"东西佛"械斗,"若强房附于东,则弱房必附于西"[1]。因此,这一时期闽南的乡族械斗,必然伴随着广泛的社会分类过程,时人称之为"分类械斗"[2]。

二、从乡族械斗到乡族割据

清代后期,闽南乡族械斗的主体进而演变为"旗",即分别以"乌白旗""红白旗"为标志的乡族集团。在太平天国运动期间,由于械斗双方相继与反清势力结盟,逐渐演变为不服政令的乡族割据势力。

"乌白旗"主要分布于兴化府属地区,一度参加林俊的小刀会起义,是清末闽南最为著名的两大乡族集团。施鸿保在《闽杂记》中,对"乌白旗"的由来有如下概述:

> 兴化乌白旗之始,起于仙游洋寨村与溪里村械斗。洋寨村有张大帝庙,村人执庙中黑旗领斗获胜;溪里村有天后庙,村人遂执庙中白旗领斗,亦胜。由是二村械斗,常分执黑、白旗,各近小村附之,渐及德化、大田、莆田、南安等处。一旗皆万余人,乌旗尤强。……抢劫掳掠,为患行旅,不但时相斗杀而已。癸丑、甲寅间,永春小刀会匪首林俊滋事,诱致两旗人破仙游、围兴化,势甚猖獗。前臬宪保慎斋泰,剿办年余。俊死,白旗先自投诚,乌旗犹恃众反复。及陈颂南侍御奉旨归

---

[1] 参见《泉州旧风俗资料汇编》,第162页。
[2] [清]陈池养:《慎余书屋文集》卷二,《咸丰乙卯公禀宓署府宪留兵防守郡城》。

办会匪,始亦就抚,然抢掠之习,犹未尽除也。⟨1⟩

其实,在"乌白旗"械斗爆发之前,兴化府属尚未发生大规模的分类械斗,不同乡族集团之间的分野也不明显。从乡族械斗演变为"乌白旗"械斗,并进而发展为乡族割据局面,与晚清时期的地方政局密切相关。咸丰五年(1855),莆田乡绅陈池养在《代杨东村明府拟请王抚宪速临兴郡禀稿》中说:

> 伏查兴郡民情,向系欺弱暴寡,但乡无甚大,官得而禁。故自嘉庆以前,虽有械斗之风,不如漳泉之甚。道光以来,命案不办,惟闻缉凶,小乡受虐无所控诉,因而联乡与大乡斗。闻风而起,联结渐多。道光廿五年,仙邑香、连、慈三里联乡大斗,旗分黑、白,因有"乌白旗"之名。自是与乌旗合者为乌旗,与白旗合者为白旗,纵数十里,横近百里,亘于莆、仙之间,南及惠界,各分党类,日事战斗。芟除树木,毁坏禾稼,无以为生,因而掳掠附近庄村,拦阻舟楫行旅,渐不可制。⟨2⟩

在"乌白旗"械斗爆发之后,适逢林俊发动小刀会起义,械斗双方为了借助小刀会以增强实力,相继与林俊结盟,遂演变为政治叛乱。陈池养禀称:"闻逆俊滋事之初,仙邑朱塞(寨)盐枭多往从之。仙邑南乡乌旗洋面陈尾,于八月廿四日引以陷仙邑。迨九月初九日,莆、仙二邑乌白旗遂引以围郡城。其时逆贼统约四五千

⟨1⟩ [清]施鸿保:《闽杂记》卷七,《乌白旗》,福建人民出版社,1985年。
⟨2⟩ [清]陈池养:《慎余书屋文集》卷二。

人,其中乌白旗从者甚多。"[1]在此过程中,"乌白旗"集团一度联合行动,成为兴化府地区的主要反清势力。据陈池养记述:

> 林俊退在花(华)亭地方,力劝乌白旗连和,制造云梯,商议再攻郡城。迨泉州官军行至枫亭,被逆匪林广要遮,逆匪初为官军所败,最后乌白旗三面环攻,彼众我寡,遂为所破。及廿二日,逆匪与乌白旗先聚莆南霞皋村,廿三、四日来攻郡城,昼夜不息。至廿五日,官军开城门,与南洋义民合攻,逆匪由山内而逸,乌白旗散归各村。……迨官军进攻仙邑,逆匪林俊并未出城抗拒,乌白旗胆敢聚众要遮官军,伤害文武弁及兵勇,因而焚烧仙城内外街衢店舍。败兵归者,俱言仙游西乡有"不畏林俊,但畏乌白旗"之语。[2]

在林俊领导的小刀会起义失败之后,由于"乌白旗"集团人多势众,清朝官军无力剿办,只好设法以招抚了事,以致多年悬而未决,逐渐演变为乡族割据的局面。时人记云:

> 某协戎督师剿办,不能到一匪乡、枭一匪首。我以招抚自恩,贼即以受抚愚我。顿兵三月,屡易师期,贼匪得以从容勾结。迨官兵一出,即入其阱中。……乃在事文式,怵于往辜,一以和解为主,仍是办理械斗故习。甚至王春波中丞泉州凯还,自涂岭以迄兴化,令前驱以银牌及六品军牌分给旗匪,民间因有"买路"之谣。于是界尾、塘边等乡,益横不可制,而

---

[1] [清]陈池养:《慎余书屋文集》卷二,《代杨东村明府拟请王抚宪速临兴郡禀稿》。
[2] [清]陈池养:《慎余书屋文集》卷一,《兴郡剿捕事宜议》。

著名匪徒如朱三、陈尾等，益怙恶不悛矣。相传中丞启行之次日，即有旗匪八百余人至兴化城外，借称向乡民索取前次攻城时寄放药铅、器械，实欲乘机攻扑郡城，幸被兵勇赶杀，始行逃散。夫军威不振，良民亦变为骄子，何况乱民？自是枫亭一路，行旅不通者数年。后虽略加惩创，而百里间不得而问，盖同化外矣。直至（同治）乙丑，左帅凯旋，檄布政司使王德榜，以兵剿办，乌白旗之孽始除也。〔1〕

自同治年间以后，尽管兴化府地区的"乌白旗"集团不再公然反清，而乡族械斗却依然如故，直至清末仍是当地严重的社会问题。光绪年间，莆田缙绅涂庆澜在《请饬办莆田械斗折》中奏称：

闻本年春间，该县东路笏石以下各巨乡相斗，致毙数命，报官不办，遂致蔓延四处，群相效尤，于是北路则有九峰、中沁至霞坂、沟上等村，共斗毙数十命；南路则濑溪顶至华亭、埔头等村，共斗毙数十命；惟西路广业、常太二铺稍见静谧。其最甚者，东路笏石以下数十乡，如五虎、六狮、东沄、东蔡、朱寨等处，现在无日不斗，无斗不毙，尸骸枕藉，共见共闻，而地方官安坐衙署，若罔闻知。计自入春以来，斗者数百乡，毙者数十命，祸亦烈矣，绝未闻有办一斗案、拿一枪犯、惩一凶徒者。现在南路接连仙邑一带，黑白旗会匪又起，闻在濑溪顶竖旗拜盟，啸聚千余人，勾引斗乡奸民入会，羽党四出抢劫掳掠。九里洋大路各处，道途梗塞，民情汹汹。〔2〕

〈1〉[清]魏秀仁：《陔南山馆诗话》卷八，引《大令集》。
〈2〉[清]涂庆澜：《荔隐山房文略》卷一，光绪刊本。

由此可见，在清朝末年的兴化府地区，由于乡族械斗的盛行和"乌白旗"集团的死灰复燃，地方政府对基层社会已经完全失去控制，乡族割据的局面更是牢不可破。

在兴化府"乌白旗"盛行之际，漳州、泉州地区也开始形成"红白旗"分类械斗，并逐渐演变为反清势力。咸丰年间，张集馨奏称："臣前过惠安时，见械斗方起，部伍亦甚整齐。大姓红旗，小姓白旗，枪炮刀矛，器械俱备，闻金而进，见火而退。"[1]在漳州府属地区，"大姓则立红旗，小姓则植白旗，……订日互斗。大姓则合族相帮，小姓则合帮相助"[2]。清末漳、泉地区的"红白旗"集团，实际上是原有"会社""会邦"组织的进一步扩大。由于"红白旗"分类的范围突破了县界乃至府界，遂使漳泉各地的同类乡族集团联为一体，每一次"分类械斗"都有可能动摇全局。

咸丰年间，厦门、同安、龙溪等地的乡族武装，也一度与闽南小刀会结盟。据时人记述，厦门小刀会起事之后，"既又潜结漳浦、云霄红白旗匪，诏安、马巷善鸟枪匪，为负隅计"[3]。在这里，小刀会与乡族武装遥相呼应，遂使地方官员剿抚两难，束手无策。当时的地方官员禀称：

> 厦、漳贼匪虽多，均系乌合，……惟同安情势，则有难于措手者。弟前因略知，系大小姓挟仇报复，故前函中拟请绅耆劝谕，以期解散。乃自受事后，确加查访，始知从同邑西南门起至灌口、龙江一带，百余里间，大小数（十百）乡，民心无

---

[1] [清] 张集馨：《道咸宦海见闻录》，第266页。
[2] 同上书，第61页。
[3] 参见[清] 黄家鼎：《小刀会匪纪略》，光绪十九年刊本《马巷厅志》附录下。

不变动。现竟按照丁口，派纠钱文，购办火药、器械。究其根由，并不因会匪勾引裹胁。岂天厌此方人，故欲歼灭其种类耶？……若仅恃一二公亲，岂能尽安反侧？若极我兵威，又岂能将此数十百乡，尽诛其人而赭其地？[1]

实际上，当时即使是未曾发生小刀会起义的地区，也无不民心思变，四野骚然。咸丰五年，署晋江知县禀称：

> 伏查晋邑幅员广阔，俗悍民刁，在下游素称难治。然自会匪滋扰，晋邑独未遭蹂躏，论者尚称为完善之区。……至械斗为下游恶习，从前地方官尚可随时随事下乡拿办，自办理军务，官府无力兼顾，各乡匪类任意横行。彼此结连数十百乡，竟敢迫近城厢，列械互斗，铳炮之声，震闻远近。虽叠经绅士前往劝谕，暂时止息，而匪徒未经惩创，终属目无法纪，因以叠相报复，要截抢掳，致民人不敢出乡，市井萧条，生理衰耗。外此则抢剥遍于道路，行旅视为畏途，窃盗扰及城乡，善良不能安枕。[2]

由此可见，在晚清闽南乡族械斗盛行之际，地方官对社会秩序已经完全失去控制，这就必然导致乡族割据局面的形成。

应当指出，直至民国初年，闽南各地的乡族械斗仍然十分严重，乡族割据的局面并未完全改观。当时福建当局曾制定一系列章程，严令惩办各地斗案，试图根治械斗恶习，但却收效甚微。如云：

---

[1] [清]沈儲：《舌击编》卷五，《咸丰三年六月代李勋伯作》。
[2] 同上书，《咸丰五年九月晋江察稿》。

仙游、莆田等处之乌白旗、铳刀会，同安等处之班、苦、包、齐及会班、会齐等会，又晋江之会帮、强弱会，各种名目，不一而足。无非集群顽不逞之徒，为贪劣之乡长、族长及讼棍、土豪所唆使，伺隙而动，强凌弱，众暴寡。甚至一乡而联合数十乡，此邑而牵动彼邑，求快一朝之忿，寻仇报复，身命财产轻于鸿毛。……举凡极恶穷凶、残暴惨酷之行为，皆若行所无事。而盗匪之乘机蜂起，良懦之横被株连，更不堪问。地方官之贤良者，办理得法，尚可补救于一时，然亦不外罚款私和了事，从未肯执法以相绳。不肖官吏一遇斗案，则皆视为利薮，敲诈多端，微独不能先事防维，且复有意酿成巨案，以遂其营利之私。故一案之起，其初两造不过小怨小嫌，每因官吏之恣为需索，判断不公，愈积愈深，铤而走险，或致无数之斗案辗转发生，迄无已时，而弭斗之法益穷。此可为太息痛恨者也！〈1〉

这里描述的闽南乡族械斗与乡族割据态势，与清末可谓一脉相承，甚至是有过之而无不及。民国初年，闽南地区民军四起，长期处于军阀混战状态，实际上也是乡族割据的进一步发展。

三、乡族械斗的社会根源

纵观清代闽南乡族械斗的演变过程，我们不难发现当地社区关

〈1〉《治闽公牍》卷下，《饬六十一县知事遵照公布〈福建省械斗暂行章程〉并〈县知事办理械斗案功过暂行章程〉，限文到十日内将办理情形具复由》。

系的深刻变化。前已述及,在清代闽南各地的乡族械斗中,形成了许多不同名目的乡族集团。如清初"合众姓为一姓"的同"姓"集团、清中叶的"会社"与"会邦"组织、清后期的"乌白旗"与"红白旗",都是因械斗而形成的乡族集团。此类乡族集团的普遍发展,打破了强宗大族控制基层社会的局面,遂使超村落组织与族群联盟在社区生活中占据了主导地位。

在清代闽南乡族械斗的演变过程中,基层社会经历了全面的分化与重组过程。清人陈池养论曰:"既同居一乡,而小姓相联;同为一姓,而小房相联。于是或合数十乡而为一,或分一乡而为二,斗经岁月,死不报官,此械斗之风之所以日长也。"〔1〕清末泉州缙绅吴增在《泉俗激刺篇》中,对乡族械斗也有如下评述:"蔑天理,无人心,械斗祸最深。彼此同一乡,既分大小姓,又分强弱房,东西佛、乌白旗,纷纷名目何支离。械斗祸一起,杀伤数十里。死解尸,冢发骨,乡里毁成灰,田园掘成窟。伤心惨目有如是,不知悔祸不讲理。"〔2〕在他们看来,乡族械斗破坏了传统的伦理规范,导致了普遍的社会对抗,构成了对统治秩序的严重挑战。

从表面上看,乡族械斗是完全非理性的社会暴力行为,却有其深刻的社会根源与合理的发展逻辑。笔者认为,清代闽南乡族械斗的社会实质,在于争夺对于基层社会的控制权。其根本原因,在于清代社会控制体系的失衡,亦即官僚政治体制与基层社会自治化的内在矛盾。

中国传统社会的控制体系,可以分为"公"与"私"两大系

---

〔1〕[清]陈池养:《慎余书屋文集》卷一,《窃叹》。
〔2〕转引自《泉州旧风俗资料汇编》,第111页,泉州市民政局、泉州市志编纂委员会办公室编,1985年。

统,"公"的系统即国家政权,"私"的系统即乡族势力。[1]在一般情况下,国家政权可以利用乡族势力,对基层社会实行间接统治,从而表现为某种程度的乡族自治。明中叶以降,宗族组织的普遍发展与财政、户籍制度的改革,导致了基层社会的全面自治化。[2]在聚族而居的历史条件下,基层社会的自治权往往为强宗大族所把持,遂使土豪劣绅得以"武断乡曲"。明嘉靖二十六年(1547),福建巡抚朱纨在推行保甲法时,就曾经明确指出:"保甲之法,操纵在有司则可,操纵在巨室则不可。近见闻一等喜谈力行者,此不过为蕃植武断之地耳,非真欲厚风俗也。"[3]尽管朱纨力图打击豪族势力,却无法改变现存的局面,他自己反被闽南"巨室"诬告入狱而死。万历二十年(1592),福建巡抚许孚远在团练乡兵时,则采取相反的策略,试图倚仗"富室大家"的实力控制基层社会。他认为:"此举专为各保地方所设,惟富室大家为主,贫人下户干系甚轻。"[4]万历四十三年(1615),福建巡抚黄承玄在《约保事宜》中亦云:"凡保中富家大姓,其族众、义男、干仆,率以千百计。宜于保甲之外,另集乡兵,以资防御。"[5]这种鼓励"富家大姓"建立乡族武装的做法,既促成了各地民间的军事化进程,也强化了乡族组织的社会控制权。

明清之际的长期战乱,逼使闽南民间聚族自保,进一步加强了宗族组织的凝聚力。清代福建的地方官员,仍是借助强宗大族,对基层社会实行间接统治。康熙年间,闽浙总督兴永朝在福建推行

---

[1] 参见傅衣凌:《中国传统社会:多元的结构》,《中国社会经济史研究》1988年第3期。
[2] 参见拙著:《明清福建家族组织与社会变迁》,第242—257页,湖南教育出版社,1992年。
[3] [明]朱纨:《甓余杂集》卷八,《公移二》。
[4] [明]许孚远:《敬和堂集》,《团练乡兵行各道》。
[5] [明]黄承玄:《盟鸥堂集》卷二十九。

"粮户归宗",赋予宗族组织包揽赋税的特权。[1]乾隆年间,在福建全省推行"族正"制,"官给印照、责令约束族丁"[2]。官僚政府选任"族正"的目的,原是为了加强官方对大族的控制,但结果却事与愿违。乾隆皇帝曾在上谕中指出:"所举族正,大半多系绅缙土豪,未必尽属奉公守法之人。……是明假以事权,必使倚仗声势,武断乡曲,甚而挟隙诬首及顶凶抵命,皆所不免。"[3]因此,他不同意赐予"族正"品官顶戴,未将其正式纳入官僚体制。[4]

由于官僚政府未能对基层社会实行直接统治,强宗大姓"武断乡曲"的现象也就难以避免。如云:"漳俗,族姓大小、强弱之分最明。小役大,弱役强,由来已久。缙绅之强大者,平素指挥其族人皆如奴隶,而性畏见官,有事则深匿不出,或阴使其族人为诸不法。愚民不知畏官,惟畏若辈,莫不听其驱使。"[5]在族际关系中,强宗大族更是依仗权势,鱼肉乡邻,从而激化了社会矛盾。清道光年间,陈盛韶在《问俗录》中记云:"强凌弱、众暴寡,福建下四府皆然。诏安小族附近大族,田园种植须得大族人为看管,方保无虞。其利或十而取一,或十三而取一,名曰'包总'。否则强抢偷窃,敢怒不敢言。"[6]在兴化府仙游县一带,"小姓畏大姓甚于畏官。其畏之奈何?一朝之忿,呼者四应,直有剑及寝门、车及蒲胥之势。而小姓积怨既久,乃集群小姓以与之敌"[7]。在当时的历史条件下,小姓难以利用法制手段与大族抗争,就只能诉诸武力了。清代闽南乡族械

---

[1] 参见拙著:《明清福建家族组织与社会变迁》,第190—194页,湖南教育出版社,1992年。
[2] 《清高宗实录》卷四十九,乾隆二年八月。
[3] 《清高宗实录》卷一三三五,乾隆五十四年七月庚戌。
[4] 参见常建华:《清代族正问题的若干辨析》,《清史研究通讯》1990年第1期。
[5] 《清经世文编》卷二十三,姚莹:《复方本府求言札子》。
[6] [清]陈盛韶:《问俗录》卷四,《诏安县·包总》。
[7] [清]陈盛韶:《问俗录》卷三,《仙游县·竹义》。

斗的起源,大多表现为小族反抗大族的斗争,其原因即在于此。

清代闽南乡族械斗的盛行,反映了官方社会控制能力的日益削弱。清人论及闽南乡族械斗的起源,无不归咎于吏治的腐败与法纪的废弛。闽浙总督卞宝第认为:"至于械斗之习,则有由官激成者。甲乙结怨申诉到官,官或懒于听断,或狱以贿成,讼者积愤不伸,遂至酿成私斗。"〈1〉《泉漳治法论》对此有如下分析:

> 夫民有屈抑则讼之官者,势也。乃讼之官而官不能治,曰犯不到案者,悍而不可捕也;捕矣,到案矣,又或贿之而不持其平也。民以为信矣,官不能捕,吾将自捕之。于是乎有掳禁之事,有私刑拷掠、毙命灭尸之事,以为犯罪而官不能治,则虽毙命灭尸无惧也。俄而信矣,毙命灭尸者可不到案矣,到案而贿以免矣。于是乎群相效尤,浸成风俗。……至其事关乎乡邑者,则率众合族,私相侵伐,由是而有械斗之事。〈2〉

在械斗爆发之后,又往往因官吏贪赃枉法而不能平息,甚至使之更为激化。嘉庆年间游宦泉南的福州名士陈寿祺,在《冶南狱事录》中记述了当时晋江、南安、同安、龙溪等县的一些大斗案,其中多数与地方官吏的"索贿"有关。例如:

> (同安)灌口东蔡之斗也,距十余里有二姓,曰"山边李",曰"莲花陈",亦以其间相攻击,各毙一人。令且治东蔡狱,且责李、陈贿。陈贫而李富,李之贿倍于陈四。李之族相

〈1〉[清]卞宝第:《闽峤輶轩录》卷一。
〈2〉[清]丁曰健编:《治台必告录》卷二,附《泉漳治法论》。

与谋曰:"二姓毙人均,而贿轻重悬,不如再斗,视所毙之多寡而定贿焉。毙益夥,则令怵于法,吾可无贿而息。"于是果再斗,毙陈七人,李亦毙五人。邑贡生某甲、某乙相与调停,卒使二姓纳贿累千金于官,令竟寝其狱。[1]

有些官吏为了满足私欲,更是不择手段地激化矛盾,扩大事端,使械斗双方雪上加霜,蒙受更大的劫难。陈寿祺记云:

> 凡泉民械斗,……往往不以闻于官,以官不足治其狱也。其讼于官者,率乡之奸宄与讼师。比舍凶手而罗织,富者无得脱,令乃集民壮、乡勇、徒役近数百人或百余人,若出师状,驰诣其所捕捉,尚恐不胜,则以兵从。而民先尽室远遁,空其庐。令与兵役至,索人不得,则焚其屋舍,殃其鸡犬,鱼烂而未已,于是健役与乡之奸宄数人为之居间关说,使必纳贿以解。其富而无辜者惧祸,不得已诺之,然亦敛钱于合族。乃集既成,言官使健役等往敛而纳诸上,健役又必与居间者俱恫喝蹂践,民毒痡焉,健役以次收囊橐。自营将、县宰以逮阍人,兼从胥役厮养,舆皂之徒咸中饱,然后狱事颇释。[2]

由于官吏不仅未能有效治理械斗,反而为民众带来灾难性的后果,陈寿祺强烈反对官方对斗案的积极干预,力主以乡族自治平息械斗之风。他在《与总督桐城汪尚书书》中说:"往时猛吏治泉,闻其止斗捕凶,善钩致魁恶而用之,往往焚爇村庄,株连族属,始

---

[1] [清]陈寿祺《左海文集》卷三,《冶南狱事录》。
[2] 同上。

未尝不扑救一时，然其害至不可胜道。……今之宰于泉者，犹复效尤不已，诩为长策，不识摧残之极，依于胡底？此鄙人所为杞忧者也。"[1] 在《与总督赵尚书书》中，他又提出：

> 顷承示禁止械斗，当责之生、监、族长，将奏行之，甚善甚善。……必于族长、房长之中，择其端良洁惠者，立一人为族正，复立一人为族副，奏明于朝，假之以约束举劾之权，严之以纵容曲庇之罚，则任专而有所执持。遇有议斗，集众祠堂之时，族正、族副忠言劝阻，族长责之房长，房长责之家长及诸恶少年，而锋遂以杀，势遂以格。如是，然后族长得行其志，有司得伸其法。若其寻常雀鼠之讼，族正、族副可以判其曲直而止，善也；否则听断于官。勿令每案牵涉，使其仆仆然匍匐公庭，则族长安而民事亦无不治。设不幸而成械斗，将必有擒絷倡乱之人以献者，何凶之难缉哉！[2]

在这里，陈氏实际上是要求恢复乾隆初年的"族正制"，再度强化宗族自治的机能，以此作为重建社会秩序的基础。此论虽然不无迂腐之嫌，却也是有感而发，表达了他对官方统治能力的极端不信任。

平心而论，在清朝的政治体制下，即使是廉吏、能吏，也未必可以制止乡族械斗。这是因为，乡族械斗源于基层社会的内在矛盾，其发生与发展往往是不以官吏的个人意志为转移的。因此，廉吏与能吏只能治理于事后，却难以防患于未然。清人姚莹曾经指出："夫械斗之缘有数端，或宿仇不解而斗，或讼狱不平而斗，或

---

[1] [清] 陈寿祺《左海文集》卷五。
[2] 同上。

大小相凌而斗,或睚眦仓卒而斗,……此皆乡情未和之故也。"⟨1⟩这就是说,乡族械斗虽有种种不同的起因,其根本原因则是乡族集团之间的矛盾冲突。由于清朝政府未能对基层社会实行直接的统治,自然也就不可能正本清源。乾隆皇帝曾明确表示,治理民间械斗之法"惟在地方官实力弹压,有犯必惩,以清嚣凌之习,政体不过如此"⟨2⟩。如果乡族械斗尚未危及清朝政权,清政府也不可能把治理械斗视为当务之急。

更有甚者,有些地方官员为了贪图私利,往往有意激化乡族矛盾,助长械斗之风。郑振图在《治械斗议》中指出:"有司于庶狱无所罔利,则于其斗也,命伍伯询有赀力者嬲之,武弁亦剖食焉,而皆以斗为利薮。……从前械斗之案,官借以渔利,近时无利可图,则亦不得不事和解。"⟨3⟩陈寿祺论及闽南官吏办理斗案时的"贪贿"之风,则认为这是当时的地方财政体制使然。他在《冶南狱事录》中指出:

> 大邑廉俸仅千金,而岁费当数万缗。郡伯之例规,幕宾之脩脯,驿传之供亿,贼囚之解送,其用至繁浩,计安所出?非资贿于民不可。资贿于民,则莫械斗若也。故莅兹土者,上下内外嚣然,惟贿之是图。官所置民壮乡勇,大抵皆市井诸恶少,与悍役日出诇伺民间,一闻某乡械斗,则鼓掌相庆,否则疾首蹙额,若不可终日。⟨4⟩

⟨1⟩ [清]姚莹:《复方本府求言札子》,《清经世文编》卷二十三。
⟨2⟩ 《清高宗实录》卷八一二,乾隆三十三年庚申。
⟨3⟩ 《清经世文编》卷二十三。
⟨4⟩ [清]陈寿祺:《左海文集》卷三,《冶南狱事录》。

这种以斗案为生财之道，唯恐民间不斗的心态，不仅反映了官吏道德素质的普遍下降，而且说明乡族械斗与当时的政治体制密切相关。[1]

值得注意的是，清代的有些地方官吏，曾经认为乡族械斗有助于稳定清王朝的统治秩序。如嘉庆年间，汪志伊在《敬陈治化漳泉风俗疏》中说："会匪由来虽久，而不致酿成如川、湖巨案者，则以各乡邑械斗，互相仇杀，其仇不可解，其心不能合，其势不能联之故。"[2] 他所说的"会匪"，是指当时活跃于闽南、台湾等地的天地会。既然清朝官员认为械斗有助于遏制天地会的反清活动，自然也就不会积极治理当地的乡族械斗了。延及清代后期，闽南乡族械斗已演变为全面的社会动乱，各级官员无不视为心腹之患。但这时已是病入膏肓，无从治理了。

---

[1] 参见拙文：《清代福建地方财政与政府职能的演变》，《清史研究》，2002年第2期。
[2] 《清经世文编》卷二十三。

晚清至民国的乡镇商人与地方政局
——以莆田县涵江镇为例[1]

晚清至民国初期,中国传统社会进入了前所未有的大变局。商人取代士绅而成为地方社会的领导阶层,是清末民初社会变革的主要趋势之一。本文拟以福建中部沿海的莆田县涵江镇为例,考察这一时期乡镇商人的社会构成、商人组织的演变过程及其与地方政局的互动关系。

一、涵江商人的社会构成

莆田县涵江镇位于兴化湾畔,是明以后兴起的港口市镇,清代与泉州的安海、漳州的石码齐名,民国时期有"小上海"之称,一度成为福建沿海的主要对外通商口岸。[2]根据莆田县工商联蔡麟先生的考述,新中国成立前涵江共有大小商号约七百家,经营的行业

---

〔1〕 本文为笔者参加"华南在乡商人研究"课题的初步成果之一。该课题获得香港特区政府大学研究基金的资助,由香港科技大学人文学部蔡志祥博士主持,谨此致谢。
〔2〕 关于涵江港口市镇的兴起及海运贸易的发展,笔者拟另文论述。

多达五十八种。[1]不过，这些商号大多只是小本经营，当时最富有的涵江商人主要出自从事海运贸易的少数行业。民国《莆田县志》记载：

> 商业最重资本。莆商号称巨擘者，豆饼商居第一位，桂元（圆）商居第二位，布商居第三位，京果商居第四位，轮栈商居第五位。其资本，每家不过万余元，至二万余元而止。有领袖商五六家，其资本殆将七八万元，不足则贷款以济之，名曰"外在"。坐沪有代办商五六家，其资本每家亦七八万元，不足则贷款于钱庄。此资本活动之途径也。沪货由轮载而来，代办商为之报关垫载，期以半月还款，而取其利润、佣金焉。货至涵江，各商号又分配于城市、黄石、笏石、江口、西天尾诸镇，而取其物价、赢利焉。取佣金则价之涨落归诸买者，取赢利则价之涨落归诸卖者……小贩定货，预缴押金，约期取货，是曰"浮水"。大商则投资于面粉、洋糖交易所，是曰"抛盘"。交易所者，买空卖空之机关，其性质与赌无异，而其害或过于赌博。……涵商持小数定金，凭电信往来，决其胜负。……（民国）十九、二十年，涵商失败于交易所者六七十万元，其结果影响于财力愈竭矣。[2]

如上所述，当时涵江少数实力雄厚的"领袖商"，主要从事豆饼、桂圆、纱布、京果等南北土特产品的海运贸易。他们依托于当

---

[1] 参见蔡麟：《解放前涵江镇商业概况》，连载于《莆田市文史资料》第4—8辑，1989—1993年。
[2] 民国《莆田县志》卷二十一，《商业》。

地的城乡市场,与沿海各大商埠建立了广泛的商业联系,甚至参与上海交易所的期货投机,因而需要动用大量的商业资本,其成败足以影响全局。那么,这些"领袖商"又是何许人呢?其经营方式及社会构成有何特点?兹以清末民初称霸涵江的"黄家门"商人集团为例,对此略做探讨。

"黄家门"是指聚居于涵江霞徐街的黄氏商人集团,主要由瑞裕、鼎和、大同、泉裕四大家族企业构成。[1] 这四大企业的创办人,都是来自涵江附近西天尾乡渭庄村的黄姓族人,而且四人皆为渭庄黄氏六世祖"楚能公"的孙辈,其中瑞裕与鼎和的创办人为亲兄弟,大同与泉裕的创办人为亲兄弟。[2]

"黄家门"商人集团的创业史,大致始自咸丰至同治年间。据说,瑞裕号的创办人黄邦杰,原是宁波某商号的学徒,于太平天国之乱中发了一笔横财,遂自立门户,在宁波创立了瑞裕桂圆行。此后,又购置了一艘载重两千担的"瑞安号"木帆船,往返于宁波与涵江之间,专门从事两地土特产的转运贸易。同治年间,黄邦杰把瑞裕号的经营重点从宁波移至涵江,其家人也随之从渭庄迁居涵江,从而开创了霞徐"黄家门"的历史。光绪年间,邦杰与其弟邦彦相继病逝,其子侄分为乾、坤二房,而涵江及宁波的商号也随之一分为二,乾房仍以"瑞裕"为号,坤房则另立"鼎和"为号。大同与泉裕的创业史,也经历了类似过程。大同的创始人黄孟誉,曾为黄邦杰"理商务于甬江",后得其资助而自立门户,因而后人往往把大同视为瑞裕的分号。泉裕号的创始人黄孟育,为孟誉之弟,因兄弟分家而从大同分出,另立泉裕字号。不过,自清末以降,

---

[1] 参见陈长城等:《解放前涵江商会史略》,《莆田文史资料》第8辑(工商专辑),1984年。
[2] 参见《莆田县渭阳系黄氏族谱》(未定稿),1996年。

"黄家门"成员虽历经分家析产，却并未因此而导致家族企业的分化，至民国后期仍维持四大家族企业并立的基本格局。〈1〉

从晚清至民国年间，"黄家门"集团长期垄断涵江至宁波的兴化桂圆贸易。桂圆俗称"龙眼干"，由龙眼青果烘制而成，是兴化府地区的著名特产。根据民国时期的统计资料，莆田、仙游二县的桂圆年产量约有十六七万担，最少的年份也不低于八万担。这些桂圆主要销往浙江、江苏等地，而涵江为主要输出口岸，宁波、上海为主要输入口岸。桂圆的加工及运销过程相当复杂，其经营者大致可以分为四类：一是"焙客"，即以自产或收购的龙眼青果烘制干果，待价而沽；二是"走水客"，即专门收购干果，并运销外地；三是"做字号"，即开设固定的桂圆行，大量收购、加工及贮运桂圆，再陆续向外地商号批发；四是零售商，即直接向消费者销售桂圆，其中有专营者，也有代销商。〈2〉"黄家门"企业主要是"做字号"的，但有时为了更有效地控制市场，也会兼营其他环节。在涵江"做字号"的桂圆行中，"黄家门"的经营额约占三分之二，因而长期执同行业之牛耳，获利特别丰厚。关于"黄家门"企业的经营方式及市场优势，鼎和行的后裔黄祖焕先生有如下记述〈3〉：

> 我家因经济实力雄厚，名声亦大，所以向华亭和仙游溪顶一带"二盘商"购进"干元"时，都是不用现金的。有人说，"鼎和"号购买一溪船"干元"，只用一个铜片作"定钱"就

〈1〉 以上主要依据访谈笔记。
〈2〉 以上参见蔡金耀：《兴化桂圆》，《莆田文史资料》第8辑，1984年；蔡麟：《解放前涵江镇商业概况·桂元（圆）业》，《莆田市文史资料》第4辑，1989年。
〈3〉 以下均引自黄祖焕：《涵江"鼎和桂元（圆）行"的记述》，《涵江区文史资料》第3集，1994年。

行,这句话并不是过分的。当时购买"干元",当地的"牙人"是起了很大的作用……我家要购买"干元"时,只由采购员带着挂筛下乡,在当地"牙人"配合下,经过过筛,看明规格和质量后,确定数量价格(因招牌老,每百元价格还便宜二元左右)后,登记一下,即交"牙人"集中雇溪船运至涵江……还款的日期,一般是在第二年"头牙"时,告知"牙人"前来领款,在当时已算是信誉很好了。

如上所述,"黄家门"企业由于信誉卓著,在收购桂圆时可以赊欠,不用现金,俗称"空手夺枪"。这不仅可以节省大量的流动资金,扩大经营规模,而且由于还款周期长,还可以利用售货款从事其他商业经营,从中赚取额外的利息和利润。此外,在运输及销售等环节,"黄家门"企业也有明显的市场优势。如云:

各家桂元行加工焙制的"兴化桂元",都要争着赶上"头水"。我家因加工焙制"兴化桂元"数量多,在各船务行心目中,当然是个大户,因此在吨位上是得到照顾的,也可以说是满足我家要求的。因"兴化桂元"能赶上"头水"运出,好处很多:一是旧货不多,新货上市,销路必快,价格亦高;二是因销路快,水分可以多一成左右,也不会造成霉烂;三是资金周转快……

当时,莆仙人在宁波开设的桂元行,大小不下二十多家。其中单我大家族,除开设"瑞裕""南昌"两家外,"大同"和"泉裕"两房亦开设有"东昌"和"大昌"两家……每年"头水"兴化桂元开盘时,是由我家首先唱价的,每百斤都比其他商行高一些,群众亦乐于前来购买。譬如我家开盘价每百斤为十元,其他行只能九元左右。在旧社会,"招牌"真是值千金的。

毋庸讳言,"黄家门"企业的市场优势,不仅取决于其商业信誉,更重要的则是其规模效益。"黄家门"家族企业的形成与发展,实际上也是为了确保其规模效益。这是因为,当时各桂圆行为了严守商业秘密,一般都不聘用外人。因此,只有采取家族企业的经营方式,才有可能建立跨地区的商业网络,维持较大的经营规模。据黄祖焕先生回忆,鼎和号的人事安排如下:

> 我祖父生三子,分为福、禄、寿三房,在宁波的"南昌"和在涵江的"鼎和"桂元行,仍由三房合营……曾祖父年老时,涵江"鼎和桂元行"由我祖父负责经营,宁波"南昌桂元行"先由禄房从伯父九一孙负责,后由寿房五从伯父咏安负责经营。1912年,我祖父逝世后,涵江"鼎和桂元行"由我父亲(别号智群)负责经营。五从伯父逝世后,宁波"南昌桂元行"由寿房从叔父照麟(又名明如)负责经营……1946年,我父亲患病时,请从叔父照麟回涵协助经营,第二年我父亲逝世,即由从叔父照麟负责经营,宁波"南昌桂元行"则由从兄祖祁负责。

除了上述主要负责人之外,鼎和号的其他经营管理人员,一般也是由本家族成员担任。例如:"账房,先后有黄玉森(即四一)、黄玉辉和黄玉奎等;外账房,苏植龄;购销员,先后有黄起佛和黄玉良等;后栈,有黄祖楷、梅花和黄凤祺等;还有检验员黄祖福、黄祖望和黄祖恒等。"在这些经营管理人员中,除外账房为外姓人之外,其余皆为鼎和派下的家族成员。这说明,"黄家门"家族企业的形成与当时的商业经营方式密切相关。

在经营桂圆行的同时,"黄家门"集团也曾经涉足其他商业领域,如创办轮船公司,开设钱庄、银行、侨汇局等,但大多无功而退,不得善终。由此可见,这种以经营土特产贸易起家的家族企业,已经难以适应更为复杂多变的市场环境了。不过,由于当时涵江的商业活动仍是以土特产贸易为主,此类家族企业仍有较大的生存空间。直至民国后期,"黄家门"集团仍然雄踞涵江桂圆商之首,而其他"领袖商"也无一不是家族企业。[1]这就表明,"黄家门"集团的创业史,反映了涵江商人的一般发展趋势与社会特征。

概括而言,晚清至民国时期的涵江商人,主要是来自周边农村的本地商人,他们大多以经营土特产贸易起家,其经营之道具有明显的家族化倾向。因此,涵江商人与乡土社会有着密不可分的内在联系,他们尤其热衷于参加各种地方事务,表现了浓厚的政治兴趣;另一方面,涵江作为一个港口市镇,具有悠久的商业传统,商人组织历来是社区生活的主导力量,这也为涵江商人的政治追求提供了现实基础和有利条件。

二、涵江商人组织的演变

涵江早期的商人组织,主要是以祀神为名组成的各种同业组织。据说,涵江商人于乾隆四年(1739)始创兴安会馆,并为此新建了一座天后宫,俗称"新宫"。不过,当时的兴安会馆似乎只是若干神明会的松散联盟,并非所有涵江商人的统一组织。根据乾隆十五年(1750)的《涵江天后宫东瓯会碑记》与乾隆十八

---

[1] 详见蔡麟:《解放前涵江镇商业概况》,《莆田市文史资料》第4—8辑,1989—1993年。

年（1753）的《兴安会馆香灯会碑记》,[1]当时不同行业的商人各有相对独立的祀神组织。例如,"东瓯会"由40家"航海营生"的商人组成,共置有"祭业店房三所",每年由八家商号负责办祭,五年一轮,周而复始;"香灯会"由24家"鬻贩金昌"的商人组成,共置有"祭业"店房"二坎",每年收租钱26千文,分为"元""亨""利""贞"四组轮流办祭。这说明,当时涵江并无统一的商人组织,因而才有不同的会馆同时并存。

清中叶以后,兴安会馆的权威得到了强化,逐渐演变为社区权力中心。嘉庆十二年（1807）,涵江十家"行商"以保护天后宫为由,联名呈请兴化知府,出示严禁附近居民开设"灰窑"。其呈词宣称:"切涵江地临海澳,为商贩货运之区。古就霞徐铺创建神宫一所……偏设斋房、会馆,延僧供奉香火,附近商民无不仰叨默庇,水陆咸赖。间逢宪驾到涵襄办公事,皆在庙内停驻,而大宪经临,亦常诣庙进香。是以历蒙各前宪示禁,毋许匪徒扰襄,以昭诚敬。"[2]这一时期的兴安会馆,可能已成为涵江商人的共同组织。道光至同治年间,兴安会馆广泛参与莆田各地的水利建设、赈灾活动及团练乡兵、修建庙宇等公共事务,其权威得到了进一步的强化[3]。同治九年（1870）,黄邦杰发起重修兴安会馆,并借机组成了"董事会",其费用则"取于货之厘"。当时共有40家商号照货派捐,每家各"抽钱"1千文至570千文不等。这种照货派捐的集资方式,显然不同于自愿题捐,其性质类似于厘金,必须以公共权力

---

[1] 此二碑尚存涵江区碑廊,文见于郑振满、丁荷生合编:《福建宗教碑铭汇编·兴化府分册》,福建人民出版社,1995年。
[2] 引自嘉庆十二年《涵江天后宫奉宪示禁碑》。此碑尚存涵江区碑廊,文见于郑振满、丁荷生合编:《福建宗教碑铭汇编·兴化府分册》,福建人民出版社,1995年。
[3] 有关资料甚多,详见[清]陈池养:《慎余书屋文集》及《江春霖集》等,兹不赘引。

的行使为前提。换句话说，这一时期的涵江商人，已经不是自愿组合的同业组织，而是具有强制性的社区组织。光绪二年（1876）的《重修兴安会馆碑记》宣称："莆人之商贾于吴越者率以海舶，其出纳登降皆集于涵，故其主客皆会于涵，此涵江会馆之所由设也。"[1] 在这里，兴安会馆俨然是莆田商界的总代表。

光绪二十八年（1902），涵江商人发起组织莆田县商会，由"黄家门"鼎和号的黄纪云出任会长。由于该商会设于涵江，长期由涵江商人把持，当地人习惯上都称之为涵江商会，有别于后来在县城成立的莆田县商会。[2] 涵江商会成立之初，据说其宗旨是"联络同业，开通商智，和协商民，调查商情，提倡改良，兴革利弊"[3]，这似乎并未超出同业组织的职能范围。然而，当时并无乡镇一级的基层政权，遂使涵江商会逐渐演变为地方行政机构，"其主要任务是调解商务纠纷，同时代表商民应付官厅"[4]。不仅如此，涵江商会还通过派征捐税，建立商团，创办学校、医院、邮局等公益事业，对社区生活实行了全面的干预。这一时期涵江商会的社会职能，从首任会长黄纪云的生平业绩中可见一斑。其《墓志铭》[5]记述：

---

[1] 此碑尚存涵江区碑廊，文见于郑振满、丁荷生合编：《福建宗教碑铭汇编·兴化府分册》，福建人民出版社，1995年。
[2] 参见陈长城等：《解放前涵江商会史略》，《莆田文史资料》第8辑，1984年；蔡麟：《涵江旧商会的记述》，《涵江区文史资料》第3集，1994年。关于涵江商会的创立时间，前者记为1910年，后者记为1908年，而二者皆认为首任会长为黄纪年。依据1916年撰写的《清诰封中宪大夫敕授修职郎彤轩广文黄先生墓志铭》，涵江商会当成立于1908年，而首任会长为黄纪云。
[3] 参见陈长城等：《解放前涵江商会史略》，《莆田文史资料》第8辑，1984年。
[4] 引自蔡麟：《涵江旧商会的记述》，《涵江区文史资料》第3集，1994年。
[5] 全称为《清诰封中宪大夫敕授修职郎彤轩广文黄先生墓志铭》，1916年撰立，实物尚存。

[纪云]长涵江商会七年,为人无城府,遇事多直谈,应接不暇,措理自如。虽函柬旁舞,而笔下数千言立就,洵酬世才也……吾莆俗多械斗,得以言排解,祸立见消。乡都祈雨遭陷,为列状上剖,诬乃得释。民智之未开也,建崇实学校为合郡倡;旱年之告歉也,运镇江船米拯莆民饥。他如镇前陡门、三江石路、兴安会馆,以及萩芦、延寿、达台、柯董诸桥梁,皆赖先生得集厥事。

黄纪云的上述业绩,大多与社区性公共事务有关,因而也可以视为涵江商会的"政绩"。据说,黄纪云还曾经担任民国初年的涵江议事会议事长,但这一头衔并未载入其《墓志铭》,可见那只是没有实际意义的虚衔。换句话说,涵江议事会可能形同虚设,只有涵江商会才是当时的社区权力机构。

在北洋军阀统治时期,莆田战事频繁,而涵江又地处交通要道,过往军队甚多,涵江商会的主要职责是支应各种"兵差",防止乱兵的抢劫与骚扰。这一特殊的历史环境,强化了涵江商会的公共权威,使之可以相当随意地派征捐税。例如,1922年开征的"维持捐",就是涵江商会为"应付兵差及其他费用"而派征的捐税。〈1〉1925年,莆田县当局曾以"设立维持捐并没有依法立案"为由,认定其为"违法私抽的性质",勒令停征,并对历年收支账目实行"会算"〈2〉。据当地《衡报》报道,该项收入除用于历年"军差"之外,还用于"各处保卫团开支""公路款"及"津贴各善举"等,官方"原告"对这些"军差之外"的开支表示"碍难承认",

---

〈1〉 参见蔡麟:《涵江旧商会的记述》,《涵江区文史资料》第3集,1994年。
〈2〉 详见涵江《衡报》1925年8月6日报道:《维持捐会算第一幕》。

而商会代表则据理力争。[1]此案拖延多年，其结果是以"不起诉"结案，[2]实际上也就是承认了有关收支项目的合法性。

20世纪20年代后期，涵江与莆田县城之间发生了争夺莆田县商会的纠纷。据说，对于涵江创立莆田县商会之举，莆田城内的绅商历来心怀不满，但由于涵江为全县商业中心，而涵江商人又承担了大多数的商界派款，因而也就不敢挑起争端。北伐军入闽后，曾要求各地商会重新登记，并改名为"商民协会"，莆田城内绅商遂趁机发起组织全县性的"商民协会筹备会"，但未能得逞，只好改名为"城区商会"。1929年，因政府规定有七个同业公会以上者始可成立县商会，城内绅商又抢先组织了十一个同业公会，并向当局申请备案，因而直接与涵江商会发生冲突，以致相互指控。此案历经福建省府调解无效，至1930年始由南京政府裁决：莆田县商会设于县城，涵江可另设镇商会，但不隶属于县商会。此后，涵江商会对外号称"福建省涵江商会"，而不署县名，以示其独立性。[3]一般认为，此事与上述的"维持捐"事件，都是导源于涵江商人与城内绅商之间的权力之争，其背景相当复杂，在此暂不赘述。

从清末至1924年，涵江商会的历任会长都出自"黄家门"商人集团，这一时期也是涵江商会最有权势的时期。此后，由于涵江商人的内部分化及各种外部势力的渗透和打压，涵江商会大权旁落，逐渐趋于解体。1924年夏，"黄家门"成员在地方权力之争中失利，

---

[1] 详见涵江《衡报》1925年8月9日报道：《维持捐会算第二幕》及1925年8月13日报道：《维持捐会算第三幕》。
[2] 详见林侨鹤：《辛亥革命前后至解放前莆田地方派系》，未刊稿。
[3] 参见陈长城等：《解放前涵江商会史略》，《莆田文史资料》第8辑，1984年；蔡麟：《涵江旧商会的记述》，《涵江区文史资料》第3集，1994年；林侨鹤：《辛亥革命前后至解放前莆田地方派系》，未刊稿。

晚清至民国的乡镇商人与地方政局 | 411

被迫让出了商会会长的宝座，由经营"船头行"的陈澍霖继任。[1]事隔不久，"黄家门"成员以抗捐相要挟，迫使涵江商会实行改选。此次改选先按各商帮认捐的数额选出会董，再由会董推举正、副会长。其结果，共选出32名"会董"，其中"三黄、研究两系共得十名，五霸亦得十名，其余为豆饼、超然两系"。所谓"三黄、研究两系"，皆属"黄家门"商人集团，而"五霸"是指当时一些经营京果业、侨批业、轮船业、桂圆业及报纸业的新派商人。由于二者势均力敌，最终达成妥协，由"黄家门"成员担任正会长，而"五霸"系统的陈澍霖则屈居副会长，因而暂时相安无事。[2]1929年，涵江相继成立了24个同业公会，而"各同业公会亦有自定收费的制度"，遂使涵江商会的事权渐趋分化。[3]

20世纪30年代初期全面推行的地方党政建设，迫使涵江商人逐渐退出地方政坛，涵江商会的职权受到了严重削弱。1934年，由于涵江商团发生抢劫事件，商会会长黄季明被处决。此案的首犯为商团头目林铁，与黄季明未必有直接牵连，而军政当局却处之以极刑，其动机颇令人猜疑。据说，此案发生后，"县长宋仁楚接到命令，先将林铁部缴械，林被逃脱，只将黄季明解泉枪决。至于黄季明的死因，有的说是与上述几起劫案有关，有的说是由于国民党军队配款不遂而引起的"。[4]商团被缴械与黄季明之死，对涵江商会无疑是沉重的打击，这实际上也就是宣告了其政治使命的终结。黄季

---

[1] 详见涵江《衡报》1925年12月3日报道：《涵商会长每况愈下》。
[2] 以上详见涵江《衡报》1925年9月3日报道：《涵江商会长产生之波折》及1925年9月13日报道：《涵江商会长已选出》。
[3] 参见陈长城等：《解放前涵江商会史略》，《莆田文史资料》第8辑，1984年；蔡麟：《涵江旧商会的记述》，《涵江区文史资料》第3集，1994年。
[4] 引自陈长城等：《解放前涵江商会史略》，《莆田文史资料》第8辑，1984年。

明被捕后，涵江商人曾联名为他辩解，请求保释，但未能获准。[1]究其根本原因，或许只能从当时南京政府力求强化国家政权的政治环境去理解了。

抗战时期，涵江的商业一度畸形发展，涵江商会也被视为利薮，成为各种党派势力角逐的焦点。1940年的涵江商会改组事件，就是这种党派斗争的集中体现。试见如下记述：[2]

> 一九四〇年，因黄涵生与陈光第的矛盾激化，导致了涵江商会的改组。黄涵生依靠三青团的势力，并拥有桂元、百货、纱布和酱油等四个同业公会的力量，欲保会长之职。陈光第则凭借自己任国民党涵江区党部书记的势力，也拥有豆饼同业公会等的力量，欲登会长之座。从表面上看，虽然是黄与陈之间的斗争，实际上是我县三青团与县党部两派之间斗争的一种表现……也可以说是城、涵豪绅和巨商之间的一次重新的组合。
>
> 商会系属民众团体的组织，是归国民党省、县党部和社会（处）科的管辖……为了解决这场会长"宝座"的争夺战，国民党省党部派指导员林成奇来涵负责整理，对涵江商会进行改组。既是由省、县党部负责主办的事情，会长（即理事长）的人选，当然是不肯让给三青团派的人；陈光第也因反对的人较多，所以就选择了和县党部关系较为密切的陈杰人为整理委员会负责人……对各同业公会也进行了整理，重新登记会员，确定了选举的"权数"。经过了好几个月的整理，陈杰人又得到县长林梦飞的支持，故当选为涵江商会理事长，以其从侄陈文堂为秘书。

---

[1] 详见林侨鹤：《辛亥革命前后至解放前莆田地方派系》，未刊稿。
[2] 以下均引自陈长城等：《解放前涵江商会史略》，《莆田文史资料》第8辑，1984年。

这种由党派操纵的商会改组,缺乏必要的民意基础,因而也不可能有真正的权威。据说,陈光第落选后,随之另立山头,在涵江商会之外组成了"十一同业公会"联盟。[1]另一后起之秀苏承祺,不久也发起组织了"七同业公会"联盟,[2]遂使涵江商会趋于分裂,名存实亡。1945年,由于原任会长辞职,涵江商会再度改选,由陈、苏二人竞选"理事长"之职,"但因同属县党部派,以内部协商的方法进行解决:理事长一职给'十一同业',县参议员一职给'七同业'。故陈光第得任涵江商会理事长,一直至解放时止"[3]。由此可见,这一时期的涵江商会,已经沦为党派斗争的工具,因而也不可能大有作为。

纵观涵江商人组织的演变过程,大致可以分为三个阶段:清中叶前后的兴安会馆,主要是涵江商人的同业组织,但已逐渐向社区组织演变;晚清至民国初期的涵江商会,实际上是地方行政机构,或者说是自治性的社区权力中心;自20世纪30年代以降,涵江商会的职权受到了严重削弱,再度演变为各种同业组织的松散联盟。涵江商人组织的这一演变过程,反映了清中叶以来社会变迁的基本趋势,可以说是近代商人政治命运的真实写照。

三、涵江商人与地方政局的关系

晚清至民国初年,由于清朝专制政权的解体与军阀割据局面的

---

[1] 参见卢祖灿:《涵江镇十一同业公会组织简况》,《莆田文史资料》第8辑,1984年。
[2] 参见苏承祺:《涵江镇七同业公会组织简况》,《莆田文史资料》第8辑,1984年。
[3] 引自陈长城等:《解放前涵江商会史略》,《莆田文史资料》第8辑,1984年。

形成，莆田地方社会长期处于无政府状态。在这一特殊的历史条件下，涵江商人凭借雄厚的财力，积极参与地方社会的权力角逐，一度成为莆田政坛的主角。兹以"黄家门"集团为例，探讨涵江商人的政治追求及其对地方政局的影响。

"黄家门"的第一代创业者，早年都受过儒学教育，致富后也不乏政治热情。据说，瑞裕号的黄邦杰曾于宁波捐纳"职衔"，回乡后又因热心地方公益，被推举为"孝廉公正"。[1]大同号的黄孟誉，"始既以助饷受同知职衔"，嗣又"以文孙云生官游府，晋封武阶三品"。[2]当时正值地方多事之秋，地方士绅深感独力难支，对"黄家门"商人也寄予厚望。光绪二十九年（1903），莆田落职御史江春霖在为黄孟誉祝寿时说："先生居于乡而赢其财，而又承乡里多故之后，当上下交困之际，南北水利久废而不修，中西学堂有名而无实，舍人所不肯舍，为人所不能为，任举一节，皆堪千古。矧夫乐善好施，见义勇为，有不声施后世者耶？"[3]由此可见，在晚清莆田地方社会中，涵江商人的地位举足轻重。

"黄家门"的第二代成员，已经开始追求科举功名，或是经由捐纳而走上仕途。例如，黄邦杰四子纪星与孟誉长子照阁皆为秀才，而邦杰长子纪元及孟育长子纪云、三子纪年皆由捐纳入仕。[4]然而，在晚清政治大变局中，"黄家门"成员大多走上了反清的道

---

[1] 据"黄家门"后裔回忆，黄邦杰在宁波时曾以白银六千两捐官，其职衔不明，而他的"孝廉公正"头衔，见于光绪二年的《重修兴安会馆碑记》，据说是由涵江各乡公推的。
[2] 参见《江春霖集》卷二，《黄先生德辉七旬寿序》，马来西亚兴安会馆总会刊本，1990年。
[3] 同上。
[4] 参见《江春霖集》卷二，《黄母卢太夫人六旬寿序》《黄先生德辉七旬寿序》，马来西亚兴安会馆总会刊本，1990年；以及现存之《清诰封中宪大夫敕授修职郎彤轩广文黄先生墓志铭》《清故奉政大夫国学生黄君墓志铭》。

路。瑞裕号的黄纪星及其侄黄绗,为莆田辛亥革命的主要发起人与领导者。据说,黄纪星在考上秀才之后,即已无心进取,曾在大街上用长衫换烧饼,公然表示对科举功名的鄙视,还积极赞助诸侄的反清活动。1909年,福建省筹设咨议局,他被推举为莆田县两名省议员之一。1911年9月,莆田成立同盟会分部,他被推举为负责人。辛亥革命爆发后,莆田人心涌动,即由黄纪星出面开会演讲,安抚民心,并主持"筹议一切善后事宜"。辛亥革命期间成立的莆田治安事务所,一度由知府佘文藻任挂名所长,而黄纪星为总务长,直接负责维持社会治安。〈1〉

黄绗为纪星长兄之子,原为莆田最早的新式学校"兴郡崇实中学堂"的学生,思想激进,曾蓄发以示反清立场。1904年初,黄绗与同学创办宣传革命思想的"醒社",为当局所猜忌,旋去日本留学。辛亥革命前夕,黄绗留学归来,与其叔纪星等捐资创办"兴郡师范简易科",又独资创办"义务小学堂",自任"堂长"。在此期间,他与莆田新军中的哥老会首领秘密结盟,并游说兴化知府韩方朴,策划反清起义。省城举事后,黄绗募集乡兵数百人进城响应,并协助纪星等组成莆田治安事务所,主持兴化府临时劝助粮饷总局,以支持新政府。〈2〉

此外,黄绗之兄黄绶,也曾经积极参加反清活动。黄绶原是秀才,而偏爱新学,于光绪年间到上海创办"达文编译社",刊行中外新书,不久即被当局查禁。为了免遭迫害,黄绶捐纳了知府头

〈1〉 以上主要参见朱焕星、林君汉:《辛亥莆人革命事略》,《莆田文史资料》第2辑(辛亥革命专辑),1981年;郑默:《怀念涵中的老师和同学》,《莆田市文史资料》第1辑,1985年;黄采兰:《追念先祖黄纪星点滴事迹》,《涵江区文史资料》第4集,1995年。
〈2〉 以上主要参见朱焕星、林君汉:《辛亥莆人革命事略》及摘录《福建辛亥光复史料·黄绗按语》,《莆田文史资料》第2辑,1981年;林侨鹤:《辛亥革命前后至解放前莆田地方派系》,未刊稿。

衔，又与上海等地的福建革命党人建立了联系。1904年，福州同盟会会员郑权、林斯琛等被清政府通缉，逃至涵江，与黄绶、纪星等秘密接头，并获得资助。辛亥革命期间，黄绶任职江西巡道署，参与策动起义，光复后"绾建昌、南城府、县两印，并充税长"。据说，他在江西期间政绩颇佳，"郡绅胪其德政，勒之于石"，但他却不安于位，不久即辞官回乡。〈1〉

辛亥革命后，由于政局混乱，老一辈的"黄家门"成员相继退出政坛，或经商，或办学。不过，年轻一代仍然热衷于政治活动，继续活跃于民国初年的政治舞台。如黄纪星次子东麟（字弼夫），为莆田民军首领之一，当地民间称其为"土匪头"，新中国成立后受聘为文史馆员。〈2〉他对其早年经历有如下记述：〈3〉

> 满清既倒，总理出国，同志们跟着解散回乡。当时，我在家中我父黄纪星（号恢唐）独资设立的蚕桑传习所里学习养蚕、缫丝和铁机纺织技术。一九一三年冬，林师肇同志来招同往南洋，观察当地华侨生活的情况，落脚在新加坡，开爿小商店为侨居所在，利用经营生意，接触各阶层……我们在这有利条件下，就发起组织莆仙联合会馆——兴安会馆，作暗地里统一活动的掩蔽机关。
>
> 不久（一九一五年），传来袁世凯叛国改元称帝消息，孙

〈1〉 以上主要参见朱焕星、林君汉：《辛亥莆人革命事略》，《莆田文史资料》第2辑，1981年；林侨鹤：《辛亥革命前后至解放前莆田地方派系》，未刊稿；《江春霖集》卷二，《黄母卢太夫人六旬寿序》，马来西亚兴安会馆总会刊本，1990年。
〈2〉 以上主要依据访谈笔记，并参见林奇峰：《护法运动时期的莆田民军》，《莆田文史资料》第2辑，1981年；林侨鹤、蔡春庭：《莆田辛亥革命与民军始末》，《莆田文史资料》第3辑，1982年。
〈3〉 以下均引自黄弼夫：《我所知道的莆田民军》，未刊稿。

总理自欧陆紧急通电，号召国人团结讨逆，并亲来南岛指示机宜，响应祖国一致行动，指派林师肇充英、荷属筹饷特派员……我当时则被派充闽省代表，回乡做讨袁活动。

袁世凯垮台后，黄东麟又回星岛，以经营侨汇为名从事秘密活动。1922年，经"请示总理，收盘回国活动"。他先到广州求见许崇智，受委派回闽组织民军，抗击北洋军阀。关于他在莆田组织民军的过程，对于了解民国初年的地方政局颇有助益，兹摘引如下：

> 我赶回［闽南民军］师部，要得一张东路讨贼军第一师的游击第一支队长委任令，潜在莆仙交界的莆辖东沙村（边海和仙辖朱寨村毗连，同一条街，就中立分界碑）的金沙宫，召集四邻乡人士，密议聚义……两村俱是上万人口，东沙一姓蔡，朱寨一姓朱，平时操出海捕鱼和航海，常川江浙、烟台以及厦、汕等地口岸营运经商。帆船号数，两村各拥有六百数十艘，每船上都备有护航的枪械十数杆不等。我就为它有此良好条件，挽涵江吴辉如介绍，前往找寻东沙人高第海关关长蔡锦堂，密议起义驱敌……经几晚上的动员，得他赞助号召，委出第一营蔡海岩（东沙房蔡锦堂之子）、二营邱人杰（莆华亭人）、三营蔡翼谋（东沙二房人）、补充营陈石坚（平海城人）。不三月，诸营各带所部来金沙宫集合……合计常短枪有七百九十三杆。这些武装队伍，只在几月里就集合得这么可观，足见当时人民受着反动派统治的摧残迫害，达于忍无可忍、找无出路的地步。

上述资料表明，当时莆田民间处于半军事化状态，北洋政府的社会控制能力相当有限。在此情况下,组织民军也就成为控制地方政局的有效途径。不过,由于莆田民军的社会构成极为复杂,黄东麟因屡受排挤而意志消沉,以致吸食鸦片成瘾,逐渐失去了对所部民军的支配权。北伐军入闽后,莆田民军接受改编,随即移师北上,而黄东麟则中途脱逃,充当大土匪郭楼古的"军师",因而被视为"土匪头"。[1]

北洋政府统治时期,涵江商人承担了莆田县的大多数"军差"及其他临时派款,这就使涵江商会颇有权势。因此,"黄家门"成员亦可利用涵江商会,操纵地方政局。1922年,黄缃因协助北洋军阀筹款有功,被福建军务会办王永泉委任为莆田县长。此事颇有戏剧性,集中反映了"黄家门"成员的政治经验与权势。试见以下记述:[2]

> 黄缃受知于王永泉,实缘为王筹划财政……当时王派杨化昭一旅入莆,驻涵江,军饷无着,杨屡电省催汇,久无消息。某晚,黄缃在家设宴,请杨及张振华、郭寅皋(徐树铮的参谋)等。席间……[杨]请缃设法向商会借款一二千元,暂维军食。缃当场表示不赞成,说:"向商家要钱,固然可以,但杯水车薪,此后何以为继?"杨默然。张振华机警,听到黄缃说得有因,暗拉缃到密室,请教他何处有钱?如何拿法?缃直截了当地说:"盐余款,李厚基每月提十万元、厦门臧志平提五万元,王会办……今日主持闽政,可效法李,向前下场提

---

[1] 参见黄弼夫:《我所知道的莆田民军》,未刊稿;林奇峰:《护法运动时期的莆田民军》,《莆田文史资料》第2辑,1981年;林侨鹤、蔡春庭:《莆田辛亥革命与民军始末》,《莆田文史资料》第3辑,1982年。
[2] 引自林侨鹤:《辛亥革命前后至解放前莆田地方派系》,未刊稿。

款,不怕英人(时盐款被英人监督)不答应,只看你们有无胆?款子存银行,举手可得。"张闻言大喜,回去密电王说明,王复电嘱张如法炮制,派员往前下场。起初,英人副税务司抗拒,经据理交涉……英人语塞,只好照旧签出。

此举不仅解决了涵江驻军的军饷问题,而且为王永泉开辟了一大财源。王喜出望外,"即委以福建军务会办公署的参议员,为将来升任财政厅长的阶梯",但黄绸却不愿外出为官,故又改任莆田县长。

黄绸就任县长后,推行了一系列有利于涵江商人的改革,与当地豪绅势力发生了直接的冲突。他首先实行田赋征收制度的改革,把原来的"跨年度预征"改为按原额加征,并按田亩派征"善后捐",以应付过境军队的勒索与骚扰。[1]这实际上是把原来主要由涵江商人承担的"军差"向全县摊派,因而引起了莆田各地"豪绅、地霸"的强烈不满。其次,黄绸把原来由城内绅士包揽的"莆田北路总牙",改为由涵江商会承办。该"总牙"设于涵江,其牙捐收入按惯例以"三、三、四制"分配,即四成归官府,三成归承办人,另三成用于资助地方教育。在此之前,因涵江未有公立学校,资助教育的"牙捐"皆由城内绅士支配。为此,涵江商会在争得"总牙"的承办权之后,又趁势成立了公立涵江中学,以截留有关经费,使城内绅士不得染指其间。[2]更为重要的是,黄绸在任期间,把原设于莆田县署的司法机构"地方承审厅"移设涵江。此举的动因,据说是由于莆田县署"办公地点不敷",而实际上是为了

---

[1] 参见陈长城:《北洋军阀在莆田的经济搜刮》,《莆田文史资料》第7辑,1984年;林侨鹤:《辛亥革命前后至解放前莆田地方派系》,未刊稿。
[2] 参见陈长城等:《解放前涵江商会史略》,《莆田文史资料》第8辑,1984年;康永福:《涵江中学创办始末》,《莆田文史资料》第12辑,1988年。

摆脱城内讼师及豪绅对司法系统的控制。这是因为,"辛亥革命以后,虽然在县知事之下设司法承审员以及其后的地方厅(法院),但过去把制公堂的'制堂虎'、讼棍以及豪绅等残存势力,仍然以种种卑劣手段'控制公堂''包揽词讼',从中欺诈诉讼双方,使法院各项工作窒碍难行"。因此,主管官员"早已认为有迁地为良的必要",而涵江商民更是极力争取。[1] 此事曾引发城、涵之间的长期讼争,试见如下记述:

> 涵江为县经济、商业中心,久受城区官绅欺压诈取的涵江市民,想在政治上经济上改变过去的状态,所以积极欢迎法院迁涵。城区方面,主要以那些制堂、衙蠹为代表,竭力反对法院迁涵。于是城涵双方展开了一场争取法院设址的官司。城方以司法与行政(县政府)必须同在一处为合理,举出全国大部分地区为例;涵江则以法院应设在经济商业中心的地区为适宜,举江苏高等法院在苏州而不在省会镇江为理由以反驳,官司闹到南京司法行政部,部派秘书莆人吴某来莆勘看。无如法院和全部执行业务的律师,则早已坚决主张迁涵江,加上涵江一些商绅,向法院表示全部负责法院迁移、修缮、设备等费的筹集,事才决定。[2]

莆田地方厅迁往涵江的费用,最初是由涵江商会从"维持捐"中统筹解决,1925年停征"维持捐"后,改为由豆饼、桂圆二行业

---

[1] 参见陈伯诗:《莆田地方法院记略》,《涵江区文史资料》第2集,1993年。
[2] 引自陈伯诗:《莆田地方法院记略》,《涵江区文史资料》第2集,1993年。另据《闽中日报》1947年4月22日报道,此案至民国后期仍未平息,时有"法院迁址"的传闻,因而成为莆田政治史上的一大公案。

专门抽取"地方厅捐",故亦称"豆饼捐"和"桂圆捐"。当时每年由涵江输入豆饼约一百二十万块,"每饼拟抽大洋一尖为厅费";每年约从涵江输出桂圆四万件左右,"每件拟抽大洋二角为厅费";二项合计,每年共征收"地方厅捐"两万元左右。[1] 此后,经省府核准,此项收入成为莆田地方法院的主要经费来源,而涵江商人也专门设立"厅董"以维持其正常运作。[2]

1924年,由于王永泉被粤军驱逐出闽,黄绁失去了政治后台,无力与莆田城内的豪绅势力相抗衡,终于被迫下台。为了逃避城内豪绅的报复,黄绁与其兄黄绶、侄黄维扬等一度迁居上海、宁波等地,而其堂弟黄鼎不久也被迫辞去涵江商会会长之职。在黄绁失势之后,城内豪绅相继挑起了清算"维持捐"及争夺莆田县商会等事端,试图趁机涉足涵江商界,压制涵江商人的政治势力。这一时期的涵江商会,开始陷入派系之争,逐渐失去了往日的权势。自20世纪30年代以降,旧式的豪绅演变为新型的政客,涵江商会日益沦为党派斗争的工具,因而也就不再具有政治影响力。

晚清至民国初年的"黄家门"集团,可以视为涵江商人的政治代表。他们对政治权势的执着追求,实际上也反映了全体涵江商人的政治利益。笔者认为,与流寓外地或侨居城市的商人相比,涵江商人无疑更富有社会责任感与使命感,这就使之具有本能的政治冲动。也正因为如此,涵江商人背负了更为沉重的历史包袱,以致不可避免地成为政治斗争的牺牲品,这也许就是此类"在乡商人"的历史宿命。

〈1〉 以上详见涵江《衡报》1925年11月29日报道《涵商之大觉悟》及1925年11月1日报道《涵厅勒抽桂元捐之反响》。

〈2〉 参见涵江《衡报》1925年12月22日报道:《勒饷式的厅费》。

后　记

本书汇集了我探讨闽台传统社会的主要论文,也给了我反思学术生涯的难得机会。在绪论中,我已经记述了本书的问题意识、基本思路与相关学术背景,但似乎仍是言犹未尽。借此有限篇幅,愿再做自我剖析,就教于读者诸君。

我对闽台传统社会的研究,经历过多次的视角变换,因而以"多元视野"为本书的附题。有的朋友曾经指出,我是从经济史转向社会史和文化史,后来又转向政治史。不过,我始终认为自己是从事区域研究,而不是专门史研究。在区域研究中,要力求对研究对象有整体认识,而不能只局限于某一特定的领域。我的研究视角不断变换,就是试图对闽台传统社会有更为全面的认识,这可以说是区域研究的必然要求。本书作为论文集,在各专题之间缺乏有机整合,也许难免"鸡零狗碎"之讥。但我仍希望读者从中发现"整体性",使本书的认识价值得以升华。

本书虽然是以闽台地区为研究对象,但目的在于探讨宋以后的社会变迁,不同于一般意义的地方史研究。记得我在读研究生时,傅衣凌老师反复教诲:中国太大了,你们要从区域研究入手,但区域研究要关注普遍问题,不能只关注本地的特殊性。在我的硕士论文开题报告上,傅先生特意写了十二个大字:"从全国看闽北,从闽北看全国。"时过二十多年,我一直以此作为座右铭,也愿意以此与学界同仁共勉。

由于本书收录了不同时期的旧作,体例、篇幅及行文风格都不尽相同,有些论文的内容也有所重复。在编辑过程中,我已尽可能对每篇论文做了校对和修改,统一了注释体例,删去了重复的内容,补充了新发现的资料,对少数论文做了调整和改写。当然,这些论文毕竟已是旧作,难免留下时代的烙印。为了"不悔少作",我仍然保留了原文的基本观点,以便后人批判与反思。

重读多年前发表的文字,有时难免自觉汗颜,但也不无敝帚自珍的喜悦。感谢中山大学历史人类学研究中心和生活·读书·新知三联书店的厚爱,使拙作得以结集出版。感谢最初发表拙作的刊物和编者,为我提供了学术舞台。感谢国内外学术界的老师和朋友,鼓励我走过了艰辛的学术历程。尤其是感谢哈佛大学东亚系的宋怡明教授和哈佛燕京图书馆,为我提供了修改旧作的良好环境。

在编辑本书之前,哈佛大学东亚系的博士生魏阳、李仁渊、汪小烜,社会学系的博士生吴幸钊,布朗大学历史系的博士生罗士杰,专门为我组织了读书会,逐一讨论我的旧作,提出了许多宝贵的意见。每周四下午和这些年轻朋友们的聚会,使我在波士顿的初春时节倍觉温暖。为了这些快乐的时光,谨致诚挚的谢意和美好的祝愿。

郑振满

2008年5月30日于哈佛燕京学社

"当代学术"第一辑

美的历程
李泽厚著

中国古代思想史论
李泽厚著

古代宗教与伦理
儒家思想的根源
陈　来著

从爵本位到官本位（增补本）
秦汉官僚品位结构研究
阎步克

天朝的崩溃（修订版）
鸦片战争再研究
茅海建著

晚清的士人与世相（增订本）
杨国强著

傅斯年
中国近代历史与政治中的个体生命
王汎森著

法律与文学
以中国传统戏剧为材料
苏　力著

刺桐城
滨海中国的地方与世界
王铭铭著

第一哲学的支点
赵汀阳著

生活・讀書・新知 三联书店 刊行

"当代学术"第二辑

七缀集
钱锺书 著

杜诗杂说全编
曹慕樊 著

商文明
张光直 著

西周史（增补二版）
许倬云 著

拓跋史探（修订本）
田余庆 著

近代中国社会的新陈代谢
陈旭麓 著

甲午战争前后之晚清政局
石 泉 著

民主四讲
王绍光 著

心灵秩序与世界历史（增订本）
奥古斯丁对西方古典文明的终结
吴 飞 著

海德格尔与伦理学问题（修订版）
韩 潮 著

生活·讀書·新知 三联书店 刊行

"当代学术" 第三辑

三松堂自序
冯友兰著

中国文明起源新探
苏秉琦著

美术、神话与祭祀
张光直著

杜甫评传
陈贻焮著

中国历史通论
王家范著

清代政治论稿
郭成康著

无法直面的人生（修订本）
鲁迅传
王晓明著

反抗绝望（修订本）
鲁迅及其文学世界
汪　晖著

竹内好的悖论（增订本）
孙　歌著

跨语际实践（修订版）
文学，民族文化与被译介的现代性
刘　禾著

生活・讀書・新知 三联书店 刊行